中国矿冶考古

铜绿山古铜矿遗址

考古发现50周年学术研究文集

大冶市铜绿山古铜矿遗址保护管理委员会　编

长江出版社
CHANGJIANG PRESS

图书在版编目（CIP）数据

铜绿山古铜矿遗址考古发现 50 周年学术研究文集 / 大冶市铜绿山古铜矿遗址保护管理委员会编 . -- 武汉 : 长江出版社，2024. 5. -- ISBN 978-7-5492-9549-4

Ⅰ . K878.54-53

中国国家版本馆 CIP 数据核字第 2024AK8499 号

铜绿山古铜矿遗址考古发现 50 周年学术研究文集

TONGLÜSHANGUTONGKUANGYIZHIKAOGUFAXIAN50ZHOUNIANXUESHUYANJIUWENJI

大冶市铜绿山古铜矿遗址保护管理委员会 编

责任编辑：张琼 刘依龙

装帧设计：刘斯佳

出版发行：长江出版社

地　　址：武汉市江岸区解放大道 1863 号

邮　　编：430010

网　　址：https://www.cjpress.cn

电　　话：027-82926557（总编室）

　　　　　027-82926806（市场营销部）

经　　销：各地新华书店

印　　刷：武汉市首壹印务有限公司

规　　格：787mm×1092mm

开　　本：16

印　　张：20

彩　　页：16

字　　数：400 千字

版　　次：2024 年 5 月第 1 版

印　　次：2024 年 9 月第 1 次

书　　号：ISBN 978-7-5492-9549-4

定　　价：158.00 元

谨以此书纪念

2023年文化和自然遗产日

湖北文物保护宣传展示

暨铜绿山古铜矿遗址考古发现50周年!

活动现场

活动现场

中国社会科学院学部委员、历史学部主任、中国考古学会理事长王巍致辞

湖北省文化和旅游厅党组书记、厅长李述永讲话

湖北省文化和旅游厅党组成员、省文物事业发展中心主任余萍

黄石市委副书记、市长吴之凌致辞

黄石市委常委、市委宣传部部长周庆荣主持活动

为湖北省优秀文物建筑保护利用项目颁发证书

宣布主会场活动开幕

铜绿山古铜矿遗址博物馆新馆开馆

大冶铜绿山古铜矿遗址考古发现50周年暨青铜文化传承发展推介会

学术研讨会

大冶市委副书记、市长孙辄在学术研讨会上致辞

湖北省文化和旅游厅原副巡视员、
铜绿山古铜矿遗址博物馆新馆陈列
布展顾问吴宏堂主持专家发言

大冶市政府副市长杨早容

大冶市铜绿山古铜矿遗址保护
管理委员会党组书记、主任郑正盛

西北大学文化遗产学院教授赵丛苍

国际古迹遗址理事会副主席、
山东大学文化遗产研究院教授姜波

南京大学全球人文研究院教授郭静云

曾纪鑫

万全文

《厦门文艺》主编、
厦门市作家协会副主席、一级作家曾纪鑫

湖北省博物馆原党委书记、研究员万全文

方 勤

湖北省文物考古研究院党委书记、院长方勤

湖北省文物考古研究院研究员陈树祥

湖北省文物事业发展中心
党委委员、副主任吴红敬

江西省文物考古研究所《南方文物》
编辑部主任、研究员周广明

湖北理工学院教授陈雪梅

湖北省文物考古研究院《江汉考古》
编辑部主任、研究员陈丽新

湖南省社会科学院区域
文化品牌研究中心研究员周行易

中国地质大学（武汉）珠宝学院讲师舒骏

大冶市政协原主席胡志国

安徽大学历史学院教授张爱冰

湖北省社科院楚文化研究所研究员张硕　　　　　华中农业大学博物馆馆长姜昊

美国纽约大学客座助理教授吴冬明　　　　　武汉大学历史学院副教授宋海超

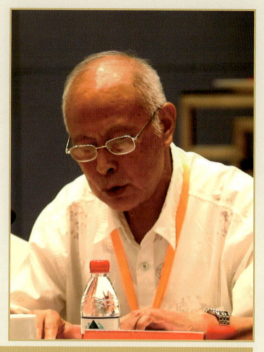

华中师范大学历史文化学院教授宋亦箫　　　　大冶一中原副校长、高级教师邹天福

湖北省社会科学院楚文化研究所　　　　　　湖北省文物考古研究院副研究员席奇峰
　　　研究员尹弘兵

中国矿冶考古

编辑委员会

《铜绿山古铜矿遗址考古发现50周年学术研究文集》

本书主编　　郑正盛

本书副主编　　徐　敏　　罗增锐　　柯秋芬

贺　信

（代序）

　　欣闻湖北省 2023 年 6 月 8 日至 10 日在大冶市举行"文化和自然遗产日湖北文物保护宣传展示暨铜绿山古铜矿遗址考古发现 50 周年"系列活动，我感到很高兴，由于身体原因不能参会，特发此信表示祝贺！

　　铜绿山古铜矿遗址是一个了不起的发现，解决了中国青铜文化铜原料的来源问题，在纪念铜绿山古铜矿遗址发现 50 周年暨铜绿山古铜矿遗址博物馆（新馆）建成开放之际，举行学术研讨活动，很有必要，也很有意义。50 年来，我先后 5 次去过铜绿山古铜矿遗址参观考察，耳闻目睹了湖北在遗址保护、利用，以及国家考古遗址公园建设方面取得的一些骄人业绩，十分不易，它凝聚了各级领导与广大文物考古工作者的心血与汗水，我由衷地表示钦佩和敬意。我相信在大家的继续努力下，铜绿山古铜矿遗址的明天一定会更加美好。祝学术会议圆满成功！

李伯谦

北京大学考古文博学院教授

2023 年 6 月 7 日于郑州

序 言

守护历史遗珍　赓续青铜文脉

　　大冶地处鄂东南,长江中游南岸,素有"百里黄金地,江南聚宝盆"之美誉。宋乾德五年(公元 967 年)建县,取"大兴炉冶"之意,定名为"大冶"。这里有着近4000 年采冶史、1000 多年建县史,是中国青铜文化发祥地、中国龙狮之乡、中国诗词之乡、中国石雕之乡和中国楹联文化城市。在异彩纷呈的大冶地域文化宝库中,铜绿山古铜矿遗址被誉为"大冶文化之根",也成为当代大冶城市发展之魂。

　　铜绿山古铜矿遗址位于大冶市城区西南约 3 公里,1973 年被发现发掘,规划保护面积 5.6 平方公里。该遗址是一处以采矿遗址和冶炼遗址为核心的古代矿冶遗址,采掘年代最早可以追溯到 4000 年前的夏王朝时期,经商、西周、春秋战国延续至西汉,持续时间长达千余年,是迄今为止世界上发现的采冶延续时间最长、开采规模最大、采冶链最完整、采冶技术水平最高、保存最完整的一处古铜矿遗址。1982 年该遗址被国务院公布为第二批全国重点文物保护单位。1984 年在春秋时期采矿遗址上建成博物馆并对外开放,著名考古学家夏鼐先生题写馆名:"铜绿山古铜矿遗址"。铜绿山古铜矿遗址先后两次被列入《中国世界文化遗产预备名单》。2016 年铜绿山四方塘遗址古墓葬区被评为"2015 年度全国十大考古新发现"。2018 年被评定为第二批国家工业遗产。2021 年获批中国"百年百大考古发现"。

　　铜绿山古铜矿遗址填补了世界矿冶考古的空白。中国古代青铜文化灿烂辉煌,制作青铜器的大量原料来自何方,是长期困扰考古界的问题。1973 年,铜绿山古铜矿遗址历经两轮考古发掘,找到了中国青铜时代铸造铜器的铜料来源,开辟了中国矿冶考古的先河。尤其是 2012 年至 2017 年的第二轮考古,发现 35 枚古代矿工脚印、258座古墓葬,这是中国首次发现与矿冶遗址直接相关的墓地,解决了古铜矿遗址长期"见物不见人"的问题,为研究古代矿冶生产的人力分工、技术种类、生产流程等提供了珍贵史料。经过抽样检测分析,春秋时期,铜绿山地区古炉渣平均含铜量仅0.7%,炼粗铜纯度高达93%以上,炉火纯青的铜矿开采和冶炼技术,代表了青铜时代中国采冶技术的最高水平,在当时世界上处于遥遥领先的地位,有力证明了中国青铜文明是一部完整独立的发展史。

铜绿山古铜矿遗址树立了青铜文化遗产科学保护的典范。长期以来,在各级文物主管部门的关心支持下,大冶以铜绿山古铜矿遗址"活"起来为主线,加大对遗址的研究保护。1984年,在国家、省市的指导支持下,兴建了中国第一座采矿遗址博物馆,是我国继西安半坡遗址、秦始皇兵马俑遗址之后兴建的第三座遗址博物馆。2023年,大冶投资1.2亿余元,在铜绿山Ⅶ号矿体遗址上建成铜绿山古铜矿遗址博物馆新馆,总建筑面积1.2万平方米,与老馆连为一体,由中国工程院院士、中国建筑设计研究院副院长崔愷设计。采用大地景观风格,将博物馆的主体建筑以矿道形式,逐层后退融入山体形态之中,是铜绿山国家考古遗址公园的核心部分。新馆开设铜山有宝、找矿有方、采矿有道、炼铜有术、青铜有源5个特色展厅,馆藏文物近1万件,陈列精选展品703件套,珍贵影像420余幅,包括春秋时期采矿遗址、宋至清代冶炼遗址、炼铜竖炉、铜斧、编钟、铜钺、铜凿、陶盂等十大镇馆之宝,是我国第一座收藏、保护、展示古矿冶文化的遗址博物馆,成为全国青铜文化新地标。"两馆"建成开放以来,累计接待游客2000余万人次。2024年2月"铜绿山古铜矿遗址保护展示"荣获全国考古遗址保护展示十佳案例。

铜绿山古铜矿遗址开辟了青铜文明传承发展的新篇。50年来,来自全国乃至世界范围内的考古、文物保护、冶金等领域的专家学者,围绕铜绿山古铜矿遗址,展开了热烈的学术讨论,推出了《铜绿山古铜矿的发掘》等一批高质量学术成果。2013—2023年,中国矿冶考古与铜绿山古铜矿遗址学术研讨会、中国考古百年——铜绿山古铜矿遗址与青铜文明研究学术研讨会等全国性研讨会先后在大冶召开。在2023年铜绿山古铜矿遗址考古发现50周年活动上,国内外专家学者围绕铜绿山古铜矿遗址进行了深入研讨,与会学者研究成果涉及考古、冶金、地矿、文物保护、历史、测年等诸多学科,总结了几十年来中国矿冶考古的成就,提升了大冶铜绿山古铜矿遗址的研究水平,有力推进了中国矿冶文化的研究进程。付样出版的《铜绿山古铜矿遗址考古发现 50 周年学术研究文集》，收录历年各级专家、领导关于铜绿山古铜矿遗址发掘、保护、利用等诸多代表性学术成果，集中反映了铜绿山古铜矿遗址的考古成就、文化价值，具有较高的学术参考价值。

习近平总书记强调，考古遗迹和历史文物是历史的见证，必须保护好、利用好。党的二十届三中全会提出，建立文化遗产保护传承工作协调机构，建立文化遗产保护督查机制，推动文化遗产系统性保护和统一监管，为保护和利用好铜绿山古铜矿遗址指明了方向。新时代新征程，我们将认真学习贯彻习近平总书记关于文化遗产保护传承的重要论述和党的二十届三中全会精神，不断加大铜绿山古铜矿遗址考古研究和文物保护力度，持续挖掘铜绿山古铜矿遗址的历史文化价值，推动青铜文化创造性发展、创新性转化，让珍贵的历史文化遗产在新时代绽放新光彩、焕发新活力，在赓续历史文脉中铸就中华文化新辉煌。

黄石市委副书记、大冶市委书记

2024 年 8 月 12 日

1973年深秋,当铜草花在秋风中绽开之时,尘封数千年的铜绿山古铜矿遗址在现代机器轰鸣的采矿声中横空同世,从而开启了半个世纪以来中国矿冶考古的探索之旅。本文集是为纪念铜绿山古铜矿遗址发现50周年取得的又一部研究成果,贤士们以新的学术视野探析了铜绿山历史长河中发现的采冶技术、铜矿料在长江流域乃至中国文明进程中的地位和作用;同时,对当今如何充分展现和传承遗址重大价值、促进文旅融合发展给出了宝贵的建议;有的以饱满情怀,采用回忆和诗歌方式表达了对铜绿山古铜矿遗址发掘、保护、传承业绩的敬意。这些成果可谓老树新花,万象新颜。

一

在中国浩翰的史料中,记载铜矿采冶之事片鳞半爪,少量歌诵采冶的诗词虽文采飞扬,但深奥晦涩。著明铜绿山之名与开采之事,最早见明代薛纲纂修、吴廷举续修的《(嘉靖)湖广图经志书》,曰:"又县治西南,铜绿山亦古出铜之所。"《明史·地理志》中记载:"大冶,(兴国)州西北。北有铁山。又有白雉山,出铜矿。东有围炉山,出铁。又西南有铜绿山,旧产铜。"明代赵鼐编撰《大冶县志》记载:"铜绿山在县西五里,骤雨过则有铜绿,如雪花如小豆,点缀石土之上,因名","古出铜之所"。清同治六年(1867年)版《大冶县志》沿袭。往前追溯,史料只记载江南产铜的大致方位、或为古地名,成为一个个谜团。譬如《尚书·禹贡》中记载:"淮、海惟扬州,彭蠡既猪,阳鸟攸居。……厥贡惟金三品……""荆及衡阳惟荆州,江、汉朝宗于海,九江孔殷……厥贡羽、毛、齿、革,惟金三品……浮于江、沱、潜、汉,逾于洛,至于南河。"《山海经·中山经》中记载:"阳帝之山,多美铜。"铜绿山古铜矿遗址的发现和发掘,以及铜料的铅同位素示踪研究,使先秦史料记载铜绿山的一些谜团得到合理诠释:夏禹时期大冶铜绿山为九州的荆州和扬州交错之地,禹铸九鼎的铜料部分或许来源于大冶铜绿山。所谓"阳帝之山,多美铜",解析为今天大冶东南之龙角山和铜绿山出产孔雀石（氧化铜）。半个世纪以来两轮考古揭露出铜绿山一处处采冶遗存，实证了其采冶肇始年代不晚于夏代、初兴于商周、高潮于东周至西汉，延续三国、隋、唐、宋、明、清。延绵四千年的采冶长卷，无疑填补了中国矿冶史的空白。因此，铜绿山被称为中国青铜之源，可谓实至名归！

铜绿山矿区所蕴藏的铜矿料多数出露地表且品位高，这为古代开采提供了条件。自古以来，这个宝山既是历代政治集团或国家的铜矿生产基地，又是一个高科技不断创新的高地。从发掘出的一处处古代采矿、洗选矿和冶炼的遗迹中，可以感知古人为了多出产铜矿、冶炼高质量的"吉金"，发明和创新的技术日新月异。

首先，采矿规模上可谓蔚然大观。在铜绿山矿区 I、II、IV、VI、XI 号矿体上调查发现夏商周时期露天采坑（场）7 处，在 10 个矿体上发现古代地下采矿区 18 处。在 I、II、IV、VII、XI 号矿体上共清理出商周至西汉、唐代的采矿竖（盲）井 302 口、平（斜）巷 128 条、矿房遗迹 1 处。采矿规模由小到大离不开采矿技术不断发展创新。铜绿山 XI 号矿体发现后石家河文化时期的露天采坑，露采坑底部遗存有一批商周时期的采矿井巷，井巷支护木框架发明了榫卯结构技术。由露天采矿转变为竖井开采，这无疑是人类采矿技术的一次飞跃。西周时期采矿竖井与短巷连接处，发明了马头门木支护技术，这既保障井巷连接的顶部不坍塌，又便于开采井底四周矿脉，获取更多铜矿。商周时期，井巷普遍窄小，采矿作业每次仅能容纳一人作业，但采矿深度可达 20～30 米。春秋时期发明了竖井、斜井、盲井与平（斜）巷联合开拓采矿技术。春秋晚期，竖（盲）井的木支护技术创新为"密集搭接法"，井巷空间比前期更大、更安全。使用的铜工具变大变重，增强了开采强度，采掘深度达 60 米以下。战国至汉代使用铁工具，井巷的空间变宽变高，矿工们可直立生产，采掘深度接近百米。地下井巷采矿逐渐较好地解决了追踪富铜矿、井巷支护、开拓、井下排水、通风、照明、提升等系列技术问题。推算铜绿山古代采矿井巷总长度约8000 米，古人挖掘出的矿料和土石达 100 万立方米。其中，古代地面采场遗留的铜矿石达 3 万～4 万吨（铜品位为 12%～20%）、废土石达 70 余万立方米。这些，是古代采矿史上的一个奇迹。

从发掘出的选矿遗迹观察，其技术十分娴熟。在铜绿山岩阴山脚遗址南部，新揭露出春秋时期洗选矿排弃的尾沙堆积和铁矿石堆积各一处。其中，经检测尾砂，主要化学成分是由 FeO、SiO_2、Al_2O_3 组成，仅有 2 件标本检测到含铜量为

1.4%。经对铁矿石堆积检测，以磁铁矿和赤铁矿石为主，不见铜矿石。可见洗选矿石技术精湛，达到现代铜矿石洗选标准。

从冶炼水平观察，炉火纯青。在铜绿山Ⅺ号矿体山下、柯锡太村、岩阴山脚、四方塘、卢家垴等5处遗址共揭露残存的冶铜鼓风竖炉16座，其中，春秋时期12座、战国时期3座、汉代1座。还分别发掘出宋明时期硫化铜矿火法脱硫的焙烧炉8座以及清代冶铁炉3座(组)、烧炭炉1座。此外，在铜绿山矿企停车场发掘出宋代冶炉(残)17座，有学者认为这是一处规模较大的炒钢炉，可备一说。春秋时期的铜绿山发明了冶铜鼓风竖炉，在鼓风竖炉周围发现了矿石整粒场、筛分场、和泥池、储料坑、木炭和炉渣堆放场、工棚等辅助遗迹。鼓风竖炉采用耐火泥石混合夯筑而成，主要由炉身、炉缸、基础三部分组成。多数鼓风竖炉底部构筑了风沟(亦称火沟)，这一技术可避免炉缸底潮湿而发生软化、开裂。冶铜过程中，古人熟练地掌握了铜矿石留复选、碎矿、配矿、燃料使用、炉温控制、排放炉渣液和铜液等系列技术。经对春秋时期鼓风竖炉复原研究和现场模拟实验，证明这种鼓风竖炉具有连续加料、连续排渣和间接排放铜液的功能，这是冶铜技术一次划时代的创新。中外学者认为，冶铜鼓风竖炉对生铁冶炼技术发明产生了重大影响，并将生铁冶炼技术发生地指向吴楚及铜绿山。显然，这些新的学术观点期待考古发掘的印证。在铜绿山矿区发现古冶炼遗址50处，其上皆遗存炉渣堆积，有的厚达3米，推测古炉渣达40多万吨，生产铜料达8万～12万吨。经对冶炼现场出土的铜矿石、炉渣、粗铜块进行检测分析，春秋时期冶炼工艺为"氧化矿—铜"，发明了"硫化矿—冰铜—铜"这个复杂的冶炼工艺。冶炼出的粗铜块平均含铜量达93%以上，这是那个时代最好的"吉金"；排放的炉渣块平均含铜量仅为0.7%，接近于现代排渣水平，这无疑居当时世界领先地位。

古代铜绿山管理与生产分工十分严格，可谓是现代矿山的鼻祖。一是在铜绿山岩阴山脚遗址南区炉子旁发现春秋时期矿工赤足印迹35枚。经随机抽取12枚足迹进行室内显微镜观察和分析，部分赤足印完整，部分显示赤足走动留下的轮廓印迹，有的仅存足前掌或足后跟。完整的赤足印痕长者0.26米、短者0.25米。其中，推测长赤足印的人体身高为1.72米，短赤足印的身高为1.52～1.54米。从部分赤足印有重压痕偏外、横向移位等痕迹观察，确定赤足者有负重劳动特征反应，反映了冶炼场矿工劳动的艰辛。

　　二是在铜绿山发现四方塘遗址墓葬区。2014—2017 年,在四方塘遗址墓葬区发现和发掘先秦时期矿冶管理者与生产者的墓葬 246 座、清代至民国 12 座。其中,夏代墓葬 1 座、商代 2 座、西周 13 座、春秋时期 230 座、战国早期 1 座。先秦时期墓葬中,仅有 3 座墓葬保存有遗骸,头向西北。多数墓坑呈西北至东南方向,少数正东西方向、西南至东北方向、个别南北方向。根据墓葬的葬具有无,可分为三类:第一类为一椁一棺中型墓葬,共 7 座,即西周墓葬 1 座、春秋时期墓葬 6 座;第二类为单棺小型墓葬,共 111 座;第三类为无葬具的小墓葬,共 128 座。仅有 91 座墓葬有随葬品,共出土各类随葬品 298 件。墓葬中,随葬品数量多寡不一,少者 1 件,多者 14 件,除各类矿石外,基本为死者生前的实用器;有 34 座墓葬的随葬品为"毁器葬"。随葬品分别摆放在棺室、棺椁上部、壁龛、二层台及填土之中。随葬品分为陶、铜、玉、石质的生活用器、青铜武器和工具、饰品,以及炉壁残块、铜铁等矿石等。结合墓坑位置、棺椁的有无、随葬品多寡和质地等因素,推测墓主人身份和地位可分为矿区最高管理者、中层管理者或技术人员、地位低卑的矿冶生产者。不同时代、不同地位、不同葬俗的人共处一个墓地,且多数墓葬排列有序,是什么样的制度延续使然?这需专家学者们继续探析。诚然,墓葬区的发现,使古铜矿遗址"见物不见人"的问题迎刃而解,其学术价值再次震惊海内外。

　　从铜料流向考察,反映了"金道锡行"的蛛丝马迹。学者们采用现代科技手段对铜绿山铜矿料和相关墓地出土铜器进行铅同位素示踪和对比分析,获得铜绿山铜料流向的证据:商代盘龙城址墓葬、殷墟遗址墓葬,随州叶家山西周时期曾侯墓地、随州羊子山西周鄂侯墓地、宝鸡西周(鱼)国墓地,郧县乔家院楚国春秋时期墓地,战国早期曾侯乙墓、安徽六安战国墓地等地出土的青铜器,其铸造青铜器的铜料部分或大部分来源于大冶铜绿山。先秦时期的政治集团、王国和诸侯国铸造出大量的青铜礼乐器和兵器,一是作为对内明贵贱、别等级、维护统治秩序的一种物化的政治制度,二是用于对外防御、拓土称霸。由此可见,铜料在青铜时代成为国家不可缺少的战略物资。如楚国在西周初年受封为一个"土不过同"的蕞尔小国,自从占据铜绿山获得铜资源后,综合国力蒸蒸日上,春秋时期跻身"五霸",战国位列"七雄"。因此,已故著名楚史专家张正明先生惊叹地说:"没有铜绿山,就没有楚文化!"

　　铜料生产和外输包含内容也十分丰富。从考古发现的甲骨文、金文、竹简等文献记载来看,铜料的获取有掠夺、贡赋、馈赠、奖赏、交换等方式。铜料除在古代"祭与祀"发挥主要作用外,还在外交、商业、生产及生活等领域发挥特殊的作用,形成了不同时期的铜料运输线路即"金道锡行",也对铜料生产之地的文化兴衰、交替产生了重大影响。大冶地区自新石器时代中晚期,先后经历了薛家岗文化、屈家岭文化、石家河文化的历史更替。此后的后石家河文化(亦称肖家屋脊文化)在夏文化碰撞下而衰亡,新来的扬越人在中原夏商周文化长期影响下,产生的大路铺文化兴衰达 2000 年,大路铺文化融合到东进的楚文化之中,这为秦帝国统一奠定了基础。

目前,江汉平原新石器时代的油子岭文化、屈家岭文化、石家河文化、肖家屋脊文化时期的一些城址、遗址中陆续出土铜矿石(孔雀石),而鄂东南矿冶遗址的源头目前仅追溯到距今 4000 多年的肖家屋脊文化时期,两地原始文化在上限年代上相差 1500 年。因此,铜矿资源十分丰富的鄂东南有继续往前探寻条件,尚需调整考古方向,未来可期。欣慰的是,上述不同时代矿冶遗址,一脉相承地流淌着矿冶文化血液,对推进中国青铜文明兴盛、中华文明多元一体的形成作出了重大贡献! 铜绿山古铜矿遗址蕴藏着古人数千年创造的勇于拼搏、开拓进取的铜斧精神,这应是坚定中华文化自信的动力和源泉之一。

二

时光荏苒,岁月如梭。铜绿山古铜矿遗址自发现以来走过了半个世纪的保护与传承之路,其路艰辛,其业辉煌。

1982 年遗址被国务院公布为全国重点文物保护单位,也成为首个国家级古矿冶遗址。为了让铜绿山古铜矿遗址文物资源活起来,1984 年底,在铜绿山Ⅶ号矿体 1 号古代采矿遗址上建成的铜绿山古铜矿遗址博物馆对外开放。它是我国唯一一处井下采矿遗址现场,也是当时继西安半坡遗址博物馆、秦始皇兵马俑博物馆之后的第三座遗址博物馆。

由于遗址地处铜矿资源富有区,遗址保护与矿产开采的矛盾日益尖锐,遗址保护之路在何方? 1984—1991 年,国家有关部门与湖北省政府召集各学科专家对铜绿山古铜矿遗址开展了原地保护与搬迁保护的大论证。历经八年,原地保护与搬迁保护的研究广度、深度、对话与博弈皆史无前例,最终国务院作出铜绿山古铜矿遗址坚持原地保护的决策,使矿山舍弃了几十亿元的资源不开采,充分体现了中国政府对保护文化遗产的慎重和重视。

针对遗址本体存在的各种问题,科技保护研究课题不断增强,研究成果很快转化为实践,先后完成了遗址博物馆内古坑木杀菌脱水与围岩加固保护以及整体防水防渗铺盖工程、开展了遗址核心区白蚁防治工程、对遗址边坡安装监控设备进行监控。这些科研成果确保了遗址的安全,也为遗址永续展示提供了保障。

1994 年,遗址列入中国申报世界文化遗产预备名单,遗址突出的普遍价值正式走向世界。为了整治遗址保护区的环境,大冶市投入 4000 多万元对遗址场馆道路进行了全面的修缮,并争取国家矿山地质环境治理资金 2.57 亿元对遗址边坡进行了治理,有效保护了遗址的安全和环境修复。

2013 年遗址被列入国家考古遗址公园立项建设名单,这是更好让遗址活化、实现文旅融合、服务人民的重大举措。为此,我们确定了以春秋采矿遗址及其环境保护为主体,紧紧围绕考古遗址保护和展示利用开展了一系列的研究课题和创建工作。在遗址保护与环境整治、遗址公园建设、遗址考古发掘、遗址公园开放服务等方面,取得了显著的效果。最为重要的是在新博物馆建设选址地段发现和发掘四方塘遗址墓地。2016 年 5 月 16 日,铜绿山四方塘遗址墓葬区项目被评为“2015 年度全国十大考古新发现”,这一重大考古发现不仅为遗址价值研究提供了新资料,增添了遗址展示的新内容,而且使遗址再次蜚声海内外。回望铜绿山古铜矿遗址五十年的考古研究成果,证明她是我国目前发现的古铜矿遗址中采冶延续时间最长、开采规模最大、采冶链最完整、采冶技术水平最高、保存最完整的一处古遗址。她的发现和发掘,填补和改写了中国乃至世界铜矿采冶史。2021 年铜绿山古铜矿遗址被评为“中国百年百大考古发现”。

2023 年 6 月 9 日,以铜绿山Ⅶ号矿体为中心建设的铜绿山国家考古遗址公园核心区暨铜绿山古铜矿遗址博物馆新馆竣工开放,成为湖北乃至中国一处新的矿冶文化地标和打卡地。

三

铜绿山古铜矿遗址是中华文明花园中一朵鲜艳的奇葩,如何使她永葆花鲜芬芳任重而道远。这是因为铜绿山古铜矿遗址保护区面积为 555.7 公顷,历经半个世纪,考古发掘面积仅为一万多平方米,显然考古发掘面积占比较小,实为"冰山一角",大面积的空白区未进行考古工作,是否尘封了许多不为人知的神奇谜团?此外,铜绿山周边保存的一些古冶炼遗址、城址、墓葬,考古研究工作做得更少,可揭示的厚重文化奇迹会更多。因此,学术界最新关注的是鄂东南铜绿山古铜矿遗址与阳新张公城址和银山脚下冶铅遗址,大冶五里界城址、草(楚)王咀城址、鄂王城址和邹村古墓群,以及江汉平原新石器时代的油子岭文化、屈家岭文化、石家河文化、肖家屋脊文化时期的一些城址(遗址),中原二里头遗址,长江上游的三星堆遗址、金沙遗址,长江下游的吴城遗址,楚国诸都城,湖北简称"鄂"的文化根源等存在什么关系? 这一系列谜团纵跨五千多年的中华文明史,期待新老专家学者们去持续揭秘。

铜绿山古铜矿遗址公园和新老博物馆现在展示面积仅为310亩,虽然初见成效,但是整个遗址保护区怎样建成特色国家考古遗址公园,并转化为风貌独特的4A级景区,最终建成有着深厚的文化底蕴与风土人情的5A级旅游景区,让遗址在中国特色的现代化进程中赓续文化传承,成为世界的朝圣之地,这是一个继往开来的大课题。

总之,作为铜绿山古铜矿遗址的发现者、保护者和传承者,我们一定要把这份最珍贵的文化遗产、最靓丽的风貌服务于人民、展示给世界、奉献给未来。

郭正盛

大冶市铜绿山古铜矿遗址保护管理委员会党组书记、主任

2024 年 1 月 28 日

目 录

致辞建言

探索发现

文明礼赞

记忆流年

致辞建言

在 2023 年文化和自然遗产日
湖北文物保护宣传展示暨铜绿山古铜矿遗址
考古发现 50 周年系列活动上的致辞

中国社会科学院学部委员、中国考古学会理事长 　王　巍

（2023 年 6 月 9 日）

今天,在铜绿山古铜矿遗址博物馆新馆举行"2023 年文化和自然遗产日湖北文物保护宣传展示暨铜绿山古铜矿遗址考古发现 50 周年系列活动",首先,我代表中国考古学会向活动举办方表示热烈的祝贺!

原本直接去浙江开会的,后来省文旅厅文物处陈飞处长告诉我会议提前到今天召开,如果按原定的 6 月 10 号,我可能就无法到会了,此前我也是这样回复老吴的(省文物局原副局长吴宏堂)。最近几年,湖北省文博事业蒸蒸日上,欣欣向荣,尤其是去年发现的郧县人 3 号头骨,屈家岭遗址、龙湾遗址国家考古遗址公园挂牌,石家河、凤凰嘴、苏家垄等一批重要文化遗址的发掘等,对于中华文明探源工程和长江中游文明进程的研究,提供了非常珍贵而又关键性的资料。

我本人是研究夏商周这段历史的,对这一时期的考古新发现特别敏感,尤其古铜矿遗址的发现与发掘,比如:大冶铜绿山古铜矿遗址四方塘古墓葬群的考古发掘,非常重要。我多次参观发掘现场,参加学术研讨会。在当年(2016 年)评选"全国十大考古新发现"时,我是投了赞成票的。

商周时期是中国历史上的青铜时代,这一时期青铜器的品类之丰富、造型之优美、纹饰之华丽、制作之精巧、风格之独特闻名遐迩,在世界青铜文明中是首屈一指的。然而,当时所用之铜从何而来? 在史学界一直是个迷。1973 年,铜绿山古铜矿遗址的发现与之后的一系列考古发掘,解决了中国青铜器铜原料的来源问题。它以无可辩驳的事实证明,中国青铜文化是一部完整独立的发展史,同时,也彰显了它在人类冶金史、科技史和文化史中的重要地位。所以,刚才主持人也非常自豪地说出了铜绿山古铜矿遗址的"六个最"(即发现最早、规模最大、技术水平最高、持续开采时间最长、产业链最完整、保存最完好)。我们所的老所长夏鼐先生曾经在美国大都会艺术博物馆的演讲中对铜绿山古铜矿遗址的发现也给予了高度的评价,他说:"铜绿山考古发现是中国古代青铜器研究的一

个新领域,也是中国考古学新开辟的一个领域。"

我来过铜绿山古铜矿遗址多次,每一次都会有不一样的感受,总会看到铜绿山古铜矿遗址的发掘与研究、展示在不断地进步。1984年,国家在中国社会科学院考古研究所主持发掘的春秋采矿遗址上建设了遗址博物馆,保护、展示遗址发掘现场,在那个时候,算是一件非常了不得的大事了,它是继西安半坡遗址、秦始皇兵马俑遗址之后在遗址上兴建的又一座遗址博物馆。今天我们看到的这座铜绿山遗址新的博物馆,与之前的老博物馆比,感觉非常不一样,非常的震撼。它的造型,它的规模,它的精致,它的绿化景观,以及周围环境的整治等等,让我们看到了这个博物馆设计的独具匠心;让我们看到了一个新的"国家考古遗址公园"呼之欲出。这个博物馆的展览非常有特点。重点突出,亮点精彩,做到了让观众看得懂、有兴趣、受教育,比如说冶炼的环节,通过比较直观的数字化的展现手段,包括三维的动画等让观众能够了解古代一整套采冶技术,很符合习近平总书记讲的要让文物资源"活起来"的要求。通过展览的方式,让观众了解我们青铜文明的辉煌,对于增强人们的民族文化自信与自强是非常有好处的。我们从过去的辉煌要走向今后的辉煌,需要有这种志气、骨气和底气。

前几天,(2023年6月2日)在中国历史研究院,我亲耳聆听了习近平总书记在文化传承与发展座谈会上的重要讲话。讲话的内容非常的深刻,提出了很多重要的观点,比如:"中国文化源远流长,中华文明博大精深。只有全面深入了解中华文明的历史,才能更有效地推动中华优秀传统文化创造性转化、创新性发展,更有力地推进中国特色社会主义文化建设,建设中华民族现代文明"等。这些新的理论阐述对于进一步加强文物保护和利用,推进中国特色的社会主义文化建设具有重要的现实意义和深远的历史意义,我们必须认真学习,深刻领会其精神实质。在总书记发表重要讲话一周的时候,湖北省文旅厅和黄石市人民政府在这里举办这次活动,我认为就是以实际行动在学习、贯彻、落实习近平总书记的讲话精神。

新时代、新征程中,文物保护、利用与研究工作任重道远,让我们始终坚持以习近平新时代中国特色社会主义思想为指导,认真贯彻落实"保护第一、加强管理、挖掘价值、有效利用、让文物活起来"的文物工作方针,艰苦奋斗,开拓创新,砥砺前行,不断开创文物工作,特别是湖北和大冶文物保护工作的新局面,满足人民群众对美好文化生活的向往。衷心祝愿大冶铜绿山古铜矿遗址早日跻身国家考古遗址公园的行业。

最后预祝活动取得圆满成功!

在2023年文化和自然遗产日湖北文物保护宣传展示暨铜绿山古铜矿遗址考古发现50周年系列活动开幕式上的讲话

湖北省文化和旅游厅党组书记、厅长 李述永

（2023年6月9日）

尊敬的王巍先生，同志们、朋友们：

遗产承载历史自信，文物映照复兴征程。今天，我们相聚在大冶铜绿山古铜矿遗址公园，隆重举行2023年文化和自然遗产日湖北文物保护宣传展示暨铜绿山古铜矿遗址考古发现50周年系列活动开幕式。在此，我谨代表湖北省文化和旅游厅（湖北省文物局），对前来参加遗产日系列活动的各位嘉宾表示热烈的欢迎！对辛勤工作在文博战线的同志们致以节日的祝贺！对长期以来关心、支持和参与文化遗产事业的各级党委政府、社会各界表示衷心的感谢！

湖北是文物资源大省。近年来，在省委省政府的坚强领导下，全省文旅文物部门认真贯彻落实习近平总书记关于文物工作重要论述和指示批示精神，以敬畏之心、责任之心，加强保护管理，推进有效利用。建立湖北省文物工作联席会议制度，加强部门联动和协调配合，大力推进荆楚大遗址传承发展工程，新增2处大遗址获国家考古遗址公园挂牌，新增3处国家考古遗址公园立项，评定公布两批次12个湖北省文化遗址公园，以长江、长征国家文化公园、国家考古遗址公园、湖北省文化遗址公园为主体的荆楚优秀传统文化保护传承体系初步形成。积极实施"长江中游文明进程研究"课题和考古中国重大项目，近5年4个考古项目荣获年度"全国十大考古新发现"，6个项目入选"中国百年百大考古发现"，湖北考古博物馆建成开放，省考古标本库房顺利推进，在建设中国特色、中国风格、中国气派的考古学方面作出了湖北生动实践。万里茶道成功列入中国世界文化遗产预备名单，遴选公布第八批湖北省文物保护单位，划定全部国保单位、1—7批省保单位保护范围和建设控制地带，核定公布两批次《湖北省革命文物名录》，圆满完成全省不可移动革命文物保护状况全面排查、长江文物资源调查、三峡文物资源调查、石窟寺石刻调查，文物保护基础更加夯实。先后成功举办2022年国际博物馆日中国主场活动、2023年国家考古遗址公园现场会系列活动等全国性文博盛会，湖北文物事业迎来高光

时刻,有效助力加快建设全国构建新发展格局先行区。

党的二十大报告指出,"加大文物和文化遗产保护力度,加强城乡建设中历史文化保护传承,建好用好国家文化公园";今年6月2日,习近平总书记在文化传承发展座谈会上强调,"担负起新的文化使命,努力建设中华民族现代文明",他指出"认识中华文明的悠久历史,感知中华文化的博大精深,离不开考古学"。为深入学习贯彻党的二十大精神,贯彻落实习近平总书记关于文物工作重要论述和指示批示精神,落实全国和全省文物工作会议精神,宣传呼应今年文化和自然遗产日主题"文物保护利用与文化自信自强",今天,由中国考古学会指导,湖北省文化和旅游厅(湖北省文物局)、黄石市人民政府主办,大冶市人民政府、湖北省文物考古研究院、长江流域矿冶考古联盟秘书处承办,北京大学考古文博学院、武汉大学长江文明考古研究院等单位协办的铜绿山古铜矿遗址考古发现50周年系列活动也正式拉开序幕,以主题文化活动、遗址博物馆开馆、学术交流研讨等形式,深入挖掘阐释荆楚文物价值,促进铜绿山古铜矿遗址公园建设提档升级,更好传承弘扬千年青铜文化,更好增进历史自信、文化自信。

大冶是千年古县、矿冶之城,有着3000多年采冶史、1000多年建县史,素有"百里黄金地,江南聚宝盆"之美誉,是华夏青铜文化的重要发祥地。1973年,铜绿山古矿冶遗址在采矿生产中被发现,随后中国社会科学院考古研究所、湖北省博物馆等单位联合组成考古队对1、2、4、7、11号矿体及2处东周冶炼遗址进行抢救性发掘和研究,开创了中国矿冶考古和青铜器研究的新领域,"是冶金考古新领域的最重要成果","堪称利用考古新资料研究中国科技史的一个样本"。近半个世纪的大冶铜绿山矿冶考古成果蜚声国内外,备受各级党委政府、学界和民众重视。铜绿山古铜矿遗址于1982年被列入"全国重点文物保护单位",1994年、2012年先后两次列入《中国世界文化遗产预备名单》,2001年被入选中国"20世纪100项重大考古发现",2016年被评为全国十大考古新发现;2021年入选中国"百年百大考古发现"。近年来,在黄石市委市政府和大冶市委市政府的重视支持下,大冶市文博人围绕文物保护利用下真功、用实劲,铜绿山古铜矿遗址公园建设稳定推进,遗址博物馆正式建成,为弘扬中华优秀传统文化增添了鲜活的传承地,为市民群众休憩娱乐增添了优美的打卡地。今天,我们在这里举办遗产日主场活动暨铜绿山古铜矿遗址考古发现50周年系列活动开幕仪式可以说是逢天时、占地利、得人和,也是对"文物保护利用与文化自信自强"这一主题的最好阐释。

下面,我宣布:

"2023年文化和自然遗产日湖北主会场暨铜绿山古铜矿遗址考古发现50周年系列活动开幕""铜绿山古铜矿遗址博物馆开馆"。

谢谢大家!

在 2023 年文化和自然遗产日湖北文物保护宣传展示暨铜绿山古铜矿遗址新馆开馆仪式上的致辞

黄石市委副书记、市长　吴之凌

（2023 年 6 月 9 日）

尊敬的王巍理事长、述永厅长，各位领导、各位专家、各位嘉宾，同志们：

千年炉火生生不息，青铜文化光耀五洲。在我国第 18 个文化和自然遗产日来临之际，今天我们相聚在华夏青铜古都，举行 2023 年文化和自然遗产日湖北文物保护宣传展示暨铜绿山古铜矿遗址新馆开馆仪式，这既是赓续文明薪火、增强文化自信的具体实践，也是做大做强文旅产业、打造城市文化品牌的重要举措。在此，受市委书记郤英才同志的委托，我谨代表中共黄石市委、市人民政府向出席活动的各位领导、各位专家和嘉宾表示热忱的欢迎，向长期以来关心支持黄石文化事业发展的各界人士表示衷心的感谢！

黄石因矿得名、依矿而兴，是华夏青铜文化的发祥地之一。早在三千多年前，黄石先民们就在此大兴炉冶，曾引领先进矿炼技术数千年，留下了世界闻名的铜绿山古铜矿遗址，被誉为"世界第九大奇迹"，列入了国家考古遗址公园项目、"世界文化遗产"预备名录和"大世界基尼斯之最"。历史文化遗产不仅生动述说着过去，也深刻影响着当下和未来。数千年青铜文化的积淀，不仅造就了黄石这座城市独特的文化魅力，也为黄石打造千亿铜产业集群注入了强大文化基因。

博物馆是保护文化遗产的重要殿堂，也是传承城市文脉的重要载体。一直以来，在国家文物局、中国考古协会、省文化和旅游厅和各级各相关部门的关心支持下，我们以文物藏品为依托，以矿冶遗址考古与历史脉络为线索，生动讲述铜绿山古矿冶文明故事，推动我市文化遗产保护利用工作取得新成效。特别是随着新馆建成投用，我们以"铜山有宝、找矿有方、采矿有道、炼铜有术、青铜有源"为脉络，串联起青铜文化起源、发展、兴盛历程，再现古铜都工业场景，将为黄石再增一张靓丽的城市名片。

习近平总书记强调,要担负起新的文化使命,努力建设中华民族现代文明。历史文化是城市的灵魂,我们要认真学习贯彻习近平总书记文化传承发展座谈会重要讲话精神,积极创建国家历史文化名城、加快打造工业遗产博物馆城市,并以此次活动为契机,深入挖掘铜绿山古铜矿遗址文化价值,真正让文物说话、让历史说话、让文化说话,全面提升黄石城市软实力。恳请各位领导、专家一如既往关心关爱黄石,为黄石文化遗产保护工作把脉问诊、建言献策,携手共创文化产业高质量发展的美好明天。

最后,祝愿本次活动取得圆满成功,祝愿大家身体健康、万事如意!谢谢大家!

在铜绿山古铜矿遗址考古发现 50 周年学术研讨会上的致辞

大冶市委副书记、市长　孙　轶

（2023 年 6 月 9 日）

尊敬的各位领导、各位专家：

大家下午好！

考古发掘五十载，溯源文明四千年。今天，我们相聚在千年铜都——大冶，隆重举行铜绿山古铜矿遗址考古发现 50 周年学术研讨会。这是一次开展考古交流、保护古矿遗址、传承青铜文明的高规格学术盛会，也是一次助推古矿遗址保护发展、提升大冶青铜文化学术知名度和社会影响力的聚智盛会。在此，我谨代表中共大冶市委、大冶市人民政府向铜绿山古铜矿遗址考古发现 50 周年表示热烈祝贺！向多年来为铜绿山古铜矿遗址考古发掘、研究保护默默奉献的专家学者和广大文物工作者致以崇高敬意！

大冶，四千年炉火，生生不息。"天地为洪炉，造化为大冶。"大冶因"大兴炉冶"之意而得名，光彩夺目、冠绝古今的青铜文明在这里延续了 4000 多年，被誉为"华夏青铜文化的发祥地""中国青铜之都"。翻开历史画卷，黄巢在这里筑炉，岳飞在这里铸剑，朱元璋在这里置铁冶所，张之洞在这里创办汉冶萍公司。走进新世纪，大冶依托雄厚的工业基础，走上了产业升级、转型发展之路，在新时代的大潮中，乘风破浪，扬帆劲航。今天的大冶，民康物阜，宜居宜业，发展如潮，大美如画，已成为全国文明城市、国家园林城市、国家卫生城市、中国宜居宜业城市、全国县域经济百强县市。

大冶，四千年冶铸，石破天惊。1973 年，铜绿山古铜矿遗址一经发现就震惊中外。1984 年建成开放的铜绿山古铜矿遗址博物馆成为我国继西安半坡遗址、秦始皇兵马俑遗址之后，第三个考古遗址现场博物馆，在我国考古遗址展示利用史上具有里程碑意义。历经 11 年的考古、挖掘和研究，铜绿山古铜矿遗址的神秘面纱逐渐被揭开。经考证，这里的开采年代可追溯至距今 4000 多年前的夏代，采冶技术代表青铜时代最高水平；深井采矿技术，最深可挖到距地表 80 米，并成功解决了井下采矿的支护、通风、排水、照明、运输等一系列技术难题；这里冶炼出的粗铜纯度高达 93％以上，古炉渣含铜量平均仅为 0.7％，这在当时世界上处于遥遥领先的地位。考古发现 50 年以来，在各级领导和相关部门的高度重视和大力支持下,铜绿山古铜矿遗址在研究、保护、利用等方面取得巨大进步,先后获得"全国重点文物保护单位""中国百年百大考古发现"等一系列殊荣。

大冶,四千年文化,历久弥新。铜是大冶的魂,铜绿山古铜矿遗址已成为大冶最厚重的文化地标,它所代表的青铜文化已融入大冶人的精神和血脉。四千年的文化交融,已将大冶先民筚路蓝缕、坚韧不拔的奋斗精神熔铸成独具特色的铜斧精神,成为了大冶人民的象征,再经过时代积淀,铜斧精神又衍化为"匠心图强、劲无止境"的大冶精神,激励一代代大冶人开拓创新、砥砺前行。当前,全市上下正在"大冶精神"的指引下,抢抓武汉都市圈发展、花湖机场投运等重大机遇,踔厉奋发,勇毅前行,全力冲刺千亿县市,奋进全国县域经济50强。

文物是历史的记忆,文化是发展的灵魂。研究和弘扬青铜文化,既是文物考古、文化发展的需要,也是大冶人民的责任与义务,更是我市新时期"文化强市"战略的需要。今天参会的领导专家都是考古界、文化界的权威,恳请大家为古矿遗址保护、青铜文化传承和大冶文化繁荣发展多提宝贵意见。我们将以此次活动为契机,深入贯彻落实全国文物工作会议精神和文化传承发展座谈会精神,全力保护古矿遗址、传承发展青铜文化、高质量推进新时代"文化强市"建设。

最后,祝愿本次活动圆满成功!祝愿各位领导、各位专家生活美满、事业辉煌、阖家幸福!谢谢大家!

探索发现

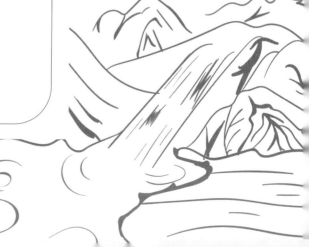

论倒钩铜矛源自中国

郭静云　郭立新[①]

摘要：在中国和塞伊玛—图尔宾诺共出的所谓倒钩铜矛，以往多认为其源自草原并经齐家文化的中介传入中国；本文分析认为其源于中国江河中原地区三苗和夏（后石家河文化）交界之际，原本是作仪仗用的旗杆头，多为阔叶形，以不坚固的纯铜或低锡青铜制造；在早商和晚商时代，演变为不带叶的铜镦，仍用作旗杆首。当倒钩铜矛传播至草原塞伊玛—图尔宾诺文化区时，成为一种兼有旗杆首和兵器双重用途的器物，器形也因此变成矛叶锋尖锐的窄叶矛，以山字脊加固中脊，并多以高锡青铜制作。

关键词：旗杆头，铜镦，江河中原，塞伊玛—图尔宾诺

一、前言

从二十世纪以来，中国冶炼技术起源以西来说为主流。可是，这种观点从始缺乏考古学证据。如在草原地区，自公元前第二千纪中期塞伊玛—图尔宾诺和安德罗诺沃文化之前，黄河流域和其他中国地区都看不出与草原密切来往的证据；塞伊玛—图尔宾诺之前草原地区的冶铜技术很低；在文化来往的路线上，当时也鲜少见到交流沟通的迹证。只有安德罗诺沃文化铜器，或许与中国长城地带所出铜器有一些可比性，但却依然缺乏很多环节，难以厘清其间的关系。考古发现已可表明，即使根据年代谱系，华北地区的冶炼也早于中亚和东亚草原，而长江中游早期冶炼遗存则更比华北早得多，后者甚至可溯

---

① 作者单位依次为：南京大学全球人文研究院、中山大学历史人类学研究中心暨人类学系。

源至公元前第四千纪早期。①

直至公元前第三千纪晚期,中国东中部地区已有数个矿区得到开拓和利用,并形成了矿料贸易,但其中并没有源自南西伯利亚的矿,不涉及到中亚或其他西来的因素。从冶炼技术来分析,东亚地区只有在长江中游才能看到一脉相承的发展,从发现孔雀石的特点而使用还原法冶炼,到使用炼缸冶炼,再到青铜合金技术的发明和兴盛。商青铜文明也主要传承自石家河青铜文化,属于长江中游冶铸技术的传承脉络,绝非西来,更不可能是在这方面受到草原文化影响。

中国其他青铜文化发展的区域,迄今都未见有冶炼技术起源的迹象。东北地区直至红山文化晚期出现规模虽小但技术相对成熟的冶炼技术,应该是在受到长江流域石家河文明的炼铜技术启发,在自有矿料资源的基础上,开始制造一些青铜器。夏家店下层文化又形成了新的需求,进一步发展矿业及冶铜业。同时黄河上游也出现冶炼活动。这些冶铜迹证皆非冶炼地表上采集的氧化铜的原始冶炼技术,而是从一开始就开采硫化铜(铜矿一般是氧化铜矿裸露于地表而硫化铜埋藏于地下),这也说明其冶炼技术可能是从外地受到启发。由于西城驿等遗址的年代都早于草原地区,且未见其与中亚的来往关系,也不妨假设其同样是从后石家河文化受到某种影响或启发。尤其是要考虑到,自屈家岭文化北上之后,黄河上中游地区遗址经常出土源自长江中游的宝贵物品或技术,如快轮制陶法、泥质黑陶、水稻等。草原地区自公元前第三千纪晚期开始,可零星见到纯铜锻造技术,但却未见冶炼技术长远发展的轨道或一脉相承的传统;这时草原所出小件铜器,大多只是不同族群的遗留。

所以,西亚与东亚皆各自独立发展出冶金技术,而且其发展冶炼技术的目标和过程均有巨大不同。与其他地区不同的是,中国青铜文明的兴盛不依靠战争技术的推动,不以兵器,而是以礼器为代表。且由于以铸造大型豪华容器为目标,故而采用陶质合范铸造技术,这也成为中国青铜文明的独有特点。

至于与草原有来往的夏家店下层、西城驿、齐家、四坝等文化,因精神文化的内在需要而使用铜的几率较低,他们更多是制造有实际作用的铜刀、铜镞、铜斧等工具和兵器,以及少量装饰品。此外,经笔者对黄河流域刀具的比较研究,表明其也应该是源自长江中游,与阿尔泰地区没有关系(另文说明)。虽然中国东北地区所出铜刀为一独立系列,

① 郭静云,邱诗莹,范梓浩,郭立新,陶洋:《中国冶炼技术本土起源:从长江中游冶炼遗存直接证据谈起(一)》,《南方文物》,2018年第3期,第57—71页;郭静云,邱诗莹,范梓浩,郭立新:《中国冶炼技术本土起源:从长江中游冶炼遗存直接证据谈起(二)》,《南方文物》,2019年第3期,第41—55页;郭静云,邱诗莹,郭立新:《石家河文化:东亚自创的青铜文明》,《南方文物》,2019年第4期,第67—82页;郭静云,邱诗莹,郭立新:《石家河文化:东亚自创的青铜文明(二)》,《南方文物》,2020年第3期,第69—90页;郭立新,邱诗莹,潘莉莉:《从长江中游冶金起源背景看铜绿山等幕阜山诸矿区的开拓与发展》,《铜绿山古铜矿遗址与中国青铜文明研究》,长江出版社,2022年。

但也不是源自阿尔泰,很有可能是他们自己创造出来的形状。

另外,还有一种独特器物,学界一般称为"倒钩铜矛",既出土在中国境内遗址中,亦出土在叶尼塞流域塞伊玛—图尔宾诺文化墓中。本文拟重新讨论所谓"倒钩铜矛"的来源与功能,借此研究,无疑有助于我们厘清中国与草原共出青铜器的源流问题,进而分析中国青铜技术的真正源头。

二、解析"倒钩铜矛"出土地点之时空关系

讨论冶炼起源的学者们经常主张塞伊玛—图尔宾诺文化为中国冶炼技术的源头,且由于所谓"倒钩矛"既有出土在中国,亦有出土在草原,所以经常被引作此说的重要证据。对于其他器型,学界的讨论则甚少,或甚至直接否定中国其他器型源自草原的关系[①]。这种只选择一种独特器物的论述,原本就使笔者怀疑观点的准确性,促使重新探索考古资料。

由于在中国境内出土了数件倒钩铜矛,故成为热门讨论对象。最初有学界以为,倒钩铜矛是西周时期从阿尔泰地区传到中国的[②]。后来在齐家文化遗址出土了倒钩铜矛,尤其是当淅川下王岗 H181 出土了几件倒钩铜矛后,引发学界重新思考该器物 的来源问题。下王岗的发掘者高江涛先生全面搜集中国出土的倒钩铜矛,发现其中至少有 8 件源自南阳盆地,不过他并没有否定这种器物源自阿尔泰塞伊玛—图尔宾诺文化,并假设它们是经过齐家文化传入中原的[③]。胡保华先生也认为:"这类器物是甘青地区齐家文化人群在与更北的塞伊玛—图尔宾诺现象人群接触交流的结果,但并非异域器物的直接输入,而是制作技术的传入,即为齐家文化人群'仿制'欧亚草原地区同类器的产物。淅川下王岗遗址 H181 中新近出土者,应系从齐家文化的分布地域甘青地区传入中原地区,并作为一种外来文化因素在二里头文化中得以传承和保存。"[④]林梅村先生也强调:"考古发现表明,中国与西方之间的文化交流是从欧亚草原开始的,塞伊玛—图尔宾诺文化在史前丝绸之路上的传播及其对中国文明的影响,再次揭示了这一点。"[⑤]

可见,学者们论述的前提,都是认定塞伊玛—图尔宾诺时代在前,而中国属于吸收者。厘清这个问题首先需要从空间和时间讲起。

① С. А. Григорьев. Проблема южносибирских контактов в формировании китайской металлургии бронзового века, сс. 109—119.

② Сергей В. Киселев. Неолит и бронзовый век Китая. Советская Археология 1960, №4, сс. 244—266.

③ 高江涛:《试论中国境内出土的塞伊玛—图尔宾诺式倒钩铜矛》,《南方文物》,2015 年第 4 期,第 160—168 页。

④ 胡保华:《试论中国境内散见夹叶阔叶铜矛的年代、性质与相关问题》,《江汉考古》,2015 年第 6 期,第 55—68 页。

⑤ 林梅村:《塞伊玛—图尔宾诺文化与史前丝绸之路》,《文物》,2015 年第 10 期,第 49—63 页。

塞伊玛—图尔宾诺青铜技术涵盖整个欧亚地带,不同的地方文化出土了同样的青铜器。这是跨族群跨文化的现象,其冶铜技术应是基于共同的发祥地,有着共同技术的一元或二、三元的源头。就空间而言,塞伊玛—图尔宾诺最东边的遗址位于阿尔泰,其中包括耶鲁尼诺(Yelunino)、吉普赛秃山(Gypsy Hill)、克里皮科沃(Klepikovo)、乌斯季扬卡(Ustyanka)、恰雷什河边的恰雷什(Charysh)等。顺着鄂毕河和额尔济斯河北下,类似青铜器出现在西西伯利亚鄂木河(Om River)边,如罗斯托夫卡(Rostovka)、鄂木河窖藏(Treasure of Om)、秃山二铸工墓(Sopka—2),最西北到孔达河(Konda River)边的萨特加(Satyga)等遗址中。乌拉尔地区的核心遗址乃塞伊玛(Seima),以及丘索瓦亚河(Chusovaya River)汇入卡马河(Kama River)对面的图尔宾诺(Turbino)墓区。此外还有东欧遗址群。

就器物的共同性冶炼技术发展及传播的角度分析,切尔内赫(E. H. Черных)先生研究证明,塞伊玛—图尔宾诺并非一元的现象,其中一部分发祥于东部阿尔泰、叶尼塞河上游地区,传播界限到达乌拉尔地区,东欧类型从西边也有到达乌拉尔地带[1]。换句话说,阿尔泰山脉、叶尼塞河上游、米努辛斯克盆地地区是塞伊玛—图尔宾诺文化体的东部发祥地之一,且倒钩铜矛只出现在东区的墓里。

目前出土倒钩铜矛的遗址是阿尔泰山脉鄂毕河上游的恰雷什支流(图17),以及在靠近鄂木河汇入额尔齐斯河的罗斯托夫卡墓区(图18—21)[2],还有两件也在附近出土,由鄂木斯克私人收藏(图22)[3]。并且罗斯托夫卡墓地的研究表明,其所包含的北蒙古人种的成分高。罗斯托夫卡墓地的人种,之前未见其在西西伯利亚活动。这些人源自东南方向,其中就包括贝加尔湖边的格拉兹科沃文化(Glazkov culture,公元前1800—前1300年)。在乌拉尔地区,这种人也有少量出现,但越向西越少[4]。我们另外可以发现,在外贝加尔湖地区曾经另有出土了一件倒钩铜矛(图16)[5],形状与恰雷什所出者接近,也与

---

① E. H. Черных & C. B. Кузьминых. *Древняя металлургия Северной Евразии*, 237—255.

② E. H. Черных & C. B. Кузьминых. *Древняя металлургия Северной Евразии*, 69—70;В. И. Матющенко & Г. В. Синицына. *Могильник у деревни Ростовка вблизи Омска*. Томск:Издательство Томского университета, 1988.

③ C. П. Грушин (Барнаул, Россия) Наконечники копий сейминско — турбинского типа Обь — Иртышского междуречья. *Культуры степной Евразии и их взаимодействие с древними цивилизациями*. СПб:ИИМК РАН, 《Периферия》2012. Кн. 2, сс. 224—228, рис1:15—16.

④ К. Н. Солодовников;А. А. Хохлов;М. П. Рыкун;Г. Г. Кравченко. К проблеме трансевразийских миграций запада и востока Северной Евразии:Эпоха камня и бронзы (По данным археологии, антропологии и палеогенетики). П. В. Мандрыка. (Отв. ред.). *Древние культуры Монголии, Байкальской Сибири и Северного Китая*:Материалы Международной научной конференции. Красноярск:Сибирский федеральный университет, 2016, т. 2, сс. 261—268.

⑤ 高江涛:《试论中国境内出土的塞伊玛—图尔宾诺式倒钩铜矛》,《南方文物》,2015年第4期,第162页,图二:4。

殷墟所出者(图 15)接近。所以器物资料和体质人类学研究互补证明,倒钩铜矛最有可能是由在长城地带以北活动的猎民,在公元前 17—前 16 世纪短暂暖化的背景下,带到更北边的森林地带的,并不是从西边带到东亚的。

就年代而言,塞伊玛—图尔宾诺现象年代的上限不早于公元前 17—前 16 世纪,大致以公元前 1650 年为上限①。有一些学者主张更早的断代,甚至到达公元前 2100—前 1800 年,但其基于用人骨、人牙检测的碳十四数据。塞伊玛—图尔宾诺人大都生活在大河流边,其食谱中包含有很多鱼类,鱼类受水域碳库效应影响而包含有老碳,经由食物链此类老碳又传递到吃鱼的人骨样本中。当考古学家用此类人骨测年时,由于人骨包含有老碳,致使测年数据老化。根据笔者经验,这种测年数据老化的幅度,有时会很大而无法使用。而在同一座墓中,另有用木板、木头作样本的碳十四数据,其测年结果则为公元前 1800—前 1600 年②。考虑到老木效应,其准确年代应该是在公元前 1700—前 1500 年间,跟学者们的类型学断代研究结果一致。并且,详细研究证明,乌拉尔和乌拉尔以西地区塞伊玛—图尔宾诺遗存的年代,集中在公元前 16—前 15 世纪;而阿尔泰地区遗存的年代上限略早,到达公元前 17 世纪;东、西两个地区遗存的下限大约为公元前 15—前 14 世纪之际③,其时正好处于一波激烈的气候干冷化时期。也就是说,这一波气候干冷化趋势终结了塞伊玛—图尔宾诺现象。

依照中国出土的倒钩铜矛的区域和年代,可划分以下三组:

第一组倒钩铜矛源自丹江下游和周围地区,迄今一共发现了九件。其中四件铜矛出土于河南淅川下王岗遗址的石家河文化中晚期至后石家河文化的地层中(约公元前 2600—前 1750 年间,图 1)④。就出土背景、年代和文化属性而言,根据类型学,并对照该地层是属于石家河文化中晚期至后石家河文化早段,出土四件矛的灰坑开口在晚段地层

① David W. Anthony. *The Horse*, *the Wheel*, *and Language*:How Bronze—Age Riders from the Eurasian Steppes Shaped the Modern World, pp. 443—448.

② Z. V. Marchenko; S. V. Svyatko; V. I. Molodin; A. E. Grishin; M. P. Rykun. Radiocarbon Chronology of Complexes With Seima—Turbino Type Objects (Bronze Age) in Southwestern Siberia. *Radiocarbon*, 59(5), pp. 1381—1397; Ж. В. Марченко; С. В. Святко; А. Е. Гришин; М. П. Рыкун. Радиоуглеродные даты и хронология могильника Ростовка (Омское Прииртышье). А. П. Деревянко & А. А. Тишкин. (Отв. ред.). *Труды V (XXI) Всероссийского археологического съезда в Барнауле — Белокурихе*. Барнаул:Издательство Алтайского университета, 2017, сс. 287—291.

③ Е. Н. Черных & С. В. Кузьминых. *Древняя металлургия Северной Евразии*, 256—265. Н. В. Леонтьев; С. Н. Леонтьев. Материалы эпохи бронзы Казыро—Кизирского междуречья. Савинов, Д. Г. & Подольский, М. Л. (Сост. ред.). *Окуневский Сборник 2:Культура и ее окружение*. Санкт—Петербург:Германский археологический институт; Санкт—Петербургский государственный университет, 2006, сс. 228—241.

④ 原报告称之为龙山文化晚期,但该地所谓龙山晚期的文化,实为后石家河文化。参中国社会科学院考古研究所:《淅川下王岗:2008—2010 年考古发掘报告》,科学出版社,2020 年,第 324—328 页。

下,据此判断埋葬年代约公元前 2000 年左右。同一期有检测四个婴儿骨牙的测年数据,虽然这是捕捞生计很频繁的区域,鱼类在食谱里的成分很高,影响到用人骨测年可能会有老碳污染,但是婴儿的骨和牙,因其生命周期短,所以基本上不太受食物的影响,测年数据相对可靠,其年代范围在公元前 2100—前 1900 年间[1],与类型学判断相吻合。该年代相当于三苗时代晚期至夏王国建国初期,或可以说是大禹打败及推翻三苗统治的时期。[2] 可是,检测矛上的碳样,提供了不同的数据。其銎口上的木炭测年为公元前 4450—前 4070 年,这可能是埋葬环境中的老碳;矛叶上的木炭的测年数据为公元前 2580—前 2290 年[3],这与地层年代基本吻合,或许代表铸造年代。下王岗遗址在盘龙城文化早期(约公元前 1850—前 1550 年间)地层中,还出土有倒钩铜矛的残钩(图 4)[4]。此外,南阳地区另有出土三件同样的倒钩矛(图 5-7)[5],还有一件倒钩矛原本出土于附近,现藏于河南省文物考古研究所(图 8)[6]。

第二组共两件,出土于汾河下游。学者们认为其与陶寺文化(公元前 2400—前 1750 年)有关(图 9、10)[7]。笔者曾以铜齿环为例另文论述过陶寺文化与后石家河文化的关系,所以不排除这一组也是基于南方文明而来,不过,此问题还需要进一步讨论。

第三组四件,与齐家文化有关。其中一件出土于青海西宁市城北区沈那遗址的灰坑中。这一件的形状与上述 11 件相同,但是器型很大,比其他所有倒钩铜矛大一倍(图 13)[8]。此外,大通县朔北藏族乡永丰村有出土与上述十一件形状和大小一致的倒钩铜矛(图 14)[9]。还有甘肃省博物馆收藏的两件同样的倒钩矛。这些都属于齐家文化(公元前 2200—前 1750 年)[10]。前文已述,学者们据此曾假设,倒钩矛是经过齐家文化的吸收和中介,从塞伊玛—图尔宾诺流传到中国的[11]。但是齐家文化的年代也明显早于塞伊

---

① 中国社会科学院考古研究所:《淅川下王岗:2008—2010 年考古发掘报告》,科学出版社,2020 年,第 353 页。

② 郭立新,郭静云:《夏处何境——大禹治水背景分析》,《广西民族大学学报(哲学社会科学版)》,2021 年 1 月期,第 145—155 页。

③ 中国社会科学院考古研究所,《淅川下王岗:2008~2010 年考古发掘报告》,第 590 页。

④ 河南省文物研究所,长江流域规划办公室考古队河南分队编:《淅川下王岗》,文物出版社,1989 年,第 299 页,图二八五:2。

⑤ 高江涛,《试论中国境内出土的塞伊玛—图尔宾诺式倒钩铜矛》,第 161 页,图一:9。

⑥ Сергей В. Киселев. Неолит и бронзовый век Китая,рис. 8:26。

⑦ 林梅村:《塞伊玛—图尔宾诺文化与史前丝绸之路》,《文物》,2015 年第 10 期,第 59 页。

⑧ 青海省文物考古研究所,西宁市文物管理所,王玥、李国华、乔虹、张清民、冯雪:《青海省文物考古研究所等:西宁市城北区沈那遗址 1992—1993 年发掘简报》,《考古》,2022 年第 5 期,第 3—23 页。

⑨ 刘翔:《青海大通县塞伊玛——图尔宾诺式倒钩铜矛考察与相关研究》,《文物》,2015 年第 10 期,第 64—69 页。

⑩ 林梅村:《塞伊玛—图尔宾诺文化与史前丝绸之路》,《文物》,2015 年第 10 期,第 60—61 页。

⑪ 邵会秋:《关于塞伊玛—图尔宾诺遗存的几点思考——从〈塞伊玛—图尔宾诺文化与史前丝绸之路〉谈起》,《西域研究》,2021 年第 1 期,第 141—151 页。

玛—图尔宾诺,二者的交接或许在齐家文化晚期和阿尔泰地区塞伊玛—图尔宾诺文化的起源期。

除了上述十五件之外,另有形状相同的两件,没有留下出土讯息,现藏于陕西历史博物馆和中国国家博物馆(图11、12)①。还有一件源自殷墟宜家苑墓,但其形状非常不同,钩形太大,下方有双系耳,与其他单系耳的矛很不相同;发掘者将其视为铜戟兵器的雏形(图15)②,因其倒钩壮大,或许要将其视为另一种器型。据传外贝加尔湖地区也出土了类似的矛叶很窄但倒钩很小的器物,用处不明,器物的来源亦没有办法确定(图16)。殷商时期遗址中还出土少量带钩的铜镞,形状独特,如豫中舞阳所出者,其背景不明(图33)③。后三件的形状不太一样,或许要分开讨论。

经过这种比较,我们可以发现,中国出土的倒钩铜矛的铸造年代,无疑早于塞伊玛—图尔宾诺。经过时空分析表明,倒钩铜矛源自草原或阿尔泰地区的说法难以成立。此外,中国境内出土了十七件所谓"塞伊玛—图尔宾诺文化的铜矛",都出自地层或坑里,而阿尔泰西伯利亚地区目前只发现有八件,且基本上出自墓里。其中罗斯托夫卡8号墓和24号墓出土很多人骨,有殉葬或合葬的情况;8号墓两件铜矛和铜斧放在人骨之下特意挖出的宝藏坑里。而34号墓特别高级,墓主戴黄金耳环,铜斧和倒钩铜矛置于右边的肩膀旁边,矛尖向上④。随葬品均属于宝贵物品,却未必代表其为本地产物。何故置原本出土数量多、时代也早的中国地区于不顾,却要用发现数量少且年代晚的塞伊玛—图尔宾诺文化复合体来命名和定位其文化性质?

三、中国所出与塞伊玛—图尔宾诺"倒钩铜矛"的差异

详细观察表明,下王岗出土的倒钩铜矛,与在塞伊玛—图尔宾诺文化区出土的此类器物有很多不同。

首先,阿尔泰、西伯利亚出土的倒钩铜矛都是窄叶矛,矛叶锋尖锐,叶脊呈"山"字形分叉,有将其称为"山字脊"者,即其中脊两侧有加固的筋。⑤ 而中国出土的倒钩铜矛中,

① 安阳市文物考古研究所,焦鹏,孔德铭,申明清:《河南安阳刘家庄北地商代遗址墓葬2009—2010年发掘简报》,《文物》,2017年第6期,第页4—30页,图二鹅;高江涛《试论中国境内出土的塞伊玛—图尔宾诺式倒钩铜矛》,第161页,图一:2、5。
② 安阳市文物考古研究所:《安阳殷墟徐家桥郭家庄商代墓葬:2004—2008年殷墟考古报告》《安阳市文物考古研究所田野考古报告之一》,科学出版社,2011年,第132—133页,图版五二:4。
③ 朱帜:《河南舞阳县陆续发现商代文物》,《考古》,1987年第3期,第275页。
④ В. И. Матющенко & Г. В. Синицына. *Могильник у деревни Ростовка вблизи Омска.*
⑤ С. П. Грушин(Барнаул, Россия)Наконечники копий сейминско—турбинского типа Обь-Иртышского междуречья. *Культуры степной Евразии и их взаимодействие с древними цивилизациями.* СПб: ИИМК РАН,《Периферия》2012. Кн. 2, сс. 224—228.

只有一件汾河下游出土的才有山字脊（图9）。如果单从实战用的兵器技术发展路径而言，兵器不太可能是从战斗力、杀伤力强的形制发展到弱的形制。带有中脊加固筋、"山字脊"以及窄叶锋尖锐的矛显然更具杀伤力，应该是晚于阔叶和没有"山字脊"者。

其次，中国出土的倒钩铜矛，与阿尔泰和罗斯托夫卡所出器的合金成分不同。塞伊玛—图尔宾诺的倒钩铜矛都是锡铜青铜器，其中阿尔泰出土的锡料成分最高，达到12％，这种比例相当于盘龙城文化常见的合金，器物坚硬，同时因为兵器形状不复杂，所以经常不含铅。罗斯托夫卡出土的四件也都是锡铜，其中两件锡料成分为8％（图19、20），另两件的成分较复杂，分别为含锡10％、铅0.23％、锑0.2％、砷1.2％（图21）和含锡2.5％、锑0.15％、砷0.2％（图18）[①]。笔者认为，这种成分或许是在表达重铸的过程，即成分不同的青铜器（或可能还包括红铜器）损坏后，将其重新融化和铸造。这是古今常见的做法。

至于中国出土的倒钩铜矛，下王岗出土的含锡料的比例不超过0.5％，其中三件属于砷铜合金，一件是纯铜，都少量含铅，结构与石家河邓家湾出土的铜刀碎片接近，所以铸造年代应落在公元前2500—前2000年间。南阳市博物馆的三件是低砷（0.4％～3％）低锡（0.4％～1.4％）的合金，含少量铅（0.2％～0.3％）。汾河下游出土的两件是低锡青铜，其中无山字脊的标本含锡3.2％，而有山字脊的含锡1.3％。出自齐家文化遗址的几件和陕西历史博物馆收藏的都是纯铜。殷墟宜家苑出土的是含砷6.2％的砷铜。[②]可见，中国出土的倒钩铜矛不仅是在形状上比较原始，其合金技术也属于公元前第三千纪更为原始的技术，与其年代相合。

其三，中国出土的倒钩铜矛的尖部偏圆弧而不锋利。形状没有固筋，合金亦不坚锐，那到底符合不符合用做兵器？下王岗的矛用X光射线透视分析发现，在上层铜锈下隐藏雕刻纹。这一切使我们相信，这种器物不是兵器，而是用作礼器，不过从塞伊玛—图尔宾诺出土的文物来看，其有向兵器作用的发展，不过可能也仍保留了礼器的作用，所以西伯利亚的族群领袖将其用作权杖或宝贵随葬品。

倒钩铜矛的礼器作用以及其倒钩的功能，迄今仍未见厘清，由于商代以来这种器物不再使用，更使其实际功能处于迷雾中。下文拟试探之。

---

① Е. Н. Черных & С. В. Кузьминых. *Древняя металлургия Северной Евразии*，289—290.

② 中国社会科学院考古研究所：《淅川下王岗：2008—2010年考古发掘报告》，第590—595页；刘瑞，高江涛，孔德铭：《中国所见塞伊玛—图尔宾诺式倒钩铜矛的合金成分》，《文物》，2015年第10期，第77—85页。

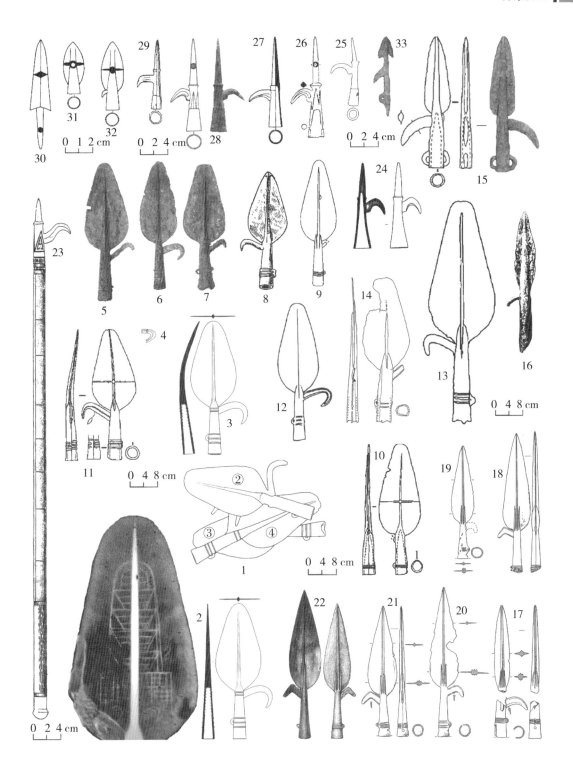

　　1—3.淅川下王岗石家河晚期、后石家河文化地层出土的:1.三件矛的出土情况;2.H181:2,包括X光射线透视照片;3.H181:1;4.淅川下王岗盘龙城文化早期地层出土的倒钩铜矛的残钩(T15②A:39);5—7.南阳博物馆收藏的:5.编号0232;6.编号0234;7.编号233;8.淮河上游地带出土。9—10.可能出

自陶寺遗址;9. 山西工艺美术馆收藏;10. 山西省博物馆收藏;11. 陕西历史博物馆收藏;12. 中国国家博物馆收藏;13—14. 青海省齐家文化遗址出土的:13. 西宁市城北区沈那遗址;14. 大通县朔北藏族乡永丰村出土,大通县博物馆收藏;15. 安阳殷墟宜家苑33号墓出土(09AYYJYM33:33);16. 外贝加尔湖黑龙江北安出土;17. 阿尔泰恰雷什河边出土;18—22. 罗斯托夫卡墓地出土:18、34号墓随葬(M34);19. Ж—20探坑出土;20、24号墓随葬(M24);21、8号墓随葬(M8);22、鄂木斯克私人收藏;23-27. 倒钩旗杆首:23. 小屯中组殷墟二期164号大型墓出土的倒钩旗杆;24. 殷墟孝民屯墓地出土的铜旗杆首(NM155:3);25. 郑州人民公园二里岗上层二期墓里出土的旗杆首(铜镦,C7M21:6);26. 范家庄东北墓地殷墟三期4号墓出土(M4:33);27. 殷墟西区殷墟四期781号墓出土(AGM781:1);28-30. 彬县断泾村先周遗址4号墓出土:28. 铜镞(M4:11:1);29. 旗杆首(M:11:2);30. 倒钩旗杆首(M:11:3)。

四、"倒钩铜矛"功能之谜

如前所述,倒钩铜矛很可能源自江河中原之石家河、后石家河文化的发展脉络,并且无论是从金属合金还是从器型结构来看,都表现得杀伤力不强,此外其倒钩功能也看不出对武器杀伤力有帮助。矛叶上的纹饰告诉我们它应是礼器。实际上,在兵器发展的过程中,也不用这种小钩。

笔者推论,所谓"倒钩铜矛",原本并不是作"矛"这种兵器,而是用作旗杆头,钩的作用即是用来系缚主旗幅。当这种器物被创制以后,接下来可能朝着礼器和兵器双重作用方向发展,因此后来开始制造带山字形脊的尖状器型。殷墟小屯中组殷墟二期164号大型墓出土了已分散的旗杆,其上边的部位也有类似的倒钩(图23)[1],或许可以将其视为倒钩铜矛实为旗杆头的间接证据。孝民屯出土的殷墟二期的旗杆首大小,与所谓"倒钩矛"相同,只是没有"矛叶"。从这些证据来看,所谓"倒钩矛"应该就是旗杆首(图24)[2]。并且同样的旗杆首,还出土于郑州商城二里岗上层晚期至殷墟一期的墓里(图25),发掘者称其为"铜镦"[3],这种发现有助于证明,有倒钩的旗杆首并非北来的殷商贵族的器物,而是殷商之前江河中原文明原本就有的,后期这种所谓的铜镦,也是从所谓"倒钩矛"即旗杆首发展而来。

大概同时期或略晚时代的铜镦,出土于商文明的核心范围之内,如在豫南地区的信

---

① 石璋如:《小屯第一本:遗址的发现与发掘(丙编)殷虚墓葬之二:中组墓葬》,台北"中央研究院"历史语言研究所出版,1972年,第16页。

② 中国社会科学院考古研究所编著:《安阳孝民屯(四)殷商遗存·墓葬》,《考古学专刊丁种第九十四号》,文物出版社,2018年,第1040页,图9—33:4。

③ 河南省文物考古研究所编著:《郑州商城1953—1985考古发掘报告》,文物出版社,2001年,第922—923页,图六一七:8。

阳罗山天湖,在相当于盘龙城文化六期或七期的墓里发现一件(图 26)[①]。殷商时期继续使用倒钩旗杆首,如殷墟西区大约相当于祖庚、祖甲时期的墓里(图 27)[②],殷墟范家庄东北地康丁时期墓里(图 28)[③],都出土有类似的、已没有矛叶的"铜镦"。此外,在晋中浊漳河北源汇入浊漳河之处,武乡县上城村出土了一座殷商墓,这个地区殷商墓罕有,墓主和器物来源不明,而这些器物中也发现有倒钩旗杆铜首(图 29)[④]。据此可见,大约在相当于盘龙城六期至殷墟三期时(公元前 14—13 世纪),虽然已不用阔叶形的旗杆首,但却仍继续使用倒钩形杆头,将旗子系到旗杆上。

矛这种兵器至少从公元前 16 世纪已流行,其在盘龙城遗址有出土。所以,当时是将矛与旗杆首分开。虽然如此,渭河流域彬县断泾村殷商晚期大墓出土品中,有一组被发掘者称为镦的铜器,经仔细观察,其中五件无疑是铜镦(图 30),但是有两件完全不同,其两叶偏薄圆脊,脊挺一体作圆筒状。笔者认为这并不是铜镦,而就是小型杆首,而且其中一件也有系旗子的倒钩(图 31、32)[⑤]。这是目前所见时代最晚的例子。

至于塞伊玛—图尔宾诺文化铜器来源,这个问题很复杂,可能还涉及到南方文明技术向北传的过程。另外,学者们发现在塞伊玛—图尔宾诺文化的东部,发现过很多铸铜陶范,但西部迄今仍没有发现陶范[⑥],这或许暗示了文化的传播方向。不过,总体来说,此问题目前不易解答,有待新资料出土和进一步研究。

额尔齐斯河流域青铜文化的发生与发展问题非常复杂。塞伊玛—图尔宾诺之前和之外,只有少量锻造的纯铜小型用具。甚至同时期的彼特罗夫卡文化(Petrovka culture,公元前 17—前 15 世纪)虽然已有专业化与专业性聚落,但其锻造金属器并不发达,红铜较多,主要是小型刀、镦、斧、装饰品,青铜不多。塞伊玛—图尔宾诺之后,阿拉库文化(Alakul culture,公元前 1500—前 1200 年)锻造和铸造技术才开始发展,铸造的青铜工具、装饰品和兵器才变得多起来。因此塞伊玛—图尔宾诺青铜器的来源还待研究,年

---

① 河南省信阳地区文管会,河南省罗山县文化馆,欧潭生:《罗山天湖商周墓地》,《考古学报》,1986 年第 期,第 153—197 页、第 265—274 页,图二三:23。

② 中国社会科学院考古研究所安阳工作队,杨宝成,杨锡雄:《1969—1977 年殷墟西区墓葬发掘报告》,《考古学报》,1979 年第 1 期,第 27—157 页,图六八:5。

③ 中国社会科学院考古研究所安阳工作队,何毓灵:《河南安阳市殷墟范家庄东北地的两座商墓》,《考古》,2009 年第 9 期,第 27—157 页,图一一:14,图版玖:1。

④ 王進先、杨晓宏:《山西武乡县上城村出土一批晚商铜器》,《文物》,1992 年第 4 期,第 91—93 页。

⑤ 中国社会科学院考古研究所泾渭工作队,梁星彭:《陕西彬县断泾遗址发掘报告》,《考古学报》,1999 年第 1 期,第 73—96 页、第 123—126 页。

⑥ В. И. Молодин. Погребение литейщика из могильника Сопка-2. —Древние горняки и металлурги Сибири. Барнаул: АГУ. 1983,96—109;V. I. Molodin;I. A. Durakov;L. N. Mylnikova;M. S. Nesterova. The Adaptation of the Seima-Turbino Tradition to the Bronze Age Cultures in the South of the West Siberian Plain. *Archaeology*, *Ethnology and Anthropology of Eurasia*. 46/3, 2018, pp. 49—58.

代应该也不会比阿拉库文化早很多,或许可以视为阿拉库文化的技术来源。[①]

五、结语

在中国和塞伊玛—图尔宾诺共出的所谓倒钩铜矛,以往多认为其源自草原并经齐家文化的中介传入中国。本文分别从区域文化的年代关系、形制演化规律、实际功能演化三方面论证,此类器物应被用作旗杆头,实源自江河中原地区。

首先,中国出土的所谓倒钩铜矛的铸造年代无疑早于塞伊玛—图尔宾诺,出土的数量也多。中国境内出土数量最多的地区是南阳盆地及周边,共有 9 件,其中下王岗灰坑发现的四件,埋藏年代约为公元前 2000 年,而其制作年代很可能还要早数百年。汾河下游出土的两件的年代亦大体与此相当。

塞伊玛—图尔宾诺青铜技术涵盖整个欧亚地带,不同的地方文化出土了同样的青铜器。这是跨族群跨文化的现象。该文化复合体的年代上限不早于公元前 17—前 16 世纪,大致以公元前 1650 年为上限,东、西两个地区遗存的下限大约为公元前 15—前 14 世纪之际。其时正好处于一波激烈的气候干冷化时期,正是这一波干冷化终结了塞伊玛—图尔宾诺现象。学界曾提出该文化中有用人骨样本测到早至公元前 2100—前 1800 年的碳十四数据,但若结合这类遗址多滨河滨湖分布,且多以鱼类为食的情境思考,很可能需要将因水域碳库效应而造成测年数据偏老的情况纳入考量,所以,这类数据并不足以采信,或至少需要扣除水域碳库效应所造成的偏老年代。

其次,从形制和金属成分来看,以南阳为主在中国出土的此类器物,多以较不坚固的纯铜或低锡青铜为主,其矛叶宽而前端呈不尖锐的圆弧形或平头形,似不具有兵器的作用。而阿尔泰、西伯利亚出土的塞伊玛—图尔宾诺倒钩铜矛都是窄叶矛,矛叶锋尖锐,叶脊呈"山"字形分叉,被称为"山字脊",其中脊有加固筋;从形制上看,是可以用作刺杀兵器的;而且多为较坚硬的高锡青铜制作,材质上也符合兵器特征。从实战效用分析,兵器不太可能是从战斗力、杀伤力强的形制发展到弱的形制。带有中脊加固筋、"山字脊"以及窄叶锋尖锐的矛显然更具杀伤力,应该是晚于阔叶和没有"山字脊"者。

最后,结合形制、出土情境以及演化脉络分析,笔者认为这种器物原本起源于中国江河中原地区三苗和夏交界之际,原本不是兵器,而是仪仗用的旗杆头,经齐家文化的中介作用,传播到了草原地区,成为塞伊玛—图尔宾诺文化的特色器物时,才演变成为具有旗杆首和兵器双重用途的器物。与此同时,在江河中原地区,原本为阔叶倒钩矛形旗杆头在早商和晚商时代演化为不带叶的倒钩矛形铜镦,仍继续用作旗杆头。

---

① В. В. Евдокимов. *Эпоха бронзы Центрального и Северного Казахстана.*

从铜绿山出土西周时期陶铜器探析其文化因素

陈树祥　李社教　王定兴[①]

铜绿山古铜矿遗址自从 1973 年在现代采矿中横空问世以来,经过五十年两轮考古发掘,获得了十分丰富的考古资料,其反映先秦时期考古学文化逐渐明晰,本文根据考古资料,试对铜绿山西周时期考古学文化因素略作探析。

一

1974—1985 年,铜绿山古铜矿遗址第一轮考古发现了一大批采冶遗迹。有的采矿遗迹中出土少量生活用具和大批生产工具,有的仅存井巷木支护,发掘者根据采矿井巷、马头门的木支护结构的变化时代特征进行了分式,其中,采矿竖井的木支护结构共分Ⅵ式,即Ⅰ式为商代,Ⅱ式为商周之际,Ⅲ、Ⅴ式均为西周和春秋时期,Ⅳ式为西周和两周之际,Ⅵ式为战国至汉代。马头门木支护结构共分为Ⅱ式,而Ⅰ式早到西周,流行春秋时期;Ⅱ式为战国。平(斜)巷木支护结构分为Ⅲ式,Ⅰ式早到西周[②]。此后,有学者进一步将不同井巷木支护分式进行取名[③],可谓智者见智,在此不赘述。因此,根据以往发掘和研究成果,西周时期铜绿山采矿遗存仅可辨析 2 处:一处位于铜绿山Ⅺ号矿体古代露采坑底部,一是发现商代的井巷数条,出土了 2 件铜斧(ⅪX2:1、ⅪJ46:1),有的先生认为,这 2 件铜斧的时代不会晚于西周晚期;笔者以为,一件铜斧(ⅪX2:1)可早到商代中期,另一件钺形斧(ⅪJ46:1)时代为商代晚期[④]。二是发现西周至春秋早期竖(盲)井 53 口、数条平(斜)巷,并出土一批木手提、木撮瓢、木扁担、竹浇筒、竹梯。值得关注的是,商周井巷的上部实为古代露采坑废弃后的堆积层,已出版的《铜绿山古矿冶遗址》考古报告将其分为 6 层,地层中出土了一批生活陶器残片及竹、木、骨质生产工具。其中,古代露采

---

①　作者均为湖北理工学院长江中游矿冶文化与经济社会发展研究中心教授。

②　黄石市博物馆:《铜绿山古矿冶遗址》,文物出版社,1999 年,第 19—22 页。

③　张潮,黄功扬:《铜绿山古代矿井支护浅析》,《江汉考古》,1986 年 3 期。

④　卢本珊等著:《中国古代矿冶技术研究》,书艺出版社,2006 年,第 38—39 页。《大冶铜绿山古铜矿始采年代及相关问题研究》,《湖北理工学院学报(人文社会科学版)》,2014 年第 2 期。

坑的第 2 层年代被定为春秋时期;4～6 层定为西周早中时期,出土生活陶器标本 28 件,器类有鬲、甗、豆、罐、瓮、大口尊等;生产工具有木铲、木槌、竹提篓、骨锥。梳理 4～6 层中出土陶器标本,其年代早晚共存,让人扑朔迷离。《阳新大路铺》考古报告出版,为我们重新检讨铜绿山Ⅺ号矿体古代露采坑堆积出土物年代提供了依据。笔者认为,最初古人在铜绿山Ⅺ号矿体上采掘铜矿时,应是从地表向下开采,逐渐形成露天采矿坑,其始采年代的上限不会晚于夏时期,下限可到商代早期。由于露采坑较深,底部仍有富矿,但不适合继续露采,商周时期矿工采用井巷方法从露采坑底部赓续开采。露采矿与井巷开采废弃后才被填埋,形成了露采坑的堆积层,地层中包含遗物的年代早晚混杂,也反映了不同时期矿工在这里从事过铜矿石开采活动。我们曾对这批陶器年代进行辨别,后石家河文化有蓝纹折沿罐(鼎)陶片(标本ⅪT1⑥:22、ⅪT1⑤:19);商代陶器有双耳甗(ⅪT1⑥:11)、卷沿罐(标本ⅪT1⑥:16)、折沿罐(ⅪT1⑥:17)、印纹硬陶罐(ⅪT1⑥:18)、印纹硬陶大口尊(ⅪT1⑥:14);商周之际或西周早期的陶器有陶鬲式鼎(ⅪT1④:9)、鬲足(ⅪT1⑥:10),西周早中期陶器残片有瓮颈肩(ⅪT1⑥:19,ⅪT1④:28)[1];发掘者认为春秋早中期陶器有折腹残豆盘(ⅪT1②:4)、盘内饰辐射暗纹残豆盘(ⅪT1②:3)、罐口沿(ⅪT1②:6)、刻槽鬲足(ⅪT1②:2)、豆柄(ⅪT1②:5)[2],其观点可从。二是在铜绿山Ⅶ号矿体 1、2 号采矿点发现一批采矿遗存的井巷,根据上述井巷木支护结构时代变化特征,2 号采矿点可辨别的西周时期竖(盲)井 28 口、平巷 12 条;1 号点因上部生产破坏无存,抢救清理出的井巷遗迹数量多,规模较大,殷玮璋先生认为其下限年代多为春秋时期,上限则可能到了西周[3]。1、2 号点井巷内出土一批竹木工具、一件石锤,未出陶器。此外,Ⅺ号矿体之下冶炼场 L12 风沟内出土一件铜斧(L12:1),卢本珊将其定为Ⅱ式铜斧,年代为西周晚期[4]。在铜绿山古铜矿遗址区采集和征集了一大批不同时期的采用铜、铁、木、竹、石质材料制造的矿冶工具,其中有 2 件铜斧年代早到商代晚期[5],发掘者把"在Ⅺ矿体采矿遗址上采集的工具年代定在西周中晚期"[6]。但是,由于第一轮考古发掘出土生活陶器太少,且以陶片为主,尚未进行文化因素分析。

① 龚长根:《铜绿山古铜矿始采时间研究》,《湖北理工学院学报·人文社会科学版》,2013 年第 4 期。陈树祥:《大冶铜绿山古铜矿始采年代及相关问题研究》,《湖北理工学院学报(人文社会科学版)》,2014 年第 2 期。

② 黄石市博物馆:《铜绿山古矿冶遗址》,文物出版社,1999 年,第 50 页。

③ 中国社会科学院考古研究所铜绿山工作队:《湖北铜绿山东周铜矿遗址发掘》,《考古》,1981 年第 1 期。

④ 黄石市博物馆:《铜绿山古矿冶遗址》,文物出版社,1999 年,第 154 页。卢本珊等著:《中国古代矿冶技术研究》,书艺出版社,2006 年,第 38—39 页。

⑤ 黄石市博物馆:《铜绿山古矿冶遗址》,文物出版社,1999 年,第 163—182 页。卢本珊等著:《中国古代矿冶技术研究》,书艺出版社,2006 年,第 38—39 页。

⑥ 黄石市博物馆:《铜绿山古矿冶遗址》,文物出版社 1999 年,第 182 页。

2011—2018 年,在铜绿山古铜矿遗址开展了第二轮考古工作,其中,在铜绿山Ⅶ号矿体北坡(俗称"对面梁")发现了四方塘遗址墓葬区,已发掘 258 座墓葬,其中,有随葬品的西周中小型墓葬 13 座(图 1)[①],另有部分墓葬为无随葬品的空墓,笔者在整理这批墓葬资料时,将其列为两周时期。

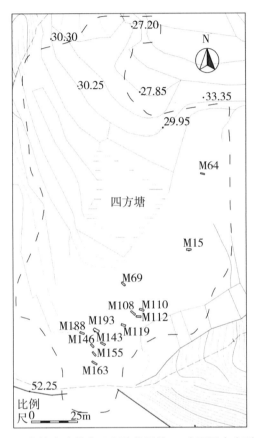

图 1　四方塘遗址墓葬区有随葬品的 13 座西周中小型墓葬

从铜绿山四方塘遗址墓葬区发现的 13 座西周时期墓葬观察,随葬的陶器及铜器数量和种类虽然较少,但器型较完整,器类时代变化较明显,弥足珍贵。根据墓葬中出土的陶器和铜器的特征,可分为三期。为了便于对其文化因素分析,现将 13 座西周时期墓葬与随葬品分期情况列图表如下(表 1):

①　陈树祥,连红:《铜绿山考古印象》,文物出版社,2018 年。

表 1　　　　　　　　　　四方塘遗址墓葬区西周时期墓葬基本情况图表

期别	墓号	墓葬	随葬品
一期	M69		 1.2. 陶豆及柄部纹饰拓片（M69：3），3. 陶盖（M69：2），4.5. 陶钵及纹饰拓片（M69：1）。
	M110		 1. 陶豆（M110：2），2. 陶钵（M110：1）
	M146		 陶鬲（M146：1）
	M163		 陶鬲（M163：1）

续表

期别	墓号	墓葬	随葬品
一期	M188		1. 陶钵(M188:1),2.孔雀石(M188:2)。
	M193		1.2.3.陶鬲及腹、底部纹饰拓片(M193:1),4.5.陶豆及口沿下纹饰拓片(标本M193:2)
二期	M15		1. 陶钵(M15:1),2. 磁铁矿石(M15:2)
	M155		1~3.陶鬲及腹、底部纹饰拓片(M155:1),4.5.陶豆及柄足纹饰拓片(M155:2),6.铜削刀(M155:3)。

期别	墓号	墓葬	随葬品
三期	M64		 1~3. 陶鬲及腹、底之纹饰拓片(M64：1),4.5. 陶盖及纹饰拓片(M64：2),6. 陶罐(M64：3)。
	M112		 1. 陶豆(M112：1),2. 陶罐(M112：3),3.4. 陶钵及底部纹饰拓片(M112：2)。
	M119		 1. 陶钵(M119：1),2.3. 玉玦及拓片(M119：2),4. 玉玦(M119：3)

期别	墓号	墓葬	随葬品
三期	M143	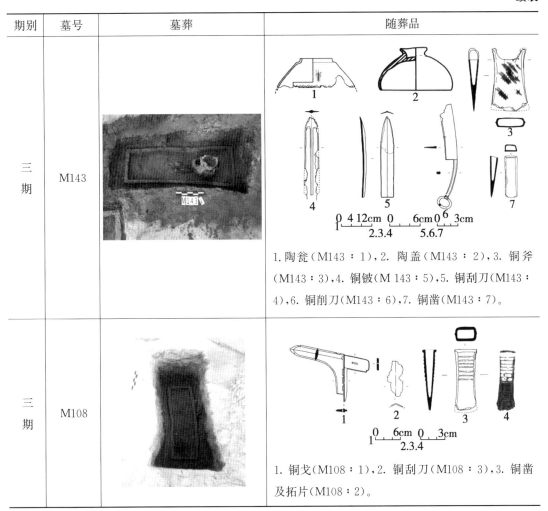 1. 陶瓮（M143：1），2. 陶盖（M143：2），3. 铜斧（M143：3），4. 铜钺（M143：5），5. 铜刮刀（M143：4），6. 铜削刀（M143：6），7. 铜凿（M143：7）。
三期	M108	1. 铜戈（M108：1），2. 铜刮刀（M108：3），3. 铜凿及拓片（M108：2）。

图表中，四方塘西周墓葬中出土的陶器和铜器的分期依据如下：

1. 一期：见有 6 座墓葬，其中，小型墓有 M69、M110、M146、M163、M188，中型墓为 M193。6 座墓的随葬品基本为日用陶器，未见铜工具和武器。陶器皆可在铜绿山遗址周边地区的阳新大路铺、武昌放鹰台、蕲春毛家咀等遗址的西周遗存中找到相同或相似的器类。M193 出土陶鬲（标本 M193：1），束短颈，深腹，与阳新大路铺遗址商周二期的 Ab 型 Ⅱ 式陶鬲（标本 03EH146：1）、武昌放鹰台遗址西周 Ba Ⅰ 式陶鬲（T11②：15）整体风格基本相近。M163 和 M146 均出土一件夹砂红陶鬲（标本 M163：1、M146：1），皆与大路铺遗址商周二期的 Ac 型 Ⅱ 式陶鬲（标本 03EH139：1）[1]。

M188 与 M69 均出土一件陶钵（标本 M188：1、M69：1），两件陶钵相近，上部折腹

---

[1] 湖北省文物考古研究所，湖北省黄石市博物馆，湖北省阳新县博物馆：《阳新大路铺》（下），文物出版社，2013 年。湖北省文物考古研究所：《武昌放鹰台》，文物出版社，2003 年。

并饰多道细凹弦纹;而 M188 陶钵腹部饰交错细绳纹,酷似放鹰台遗址西周早期 A 型 Ⅱ式陶钵(65WFH2∶24)。M110 出土的陶钵(M110∶1)酷似放鹰台遗址西周早期 A 型 Ⅰ式陶钵(T22②∶2)、相似于蕲春毛家咀西周折腹式敛口罐(标本Ⅰ24/3∶3∶14)①。

M69 出土陶盖(M69∶2),捉手残缺,盖腹呈覆豆盘状,与蕲春毛家咀遗址西周遗存出土陶盖(标本Ⅱ8/1∶3∶20)、阳新大路铺遗址商周遗存 Ab 型Ⅲ式陶器盖(03ET2704④∶3)整体特征相似②。

因此,根据上述器物对比,我们将铜绿山四方塘墓葬区西周一期墓葬的年代定为西周早期。

2.二期:见有 M15、M155 两座墓葬,随葬品基本为日用陶器和青铜工具。

(1)陶器时代特征

M155 出土的一件陶鬲(M155∶1),薄唇、短卷沿,腹较深,与阳新大路铺遗址商周遗存第三期 Aa 型Ⅲ式陶鬲(标本 03EG3③∶17)、放鹰台遗址西周 CaⅢ式陶鬲(T11②∶1)形制基本相近③。M155 出土陶豆(M155∶2),盘较深,与阳新大路铺遗址商周遗存第三期 Ab 型Ⅰ式陶豆(84EH1∶2)、放鹰台遗址西周 A 型Ⅰ式陶豆盘(65WFH2∶3)形态特征基本相似④。

M15 出土陶钵(M15∶2),器体略歪斜,器腹略浅,腹上部折斜,与阳新大路铺遗址商周遗存第三期 Ba 型Ⅲ式陶钵(84WT2③∶15)的整体特征基本相似⑤。

(2)青铜工具时代特征:

M155 出土一件铜削刀(M155∶3),长条形、直背,除细曲柄环首外,大体与鹿邑太清宫西周长子口墓出土铜削刀(M1∶516)、武昌放鹰台遗址西周 A 型 Ⅱ式削刀(T33②∶31)、洛阳北窑西周中期墓出土铜刀(M41∶2)特征相似⑥;其中,鹿邑太清宫长子口墓葬年代判定为西周初年,武昌放鹰台遗址第一次发掘西周文化遗存年代推断为西周早中

① 湖北省文物考古研究所:《武昌放鹰台》,文物出版社,2003 年。中国科学院考古研究所湖北发掘队:《湖北蕲春毛家咀西周木构建筑》,《考古》,1962 年第 1 期。

② 中国科学院考古研究所湖北发掘队:《湖北蕲春毛家咀西周木构建筑》,《考古》1962 年 1 期。湖北省文物考古研究所,湖北省黄石市博物馆,湖北省阳新县博物馆:《阳新大路铺》(下),文物出版社,2013 年。

③ 湖北省文物考古研究所,湖北省黄石市博物馆,湖北省阳新县博物馆:《阳新大路铺》(下),文物出版社,2013 年。湖北省文物考古研究所:《武昌放鹰台》,文物出版社,2003 年。

④ 湖北省文物考古研究所,湖北省黄石市博物馆,湖北省阳新县博物馆:《阳新大路铺》(下),文物出版社,2013 年。湖北省文物考古研究所:《武昌放鹰台》,文物出版社,2003 年。

⑤ 湖北省文物考古研究所,湖北省黄石市博物馆,湖北省阳新县博物馆:《阳新大路铺》(下),文物出版社,2013 年。

⑥ 河南省文物考古研究所,周口市文化局:《鹿邑太清宫长子口墓》,中州古籍出版社,2000 年。湖北省文物考古研究所:《武昌放鹰台》,文物出版社,2003 年。洛阳市文物工作队:《洛阳北窑西周墓》,文物出版社,1999 年,第 230 页。

期。由此,四方塘遗址墓葬区出土 A I 式铜削刀年代比太清宫长子口墓葬晚,应为西周中期。笔者认为,铜绿山四方塘遗址西周二期墓葬的年代为西周中期。

3.三期:见有五座墓葬,即 M64、M112、M119、M143、M108。本期新见陶瘪裆鬲、罐、瓮,以及青铜戈、铍、凹形斧、凿、刮刀。

(1)陶器时代特征

M64 出土陶鬲(M64：1),折腹,裆部微瘪,其与武昌放鹰台遗址周代 A 型Ⅲ式陶鬲(97WFH18：11)、荆州荆南寺西周晚期 B 型鬲(T18③：51)[①]、当阳赵家湖楚墓 A 型Ⅰ式陶鬲(ZHM1：7)、枣阳郭家庙曾国墓地 B 型Ⅰ式陶鬲(GM19：8)的特征相似[②]。

M112 与 M119 各出土一件陶钵(M112：2、M119：1),虽然一件规整而另一件略歪斜,但钵腹上部皆微弧折,两件陶钵形制相似,其与阳新大路铺遗址商周遗存第四期 Aa 型Ⅲ式陶钵(03ET2509③：2)[③]、安徽省霍丘堰台遗址二期 Bb 型Ⅱ式陶钵的形制基本相似[④]。M112 出土陶豆(M112：1),仅存豆盘和部分柄足,其与阳新大路铺遗址商周遗存第四期 Ca 型Ⅲ式陶豆(84NT6②：2)[⑤]、荆州荆南寺西周晚期残陶豆(H73：3)、宜昌赵家湖楚墓之郑家洼子墓地西周晚期(丙类一期一段)B 型Ⅰ式陶豆(ZM13：2)的特征基本相似[⑥]。

M64 出土陶罐(M64：3),小口折肩斜腹,中深腹,其与枣阳周台遗址 Aa 型Ⅱ式陶罐[⑦]、霍丘堰台遗址二期 Ca 型Ⅱ式陶罐(T0805⑾：1)[⑧]、西安少陵原西周墓地西周晚期 A 型Ⅳ式折肩罐(M385：1)[⑨]、洛阳北窑西周晚期墓出土斜肩斜腹罐的形制相似[⑩]。M112 出土残陶罐(M112：3),深腹,其与阳新大路铺遗址商周遗存第四期 Fd 型Ⅱ式残

———————————

① 武汉市博物馆:《武昌放鹰台遗址 1997 年发掘报告》,《江汉考古》,1998 年第 3 期。荆州博物馆:《荆州荆南寺》,文物出版社,2009 年。

② 湖北宜昌地区博物馆,北京大学考古系:《当阳赵家湖楚墓》,文物出版社,1992 年。襄阳市考古队,湖北省文物考古研究所,湖北考襄高速公路考古队:《枣阳郭家庙曾国墓地》,科学出版社,2005 年。

③ 湖北省文物考古研究所,湖北省黄石市博物馆,湖北省阳新县博物馆:《阳新大路铺》(下),文物出版社,2013 年。

④ 安徽省文物考古研究所:《霍丘堰台——淮河流域周代聚落发掘报告》,科学出版社,2010 年。

⑤ 湖北省文物考古研究所,湖北省黄石市博物馆,湖北省阳新县博物馆:《阳新大路铺》(下),文物出版社,2013 年。

⑥ 荆州博物馆:《荆州荆南寺》,文物出版社,2009 年。湖北宜昌地区博物馆,北京大学考古系:《当阳赵家湖楚墓》,文物出版社,1992。

⑦ 王先福:《随枣走廊两周遗址典型陶器的分期》,《襄阳考古文集》(第一集),科学出版社,2007 年。

⑧ 安徽省文物考古研究所:《霍丘堰台——淮河流域周代聚落发掘报告》,科学出版社,2010 年。

⑨ 陕西省考古研究院:《少陵原西周墓地》,科学出版社,2009 年。

⑩ 洛阳市文物工作队:《洛阳北窑西周墓》,文物出版社,1999 年。

陶罐(03·E·H130：44)、大冶蟹子地遗址商周 B 型残陶罐(T1830③：17)的特征相似①。M143 出土残陶瓮(M143：1)，仅存斜折肩，其与阳新大路铺遗址商周遗存第四期 Ed 型Ⅲ式残陶瓮(90ET262④：2)、枣阳郭家庙曾国墓地 B 型Ⅰ式陶罐(GM19：3)肩上部的特征相似②。出土一件陶器盖(M64：2)，浅腹覆豆盘状，其与阳新大路铺遗址商周遗存第四期 Ab 型Ⅲ式残器盖(84WT8③：10)、枣阳郭家庙曾国墓地 A 型Ⅰ式陶器盖(GM19：12)、霍邱堰台遗址二期甲 C 类 B 型Ⅱ式陶器盖(T0507③：1)特征基本相似③。M143 出土陶器盖(M143：2)，深腹覆碗状，其与阳新大路铺遗址商周遗存第四期 Ba 型Ⅲ式陶器盖(03EH8：21)、霍邱堰台遗址二期甲 b 类 A 型Ⅰ式陶器盖(T0912④：2)形态相似④。

(2)青铜兵器和工具：

M108 出土铜戈(M108：1)，胡上下有四穿，其与阳新大路铺遗址商周遗存第三期(西周中期)铜戈(84WT9⑤：1)、枣阳郭家庙曾国墓地西周末期 C 型Ⅰ式铜戈(GM21：18－1)、三门峡虢国 M2001 出土西周晚期乙类 Fc 型Ⅲ式(M2001：477)铜戈的特征近同⑤。出土一件铜凿(M108：2)，銎下两面各有七道凸箍，其形制与江西南昌李家庄收集和都昌县大港乌云山出土的两件商代晚期铜锛特征相似⑥。

M143 出土铜铍(M143：5)，似匕首，两侧有血槽，其与阳新大路铺遗址商周遗存第三期(西周中期)铜短剑(84ET6⑤：1)、随州黄土坡 1 号墓(两周之际)出土的铜铍(M1：1)的形态近似⑦。出土铜斧(M143：3)，器体銎部呈凹字形，与蕲春毛家咀遗址出土一件西周铜斧[标本 T1－1H(1)]、江西都昌县大港乌云山出土采集铜锸、湖南宁乡黄材

---

① 湖北省文物考古研究所,湖北省黄石市博物馆,湖北省阳新县博物馆:《阳新大路铺》(下),文物出版社,2013 年。湖北省文物考古研究所,黄石市博物馆:《湖北大冶蟹子地遗址 2009 年发掘报告》,《江汉考古》,2010 年第 1 期,第 51 页。

② 湖北省文物考古研究所,湖北省黄石市博物馆,湖北省阳新县博物馆:《阳新大路铺》(下),文物出版社,2013 年。襄阳市考古队,湖北省文物考古研究所,湖北孝襄高速公路考古队:《枣阳郭家庙曾国墓地》,科学出版社,2005 年。

③ 湖北省文物考古研究所,湖北省黄石市博物馆,湖北省阳新县博物馆:《阳新大路铺》(下),文物出版社,2013 年。襄阳市考古队,湖北省文物考古研究所,湖北孝襄高速公路考古队:《枣阳郭家庙曾国墓地》,科学出版社,2005 年。安徽省文物考古研究所:《霍丘堰台——淮河流域周代聚落发掘报告》,科学出版社,2010 年。

④ 湖北省文物考古研究所,湖北省黄石市博物馆,湖北省阳新县博物馆:《阳新大路铺》(下),文物出版社,2013 年。安徽省文物考古研究所:《霍丘堰台——淮河流域周代聚落发掘报告》,科学出版社,2010 年。

⑤ 湖北省文物考古研究所,湖北省黄石市博物馆,湖北省阳新县博物馆:《阳新大路铺》(下),文物出版社,2013 年。襄阳市考古队,湖北省文物考古研究所,湖北孝襄高速公路考古队:《枣阳郭家庙曾国墓地》,科学出版社,2005 年。井中伟:《先秦时期的青铜戈·戟研究》,吉林大学博士学位论文,2006 年。

⑥ 江西省博物馆等:《近年江西出土的商代青铜器》,《文物》,1977 年第 9 期,第 61 页。

⑦ 湖北省文物考古研究所,湖北省黄石市博物馆,湖北省阳新县博物馆:《阳新大路铺》(下)。拓古,熊燕:《湖北随州市黄土坡周代墓的发掘》,《考古》,2007 年第 8 期。

炭河里出土西周中晚期铜锸(M8：4)形态近似①。M143 出土铜削刀(M143：6),其与阳新大路铺遗址商周遗存出土 B 型削刀(84WT13⑤：1)相似②。出土铜刮刀(M143：4),其与湖南宁乡黄材炭河里出土西周中晚期铜刮刀(M1：9)形态相似③。

根据以上器物对比,个别墓葬如 M108 出土铜器早晚有别,青铜锛可早到商代晚期,可能为早期流传之物,但铜戈年代稍晚,为西周晚期。因此,铜绿山四方塘遗址西周墓葬第三期年代暂定西周晚期。

上述列举的两轮发掘资料,为深入探析西周时期铜绿山考古学文化因素及相关问题提供了资料基础。

二

观察西周时期铜绿山四方塘墓葬出土的随葬品,器类发展存在早晚变化特征,兹选择典型器类进行分型分式排列,如下图表(表 2、3、4):

表 2   四方塘遗址墓葬区出土西周陶鬲、豆、钵型式演变分期

器类 期别	鬲			豆		钵	
	Aa 型	Ab 型	Ac 型	Ab 型	Ac 型	Aa 型	Ab 型
西周早期	Ⅱ式 (M193：1)	Ⅰ式 (M163：1)		Ⅰ式 (M193：2)	Ⅰ式 (M110：2)	Ⅰ式 (M188：1)	Ⅰ式 (M110：1)
西周中期	Ⅲ式 (M155：1)			Ⅱ式 (M155：2)			Ⅱ式 (M15：1)

① 中国科学院考古研究所湖北发掘队:《湖北蕲春毛家咀西周木构建筑》,《考古》,1962 年 1 期。江西省博物馆等:《近年江西出土的商代青铜器》,《文物》1977 年第 9 期(第 61 页)。湖南省文物考古研究所,长沙市考古研究所,宁乡县文物管理所:《湖南宁乡炭河西周城址与墓葬发掘简报》,《文物》,2006 年第 6 期。

② 湖北省文物考古研究所,湖北省黄石市博物馆,湖北省阳新县博物馆:《阳新大路铺》(下),文物出版社,2013 年。

③ 湖南省文物考古研究所,长沙市考古研究所,宁乡县文物管理所:《湖南宁乡炭河西周城址与墓葬发掘简报》,《文物》,2006 年第 6 期。

续表

器类 期别	鬲			豆		钵	
	Aa 型	Ab 型	Ac 型	Ab 型	Ac 型	Aa 型	Ab 型
西周 晚期			Ⅰ式 （M64：1）		Ⅱ式 （M112：1）		Ⅲ式 （M112：2）

表3　　四方塘遗址墓葬区出土西周陶罐、瓮、器盖型式演变分期

器型 期别	罐		瓮	器盖	
	A 型	B 型	A 型	A 型	B 型
西周 早期				Ⅰ式（M69：2）	
西周 中期					
西周 晚期	Ⅰ式（M64：3）	Ⅰ式（M112：3）	Ⅰ式（M143：1）	Ⅱ式（M64：2）	Ⅰ式（M143：2）

表4　　四方塘遗址墓葬区出土西周青铜器型式演变分期

器型 期别	戈 A 型	铍 A 型	斧 A 型	凿 A 型	削刀 A 型	刮刀 A 型
西周 中期					Ⅰ式（M155：3）	
西周 晚期	Ⅰ式 （M108：1）	Ⅰ式 （M143：5）	Ⅰ式 （M143：3）	Ⅰ式 （M108：2）	Ⅱ式 （M143：6）	Ⅰ式 （M143：4）

从以上陶铜器演变分期图中可以看出,陶器中,贯穿西周早中晚期的主要有鬲、豆、钵,而罐、瓮、器盖等陶器则在西周晚期出现。西周早期的陶豆分为两型式,即 Ab、Ac 型;陶钵制作较精致,可分为 Aa、Ab 型;西周中期不见 Aa 型钵,新出现 A 型 I 式器盖;西周晚期出现 B 型 I 式器盖。

铜器中,主要是武器和生产工具两类。其中,西周中期新出现 A 型削刀并向后期流传。西周晚期出现 A 型刮刀、A 型斧、A 型凿、A 型戈、A 型钺。

图表列举的陶器和铜器典型器物中,显示其主要器物有各自系列的发展演变和分型依据,其变化特征分别如下:

(1)陶鬲:为素面足鬲(A 型),尚不见铜绿山周边商周遗址流行的刻槽足鬲(B 型)。A 型陶鬲皆依据体型胖瘦、口部大小、裆部变化特征进行分型分式,其中,A 型鬲可细分为三个亚型,即 Aa、Ab、Ac。B 型陶鬲始见于铜绿山四方塘商代墓葬和春秋时期的墓葬、Ⅺ号矿体采冶场(另文讨论)。除西周晚期 Ac 型鬲裆部出现微瘪形裆外,其他型式的陶鬲裆部始终保持垂弧,形成地方特色。西周早、中期 A 型陶鬲演变共性表现为:

陶质陶色:由夹砂红陶→夹砂灰陶和红陶。

口沿、唇部:由卷沿尖唇→卷沿薄方唇。

口径:由小于腹肩径→口与腹径相等。

器腹:呈罐形深腹状。

足部:由高尖锥足→高圆钝足。

(2)陶钵:分为两亚型,即 Aa、Ab 型,皆为敛口。其中,Aa 型钵较大,口沿内折,仅见于西周早期。Ab 型钵较小,流行于西周至春秋早期;钵的总体变化为口、腹、底部:敛口折上腹→敛口圆折腹→敛口圆肩腹;腹由深腹→浅腹;底部由凹底→平底。

(3)陶豆:根据豆盘、柄足发展变化可分为两个亚型(Ab、Ac),其变化趋势为:豆由宽胖向瘦长方向发展,豆柄由粗中空向较细中空变化,豆盘由深变浅,由微折盘壁、圆弧盘壁共存向弧盘壁变化发展。

(4)陶罐:分为 A、B 两型。其中,A 型罐较小,小口束颈腹,折腹,凹底。B 型罐稍大,中口,瘦深腹。

(5)陶器盖:分为 A、B 两型。A 型盖如覆盘,盖口由折壁向斜弧壁演变发展;B 型盖似覆碗,仅在西周晚期出现一例。

(6)铜斧:依器形和銎部特征分为 Aa、Ab 两亚型。四方塘西周 M143 仅出土 Aa 型斧,其銎部为凹型,器壁较轻薄。Ab 斧为平顶长方銎,器壁变厚重,铜绿山Ⅺ号冶炼场 L12 风沟内出土一件铜斧(L12:1)[1],发掘者定为西周晚期。

---

① 卢本珊等著:《中国古代矿冶技术研究》,书艺出版社,2006 年,第38—39 页。

（7）铜凿：器体皆较小，斧状。器体呈窄长条形，弧平刃，凿身上部有数道细凸箍。此前，在铜绿山采集 1 件相同的斧型凿（标本采：3）[①]。

（8）铜戈：四方塘西周时期墓葬仅出土 A 型，体小而较轻，上刃锋与内呈一条线，刃较锋利，素面内。

（9）铜铍：器身短，如匕首，脊部凸窄，扁茎。

根据以上出土陶器铜器变化特征，将其与阳新大路铺遗址、武昌放鹰台遗址、蕲春毛家咀遗址及随州、枣阳等地出土西周时期同类器物相比较，既有共性，又有个性。笔者认为，西周时期铜绿山出土陶器与铜器的考古学文化因素可试分为 A、B、C 三组（表5）。

表5　　　　　　　　铜绿山出土西周时期陶器、铜器文化因素分组

分组	器物群
A组 陶器	（M193：1）（M163：1）（M15：1）（M112：2）（M112：3）（M143：2）
A组 铜器	（M143：5）（M143：3）（M108：2）（M143：4）
B组 陶器	（XⅠT1④：9）（M155：1）（M155：2）（M112：1）（M110：2）（M110：1）（M69：2）
C组 陶器	（M64：1）（M193：2）（M188：1）（M64：3）（M143：1）（M64：2）
C组 铜器	（M108：1）（M155：3）（M143：6）

① 黄石市博物馆：《铜绿山古矿冶遗址》，文物出版社，1999年，第164页。

A组器物群：西周早期有 Aa 型Ⅱ式陶鬲（M193：1）、Ab 型Ⅰ式陶鬲（M163：1）；西周中期有 Ab 型Ⅱ式陶钵（M15：1）；西周晚期有 Ab 型Ⅲ式陶钵（M112：2）、B 型Ⅰ式残陶罐（M112：3）、B 型Ⅰ式陶器盖（M143：2）、A 型Ⅰ式铜镢（M143：5）、Aa 型Ⅰ式铜斧（M143：3）、Aa 型Ⅰ式铜凿（M108：2）、A 型Ⅰ式铜刮刀（M143：4）。

A组陶器的文化面貌相近于商周时期鄂东南"大路铺文化"的典型器物群①，但差异之处是，目前铜绿山遗址保护区诸遗址和墓葬中出土西周时期陶器中，尚不见"大路铺文化"的刻槽足鬲、护耳甗、长方镂孔豆等典型陶器。本组青铜武器和采矿工具之 A 型Ⅰ式铜镢、Aa 型Ⅰ式铜斧出现于西周晚期，在大路铺遗址曾出土相近之器；而 Aa 型Ⅰ式铜凿、A 型Ⅰ式铜刮刀仅在铜绿山遗址和墓葬中出土。因此，A 组仍可归为商周时期的"大路铺文化"。

B组器物群：西周早期有 Ab 型Ⅰ式陶钵（M110：1）、Ac 型Ⅰ式残豆盘（M110：2）、A 型陶盖（M69：2）；西周中期典型器有 Aa 型Ⅲ式陶鬲（M155：1）、Ab 型Ⅱ式陶豆（M155：2）；西周晚期有 AC 型Ⅱ式陶豆（M112：1）。此外，铜绿山ⅩⅠ号矿体古冶炼场出土鬲式鼎（ⅩⅠT1④：9）。

B组为西周文化与"大路铺文化"混合体，即陶鬲、陶鬲式鼎、陶豆、陶钵既非为"大路铺文化"典型器物，又非为姬周文化典型器物，反映了两种文化交流、碰撞、融合发展的现象。

C组器物群：西周早期有 Aa 型Ⅰ式陶钵（M188：1）、Ab 型Ⅰ式残陶豆（M193：2）；西周中期有 A 型Ⅰ式铜削刀（M155：3）；西周晚期有 Ac 型Ⅰ式陶鬲（M64：1）、A 型Ⅰ式陶罐（M64：3）、A 型Ⅰ式残陶瓮（M143：1）、A 型Ⅱ式陶器盖（M64：2）、A 型Ⅰ式铜戈（M108：1）、A 型Ⅱ式铜削刀（M143：6）。

C组主要来自湖北长江之北西周文化，如 Ac 型Ⅰ式陶鬲、Aa 型Ⅰ式陶钵、Ab 型Ⅰ式陶钵、Ab 型Ⅱ式陶豆、A 型Ⅰ式陶瓮等分别见于蕲春毛家嘴遗址、武昌放鹰台遗址、枣阳郭家岗曾国墓葬出土的同类陶器。铜戈、铜削刀为西周墓葬出土常见。北京大学考古文博学院陈建立团队对四方塘墓葬出土铜器进行了取样检测分析，他们认为，"铜削刀（M143：6），为铅锡青铜材质，可知此类（A 类）比值指示的是 A 类铅料或铜铅共生矿，A 类铅在春秋早期一度十分流行，周边地区如枣阳郭家庙墓地、京山苏家垄墓地春秋早期墓所出铜器大多为此类比值……，A 类铅来自鄂东南及赣北地区。"铜绿山四方塘墓葬出土铜器铸造的铜料为铜绿山生产②。

---

① 湖北省文物考古研究所，湖北省黄石市博物馆，湖北省阳新县博物馆：《阳新大路铺》（下），文物出版社，2013 年。

② 铜绿山四方塘遗址墓葬区出土铜器的检测成果待发表。

三

西周时期,铜绿山古铜矿遗址出土"大路铺文化"典型器物的种类和数量均较少,而周文化因素较为浓厚,这与铜绿山周边聚落遗址诸如阳新大路铺遗址、大冶蟹子地遗址西周时期文化因素存在较大的差异,而与武昌放鹰台、蕲春毛家咀遗址的西周文化因素较为相似。笔者认为,出现这种文化差异,其背景与当时在铜绿山从事采冶和管理的人员身份和族属密切相关。具体而言,一是从西周时期政治格局观察,铜绿山地区应为西周管控范围,这可从随州市文峰塔出土的春秋晚期曾侯與甬钟铭文可见一斑,铭文曰:"……白(伯)适上庸,左右文武。達(撻)殷之命,抚定天下,王遣命南公,营宅汭土,君庇淮夷,临有江夏……"[1]所谓"王遣命南公,营宅汭土",学界认为第一代曾侯为西周王室重臣南宫适,就封者可能是南宫适之子,受封地的政治中心位于今随州市淅河镇庙台子(城址)。曾侯成为受封南土的诸侯领袖,并代表周王室管理"淮夷"和监领"江夏"的政治权力[2]。所谓"淮夷"与"江夏",大概分别指向今天皖西、汉水中下游地区及鄂东南,大冶铜绿山应包括在其地域之中。大冶铜绿山东南方向发现的阳新张公城址[3]、大冶五里界城址,筑城时代分别在西周中期和晚期,有学者认为这可能是当时管理鄂东南铜绿山矿冶和储运的中心[4]。西周王朝对矿冶生产区与土著聚居地的控制程度应有别,铜矿山的采冶生产可能为西周官员或归顺于周人的地方官员直接掌控,但生产区主要劳动者为本地人。从采冶场地出土具有"大路铺文化"的陶器分析,应为扬越人集体劳动的生活用器。二是四方塘墓葬区出土的三组陶器的文化因素呈现多样化,说明西周文化与扬越文化在此交织相存,互相影响,反映墓葬主人生前逐渐接受当地文化影响,又带有自生文化本色。三是从四方塘发现西周 13 座墓葬的方向观察,有 10 座呈西北向,仅 2 座墓葬略呈正东西向,墓葬方向基本相同,墓圹大小基本相近[5],他们或许来自铜绿山西北方较远的武昌放鹰台、随枣走廊或更远的西安沣镐地区。他们死后未能归葬故土,墓葬方向一致暗示墓主人对遥远故乡的眷念之情。墓葬随葬品有的为日用生活陶器,有的为青铜武器和生产工具,暗示其身份和地位为中低层管理者或工匠之头,其地位普遍高于无随葬品的墓葬。由此看来,铜绿山矿山应是西周王朝的铜业基地。

"大路铺文化"产生于鄂东南铜矿山的采冶活动,其萌兴于商代,繁盛于西周。有学

---

① 湖北省文物考古研究所,随州市博物馆:《随州文峰塔 M1(曾侯與墓)、M2 发掘简报》,《江汉考古》,2014 年第 4 期。

② 徐少华:《论随州文峰塔一号墓的年代及其学术价值》,《江汉考古》,2014 年第 4 期。

③ 陈树祥,龚长根:《黄石遗产录之九·张公城》,《黄石日报》,2012 年 12 月 22 日。

④ 湖北省文物考古研究所:《大冶五里界——春秋城址与周围遗址考古报告》,科学出版社,2006 年。

⑤ 陈树祥,连红:《铜绿山考古印象》,文物出版社,2018 年。

者认为"大路铺文化"核心区在今黄石地区,其分布与影响范围较广[1],经过近十年考古新发现,我们重新对"大路铺文化"分布或影响范围作了推定:西南至洞庭湖东岸,与西周时期炭河里文化相毗邻;西至湖北汉川,北至枣阳、大悟及大别山南麓一线,与中原西周文化交织;东北至皖西南,与淮夷文化相邻;东南至赣东北,与吴越文化相邻。

西周时期铜绿山生产者与管理者的身份较为复杂,由此反映出文化因素的多样性,故此,我们认为,铜绿山古铜矿遗址区西周时期的文化面貌之核心是矿冶文化,应视为"大路铺文化"的一个类型——铜绿山类型。

---

① 湖北省文物考古研究所,湖北省黄石市博物馆,湖北省阳新县博物馆:《阳新大路铺》(下),文物出版社,2013 年,第 760 页。

大冶铜绿山四方塘遗址出土玉石器的产地溯源研究[①]

陈　春　舒　骏　罗泽敏　陈树祥[②]

摘要：湖北省大冶市铜绿山四方塘出土了 11 件透闪石质玉、3 件云母玉、2 件石英玉、1 件绿松石、4 件孔雀石，本文采用 LA-ICP-MS、XRF 和拉曼光谱仪对四方塘遗址出土的玉石器产地溯源进行研究。测试结果表明，四方塘遗址出土云母玉与叶家山西周墓出土云母玉的稀土特征不同，表明二者来源不同，而主微量元素特征与四川雅安和辽宁宽甸云母玉接近。四方塘遗址出土透闪石质玉与四川汶川透闪石质玉的稀土特征最为接近，与春秋早期郭家庙出土透闪石质玉稀土元素特征不同。四方塘和叶家山出土透闪石质玉中部分含有钠长石，且稀土元素特征分布相似，推测这部分软玉来自同一个古矿区。岩阴山遗址脚下采集的孔雀石，其稀土元素特征与大冶本地孔雀石非常接近。四方塘遗址出土绿松石与湖北十堰绿松石的主微量元素含量最接近，推测来自湖北十堰。

关键词：四方塘遗址；出土玉石器；稀土元素；产地溯源

一、引言

玉料的产地溯源是古玉文化考古研究的重要内容之一，其中杂质矿物或包裹体、微量元素、稀土元素以及同位素是研究矿物地球化学条件的重要工具。不同材质、不同产地和来源的宝玉石在微量元素含量、稀土元素组成及配分模式、同位素比值、杂质矿物组成等特征参数方面可能存在一定差异[③]，而这些差异可以有效地反映它们在成矿机制、

① 本文写作得到国家社科基金一般项目"两周曾国玉器整理与研究"(20BKG045)的资助。

② 作者单位依次为：湖北省博物馆、中国地质大学(武汉)珠宝学院、中国地质大学(武汉)珠宝首饰传承与创新发展研究中心、湖北省文物考古研究院。

③ 钟友萍，丘志力，李榴芬等：《利用稀土元素组成模式及其参数进行国内软玉产地来源辨识的探索》，《中国稀土学报》，2013 年第 6 期，第 738—748 页。Shen A H, Luo Z, Yang M. Origin determination of dolomite-related white nephrite related white nephrite through iterative-binary linear discriminant analysis. Gems & Gemology，2015，51(3)：300—311.

地球化学环境方面的不同,这对于各种现代宝玉石,比如软玉、绿松石、祖母绿等的产地判别,乃至于古代宝玉石产地溯源研究均具有一定的指示意义。自然界物质中的稀土总量不同,各个稀土元素的含量比例也存在着差异,稀土元素在各个地质体中的分布与组合规律是一定的地质和物理化学条件的反映[1]。

目前已有部分学者利用稀土元素组成及配分模式、同位素比值、微量元素含量及统计学分析等方法,对不同产地的现代软玉、部分古代软玉和绿松石的来源进行了研究,获得一些有价值的成果[2],而关于现代云母质玉和孔雀石的产地研究则比较匮乏。利用稀土元素这些微小差别,理论上可以对玉石的成因来源及其地球化学背景进行分析,据此对判断产地起到辅助作用。进行无损研究时,杂质矿物物相的鉴别一般可以通过拉曼光谱,而微量元素和稀土元素元素需要借助激光剥蚀电感耦合等离子体质谱仪(LA-ICP-MS)等高精度的测试技术获取,这些测试技术具有微区、近无损的优点。

二、测试方法和测试条件

利用 LA-ICP-MS 获取了四方塘出土玉器的主量、微量和稀土元素含量,实验在中国地质大学(武汉)地质过程与矿产资源国家重点实验室完成,实验条件:激光剥蚀系统为 Geolas2005,ICP-MS 型号为安捷伦电感耦合等离子体质谱仪 Agilant7500a,激光束斑 44 μm,激光波长 193 nm,激光频率 6 Hz,激光能量 6 J/cm²,绿松石质玉器因结构比较疏松,只采用了 XRF 定量测试其主量和微量元素含量。XRF 采用中国地质大学(武汉)珠宝学院大型仪器实验室的赛默飞 ARLTM QUANTX 能量色散 X 射线荧光光谱仪完成,工作电压 40 KV,测试环境为真空。利用微量元素含量、稀土元素球粒陨石标准化配分模式图,结合稀土元素的四个重要指标参数(总稀土$\sum$REE、轻重稀土比 LREE/HREE、铈元素 δCe 和铕元素 δEu 异常),对四方塘出土云母质玉、透闪石质玉、孔雀石、

① 牟保磊:《元素地球化学》,北京大学出版社,1999 年。

② 钟友萍,丘志力,李榴芬等:《利用稀土元素组成模式及其参数进行国内软玉产地来源辨识的探索》,中国稀土学报,2013 年第 6 期,第 738—748 页。Shen A H, Luo Z, Yang M. Origin determination of dolomite-related white nephrite related white nephrite through iterative-binary linear discriminant analysis. Gems & Gemology,2015,51(3):300—311. 先怡衡,李延祥,王炜林等:《便携式 X 荧光光谱结合主成分分析鉴别不同产地的绿松石》,《考古与文物》,2016 年第 3 期,第 112—119 页。王荣,王昌燧,冯敏等:《利用微量元素探索绿松石的产地》,《中原文物》,2007 年第 2 期,第 101—106 页。先怡衡,李延祥,谭宇辰等:《初步运用 LA-ICP-AES 区分不同产地的绿松石》,《光谱学与光谱分析》,2016 年第 10 期,第 3313—3319 页。段体玉,王时麒:《岫岩软玉(透闪石玉)的稳定同位素研究》,《岩石矿物学杂志》,2002 年第 51 期,第 115—119 页。刘喜锋,张红清,刘琰等:《世界范围内代表性碧玉的矿物特征和成因研究》,《岩矿测试》,2018 年第 5 期,第 479—489 页。向芳,王成善,杨永富等:《金沙遗址玉器的材质来源探讨》,《江汉考古》,2008 年第 3 期,第 104—108 页。徐荟迪,林露璐,李征等:《基于拉曼光谱和模式识别算法的软玉产地鉴别》,《光学学报》,2019 年第 3 期,第 388—394 页。

绿松石的可能成因及其地球化学背景进行分析,结合已有文献探讨可能的产地来源。由于目前缺乏湖北境内春秋时期其他墓葬出土玉石器的一手资料,本文将四方塘遗址与湖北随州叶家山西周曾国墓地和湖北枣阳郭家庙春秋墓地出土的玉石器对比研究,探讨他们彼此之间是否可能存在玉料的相似来源或交流。

三、结果及讨论

(一)四方塘遗址出土云母质玉玉料来源分析

四方塘遗址共出土3件较为精美的云母质玉,如图一所示,均出自M1墓,经大型仪器物相和成分鉴定主要矿物相为白云母。四方塘遗址出土的3件云母质玉的玉料均为黄褐色细腻的多晶集合体,基本未受沁。我国白云母资源丰富,大多数产于变质岩系的伟晶岩岩脉中,矿床分布较广但不均匀,全国20个省、市、自治区虽都有分布,但绝大部分集中在新疆、四川和内蒙古,其余的分布于山东、河南、河北、山西、江苏、湖北等地[①]。湖北云母矿主要产自黄冈市英山县赵家山云母矿和孝感市大悟县刘家冲云母矿[②],其中黄冈市距离大冶铜绿山距离相对较近。铜绿山本地虽发育有金云母矽卡岩[③],但金云母在成分结构上都不同于白云母,Mg含量19%~27%,Al含量10%~17%,而白云母基本不含Mg(<1%),Al含量较高(20%~38%),二者的拉曼光谱也不一致。随州叶家山西周早期曾国墓地也出土了数件云母质玉器,代表性玉器有M28:55、M111:711,如图二所示,M28:55内部也可见平行的条带结构(图二b)。

四方塘和叶家山出土云母质玉的稀土元素的四个重要指标参数见表一,球粒陨石标准化配分模式如图三所示,球粒陨石采用McDonough and Sun(1995)为标准。可以看出,四方塘遗址出土云母质玉器的稀土元素球粒陨石标准化分布图曲线整体上向右轻微倾斜,稀土元素总量不高,在1.67~4.14 ppm之间,LREE/HREE值在1.36~8.98之间,为轻稀土富集型,Ce表现为负异常,Eu表现为轻微的正异常或无明显异常。叶家山西周遗址出土云母质玉器的稀土元素球粒陨石标准化分布图曲线整体曲线整体上也向右轻微倾斜,总稀土含量也较低,Eu显示轻微正异常或负异常,但Ce为轻微正异常,不同于四方塘出土云母质玉的特点。

---

① 宋功保,彭同江,万朴等:《我国白云母矿赋存地质特征及找矿远景》,《西南工学院学报》,2000年第4期,第47—51页。李建康,王登红,付小方:《四川丹巴伟晶岩型白云母矿床的成矿时代及构造意义》,《矿床地质》,2006年第1期,第95—100页。李继业,彭长琪,黎军:《湖北随州碎白云母矿选矿试验研究》,《非金属矿》,1994年第2期,第23—26页、33页。

② 段明新:《矿产资源战略分析-单矿种分析系列课题成果白云母》,新疆地矿局,1991年。

③ 马松贵:《铜绿山矿金云母矽卡岩含矿性研究》,《矿业研究与开发》,1999年51期,第42—45页。

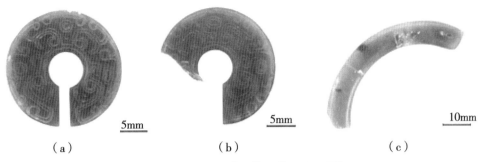

图1 大冶铜绿山出土的3件云母玉照片

图2 随州叶家山出土的2件云母玉照片

表1 四方塘和叶家山出土云母质玉器的稀土元素参数对比

编号	四方塘出土云母质玉			叶家山出土云母质玉	
	M1：5	M1：6	M1：7	M111_711	M28：55
ΣREE	4.14(1.849)	1.67(0.518)	3.59(0.029)	4.080(3.316)	5.718(2.232)
LREE/HREE	8.98(9.803)	1.36(0.129)	3.54(1.511)	7.393(8.546)	0.904(1.161)
δCe	0.74(0.072)	0.51(0.164)	0.61(0.128)	1.19(0.527)	1.28(0.255)
δEu	1.53(0.594)	1.51(0.771)	0.88(0.302)	1.66(0.897)	0.68(0.666)

注：表中所有数据均为对应样品多个测试点的平均值，括号内为标准偏差。

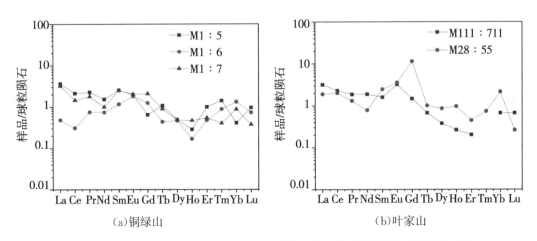

图3 铜绿山(a)和叶家山(b)出土云母玉的稀土元素球粒陨石标准化配分模式图

表 2　　　四方塘出土云母质玉和叶家山出土云母质玉的主量和部分微量元素含量对比

编号	颜色	相对密度	K₂O	SiO₂	Al₂O₃	FeO	Cr	V	Cu	Ba
M1:5(四方塘)	黄褐色	2.829	11.12	45.16	37.05	0.62	4.48	117	8.13	1724
M1:6(四方塘)	黄褐色	2.845	10.6	46.96	36.1	1.05	67.8	144	12.93	5143
M1:7(四方塘)	黄褐色	2.803	10.47	46.48	35.38	1.18	79.5	104	13.12	6699
M111:711(叶家山)	墨绿色	2.847	10.85	48.09	37.54	1.1	1572	208	341	992
M28:55(叶家山)	墨绿色	2.882	10.81	46.54	38.25	0.72	1245	295	82	7491

四方塘出土云母质玉和叶家山出土云母质玉的主量和部分微量元素含量见表二，四方塘遗址出土云母质玉与叶家山西周曾国墓出土云母质玉的相对密度和主量元素含量基本一致，但在外观和部分微量元素含量上差别较大，比如叶家山出土的云母质(M28:55 和 M111:711)为绿色含铬的白云母，外观呈墨绿色，其 Cr 和 Cu 含量明显高于四方塘遗址出土云母质玉。两地稀土元素分布特征也不完全相同，尤其是球粒陨石标准化配分模式图表现出不一致性。白云母的理论分子式为 $KAl_2[AlSi_3O_{10}](OH)_2$，其标准化学成分为 $w(K_2O)=11.8\%$，$w(Al_2O_3)=38.5\%$，$w(SiO_2)=45.2\%$，$w(H_2O)=4.5\%$。四方塘遗址出土云母玉的 K 略低，Si 略高，与目前报道的四川雅安和辽宁宽甸云母玉接近[①]。

(二)四方塘遗址出土透闪石玉料来源分析

我国软玉资源丰富，软玉根据其成因主要分为碳酸盐蚀变型和超基性岩蚀变型两大类型；根据其矿物组成一般分为透闪石质和阳起石质，优质的软玉多为透闪石质。目前发现的开采透闪石质软玉的产地包括新疆和田、新疆玛纳斯、且末、若羌、青海格尔木、辽宁岫岩、江苏溧阳、河南栾川、四川汶川、甘肃马衔山、福建南平和贵州罗甸等[②]。

四方塘遗址出土透闪石质玉器的稀土元素的 4 个重要指标参数见表三。四方塘遗址出土透闪石质玉器的稀土元素总量差别不大，ΣREE 在 6.63～15.86 ppm 之间，轻重稀土元素比较均衡，LREE/HREE 值在 1.08～3.55 之间，轻稀土元素稍有富集，大部分样品的 Ce 表现为明显负异常(除 M41:7 表现为轻微正异常外)，Eu 表现为轻微～中等的负异常。图四是四方塘遗址和湖北枣阳郭家庙出土透闪石质玉器的稀土元素球粒陨

① 周川杰，胡瑶，郝爽等:《四川"雅翠"的宝石学特征及命名探讨》，《宝石和宝石学杂志》，2013 年第 3 期，第 43—49 页。陈英丽，赵爱林，殷晓等:《辽宁宽甸绿色云母玉的宝石学特征及颜色成因探讨》，《宝石和宝石学杂志》，2012 年第 1 期，第 46—50 页。

② 钟友萍，丘志力，李榴芬等:《利用稀土元素组成模式及其参数进行国内软玉产地来源辨识的探索》，《中国稀土学报》，2013 年第 6 期，第 738—748 页。

张钰岩，丘志力，杨江南等:《甘肃马衔山软玉成矿及玉料产地来源地质地球化学特征分析》，《中山大学学报(自然科学版)》，2018 年第 2 期，第 1—11 页。

石标准化配分模式对比图。郭家庙出土透闪石稀土元素球粒陨石标准化分布图曲线呈现水平的海鸥状，Eu 为负异常，Ce 无明显异常，与四方塘出土透闪石质玉器稀土元素分布特征不同。对照前人对不同产地（新疆和田、青海格尔木、四川汶川、贵州罗甸、江苏溧阳、辽宁岫岩、甘肃马衔山）现代软玉的稀土元素及微量元素的研究①，四方塘遗址出土透闪石质玉器无论是从稀土元素配分模式图的走势、总稀土含量、轻重稀土比值、还是从 Ce 和 Eu 的异常程度来看，都与四川汶川软玉的稀土元素特征较为接近。

表3 四方塘出土透闪石质玉的稀土元素参数

	M41：1	M41：2	M41：3	M41：4	M41：5	M41：6	M41：7	M41：8	M88：1	M119：2	M119：3
ΣREE	7.04	11.91	13.60	9.17	10.11	7.59	15.86	11.18	15.46	9.75	6.63
LREE/HREE	2.06	2.87	2.61	1.11	2.03	2.11	3.55	3.10	2.51	1.08	1.52
δCe	0.44	0.43	0.31	0.38	0.71	0.41	1.31	0.69	0.34	0.23	0.49
δEu	0.90	0.62	0.49	0.54	0.70	0.97	0.76	0.62	0.76	0.62	0.50

注：表中所有数据均为对应样品多个测试点的平均值。

四方塘出土的透闪石质玉器的纯度并不是很高，除主要矿物透闪石外，还含有少量的长石和石英类杂质矿物。比如 M41:1 玉器表面可见明显的白色团块，经 Raman 光谱鉴定其物相为钠长石，XRD 分析结果也指示有钠长石的存在。这与随州叶家山西周墓出土的部分透闪石质软玉有相似之处。比如随州叶家山西周曾国 M65 墓出土了一对玉鸟，玉石整体呈黄棕色，均可见白色斑晶，对其中一件（M65:137－1A）的黄棕色主体部分和白色斑块部分分别进行激光拉曼光谱测试，结果如图五所示，黄棕色部分显示典型的透闪石拉曼光谱（主峰位于 674 cm^{-1} 附近）；而白色斑块部分的拉曼光谱谱图与钠长石的拉曼光谱吻合，在 478、506 和 576 cm^{-1} 处显示 Si（Al）－O－Si 对称弯曲振动峰，761、813 cm^{-1} 处的峰由 Al－O 对称伸缩振动引起②。由于随州叶家山出土的这两件玉鸟的尺寸均超出了 LA-ICP-MS 样品舱的尺寸范围，故未能对其开展微量和稀土元素测

---

① 钟友萍，丘志力，李榴芬等：《利用稀土元素组成模式及其参数进行国内软玉产地来源辨识的探索》，《中国稀土学报》，2013 年第 6 期，第 738—748 页。徐荟迪，林露璐，李征等《基于拉曼光谱和模式识别算法的软玉产地鉴别》，《光学学报》，2019 年第 3 期，第 388—394 页。张钰岩，丘志力，杨江南等《甘肃马衔山软玉成矿及玉料产地来源地质地球化学特征分析》，《中山大学学报（自然科学版）》，2018 年第 2 期，第 1—11 页。Zhang Z W，Cheng H S，Gan F X. PIXE analysis of nephrite minerals from different deposits. Nuclear Instruments and Methods in Physics Research，2011，269（4）：460—465. Zhang Z W，Xu Y C，Cheng H S，et al. Comparison of trace elements analysis of nephrite samples from different deposits by PIXE and ICP-AES. X-Ray Spectrometry，2012，41（6）：367—370.

② Freeman J J，Wang A，Kuebler K E，et al. Characterization of natural feldspars by Raman spectroscopy for future planetary exploration. The Canadian Mineralogist，2008，46（6）：1477—1500.

试。因四方塘出土透闪石质玉器与随州叶家山西周墓出土的部分透闪石质玉器均含有钠长石杂质矿物,且玉质都较粗,受沁相对严重,而现代软玉的相关研究中鲜有报道含钠长石杂质,故本文推测两地的这种类型的透闪石质玉器很可能有相似的成因,不排除来自古代同一矿区的可能性。

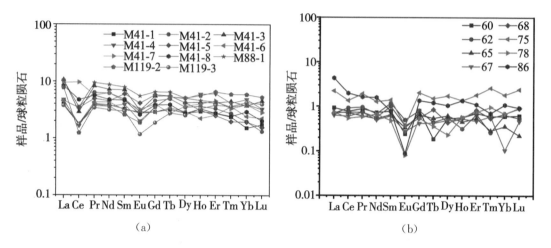

(a)　　　　　　　　　　　(b)

图 4　四方塘和郭家庙出土透闪石质玉器的稀土元素球粒陨石标准化配分模式对比图

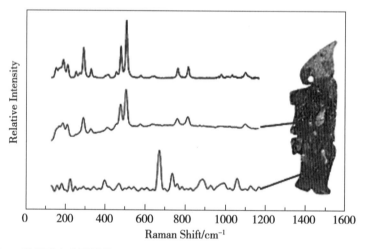

图 5　随州叶家山西周墓 M65:137－1A 玉器的拉曼光谱,白色斑块为钠长石

随州叶家山曾国墓出土的部分玉器在外观上也与四方塘出土玉器有相似之处,比如 M107:56 也呈鸡骨白,蜡状光泽,受沁较重,局部微透明－不透明,相对密度较低(SG 为 2.857)。图六是四方塘遗址和叶家山西周墓的 M107:56 稀土元素球粒陨石标准化配分模式对比图,可以看出四方塘出土透闪石质玉器(图六 a)与随州叶家山曾国墓出土的 M107:56(图六 b)无论是曲线走势,还是 Ce 和 Eu 的异常情况上都较为一致,认为两地的这类玉料具有相似的成因或来源。

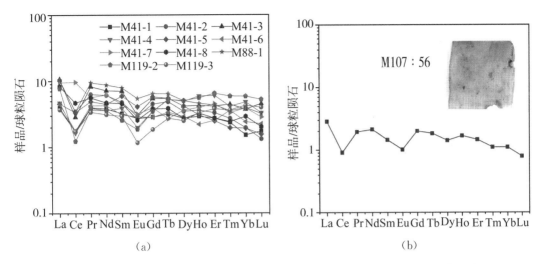

图6 四方塘遗址和叶家山西周墓的 **M107：56** 稀土元素球粒陨石标准化配分模式对比图

(三)四方塘遗址出土孔雀石产地来源分析

四方塘遗址共出土孔雀石4块,岩阴山脚遗址(距四方塘遗址仅100米)采集1块。由于出土孔雀石块体较大,表面多有土质附着物,或结构呈放射状,表面并不平整,难以开展成分的无损、定量测试。本报告只对岩阴山脚遗址采集的孔雀石进行了较为深入的探究。

孔雀石的世界著名产地早期报道有赞比亚、澳大利亚、纳米比亚、俄罗斯、刚果(金)、美国等国家,中国主要产于广东阳春、湖北大冶和江西九江等[①]。目前市场上主要的孔雀石来自南非、湖北大冶、广东阳春等,且以南非的居多。湖北大冶孔雀石矿床产于石英闪长岩类与古生代二叠纪至三叠纪碳酸盐接触带内的氧化带内,是含铜硫化物矿床氧化带次生风化淋滤作用的产物[②]。目前国内外对不同产地孔雀石的研究非常薄弱,曾有学者利用电子探针分析了湖北、广东、刚果、延庆等地的孔雀石成分,并未发现主量元素含量有明显差异[③]。

关于孔雀石的原位稀土元素和微量元素的分析尚属空白。本文采集了铜绿山Ⅶ古矿体、大冶本地的孔雀石样品,从中挑选了2件较为代表性的样品,将其制备成单面抛光的样片,利用LA-ICP-MS测试了孔雀石样品的微量元素和稀土元素的含量,尝试对四方塘出土孔雀石的产地来源进行分析。2件样品的整体图如图八示,其中YYS01样

① 张培莉:《系统宝石学》,地质出版社,2006年.
② 查贝:《大冶矿冶文化之孔雀石与孔雀舞》,《现代企业教育》,2011年第20期,第110—111页.
③ 张玉:《延庆石青洞铜矿氧化带中孔雀石的宝石矿物学研究》,中国地质大学(北京)硕士学位论文,2011年。何雪梅,张玉:《不同产地孔雀石的宝石矿物学特征分析》,《玉石学国际学术研讨会论文集》,2011年,第166—174页。

品为岩阴山脚遗址采集的孔雀石，TLS19_01 样品分别为铜绿山的现代孔雀石，样品基本宝石学特征见表四。

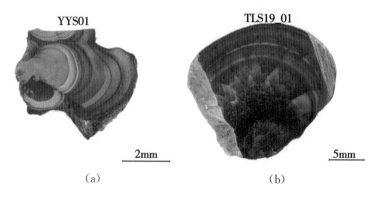

图 7　LA-ICP-MS 测试的两件孔雀石样品照片

表 4　　　　　　　　　　　　　　　　孔雀石样品的外观特征

样品编号	颜色	光泽	透明度	相对密度	材质特征
YYS01	浅绿－深绿	丝绢光泽	不透明	3.884	同心环带结构发育，条带处颜色分界明显
TLS19_01	浅绿－深绿	丝绢光泽	不透明	4.720	同心环带结构与结核状发育，颜色在条带处分界较明显

表 5　　　　　　　　　　　　　　孔雀石样品的主量和部分微量元素含量表（ppm）

样品	Cu	Si	P	V	Zn	Fe
YYS01	495618(1485)	430(94)	1851(48)	16(5)	484(354)	5.6(0.7)
TLS19_01	497472(898)	321(7)	1753(306)	11.5(1.5)	157(23)	8(9)

注：括号内数据为每个样品 3 个点的标准偏差。

表 6　　　　　　　　　　　　　　　孔雀石样品的稀土元素特征参数

	YYS01	TLS19_01
ΣREE	12.5(0.94)	0.89(0.07)
LREE/HREE	1.46(1.04)	1.68(0.48)
δEu	0.94(0.31)	1.13(0.11)
δCe	0.12(0.11)	0.03(0.01)

孔雀石样品在进行 LA-ICP-MS 测试时，为了研究环带颜色深浅与致色元素含量的相关性，对环带明显的样品按同一直线不同颜色环带区域测试 3 个点，2 个样品共测试了 6 个 LA-ICP-MS 点位。孔雀石样品的部分微量元素和稀土元素含量见表五。从表五可以看出，两件样品的主量元素 Cu 含量差别不大。微量元素方面，岩阴山脚遗址采集的孔雀石（YYS01）和铜绿山本地所产孔雀石较为接近，尤其是 Si、P、V、Zn 等元素含量。

将各孔雀石样品的 4 个稀土元素特征参数取平均值和标准偏差对比见表六，YYS01 和 TLS19_01 样品 Eu 无明显异常，Ce 负异常明显分别为 0.12 和 0.03。

两个孔雀石样品的稀土元素球粒陨石标准化配分图如图八所示，整体上 YYS01 和 TLS19_01 样品的曲线相对平坦，轻重稀土元素比较均衡，Ce 处出现"谷形"，为 Ce 亏损型。YYS01 和 TLS19_01 样品不仅微量元素含量和稀土元素分异程度相似，在颜色和形貌特征方面也较为相似，故推测岩阴山下采集的孔雀石很有可能来自大冶本地。出土孔雀石样品（如 M140:3 等）因尺寸或形态以及无损测试的客观原因未能开展 LA-ICP-MS 实验测试，但其相对密度、形貌特征与岩阴山下采集的孔雀石较为相似，且岩阴山脚遗址距四方塘遗址仅 100 米，故本文推测四方塘出土孔雀石来自大冶本地的可能性较大。

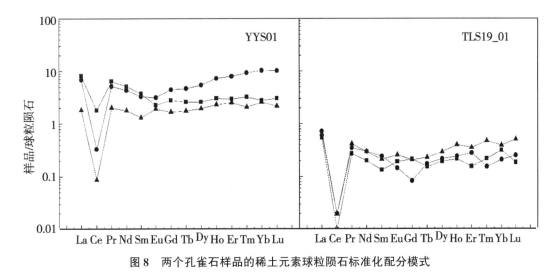

图 8　两个孔雀石样品的稀土元素球粒陨石标准化配分模式

（四）四方塘遗址出土其他玉器玉料来源分析

四方塘遗址还出土了 2 件石英质玉和 1 件绿松石。由于石英质玉的产地非常广泛，各地均有产出，故推测四方塘遗址出土的石英质玉来自当地。

国内绿松石的主要产地为湖北十堰、陕西白河、安徽马鞍山、陕西洛南、河南淅川等，其中湖北十堰和陕西白河位于同一成矿带上，所产绿松石在颜色外观上非常相似。前人已利用 XRF 和 LA-ICP-MS 等技术探讨不同产地绿松石在微量元素含量方面的差异[①]，

---

① 　先怡衡，李延祥，王炜林等：《便携式 X 荧光光谱结合主成分分析鉴别不同产地的绿松石》，《考古与文物》，2016 年第 3 期，第 112—119 页。王荣，王昌燧，冯敏等：《利用微量元素探索绿松石的产地》，《中原文物》，2007 年第 2 期，第 101—106 页。先怡衡，李延祥，谭宇辰等：《初步运用 LA-ICP-AES 区分不同产地的绿松石》，《光谱学与光谱分析》，2016 年第 10 期，第 3313—3319 页。

发现河南淅川绿松石的 Sr、Cr、Ba、Ni 含量（Sr 为 862～13453 ppm，Ni 为 120～1112 ppm）明显高于其他几个产地（XRF 未检测到 Ni，而 Sr 多＜1000 ppm），陕西洛南在 V、Mo 和 U 含量上远低于其他产地；湖北绿松石和陕西白河绿松石在 U、Mo、Ba 含量上都比较接近，但白河 V 的含量（＜200 ppm）多低于湖北绿松石（多＞200 ppm）；而安徽绿松石的 U、Mo、Ba 含量（U≤20 ppm，Mo＜1 ppm，Ba＜600 ppm）都明显低于湖北绿松石（U＞30 ppm，Mo＞11 ppm，Ba＞900 ppm）。

本文利用 XRF 对四方塘遗址出土绿松石的主、微量元素进行测试，共测试了两个不同部位。部分微量元素数据如表七所示，可以看出四方塘遗址出土绿松石的 Mo、U、V、Ba 含量相对较高，其中 V 高于 200 ppm，与湖北绿松石的特点较为接近，故本文推测四方塘遗址出土绿松石来自湖北十堰的可能性较大。

表 7　　　　　　　　　　四方塘遗址出土绿松石的部分微量元素数据（ppm）

	V	Cr	As	Se	Sr	Mo	U	Sb	Ba
M4：3_1	307	7258	4908	1258	208.8	549	219	95	3208
M4：3_2	215	8007	5812	940	20.7	549	215	133	3178
Ave	261	7632.5	5360	1099	114.8	549	217	114	3193
Std	65.1	529.6	639.2	224.9	133	0	2.8	26.9	21.2

注：Ave 和 Std 表示两次测量数据的平均值及标准偏差。

四、结论

四方塘遗址出土的玉石器材质主要包括云母质玉、透闪石质玉、孔雀石、绿松石和石英质玉。本报告利用 XRF 和 LA-ICP-MS 测试的微量和稀土元素含量及分布，从岩石学和地球化学的角度，结合前人文献，较为详细对比了四方塘遗址、随州叶家山西周墓地出土的同类玉石器（云母质玉、透闪石质软玉、绿松石、石英质玉和孔雀石），虽然后者在出土玉器的材质品级、数量、工艺等方面远胜四方塘遗址，但二者也有一些相似之处，比如云母质玉都为块体，部分透闪石质软玉外观相似、稀土元素走势一致，并且都含钠长石杂质，这说明两地的部分玉料具有相似的成因，不排除来自相同古代矿区的可能性。

四方塘遗址作为重要的古代铜铁矿冶炼遗址之一，长期以来为统治阶级制作青铜礼器、青铜兵器等提供铜、铁资源，前人通过同位素分析发现，随州叶家山西周墓地出土的青铜器的铅同位素与大冶铜绿山古矿区铜矿的铅同位素更为接近，铜料很可能来自大冶铜绿山，说明当时两地之间的物资运输通道已经打通。无论是文化还是物资的输入或输出从来都不是单向的，铜绿山向周围的诸侯国大量输出珍贵的青铜资源（包括孔雀石）的同时，很有可能也从诸侯国获得本地不常有的其他物料，比如透闪石质软玉、云母质玉、绿松石等。

大冶古铜矿区与楚国周代的铜料来源

易德生①

摘要：本文结合科技考古、文献（包括出土文献）和矿产地理，对楚国两周时期青铜原料中的铜料来源进行了分析。楚国西周时期的铜料可能主要来自贸易，控制大冶铜绿山古铜矿区的部族与之贸易，为楚国提供铜料及铜锡合金原料；同时，楚国可能也从鄂豫陕交界的秦岭地区获取铜砷原料。东周的春秋时期铜料应来自大冶古铜矿区；战国时期则铜料来源趋于多元化。

关键词：楚国；两周；铜料来源；科技考古

众所周知，夏商周三代是中国的青铜时代，出土了数量庞大的青铜器。青铜时代，"国之大事，在祀（祭祀）与戎（战争）"②，无论祭祀或战争，其物质载体皆为青铜礼器或兵器。毫不夸张地说，青铜器是代表国家强盛、社会权力和地位的象征。自然地，铸造青铜器的原料（指经冶炼而成的铜、锡、铅等金属原料，习惯称为"铜料"、"锡料"及"铅料"）无疑是三代中央王朝国家极为重要的战略资源，犹如现代社会的石油。20 世纪 70 年代末，在发现并发掘了湖北大冶铜绿山古铜矿遗址后，学界对商周青铜原料的来源（下面简称"青铜矿源"）问题开始关注。我国考古学的奠基人之一夏鼐先生当时就敏锐地指出，"我们不仅要研究青铜器本身来源，即它的出土地点，还有它们的原料来源，包括对古铜矿的调查、发掘和研究。这是中国古代青铜器研究的一个新领域，也是中国考古学开辟的一个领域"③。

楚国作为西周的诸侯国，和西周宗周国相似，国之大事，无疑也是"祀与戎"。尤其是

---

① 作者简介：易德生，男，湖北省社科院楚文化研究所副研究员，博士后（冶金史方向）。研究方向：商周秦汉（包括楚国）历史地理与文化，青铜资源与青铜文明。本文为国家社科基金"商及西周王朝青铜原料来源的综合研究（22BZS004）"阶段性成果。

② 《左传·成公十三年》。

③ 夏鼐，殷玮璋：《湖北铜绿山古铜矿》，《考古学报》，1982 年第 1 期。

东周时期,周天子失去权威,诸侯间征战不已,各个诸侯国都以强化军事作为争霸和保国的后盾,而青铜兵器供给需要青铜原料的充分获取。那么,楚国的青铜原料来自哪里,或者说青铜矿源在什么地方,自然是个饶有兴趣的课题。

夏商周王朝青铜矿源的探讨在 20 世纪 80 年代之前很少,一个主要原因是方法问题。80 年代之前,关于矿源的讨论主要利用文献方法,而文献对先秦铜等金属矿产产地的记载很少,对楚国青铜原料来源的研究同样如此(寥寥可数的有关文章下面会引用到)。近些年,由于科技考古方法(如铅同位素比值法)的应用,使这一问题有了新的可用资料。本文打算以科技考古方法和成果为基础,结合文献(包括出土文献),对楚国的铜料来源做一初步分析,权当抛砖引玉,以引起大家能够关注这一课题。

一、探索青铜矿源的科技考古方法简介

商周时期出土了大量的青铜器,如果能有某种方法,从青铜器物的元素分析入手,来推测青铜矿源,则这些方法会具有非常大的价值。随着现代科技的蓬勃发展,利用铜器来追溯矿源的方法终于产生了,这就是近些年才兴起的所谓科技考古的方法。具体而言,主要包括两种,即铅同位素比值法和微量元素示踪法。

(一)铅同位素比值法

用铅同位素比值来示踪青铜矿料产地和来源的基本原理并不复杂。地球上铅矿、铜矿或锡矿所含的铅,一般是由 4 种稳定同位素(^{204}Pb、^{206}Pb、^{207}Pb 和^{208}Pb)组成的,其中^{204}Pb 含量不随时间改变,而^{206}Pb、^{207}Pb 和^{208}Pb 分别是放射性元素^{238}U、^{235}U 和^{232}Th 衰变的产物。不同铅矿或铜矿所含的铅的 4 种稳定同位素的含量比率一般是不同的,也就是说,^{206}Pb/^{204}Pb、^{207}Pb/^{204}Pb 和^{208}Pb/^{204}Pb 的比值不同,这样,根据不同的铅同位素比值,就可以分辨不同铅矿山或含铅的铜矿山。而古代的青铜器,由于加有某些铅矿的铅或本身含有铜矿冶炼所带来的铅,而且,在铜矿和铅矿的冶炼及青铜器的铸造、加热过程中,所含铅的同位素比值不会发生根本变化,也就是不会发生所谓的"铅同位素分馏",所以,通过测量青铜器样品中铅的同位素比值,就可以和古代或现代的铅矿或铜矿的铅同位素比值进行对比,从而判断青铜原料的来源。

20 世纪 60 年代,美国的 R. H. Brill 首先将铅同位素方法引入考古学①,此后,铅同位素考古的重要性和有效性得到考古学界的普遍认可。铅同位素比值法已经成为探讨

---

① R. H. Brill and J. Wampler, "Istope Studies of Ancient Lead", *American Journal of Archaeology*, 72(1962), pp. 63—77.

古器物(包括青铜器)原料产地或来源的最重要手段。我国则是金正耀、彭子成等人于20世纪80年代率先将此方法引入,成为追溯青铜矿源的有力科技考古方法。

(二)微量元素示踪法

由于铅同位素比值法还存在一些不足,国内一些学者尝试着引进国外应用的微量元素示踪法来研究青铜矿源问题[①]。

根据地球化学,矿石或矿物除了含量大的主量元素(或常量元素)外,还含有极少的所谓微量元素。微量元素,又被称为痕量元素(trace elements)或次要元素(minor elements)等,一般是指在岩石或矿物中含量小于1%或0.1%的元素。由于某些微量元素的地球化学性质一般比较稳定,能够指示矿物来源及地质构造环境的一些信息,因此微量元素被作为指示剂用来示踪矿物的来源。

这种方法对自然铜制品、大理石及陶瓷器等溯源较为成功,但对青铜器的矿源示踪则存在较多不确定,所以有学者等对微量元素示踪法持"悲观态度"[②]。事实上,以铅同位素比值法作为追溯矿源的主要方法,再以微量元素示踪法作为一种辅助性参考方法,应该还是可行的[③]。近年来,英国科技考古学家对微量元素示踪法进行了方法上的改进,提出"微量元素分组法",主要用以探索铜料的来源[④]。

二、西周时期楚国的铜料来源

无论是在文献方面还是考古、科技考古方面,西周时期楚国青铜矿源方面的资料很少,这导致探究西周时期楚国矿源存在极大难度。幸运的是,一些关于楚国的青铜器铭文为探索其矿源提供了些蛛丝马迹。

西周初期,周天子封熊绎立楚国。当时的楚国,疆域很小,是弱小的异姓诸侯国。《左传·昭公二十三年》称楚的疆域是"土不过同(方百里)"。西周昭王时曾伐楚,铭文、

---

① 王昌燧等学者率先在中国尝试用微量元素示踪法来研究青铜器的矿料来源问题,有关原理、学术现状及综述可参考王昌燧:《文物产地研究发展简史——兼论科技考古与 Archaeometry》,见王昌燧主编:《科技考古论丛》第二辑,中国科学技术大学出版社,2000 年,第 13—16 页;E. Penicka, "Trace Element Fingerprinting of Ancient Copper:A Guide to Technology or Provenance?" in *Metals in Antiquity*, pp. 163—171.

② 陈铁梅:《科技考古学》,北京大学出版社,2008 年,第 139 页。

③ E. Pernicka 指出,微量元素示踪法与铅同位素比值法相结合,应该是研究青铜矿料产地和来源问题较好的方法。E. Penicka, "Trace Element Fingerprinting of Ancient Copper: A Guide to Technology or Provenance?" in M. M. Young, A. M. Pollard, R. Ixer and P. Budd(eds.), *Metals in Antiquity*, Bar International Series 792, Oxford, 1999, pp. 163—171.

④ 马克·波拉德,彼得·布睿等:《牛津研究体系在中国古代青铜器研究中的应用》,《考古》,2017 年第 1 期。

传世文献中都有记载,且铭文中还记载有"俘金(青铜)"的记载,表明楚国已有铜器铸造。

西周中晚期,楚国开始变得强大。《史记》卷40《楚世家》说:

> 当周夷王之时,王室微,诸侯或不朝,相伐。熊渠甚得江汉间民和,乃兴兵伐庸、杨粤,至于鄂。熊渠曰:"我蛮夷也,不与中国之号谥。"乃立其长子康为句亶王,中子红为鄂王,少子执疵为越章王,皆在江上楚蛮之地。及周厉王之时,暴虐,熊渠畏其伐楚,亦去其王。

强大的背后是军事的发展和军备中青铜武器数量的大增,铜器的铸造也必然大增。西周中晚期楚国的铜器屡有出土。如有楚公(家)钟5件、楚公豪戈1件①、宋代政和年间出土的楚公逆镈钟一件、1993年山西曲沃晋侯墓地M64出土的楚公逆钟八件等②。2012年,宜昌万福垴遗址出土甬钟12件、铜鼎1件。其中一件甬钟征部刻有铭文:"楚季宝钟,厥孙乃献于公,公其万年受厥福。"意义重大。甬钟及遗址年代在西周时期,这是在江汉地区首次科学发掘的西周时期楚国公室的青铜器③。学界对于"楚季宝钟"的年代、性质、与楚国某些国君有关的人物进行了讨论。④ 万福垴甬钟及其他铜器的出土,充分表明西周中晚期楚国的铜器铸造规模较大,青铜原料充足。

山西晋侯墓地M64出土一套楚公逆编钟,共8件,形制相似,每件都铸有铭文。一件钟的征及鼓部右侧有铭文达68字,隶定如下:

> "唯八月甲午,楚公逆祀厥先高祖考,夫壬四方首。楚公逆出,求厥用祀,四方首休多禽□□(字迹不清,隶定争议较大,笔者按),内(入)飨(享)赤金九万钧。楚公逆……其万年寿,用保厥大邦。永宝。⑤

关于楚公逆其人,公认为楚君熊鄂,其在位时间为西周周宣王二十九年(公元前799

① 楚公豪即楚君熊挚。见朱德熙:《朱德熙文集(第五卷)》,商务印书馆,1999年。

② 山西省考古研究所,北京大学考古学系:《天马——曲村遗址北赵晋侯墓地第四次发掘》,《文物》,1994年第8期。

③ 宜昌博物馆:《宜昌万福垴编钟出土及遗址初步勘探》,《中国文物报》,2012年9月28日第8版;湖北省文物考古研究所,武汉大学历史学院考古系等:《湖北宜昌万福垴遗址发掘简报》,《江汉考古》,2016年第4期;马仁杰等:《宜昌万福垴遗址青铜器的科技分析及相关考古学问题》,《江汉考古》,2019年第5期。

④ 郭德维:《楚季宝钟之我见》,《江汉论坛》,2012年第11期;李学勤:《试谈楚季编钟》,《中国文物报》,2012年12月7日第6版;张昌平:《吉金类系——楚公家豪钟》,《南方文物》,2012年第3期;武家璧:《"楚季"其人与"楚季钟"的年代》,《楚学论丛》第二辑,湖北人民出版社,2012年;黄文新、赵芳超:《湖北宜昌万福垴遗址出土甬钟年代及相关问题研究》,《江汉考古》,2016年第4期;刘彬徽:《论万福垴楚遗址及其出土楚季编甬钟的年代与相关问题》,《湖南考古辑刊》,2017年;笪浩波:《楚季宝钟与宜昌万福垴遗址》,《考古学集刊》第22集,2019年。

⑤ 山西省考古研究所,北京大学考古学系:《天马——曲村遗址北赵晋侯墓地第四次发掘》,《文物》,1994年第8期。

年)至三十七年(公元前 791 年)[2]。此件编钟,有些地方字很难明确隶定,导致文意有争议;但这段话,大意没有争论,那就是,楚公逆为了祭祀祖先,外出寻求铸造青铜礼器的原料,结果获得贡纳的红铜九万钧(大致合今 600 多吨)。楚国君外出一次,外族竟然贡纳红铜 600 多吨,数量很是惊人!虽然铭文有所夸大,但表明楚国有充足铜料,则是事实。这段铭文也说明楚国自己疆域内可能并不产铜,铜料主要来自其他外族的贡献,从外交辞令来说,别族的贡献也有可能就是被迫奉献,或者说是楚国的贸易交换甚至强迫掠夺。

图 1　楚公逆铭文拓片[1]

楚国的铜料来自哪里,学界有简单的推测。张正明、刘玉堂先生认为,西周中晚期至春秋早期,大冶铜绿山古矿冶遗址的主人可能为越族的一支扬越,楚国的铜料可能来自扬越[3]。有学者从情理上推断楚国的铜料应来自大冶铜绿山古铜矿区[4]。从考古学角度看,鄂东南在西周时期属于大路铺文化,铜绿山古矿遗址西周应属于大路铺文化,也就是说,应是大路铺文化代表的族群或集团掌握着铜矿资源[5]。黎海超等结合上面提到的“微量元素分组法”进行分析后认为,在西周晚期至春秋初年晋国使用的铜料有相当部分来源于楚国,而楚国使用的铜料有相当部分来源于大路铺文化所掌握的铜绿山古铜矿[6]。

楚国立于江汉之地,从地理距离角度和上面一些科技考古角度看,确实部分铜料有可能来自铜绿山矿区。但实际上,楚国的铜料来源可能要更复杂些。上面提到的宜昌万福垴遗址,其出土的编钟等铜器已经过学者的科学分析[7]。据这些学者的分析,出土编

①　摘自刘绪:《晋侯邦父墓与楚公逆钟》,见高崇文等主编:《长江流域青铜文化研究》,科学出版社,2002 年。

②　近来有学者认为楚公逆是更早的楚国国君熊渠,时代在西周时期的在孝、夷时期,比宣王时期要更早。见靳健、谢尧亭:《“楚公逆”的年代及相关问题新探》,《江汉考古》,2022 年第 2 期。

③　张正明,刘玉堂:《大冶铜绿山古铜矿的国属》,载《楚史论丛·初集》,湖北人民出版社,1984 年。

④　李学勤:《试论楚公逆编钟》,《文物》,1995 年第 2 期;柯鹤立:《试论晋侯邦父墓中的楚公逆编钟》,见《晋侯墓地出土青铜器国际学术研讨会论文集》,上海书画出版社,2002 年;尹弘兵:《西周春秋时期的楚国与江南铜矿》,《湖南省博物馆刊》第七辑,2010 年。

⑤　傅玥:《长江中游地区西周时期考古学文化研究》,武汉大学博士学位论文,2010 年,第 177 页。

⑥　黎海超,崔剑锋:《试论晋、楚间的铜料流通——科技、铭文与考古遗存的综合研究》,《考古与文物》,2018 年第 2 期。

⑦　马仁杰等:《宜昌万福垴遗址青铜器的科技分析及相关考古学问题》,《江汉考古》,2019 年第 5 期;郁永彬,陈坤龙,梅建军等:《湖北宜昌万福垴遗址出土西周编钟的科学分析及相关问题》,《文物》,2022 年第 11 期。

钟的合金成分复杂多样,除常见的铜锡合金外,还有铜锡铁、铜锡砷、铜锡砷锑等合金材质。总体来说,中原及江汉地区,商、西周时期的铜器一般为铜锡铅合金,如武汉盘龙城遗址、随州叶家山墓地出土的铜器等;但是,合金为铜锡砷或铜锡砷锑等,则在江汉地区罕见。另外,大冶地区古铜矿区所冶炼金属为红铜,有时多多少少会含有铁,但几乎不含砷。

西周楚国编钟含砷或砷锑的事实,使我们认识到,楚国的铜料来源可能不止以大冶铜绿山为核心的鄂东南这一区域。由于西周时期,楚国与宗周王朝及中原的晋等诸侯国往来密切,我们认为楚国另外的铜料来源可能在汉中—秦岭一带。

汉中地区的城固宝山遗址及附近洋县都出土了一批镰形铜器,这些商代中晚期的铜器形状奇特,公认为本土铸造。陈坤龙对其材质进行了检测,发现这些器物以红铜为主体,同时还存在砷铜、锑铜以及镍砷铜等较为特殊的铜合金[1]。另外,更重要的是,陈坤龙对西安附近老牛坡遗址出土的商代晚期冶炼渣进行过检测分析,发现炼渣中大部分含砷铜颗粒[2]。

从楚国万福垴编钟合金成分来看,楚国应该是从不同的地方获取铜料或铜砷(或微量含锑、银等其他成分)料,然后和锡等金属(可能仍然是从另外的地方获取)进行熔炼混合,形成铜锡砷合金,然后再铸造铜器[3]。

三、东周时期楚国的铜料和锡料来源

(一)铜料来源及东周大冶铜绿山铜矿遗址的归属问题

大冶铜绿山铜矿在东周时期采冶繁荣,那么到底是谁在控制着该铜矿,自然成为讨论的重点。有学者认为铜绿山铜矿在大约春秋中期应已被楚国控制[4],有学者认为在战国时期[5],有学者则认为可能在春秋早期[6]。对于这个问题,铜绿山古矿遗址的发掘,尤

---

① 陈坤龙等:《城固宝山遗址出土铜器的科学分析及其相关问题》,《文物》,2012 年第 7 期。

② Chen K,Liu S,Li Y et al. ,2017,Evidence of arsenical copper smelting in Bronze Age China:A study of metallurgical slag from the Laoniupo site,central Shaanxi,Journal of Archaeological Science 82,pp. 31-39.

③ 近些年在皖南地区也发现商周时期有冶炼砷铜迹象(参见王开等:《安徽铜陵县师姑墩遗址出土青铜冶铸遗物的相关问题》,《考古》,2013 年第 7 期;郁永彬,王开,陈建立等:《皖南地区早期冶铜技术研究的新收获》,《考古》,2015 年第 5 期),但是从地理和政治角度看,楚国越过大冶铜绿山等铜料区再去长江下游获取皖南的铜料(铜砷料),可能性不大。

④ 张正明,刘玉堂:《大冶铜绿山古铜矿的国属》,载《楚史论丛·初集》,湖北人民出版社,1989 年。

⑤ 尹弘兵:《西周春秋时期的楚国与江南铜矿》,《湖南考古辑刊》,2010 年。

⑥ 陈丽新,陈树祥:《试论大冶铜绿山四方塘墓地的性质》,《江汉考古》,2015 年第 5 期。

其是近几年大冶铜绿山古矿区范围内四方塘墓地的发掘①,给了我们重要启示。

据铜绿山矿冶遗址和四方塘墓地的考古学文化,春秋中期以前,该区的陶器风格与楚国的不同,而与大路铺遗址所代表的文化雷同,多见刻槽鬲足、护耳甗和镂孔圈足豆等。春秋中期之后,四方塘墓地出土陶器及埋葬形式则以楚文化为主,表明楚人正式控制了矿冶区。因此,大冶铜绿山古铜矿在春秋早期晚段或春秋中期被楚人控制的可能性较大。文献《史记·楚世家》记载:楚成王熊恽刚即位(公元前 671 年),"布德施惠,结旧好于诸侯。使人献天子,天子赐胙,曰:'镇尔南方夷越之乱,无侵中国。于是楚地千里'"。楚成王时期正是春秋中期,司马迁的这段记述,正表明楚国得到了周天子的认可,可以名正言顺地在南方进行扩张。在这种背景下,控制鄂东南的矿冶区似也合情理。既然楚国在春秋中期控制了铜绿山矿区,那么,楚国的铜料应大部分来源于此。

近些年,东周时期楚国铜器的铅同位素分析开始展开,从这些铅同位素数据中可看出,大冶铜绿山的铜料确实最可能是东周时期楚国的原料来源之一。

张吉等学者这几年测试了一些东周包括楚国铜器的铅同位素比值,得出了一些有意义的结论。他根据检测的数据所做如下图(图 2)②,可看出,春秋时期楚国铜器与大冶四方塘出土铜器和矿石的铅同位素比值接近,表明楚国铜器原料极有可能来自大冶古铜矿区;或者说大冶古铜矿区是楚国铜器的主要原料之一。

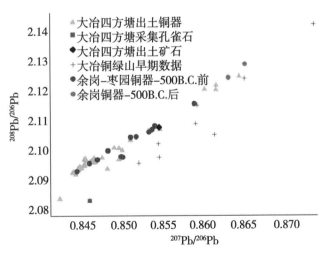

图 2　大冶铜绿山与春秋中晚期楚国铜器的铅同位素比值比较

①　黄石市博物馆:《铜绿山古矿冶遗址》,文物出版社,1999 年;湖北省文物考古研究所、大冶市铜绿山古铜矿遗址保护管理委员会:《大冶铜绿山四方塘墓地第一次考古主要收获》,《江汉考古》,2015 年第 5 期。

②　张吉,陈建立:《东周青铜器铅同位素比值的初步研究》,《南方文物》,2017 年第 2 期。

春秋与战国时期,社会变化很大,这必然会反映在经济与政治上。所以我们根据春秋和战国时期铜器的铅同位素比值数据做一图(见表 1、图 3),看看春秋和战国不同时期楚国铜器的铅同位素比值情况,然后再和大冶古铜矿区的铅同位素比值比较。

从图 2 中可看出,春秋铜器的铅同位素比值基本聚集在一起,范围较小,$^{207}Pb/^{206}Pb$ 比值在 0.84 —0.86,$^{208}Pb/^{206}Pb$ 在 2.09—2.11;而战国时期铜器的铅同位素比值范围变大,不像春秋时期那样集中。这表明战国时期楚国的矿源有多元化趋势。从图 3 中看出,大冶铜绿山矿区的部分铅同位素比值有和战国铜器铅同位素比值聚集的现象,表明铜绿山矿区仍是战国时期楚国的矿源地之一,但是除此之外,很明显,楚国应又开辟了新的矿源。从战国时期楚国政治经济重心开始移往皖北这种情况看,新开辟的矿源之一可能就在皖南古铜矿区。该矿区一方面有充足的铜矿冶炼,另一方面,又接近江西北部的锡矿,是非常好的青铜原料生产基地。

表 1　　　　　　　　　　　　楚国春秋及战国时期遗址出土铜器的铅同位素比值

器物、样品出土地点	时代	$^{207}Pb/^{206}Pb$	$^{208}Pb/^{206}Pb$	数据来源
大冶古铜矿区	商代晚期及周代	0.85441	2.0977	彭子成等:《赣鄂豫地区商代青铜器和部分铜铅矿料来源的初探》,《自然科学史研究》,1999 年第 3 期;金正耀:《晚商中原青铜的矿料来源研究》,见氏著《中国铅同位素考古》,中国科学技术大学出版社,2008 年。
		0.86121	2.1052	
		0.89301	2.1977	
		0.8519	2.0958	
		0.8543	2.1022	
		0.85888	2.1089	
		0.85905	2.1151	
		0.87341	2.1419	
		0.86487	2.1238	
		0.852	2.145	
		0.848	2.152	
		0.863	2.173	
		0.866	2.161	
淅川下寺	春秋	0.851	2.1036	牟笛:《南阳东周青铜器科技考古研究—以夏饷铺、八一路、徐家岭青铜器为例》,第 73—74 页,中国科学院大学博士学位论文,2016 年。
		0.8681	2.1317	
		0.844	2.0465	
南阳八一路	春秋	0.8471	2.0959	同上。
		0.8489	2.0978	
		0.8472	2.0941	

器物、样品出土地点	时代	$^{207}Pb/^{206}Pb$	$^{208}Pb/^{206}Pb$	数据来源
钟祥黄土坡	春秋	0.844	2.0919	张吉等:《钟祥黄土坡墓地出土春秋青铜器的检测分析及相关问题研究》,《南方文物》,2019年第3期。
		0.8475	2.0981	
		0.8438	2.0925	
		0.8438	2.0924	
		0.8486	2.0991	
		0.8448	2.0935	
荆门左冢	战国	0.8477	2.0992	刘铮锋:《东周楚系青铜器的冶金考古研究》,中国科学院大学博士学位论文,2017年。
		0.8472	2.0979	
		0.8717	2.1451	
		0.8516	2.1081	
		0.8743	2.1705	
安徽肥西	战国繁昌、阜阳等	0.8724	2.1581	金正耀等:《战国古币的铅同位素比值研究——兼说同时期广东岭南之铅》,《文物》,1993年第8期。
		0.8579	2.1191	
		0.8655	2.1328	
		0.8764	2.1604	
		0.8744	2.1609	
		0.8821	2.1791	
		0.8863	2.1863	
		0.8626	2.1339	
		0.8682	2.1538	
安徽六安	战国	0.864257	2.12444	文娟等:《安徽六安地区东周楚国青铜器铅同位素特征的初步研究》,《西北大学学报(自然科学版)》,2013年第6期。
		0.862899	2.13331	
		0.868713	2.13344	
		0.865674	2.12671	
		0.86593	2.14588	
		0.869851	2.14395	
		0.871316	2.1476	
		0.875565	2.14949	
		0.877743	2.15832	
		0.882417	2.16503	
		0.882632	2.16523	
		0.886709	2.17629	

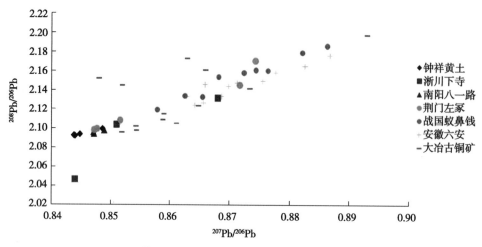

图 3　楚国春秋和战国铜器的铅同位素比值图比较

（二）楚国东周时期的锡料矿源地分析

众所周知，锡是青铜合金中的关键成分，因此，锡料来源也是很重要的问题。相对于楚国的铜料来源，学界对锡料来源的具体论述更少[①]。由于关于锡矿的科技考古资料几乎没有，所以，我们主要从矿产地理及考古学角度来加以考察。

东周时期，无论楚国都城郢都的位置在哪里[②]，汉水中游地区及今沮、漳河中下游地区都无疑是楚国的政治、经济中心所在。考察楚国的锡矿源，从地理与距离角度看，首先应考察湖北有无锡矿，然后，再在湖北接壤的河南、安徽、重庆及湖南、江西进行考察。在此基础上，结合古铜矿遗址及考古学文化，来推测东周楚国的锡料矿源。

笔者在小文《楚国锡料产地初析》中[③]，通过对比历史文献和当代矿产资料，详细论证了湖北及其周边省份锡矿情况，得出了如下结论：（1）湖北缺乏高品位的、有开采价值的锡矿。（2）既然湖北没有锡矿，那么从交通角度看，则楚国应到其周边省份进行贸易交换或掠夺。东周时期，楚国的疆域一步步在扩展，除了湖北作为核心地区外，战国中期已经扩展到湖南、江西、江苏、安徽及陕西、河南、山东三省的南部。因此我们以湖南、江西、

---

① 对于楚国锡料的可能来源，郭德维先生较早认识到湖南锡矿的重要性。他提到："楚都（即纪南城）临近长江，也就更临近江南，许多重要物资，特别是一些战略物资，也就更容易获得，因为这些物资绝大部分产于江南。首先是粮食，⋯⋯其三是铜、铅、锡⋯⋯铅、锡产于湖南。"（见郭德维《楚都纪南城复原研究》，文物出版社，1999 年，第 40—42 页）。笔者拙文《楚国锡料产地初析》，见楚文化研究会编《楚文化研究论集》（第十一集），上海古籍出版社，2015 年。

② 学界一般认为郢都有可能在如下三个地点：或在今荆州纪南城一带，或在今宜城一带，或在当阳季家湖古城遗址一带。见郭德维《楚郢都辨疑》，《江汉考古》，1997 年第 4 期。

③ 拙文见楚文化研究会编《楚文化研究论集》（第十一集），上海古籍出版社，2015 年。

安徽、江苏、河南、陕西（汉中地区）、山东、重庆为例，来看看这些周边省份的锡矿分布情况。结论是，湖北周边的一些省份，河南、陕西、安徽、重庆及山东都是缺乏锡矿的地区。（安徽有一些很小的锡矿点，其位置和浙江靠近，位于山区且与湖北交通较远）。（3）与湖北南边和东南边接壤的湖南和江西，自古以来都是锡矿非常丰富的地区。比如《禹贡》《周礼》及先秦秦汉其他文献都有对两地锡矿开采的记录。特别需要提及的是，里耶秦简第 8 层 2226 简至 2227 简也记载："买铁铜……，买请铜锡"，证实了司马迁先秦时期湖南锡矿已开发的说法是可靠的①。（4）总的结论，尽管湖南和江西都有可能是楚国的锡料来源地，但是，从交通条件、楚国的疆域及政治经济等人文地理情况来看，湖南可能是楚国主要的、稳定的锡料来源地，而江西则是辅助性的锡料来源地②。

---

① 《里耶秦简（一）》，文物出版社，2012 年。

② 东周时期，赣北大部分时间受楚国控制，但此地由于是"楚尾吴头"地区，某些时期则被吴、越两国所控制，所以对楚国而言并不是个很稳定的区域。见彭适凡：《"吴头楚尾"辨析》，氏著：《江西先秦考古》，江西高校出版社，1992 年。

秦简牍所见铁官制度

王　准①

近些年,出土的秦简牍中记录了不少关于秦铁官以及官方机构对于铁器进行管理的相关资料。已有不少学者从官营手工业、官营铁农具、铁官与冶铁业等角度进行研究。②本文试图从秦简牍所见资料对铁官制度再作讨论,以就教于方家。

一

铁官是主管铁器铸造的官方机构,在汉代文献中始常见。《史记·平准书》载汉武帝听从孔仅、东郭咸阳之献策,实行盐铁官营,"使孔仅、东郭咸阳乘传举行天下盐铁,作官府",于是西汉开始有专门盐官、铁官之设。在此之前,在大农令(后更名为大司农)下设大农丞,领盐铁事,孔仅、东郭咸阳即任此职。此后各郡大多设置铁官,不产铁的郡"置小铁官"。《汉书·百官公卿表》记载大农令(大司农)的属官有"斡官、铁市两长丞"。另外掌管京师的内史景帝时分置左、右内史,左内史后又更名左冯翊,左内史(左冯翊)之下"左都水、铁官、云垒、长安四市四长丞皆属焉"。另外"治内史右地"的右扶风,"右都水、铁官、厩、雍厨四长丞皆属焉"是以西汉时已有铁官、铁市长丞之职官。虽然它们的上级机构都是源自秦官或周官,③但铁官、铁市在西汉之设仍旧应该在武帝之后。只不过汉代铁官是否与秦有渊源,《汉书·百官公卿表》并未明确记载。

铁官在春秋战国时代只能零星看到类似的记载。《管子·海王》中管仲为齐桓公增加税收的对策便是"官山海"。所谓"官山海",在海则"正盐策"(征盐税),在山则设"铁

---

① 作者单位:湖北省社会科学院楚文化研究所。

② 吴荣曾:《秦的官府手工业》,载中华书局编辑部编:《云梦秦简研究》,中华书局,1981年,第38—52页;徐学书:《战国晚期官营冶铁手工业初探》,《文博》,1990年第2期;戴卫红:《出土文字材料所见秦铁官》,《湖南省博物馆馆刊》第8辑,岳麓书社,2012年;陈洪:《从出土实物看秦国铁农具的生产制造及管理》,《农业考古》,2017年第4期。汤超:《秦铁官体系与冶铁业新识》,《江汉考古》,2019年第2期;刘鹏:《秦官营铁农具的生产管理及民间供给》,《古代文明》,2019年第2期。

③ 大农令(大司农)前身为治粟内史。《汉书·百官公卿表》:"治粟内史,秦官,掌谷货,有两丞。"左、右内史的前身为内史,《汉书·百官公卿表》:"内史,周官,秦因之,掌治京师。"

官",由官府机构专擅盐铁之利。当时各国大概都有类似的做法。包山楚简记载楚怀王时楚人"宋献为王煮盐于海(简147)"所谓"为王煮盐"显然也是楚国官方机构主持的制盐活动。《管子·轻重甲篇》记载"齐有渠展之盐,燕有辽东之煮",可能也是类似的做法。而借盐铁征税在秦人那里已经成为重要收入来源。《汉书·食货志》载董仲舒言曰秦国自商鞅变法之后,"田租口赋,盐铁之利,二十倍于古"。秦政府如果在盐铁上有如此多的税收,必然是有着专门的官方机构来进行管理。《史记·太史公自序》记载太史公先祖司马昌的事迹:

> (司马)昌为秦主铁官,当始皇之时。

按照太史公的记载,似乎至少在秦始皇时期,秦已经设立铁官,并且司马昌主掌某一铁官或所有的铁官。而《华阳国志·蜀志》也能印证这种记载。

> 赧王五年,仪与若城成都,周回十二里,高七丈。郫城,周回七里,高六丈。临邛城,周回六里,高五丈。造作下仓,上皆有屋,而置观楼,射兰。成都县本治赤里街,若徙置少城。内城营广府舍,置盐铁市官并长、丞。①
>
> 临邛县,郡西南二百里。本有邛民。秦始皇徙上郡民实之。……有古石山,有石矿,大如蒜子。火烧合之,成流支铁,甚刚。因置铁官。有铁祖庙祠。汉文帝时,以铁、铜赐侍郎邓通。②

前一条文献提及在成都设铁市官,时代大约在秦惠王二十七年张仪、张若建造成都城墙之时。后一条提及临邛县设有铁官,时代当在汉文帝之前,或许就是秦始皇迁上郡之民至临邛之时。

三则传世文献材料都记载秦有铁官,应该可以证实秦确实存在管理冶铁、铸铁以及铁器交易的专门官方机构。然而太史公是西汉人,《华阳国志》作者常璩是东晋人,他们是否有可能使用了汉代以来的职官机构名称用来称呼秦的相关机构,仍存在疑问。也就是说,秦政府的这个机构是否叫"铁官""铁市"之类,还有待更为直接的材料证明。

二

关于秦的铁官称呼,近年来出土的秦简牍与封泥材料有一些直接记载,因而显得尤为珍贵。

周家台30号秦墓竹简《三十四年质日》载:

---

① 任乃强:《华阳国志校补图注》,上海古籍出版社,1987年,第128页。
② 任乃强:《华阳国志校补图注》,上海古籍出版社,1987年,第157页。

二月丙申宿竞(竟)陵。丁酉宿井韩乡。戊戌宿江陵。……丁未起江陵。戊
申宿黄邮。己酉宿竞(竟)陵。庚戌宿都乡。辛亥宿铁官。壬子治铁官。癸丑治
铁官。甲寅宿都乡。乙卯宿竞(竟)陵。丙辰治竞(竟)陵。丁巳治竞(竟)陵。①

整理者指出《三十四年质日》中所列干支属于秦始皇三十四年。② 书写这卷"质日"
的小史先到了南郡竟陵县,后至该县都乡,再后一日来到"铁官",并在"铁官"待了两天治
理相关公务,完毕后又经过都乡回到竟陵。该处铁官应该位于竟陵县都乡附近。

里耶秦简载:

六月壬午朔戊戌,洞庭叚(假)守齰下□:听书从事。临沅 I 下 (索)。门
浅、零阳、上衍,各以道次传,别书。临 II 沅下洞庭都水,蓬下铁官。III 皆以邮
行。书到相报,不报,追。临沅、门浅、零阳 IV、[上衍皆言]书到,署兵曹发。/
如手。道一书。·以洞庭侯印☐ V(简 9—713)③

查张培瑜先生《中国先秦史历表》,六月壬午朔应该属于秦王政五年(242B. C.),④这
表明至少在此年之前,秦已设置铁官,比《三十四年质日》时代更早。当时秦洞庭郡假守齰
下发的文书须经蓬县下发给铁官。郭涛据此认为该铁官应该在蓬县境内,⑤其说甚确。

另外,《秦封泥集存》收录有"铁官""铁官丞印""铁市丞印""铁兵工丞"等多种秦封
泥⑥,其中"铁官"即上述秦铁官机构官印,"铁官丞印"是铁官吏员的印鉴。"铁市丞印"
应该是类似《汉书·百官公卿表》大农令下属铁市长、丞之类,是管理铁料与铁器交易的
机构吏员,秦朝以前或许是治粟内史的属官。至于"铁兵工丞"可能不属于铁官、铁市,而
是管理手工业的工官工室之吏,只不过其管理的是铁制兵器加工而已,类似秦简中的工
师、丞。另外汉代少府下属有考工室丞,可与之相参照。

另外睡虎地秦简《法律杂抄》记载:

采山重殿,赀啬夫一甲,佐一盾;三岁比殿,赀啬夫二甲而法(废)。殿而不
负费,勿赀。赋岁红(功),未取省而亡之,及弗备,赀其曹长一盾。大(太)官、
右府、左府、右采铁、左采铁课殿,赀啬夫一盾。(简 21～简 23)⑦

这里记载了右采铁、左采铁两种机构,应该是负责开采铁矿的。律文提到的"采山",

---

① 陈伟主编:《秦简牍合集(三)·周家台秦墓简牍》,武汉大学出版社,2014 年,第 9—10 页。
② 湖北省荆州市周梁玉桥遗址博物馆:《关沮秦汉墓清理简报》,《文物》,1999 年第 6 期。
③ 陈伟主编:《里耶秦简牍校释》(第二卷),武汉大学出版社,2014 年,第 186—187 页。
④ 张培瑜:《中国先秦史历表》,齐鲁书社,1987 年,第 217 页。
⑤ 郭涛:《文书行政与秦代洞庭郡的县际网络》,《社会科学》,2017 年第 10 期。
⑥ 刘瑞:《秦封泥集存》:中国社会科学出版社,2020 年,第 262、190、260 页。
⑦ 陈伟主编:《秦简牍合集(一)·睡虎地秦墓简牍》,武汉大学出版社,第 179 页。

据《文选·吴都赋》："采山铸钱"，采山即为采矿。律文中要求对负责采矿的吏员每年进行考核评比，并对连续两年、三年都排名最后的吏员进行赏罚甚至废官。

与右采铁、左采铁并列的"大（太）官"，也见于《汉书·百官公卿表》，是少府的属官，①颜师古注："太官主膳食"。② 右府与左府，睡虎地秦简整理者怀疑它们也是少府的属官，③应该是有道理的。假如此说成立，右采铁、左采铁很有可能也是少府的属官。

铁官，在《汉书·百官公卿表》中见于西汉京兆尹、左冯翊与右扶风下属机构。另外《汉书·食货志下》："（桑）弘羊……乃请置大农部丞数十人，分部主郡国，各往往置均输、盐、铁官"当时在各郡国普遍设立有铁官。比如"沛郡铁官"（《汉书·成帝纪》）、"涿郡铁官"（《汉书·五行志》），《汉书·地理志》各郡皆见"有铁官"之记载。依照京兆尹、左冯翊与右扶风各地铁官之例，其他地方郡国的铁官应该也是各郡国的下属机构，至少是西汉皆如此。那么秦的铁官是否也是如此呢？前文所引周家台秦简《三十四年质日》中记载，墓主曾经在铁官治事办公两日，随后又去竟陵治事三日，而他本人服务的官署应当在南郡郡治江陵。此铁官即为南郡下属，所以墓主作为郡吏才会前去办公，然后又转去竟陵县办公。所以铁官早在秦始皇时期应该也是归于郡府管辖的。

另外，秦铁官的名称也透露出一些额外的信息。《三十四年质日》与里耶秦简 9—713 号简中皆径直称呼为"铁官"，意味着在这两郡（南郡、洞庭郡）之内仅设有一处铁官。假如郡内有两处铁官，一般都需要从名称上作出区分，例如"大铁官""小铁官""新铁官""旧铁官"之类。《汉书·地理志》记载西汉大多数郡国也只设一处铁官，应该也不是巧合。

秦始皇三十四年（公元前 211 年）南郡铁官在竟陵县附近，西汉时南郡分出东部另置江夏郡，竟陵县在江夏郡内，但根据《地理志》记载，南郡与江夏郡皆无铁官。秦洞庭郡铁官在蓬县附近，洞庭郡到西汉划分为武陵郡、长沙国，据《地理志》记载同样也无铁官设置。这就很有意思了。为何秦政府在南郡、洞庭郡皆设铁官，到了西汉却在原地域完全见不到铁官踪影？我们或许可以根据当时的历史形势作一番推测。

根据《汉书·地理志》的记载，虽然西汉南郡、江夏郡、武陵郡、长沙国没有铁官，但是在其附近的郡还是有铁官设置的。南郡、江夏郡的汉水上游是南阳郡有铁官，不知设于何县。武陵郡、长沙国有湘、资、沅、澧四水入长江，长江下游的庐江郡皖县有铁官。上下游的铁官制成的铁器铁料借助水运应该可以比较方便地运输到南郡、江夏、武陵、长沙等地，所以在西汉时这些郡的铁器供应应该不成问题。

但是在秦王政时期就不一样了，洞庭郡与南郡都是秦国进攻楚国的前沿地区，保证

---

① 《汉书·百官公卿表》："少府，秦官，掌山海池泽之税，以给共养，有六丞。属官有尚书、符节、太医、太官……十六官令丞。"

② 班固：《汉书》卷十九《百官公卿表》，中华书局，1962 年，第 732 页。

③ 睡虎地秦墓竹简整理小组：《睡虎地秦墓竹简》，文物出版社，1990 年，第 85 页。

前方的铁器特别是兵器所需是具有战略意义的举措。前线的兵器与其他官方所需铁器所需,不能完全依赖从关中或者其他地区运输而来,而迫切需要在本地制作。里耶秦简中就有迁陵县转运兵器的记录,还有接收蓬县铁权的记录。这些有可能是在洞庭郡铁官制作并转运到当地的。南郡的情况应该也一样。即使两郡当地的条件并不足以支撑长期开采冶铸,在军政的急迫要求下仍然要设立铁官供应所需。或许一旦这种需求消失,两郡的铁官在汉代就没有动力延续下来。当然我们也不排除有西汉时期特定的地域政治因素导致此结果。

除了采铁、铁官之外,还有一种机构即"铁市"。前文引述过,《汉书·百官公卿表》记载铁市是汉初大农令的属官,大农令的前身是秦治粟内史,主管全国谷货(经济)。秦印泥中的"铁市丞"当时或许也是治粟内史属官。

左采铁、右采铁似乎是与铁官、铁市不同的机构。采铁负责开采矿石原料,铁官负责制造铁器,铁市专责铁器交易,三者应该是分工有序的。

三

秦与西汉对于铁官的制度,在传世文献中有少量记载,但对于相关政策制度在地方上如何运行的详情,记载更加稀缺。

秦国在商鞅变法时已经有"壹山泽"的政策。《商君书·垦令》载:

> 壹山泽,则恶农、慢惰、倍欲之民无所于食。无所于食,则必农。农则草必垦矣。[1]

商鞅主张由国家垄断山泽资源,使农民除了耕织之外,没有其他收入,断掉其他营生的出路,不得不安心务农。所谓"壹山泽",朱师辙曰:"谓专山泽之禁,不许妄樵佃渔。"[2]山林之中除了林木之外,铁矿开采也是带来丰厚收入的大项。"壹山泽"类似于《管子》的"官山海"政策,将山林川泽封禁起来禁止私人利用,而只能在官方授权下进行开发。

《汉书·食货志》引董仲舒之言:

> 至秦则不然,用商鞅之法,改帝王之制,除井田,民得卖买,富者田连阡陌,贫者无立锥之地。又颛川泽之利,管山林之饶,荒淫越制,逾侈以相高;邑有人君之尊,里有公侯之富,小民安得不困?……田租口赋,盐铁之利,二十倍于古。[3]

所谓"颛(专)川泽之利,管山林之饶",便是《商君书》说的"壹山泽"。除井田,带来的

---

① 蒋礼鸿:《商君书锥指》,中华书局,1986 年,第 12 页。
② 蒋礼鸿:《商君书锥指》,中华书局,1986 年,第 12 页。
③ 班固:《汉书》卷二十四上《食货志》,中华书局,1962 年,第 1137 页。

田租口赋收入，"壹山泽"带来的盐铁之利，最终达到"二十倍于古"的惊人收入。

虽然秦国自商鞅以来执行"壹山泽"政策，民间仍然存在相当大规模的冶铁活动。《史记·货殖列传》记载的蜀卓氏、程郑、宛孔氏，都属于典型代表。

> 蜀卓氏之先，赵人也，用铁冶富。秦破赵，迁卓氏。卓氏见虏略，独夫妻推辇，行诣迁处。诸迁虏少有馀财，争与吏，求近处，处葭萌。唯卓氏曰："此地狭薄。吾闻汶山之下，沃野，下有蹲鸱，至死不饥。民工于市，易贾。"乃求远迁。致之临邛，大喜，即铁山鼓铸，运筹策，倾滇蜀之民，富至僮千人。田池射猎之乐，拟于人君。

> 程郑，山东迁虏也，亦冶铸，贾椎髻之民，富埒卓氏，俱居临邛。

> 宛孔氏之先，梁人也，用铁冶为业。秦伐魏，迁孔氏南阳。大鼓铸，规陂池，连车骑，游诸侯，因通商贾之利，有游闲公子之赐与名。然其赢得过当，愈于纤啬，家致富数千金，故南阳行贾尽法孔氏之雍容。

像卓氏、程郑、孔氏都是山东六国被秦人强行迁徙至蜀地临邛和南阳的家族，他们能够在当地累积到"数千金"的家产，全因利用当地铁矿资源进行冶铸事业。他们建立起偌大的产业，不可能不得到政府的允许。

秦国有"壹山泽"政策，同时在各郡也存在着铁官，为何还会出现私人"用铁冶富"的情况呢？比较可能的情况是，秦政府的铁官并未完全垄断冶铁行业，而是对所有私人冶铁采取课税的方式获取税收，同时给予私人冶铁业者合法的地位。因为这种课税的方式，让收入骤然暴增，才能获得董仲舒所说的"二十倍于古"的盐铁收入。

秦铁官以外的铁业活动，在里耶秦简中也能看到一些迹象。里耶秦简载：

> 课上金布副。
>
> 漆课。
>
> 作务。
>
> 畴竹。
>
> 池课。
>
> 园粟。
>
> 采铁。
>
> 市课。
>
> 作务徒死亡。
>
> 所不能自给二求输。
>
> 县官有买用钱。/铸段（锻）。
>
> 竹箭。

水火所败亡。／园课。采金

赀赎责（债）毋不收课。（简 8—454）①

这是用于提交迁陵县金布（经济）考课的文书副本，包含了金布考课的各种课目。其中"采铁"原整理者释为"采镶"，《里耶秦简牍校释（第一卷）》改释为"采铁"，后者当是。按照上下文例，有"枲课""池课""市课"，则"采铁"乃是"采铁课"之省。秦迁陵县属于洞庭郡，据前文所引"蓬下铁官"，洞庭郡铁官应该在蓬县附近，并不设于迁陵县，但迁陵县的考课文书中包含"采铁课"的课目，看来在迁陵当地有采铁活动。（假如此文书是上交给郡府的通行格式考课文书，则表示洞庭郡多地都有采铁活动。）同简还有"采金"课，应该是开采黄金的考课。另外值得特别注意的是"铸段（锻）"课，这应该是跟铜铁器铸造、锻造有关的活动。这些采铁、采金、铸锻活动，从性质上应该是铁官管理的范畴，但是从地理上来说却与蓬县的铁官没有多少关系，更像是当地的自主活动。迁陵县的当地文书中也没有见到铁官的影子，所以应该也不是洞庭郡铁官指令之下的行动。采铁课、铸段（锻）课、采金课等三种考课，除了对于某一时期内采铁等活动的数量进行统计，也有可能包含了对这些活动进行课税的金额。

迁陵县从事采铁等活动的主体，可能是县官府的机构，也可能包含了私人从业者。我们在里耶秦简中见到官府购买铜、铁等原料的文书记录。

☑买铁铜，租质入钱，赀责隃（逾）岁，买请铜锡（简 8—2226 背＋8—2227）

☑□，茧丝。·凡七章，皆毋出今旦。急急急（简 8—2226＋8—2227 背）②

迁陵县政府有采铁、铸锻课，存在着采矿、冶铁的事业，同时仍需要从外购买铁、铜等原料，或许是官营机构所产不敷使用。购买来源可能是本县的私人业者，也可能是从县外。

结语

新公布秦简牍对于确认秦政府存在铁官机构与铁官制度仍具有重要意义。根据历表，秦政府在秦王政五年之前已经设立铁官。秦封泥中的铁市应是秦治粟内史的属官。铁兵工丞应属工官，不属于铁官。左采铁、右采铁可能是少府属官。秦人在各郡中可能只设一处铁官，南郡、洞庭郡各设有铁官，但是到西汉当地已经不设铁官，应该是政治形势改变造成的。商鞅改革开始秦国有"壹山泽"政策，设有铁官，但民间仍有活跃的冶铁活动。秦郡在铁官之外，仍有县邑自行采铁、铸锻。秦人或许并未对冶铁实行官方垄断，而是采用抽税方式进行管理。

---

① 陈伟主编：《里耶秦简牍校释（第一卷）》，武汉大学出版社，2012 年，第 152—153 页。

② 陈伟主编：《里耶秦简牍校释（第一卷）》，武汉大学出版社，2012 年，第 447 页。

《鄂东南地区"矿冶文化"肇始小考》

——纪念大冶铜绿山古铜矿遗址发现与研究 50 周年

冯少龙　代建波[①]

我国古代矿冶文化是中华文化发展史的重要组成部分,是中华文明史上一颗璀璨的明珠。矿冶文化与农耕文化一样,都是在原始定居生活的基础上萌发的文化。定居生活为农耕文化和矿冶文化的萌生、发展创造了有利条件[②]。在我国,对古代矿冶文化的研究,是以公元 1973 年鄂东南地区大冶铜绿山古铜矿采、冶遗址的发现、发掘为标志的。大冶铜绿山古铜矿采、冶遗址的发现与发掘,开创了我国矿冶考古研究的先河,并自此推动了我国矿冶考古工作的全面开展。时至今日,大冶铜绿山古铜矿采、冶遗址的发现与发掘,已整整五十周年。

五十年来,在鄂东南地区,围绕大冶铜绿山古铜矿采、冶遗址,对矿冶文化展开的多学科研究取得了丰硕的科研成果,为更加全面展示中华文明发展史打开了新的窗口。下面我们以大冶铜绿山古铜矿采、冶遗址,蟹子地遗址和阳新大路铺遗址的考古资料为主要依据,对鄂东南地区"矿冶文化"的肇始问题进行探讨。

大冶铜绿山古矿冶遗址考古资料,是研究鄂东南地区"矿冶文化"最为典型的资料。

关于铜绿山铜矿始采年代问题,我们曾在纪念铜绿山古铜矿遗址发现 40 周年学术研讨会上,根据铜绿山古矿冶遗址中Ⅺ号矿体的发掘资料,结合相关考古发现,推断铜绿山古铜矿"露采"年代大约在新石器时代晚期[③]。

古代采矿的基本程序,据发掘资料推测,通常为由表及里、由点到面、由浅入深。也

---

① 作者单位依次为:湖北省文物考古研究院、大冶市铜绿山古铜矿遗址保护管理委员会。

② 从大冶蟹子地遗址"新石器时代二期"出土的稻米推测:鄂东南地区新石器时代的人们,已经过上了以农业为主的定居生活。农业生产的粮食和其他农产品,除满足农民自己生活需要外,剩余的粮食和农产品,应该还提供给了专门从事矿冶生产的工人。定居农业生产的农产品,是人们从事矿冶工业的物质基础。见唐丽雅等:《湖北大冶蟹子地遗址炭化植物遗存研究》,《第四纪研究》,2014 年第 1 期。

③ 冯少龙:《大冶铜绿山古铜矿遗址发掘的启示》,《纪念铜绿山古铜矿遗址发现 40 周年研讨会论文》,2013 年。

就是说,采矿活动由露采到坑采,再到井巷开采和深井开采,经历了由简单到复杂的过程。据清同治《大冶县志》载:"铜绿山……山顶高平,巨石对峙,每骤雨过时,有铜绿如雪花小豆点缀土石之上,故名。"这段记载既说明了铜绿山地名的由来,也反映当地的自然地貌:每逢暴雨过后,就会有大量的铜矿石暴露于地表,能轻易地在铜绿山地表捡拾到铜矿石。由此可见,直到明清时代,铜绿山地表仍有丰富的铜矿石。据此可进一步推测,倘若铜绿山在明清时代都有"每骤雨过时,有铜绿如雪花小豆点缀土石之上"的景象,那么在尚处于原生状态下的新石器时代,铜绿山岂不是"每骤雨过时"漫山遍野都暴露着铜矿石? 由此不难想象当时的场景,应该十分壮观。

在大冶铜绿山古矿冶遗址已发掘的 6 处(10 个矿体)采矿遗址中,根据《铜绿山古矿冶遗址》发掘报告,唯有Ⅺ号矿体采矿冶炼遗址,是由原始地表开始考古发掘工作的。Ⅺ号矿体是一处集露采、井巷开采和冶铜于一体的遗址,也是唯一一处可以说明露天采矿早于同一矿体井下开采的遗址。

大冶铜绿山Ⅺ号矿体采矿冶炼遗址,分采矿遗址和冶炼遗址两个区域:

1. 以采矿为主的区域,遗址地层堆积分为 1～6 层:第①层为扰乱层。第②层为春秋时期文化层。第③层分③A、③B层,11、12 号炼炉炉基构筑在③A层。第④层出土了 1 件较完整的夹砂红陶鬲。所有的竖井井口均开口在第⑤层下,第⑤层打破第⑥层。

2. 以冶炼为主的遗址地层堆积分 1～7 层,其中第③层为隋唐文化层,出土了"开元通宝"钱币等。第④层为春秋文化层,炼铜炉开口于此层,并打破第⑤、⑥文化层。第⑤层亦为春秋文化层,第⑥层为西周晚期到春秋早期文化层。第⑦层为自然淤积层,炼炉炉基座落在此层。

这处遗址层位关系清楚,包含的文化遗存丰富,井巷采矿和炼炉冶铜的时代明确,是探讨、研究铜绿山矿冶史的重要参考凭据。

大冶铜绿山Ⅺ号矿体采矿冶炼遗址,根据ⅪJ46 出土的铜斧木柄和ⅪX2:1 出土的铜斧木柄,经北京大学加速器质谱实验室测定,ⅪJ46:1 木柄的年代为距今 2750 ± 70 年;ⅪX2:1 木柄的年代为距今 3140 ± 80 年。由此推定Ⅺ号矿体井下采矿的年代可初步定在西周早中期。这一推定显然不能反映Ⅺ号矿体的全部采矿历史,Ⅺ号矿体在井下采矿前,就有人在此从事过露天采矿。在《铜绿山古矿冶遗址》发掘报告中有如下介绍:"在Ⅺ号矿体采矿遗址的发掘过程中发现,竖井井筒和掘进巷道均开拓在填土中,土质松软呈五花色。而井巷外壁的填土中残存有较多的陶片和生产工具,这些陶片和生产工具,应是露采废弃后的遗物。因此,我们认为Ⅺ号矿体采矿遗址在进行深井开采前,古代工匠们曾在此进行过露天开采。"

的确如此,古代工匠们在井巷采矿前,确实进行过露天采矿工作。在该遗址第⑤和第⑥文化层中,不仅有与井下采矿时代相同的西周早中期文化遗存,而且还有早于西周

早中期的文化遗存。如铜绿山Ⅺ T1⑤：19 和Ⅺ T1⑥：21 号陶鼎（原名"陶罐"）、Ⅺ T1
⑥：22 号陶罐、Ⅺ T1⑥：15 号陶缸（原名"陶大口尊"）、Ⅺ T1⑥：8 号陶鼎足、Ⅺ T1⑥：
10 号陶鬲足等①。这批陶器均为夹砂灰陶，口沿流行内折沿作风。与本地区西周时代以
夹砂红（褐）陶为主，流行敞口、侈口等作风不同。因此，这类陶器应是晚期（第⑤、⑥层）
地层中出土的早期遗物。这些早期遗物所代表的时代，应该就是人们在铜绿山上从事露
采活动的时代。铜绿山Ⅺ号矿体采矿冶炼遗址出土的夹砂灰陶和口沿呈内沿风格，是阳
新大路铺②和大冶蟹子地③新石器时代陶器中的常见风格。

在《铜绿山古矿冶遗址》报告附录二"湖北铜绿山古铜矿再次发掘"中，介绍了铜绿山
Ⅺ号矿体冶炼遗址 10 号炼炉发掘和模拟实验情况，并在文中附有一张炼炉遗址第③层
出土的陶器照片。在照片中有一件三角形"侧装鼎足"（侧装三角形鼎足，足尖或平，或凿
形，或鸭嘴形），此件鼎足足尖残④。三角形侧装足陶鼎，也是大冶、阳新地区新石器时代
文化中的典型器物之一。在大冶蟹子地和阳新大路铺新石器时代晚期文化中，也是常见
的陶器器类（表1）。由此推测，铜绿山Ⅺ号矿体至少在以"三角形侧装足陶鼎"为代表的
新石器时代晚期，已经开始了露天采矿。

表 1　　　　　铜绿山Ⅺ号矿体遗址陶器与大路铺、蟹子地遗址新石器时代陶器比较

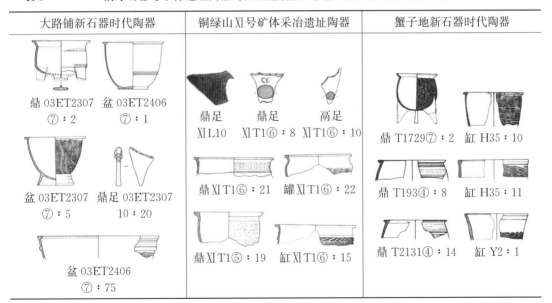

在阳新大路铺遗址和大冶蟹子地遗址里，在属于新石器时代文化地层中，都发现了

① 黄石博物馆：《铜绿山古矿冶遗址》，文物出版社，1999 年。见第 51、52 页线图。

② 湖北省文物考古研究所等：《阳新大路铺》，文物出版社，2013 年 11 月。

③ 湖北省文物考古研究所、黄石博物馆：《湖北大冶蟹子地遗址 2009 年发掘报告》，《江汉考古》，2010
年 4 期。

④ 黄石博物馆：《铜绿山古矿冶遗址》，文物出版社，1999 年，见第 201 页照片。

与冶炼相关的文化遗存。在阳新大路铺新石器时代文化地层中,不仅出土了矿石、炉壁、炼渣和与冶炼相关的灶(坑)等遗存,而且还出土了一小块铜器残片。铜器残片的主要化学成分为铜、锡、铅,属三元合金青铜片[①](图 1)。这些文化遗存(尤其是三元合金青铜片)的出土,意义特别重大。它不仅证明这里的人们早在新石器时代晚期就已经掌握了采矿和金属铜冶炼技术,同时还掌握了合金铜铸造技术。这些文化遗存的出土,充分证实了鄂东南地区在采矿、冶炼和铸造等方面都有着悠久的历史。

阳新大路铺新石器时代晚期文化,"属于龙山时代石家河文化系统中的一个地方类型"[②],绝对年代距今约 4500～4200 年[③]。因此推测,最迟在距今 4200 年前,就有石家河文化的人们在鄂东南地区大冶铜绿山一带,从事铜矿的采集、冶炼和铸造等原始工业生产活动,无独有偶,在石家河文化中心区域,"在石家河遗址范围内,邓家湾、罗家柏岭、肖家屋脊和印信台四个地点,都曾发现过原生或次生的'孔雀石'、炼渣以及小铜器残片,并且除了纯铜炼渣之外,还发现有青铜炼渣和小型工具。石家河遗址的范围之外,也有几处发现炼铜遗迹和遗物。[④]"石家河文化中心区域内,先后发现的炼铜遗迹和铜器遗物等矿冶文化遗存,与鄂东南地区石家河文化地方类型的矿冶文化遗存遥相呼应,充分证明两地有着紧密的文化联系。

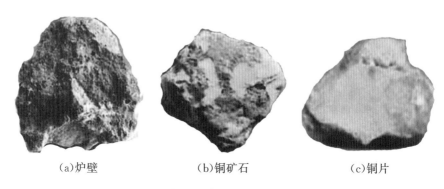

(a)炉壁　　　　　　　(b)铜矿石　　　　　　　(c)铜片

图 1　阳新大路铺遗址新石器时代遗物

关于石家河文化的"族属"问题,严文明先生在《三苗寻踪》中明确指出,石家河文化即是三苗文化:"1980 年,俞伟超在其《先楚与三苗文化的考古学推测》一文中,首先'以屈家岭为中心的三大阶段的原始文化,推测为三苗遗存'。他说的三大阶段是指大溪文化—屈家岭文化和季家湖遗存。后者在年代上相当于石家河文化晚期至肖家屋脊文化。

① 秦颖,南普恒:《阳新大路铺遗址矿冶遗物的检测分析》,湖北省文物考古研究所等:《阳新大路铺》,附录二,文物出版社,2013 年。

② 湖北省文物考古研究所等:《阳新大路铺》,文物出版社,2013 年,第 754 页。

③ 湖北省文物考古研究所等:《阳新大路铺》,文物出版社,2013 年,第 197 页。

④ 郭静云等著:《中国冶炼技术本土起源:从长江中游冶炼遗存直接证据谈起》,《南方文物》,2018 年第 3 期和 2019 年第 3 期。

分布范围则主要在江汉平原和洞庭湖西北平原。他的这个推测是很有见地的。后来韩建业发表《禹征三苗探索》，认为石家河文化即是三苗文化。推测禹征三苗还可能与22世纪前后华北气候趋于干冷，从而促使人群南迁有关。在考古学上的表现，就是王湾三期文化向南发展，取代了石家河文化而变成肖家屋脊文化。我在纪念石家河考古六十周年的短诗《石家河赞》中也说：'我意三苗氏，先楚创文明。武士挥大钺，雄风震四邻。苗民弗用灵，舜禹来远征。'我不但认为石家河文化即是三苗文化，而且认为三苗在楚之前已初创文明，其中心地或都城就在石家河。"

严文明先生在《三苗寻踪》中还提到："传说三苗活动的地方主要在江汉平原及其左近。《战国策·魏策一》载吴起对魏武侯曰：'昔者三苗之居，左彭蠡之波，右洞庭之水，文山在其南而衡山在其北。'这里的文山不知所指，衡山似不应是南嶽衡山。只要知道是在洞庭湖和彭蠡即鄱阳湖之间就明白了。"鄂东南地区正好地处洞庭湖和鄱阳湖之间。因此，鄂东南地区阳新大路铺新石器时代晚期文化，作为石家河文化系统中的一个地方类型，其文化应该就是三苗人的一支文化。

综上所述，鄂东南地区阳新大路铺遗址新石器时代文化，属于龙山时代石家河文化系统中的一个地方类型，石家河文化即是三苗人的文化。最初在鄂东南地区大冶铜绿山一带，从事铜矿采、冶、铸原始工业生产的人即是三苗人。三苗人开创了鄂东南地区的"矿冶文化"。

湖北京山市苏家垄遗址冶金考古近年
主要收获与初步研究①

席奇峰　王　剑　张　吉②

摘要：2018 年以来苏家垄遗址（罗兴居住、矿冶遗址点）考古工作陆续发现了一批较为丰富的冶金考古相关遗存。通过对其中冶金遗迹的科学发掘、出土冶金相关遗物的实验室技术分析与研究，取得了不少收获。在很大程度上揭示出遗址点冶金活动的种类、规模、技术水平、重要性，为进一步的考古发掘和冶金考古分析、研究工作打下了良好基础。

关键词：苏家垄遗址罗兴遗址点；冶金考古；分析与研究收获

2015 至 2017 年苏家垄遗址罗兴居住、矿冶遗址点（以下简称罗兴遗址点）在考古工作中发现了大规模的冶铜相关遗存，这是曾国考古中的重大突破，是曾国考古中该类遗址点的首次发现。之后随着各项考古工作的逐步开展，特别是 2018 年以后连续的考古发掘工作，陆续发现了较为丰富的冶铜和其他冶金考古相关遗存，为了弄清其内容、性质等，进行了科学分析与研究，并取得了不少的新收获。

一、遗址概况与考古工作简况

苏家垄遗址位于湖北省荆门市京山市坪坝镇苏家垄村，地处大洪山东南麓的香山山脉，漳水及其支流同兴河围绕遗址，地表多为岗地、丘陵。处在荆门、随州、孝感三地市的交界处（图 1）。是包括苏家垄、石家垄、方家垄墓群，罗兴遗址点、范家湾遗址点等在内

①　本文是国家社会科学基金项目《两周曾国墓地研究》（19BKG007）阶段性成果。苏家垄遗址（罗兴居住、矿冶遗址点）2019 年以来的项目负责人为席奇峰，发掘工作得到了京山市文化和旅游局、京山市博物馆、苏家垄文管所等单位的大力支持和帮助。北京科技大学科技史与文化遗产研究院的张吉先生参加并部分主持了遗址点重要矿冶遗迹的发掘工作，对发现的冶金遗物进行了取样、检测和分析，上文的部分研究收获也由其提供，特别致以谢意！

②　作者单位依次为：湖北省文物考古研究院、荆门市京山市博物馆、北京科技大学科技史与文化遗产研究院。

的大型遗址群,包含有新石器时代遗存和两周时期遗存,总面积达 231 万平方米[①]。地理坐标为北纬 31°19′48.48″～31°19′29.0″,东经 113°18′38.81″～113°18′46.5″,海拔高度 75～100 米。

1966 年在遗址的苏家垄墓群发现包括 9 鼎 7 簋在内的 97 件青铜器,时代属于两周之际,引起学术界高度关注[②]。之后历年针对墓群和周边区域进行了多次调查。2008 年在 1966 年发现青铜器地点东 25 米处,抢救性发掘墓葬一座,清理出土青铜器 7 件[③]。2013 年苏家垄墓群被公布为第七批全国重点文物保护单位。2014、2015 年对墓群进行了考古测绘、勘探、调查工作。在周边新发现罗兴、罗垄等 5 处遗址点,其中罗兴遗址点保存状况最好。2015 至 2017 年苏家垄墓群的发掘,共清理墓葬 101 座、车马坑 2 座,具体年代为两周之际至春秋早中期之际[④]。出土各类遗物 1000 余件(套),基本明确了墓地布局、分布范围、墓葬数量、保存情况等。墓群发掘的同时,2017 年上半年对罗兴遗址点进行试掘。发现冶铜炉一座,出土有炼渣、炉壁、矿石等矿冶遗物,以及春秋时期各类陶器。推断遗址点时代大致与苏家垄墓群相当,应为与之相关的居住址。2017 年下半年鉴于罗兴遗址点发现矿冶遗存的重要性,对遗址点及周边进行了区域系统调查勘探工作。确定罗兴遗址点的主体面积近 75 万平方米,其中保存状况较好的区域面积近 14 万平方米,应为一处曾国大型城邑,且延续时间至少到战国中期[⑤]。

2018 年后随着苏家垄考古遗址公园规划、建设工作的逐步推进,考古发掘的重心也逐渐转向罗兴遗址点。至 2022 年连续五次对遗址点进行正式发掘,共计发掘面积 3800 平方米(图 2)。先后揭露居住点、冶炼点、制陶作坊等,除了春秋时期的遗存,还新发现明确的战国遗存及汉代遗存。发掘灰坑 193 座,灰沟 26 条,水井 29 座,房址 4 处,陶窑 8 座,炼炉 2 座。出土遗物非常丰富,包括陶器(残片)、石器、铜器、铁器、建筑材料、炼渣、窑(炉)壁、范、炭化竹木、漆木器等,各类可复原陶器和其他小件器物共计 1600 余件。特别是新发现的炼炉是目前曾国矿冶考古仅见,发现的炼渣、铜铁合金器、铁器、范等遗物同样具有重要的矿冶考古学术研究价值。

① 方勤:《曾国历史与文化——从"左右文武"到"左右楚王"》(增订本),上海古籍出版社,2019 年,第 61 页。

② 湖北省博物馆:《湖北京山发现曾国青铜器》,《文物》,1972 年第 2 期。

③ 湖北省文物考古研究所:《湖北京山苏家垄墓地 M2 发掘简报》,《江汉考古》,2011 年第 2 期。

④ 方勤,胡长春等:《湖北京山苏家垄遗址考古收获》,《江汉考古》,2017 年第 6 期。

⑤ 湖北省文物考古研究所:《湖北京山市苏家垄遗址及周边考古调查简报》,《江汉考古》,2023 年第 1 期。

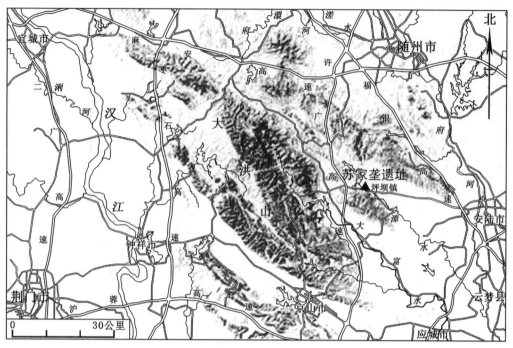

图 1　苏家垄遗址位置示意图

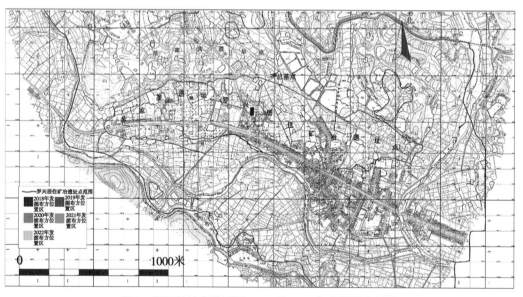

图 2　罗兴遗址点范围及 2018 至 2022 年发掘区位置图

　　通过这些发现进一步了解了遗址点的性质、布局、年代、文化内涵等，为曾国考古研究更全面、深入的开展积累了大量新的材料，也为苏家垄国家考古遗址公园的建设和大遗址保护、展示、利用与研究提供更多的基础资料。

二、冶金遗存的发现与分布

罗兴遗址点矿冶遗迹较为丰富，主要分布在遗址点西部及外围部分区域，截至目前共发现有炼炉一座、炼炉废弃堆积两处、炼渣集中分布地点三处(图3)。冶金遗物则主要见有炼渣、残炉壁块、粗铜(红铜)片、铜铁合金器、范等。

(一)冶铜炉(L1)

位于罗兴遗址点西南部边缘，处于漳河北岸的二级台地上，南距漳河河道约100米。包括炼炉、倒塌物堆积三部分，分布面积约五至六平方米。

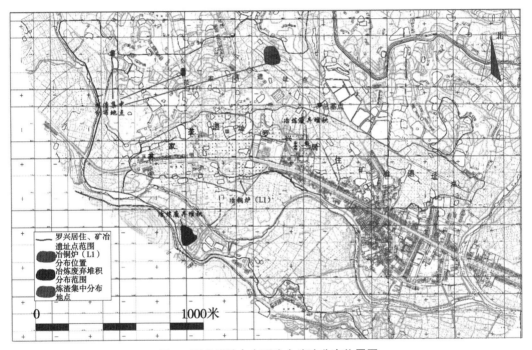

图3　罗兴遗址点主要冶金遗迹分布位置图

炼炉炉缸位于中心的位置，平面呈圆形，本体炉壁被烧结，大部分形成玻璃态物质层，本体周围同样有被火烧成的红烧土[1](图4)。炉缸南北两侧长边正中各设一门，应为金门。炉缸底部为大量炉壁及烧土块垫筑层，该层下出现大量木炭灰，应是炼炉底部预留的风沟内的燃灰堆积。炉缸底部预留一字形风沟，自炉缸底部向两侧斜上方延伸，剖面呈"V"形，至地表出露。炉缸炉体南北两侧分别分布有开口形状、大小及堆积性质基本相同的灰坑，分别与炼炉的金门相对，应是与L1使用密切相关的操作坑。此外，炼炉

---

① 方勤：《曾国历史与文化——从"左右文武"到"左右楚王"》(增订本)，上海古籍出版社，2019年，第61页。

周边发现四处柱洞,分为东西两侧。恰能够支撑起窄长形的工棚,围合的区域可将风沟及炼炉炉膛完全覆盖,应为炼炉闲置时遮挡风雨所用。炼炉及相关遗迹之下均为纯净的黄色垫土,包含少量夹砂红陶残片及大块炉壁。这部分垫土层北浅南深,将北低南高的滨河阶地人为垫平成一个平台,这一垫平的操作面上设置南北两侧对称的操作坑,构筑炉体,提高了对炼炉的利用强度[①]。

图 4 冶铜炉(L1)分布与结构图

(二)冶炉废弃堆积

共发现两处:第一处位于漳水南岸的二级台地上,2017 年进行遗址点区域系统考古调查时发现。距漳水仅 30 米,北距冶铜炉(L1)约 300 米,发现有大量的炉壁块,烧土块倒落在上下梯田的斜坎上,散落面积约 4 平方米。还零星见有小块炼渣,周边田地中也见有少量夹砂红、褐陶绳纹陶片和泥质灰陶片。应该属于一处炼炉的倒塌或二次搬运废弃堆积(见图 3)。因未进行科学发掘,结构和其他内容不清。

第二处位于坪坝镇中心小学以东约 120 米处的灌溉渠边。散布有密集的炼渣,局部存在大量尺寸较大的烧土块和炉壁残块等。经发掘发现南北分布面积约 40 平方米,分南北两块密集分布,推测原先应为两处炼炉,后被破坏严重,在原址附近形成层状堆积,已

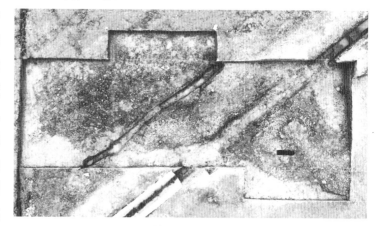

图 5 冶炼废弃堆积保存现状图

不见炉缸、风沟、操作面等结构(图 5)。废弃堆积均紧贴生土层,而大量堆积明显低于生土出露处,可见炼炉修建时,一侧倚靠生土斜坡,而在其对侧排渣出铜。与上面一处炼炉废弃堆积分布于斜坎之上的情况相似。

---

① 炼炉(L1)结构的相关内容部分参考引用了:湖北省文物考古研究所,北京大学考古文博学院等:《湖北京山苏家垄遗址 2017—2021 年冶金考古工作简报》,暂未发表。

(三)炼渣集中分布点

除了上述冶炉和冶炉废弃堆积周围有集中分布外,还发现有其他三处炼渣集中分布地点。第一处位于罗兴遗址点外围北部,上述第二处炼炉废弃堆积西北约 550 米处,面积约 4000 平方米。炼渣发现较少,且较为碎散,多见于田坎断面,周围经勘探也未发现明显的东周时期文化堆积(见图 3)。

第二处位于罗兴遗址点外围西北部,东距第一处炼渣分布点约 500 米,处于岗地上一处栾树苗圃之中,南北向分布,面积约 900 平方米。田坎断面、地表均见有较多的碎小炼渣。经考古勘探发现,残存有明显的东周时期文化层,文化层中见有炼渣碎粒、碎陶片、小红烧土块等物,推测残存炼炉的可能性较大(见图 3)。

第三处位于罗兴遗址点外围西北部较远的位置,东南距罗兴遗址点北部边缘约 600 米。地处漳水东侧约 200 米一处较高的小丘岗顶部,地表为板栗树林,周边有近现代坟墓。分布面积约有 600 平方米,炼渣在地表随处可见,但分布较为稀松。勘探和观察断面,未发现东周时期的文化层(见图 3)。

通过前期的调查、勘探工作可知,上述三处炼渣集中分布地点与罗兴遗址点之间没有同时代的文化堆积相连接。可能是遗址点遭到后期破坏,也可能是初始时炼铜就分为几个区域进行[①]。通过近年的考古发掘工作,笔者更倾向于后者。矿冶遗存点分布于遗址点的外围,似是有意规划布局,更利于取水、取材就地生产。

(四)主要冶金遗物

1. 炼渣、炉壁块、矿石

炼渣和炉壁块除了上述的炼炉、炼炉废弃堆积及炼渣集中分布点外,遗址点其余位置所见并不多,主要零星散见于各时期的文化层和遗迹单位之中。其中炼渣最初形态为冶炼时从炼炉中排出后,为便于清除搬运,在上面洒水急速冷却破碎形成。后来各时期人类的生产、生活也对其造成二次破坏,最终形成现在调查和发掘中所见到的渣形。质地坚硬,比重大,均无磁性。呈大小不一的不规则块状,普遍较小,粒度最小的不足 1 厘米,最大的也仅有 4 厘米,因过于碎小,分不清流动时形成的底面和表面。渣体上见有大小不一的气泡坑和气孔,部分渣体局部还见有小的褶皱纹或水波纹,个别渣体上还黏连有黄褐色黏土(图 6)。炼渣从外观上可分为两类:一类高度玻璃化,断面贝壳状无解理,表面常光滑有气孔,又可分为紫红色和暗黑色两种,可能与含 Fe 量有关;一类玻璃化程

---

① 方勤:《曾国历史与文化——从"左右文武"到"左右楚王"》(增订本),上海古籍出版社,2019 年,第 61 页。

度较差,表面粗糙多孔,常为黑色或灰白色。从成分上看,玻璃化的炼渣均为高钙(镁)玻璃,助熔剂主要是 Ca、Mg 和少量的 K、Fe,与鄂东南地区同期炼渣相比,Fe 含量显著低;玻璃化程度低的渣,硅钙比高[1]。

上述的冶铜炉(L1)及周边、两处炼炉废弃堆积及周边见有很多的炉壁残块,多数块度较大,少部分进一步破碎成小块状。其中 L1 散落的部分炉壁碎块大致呈长方体,据此推测该炉炉缸由预制的黏土砖砌筑,其后再经内外壁修抹而成。经检测炉壁主要由黏土及少量高岭石、长石、云母等矿物混合构成。可分为挂渣的炉壁和不带挂渣的炉壁两种。挂渣炉壁多数烧流程度高,质地坚实,可分为两层。内层较薄,局部在高温下形成光滑的绿色玻璃相层,应为炉缸的内壁(图 7,a),属高钾玻璃,Ca、Mg、P 含量低,炉壁内部则具有较高的 Al 含量,耐火度高[2]。而不挂渣炉壁整体呈砖红色不规则的烧土块,应为炉外壁残块或受热后的炼炉周边加固土层,质地相对前者略为疏松(图 7,b)。这类炉壁在遗址点居住区和制陶作坊区的文化层和遗迹中也有少量发现,但均破碎成更小的块状。

图 6　罗兴遗址点调查、发掘出土的部分炼渣

---

①　炼渣、炉壁、矿石成分检测结果参见张吉:《湖北京山苏家垄遗址出土冶炼遗物的初步分析》,个人汇报演示文件。

②　炼渣、炉壁、矿石成分检测结果参见张吉:《湖北京山苏家垄遗址出土冶炼遗物的初步分析》,个人汇报演示文件。

（a）　　　　　　　　　　　（b）

图7　罗兴遗址点出土的部分炉壁块

发现矿石的数量很少，主要发现于 2018 年发掘的炼炉废弃堆积中。多为次生氧化矿石，包括硅质的泥岩、页岩型矿石和少量灰岩型矿石。部分表面已经玻璃化，玻璃相 Ca、Mg 高，与遗址所出炼渣成分一致，说明经过冶炼。但内部矿相尚保存完好，成分主要是硅质，可能是硅质灰岩或页岩。含 Cu 不均匀，部分裂隙填充孔雀石较多，品位可达 10％以上，平均约 3％[①]。整体品位较低，可能需要破碎、锉磨进行人工富集。

2. 粗铜（红铜）片、铜铁合金器（块）

2017 年在上述冶铜炉（L1）正北 300 米处布方试掘中发现了一块粗铜片，含 Cu 88％，Fe 3％，其中有较多冰铜颗粒，或为附近冶铜炉冶炼原生含铁铜矿石而得（图 8，a）。近几年的发掘过程中在多个灰坑和东周文化层中也出土了多件纯铜块（图 8，b、c），不见明显器物形态特征，分析不应为大件铜器的残片，当为冶铜生产所得。

（a）　　　　　　　　（b）　　　　　　　　（c）

图8　罗兴遗址点出土的粗铜残片

---

①　炼渣、炉壁、矿石成分检测结果参见张吉:《湖北京山苏家垄遗址出土冶炼遗物的初步分析》，个人汇报演示文件。

铜铁合金器(块)最初在 2020 年发掘区的 H39、H40 各发现一件。H39 出土的一件,残存呈"L"形,可能为某小件器物的残部(图 9,a)。而 H40 出土的一件呈不规则形,一端呈圆润流状,一端呈圆角方形,具有明显的高温熔炼特征(图 9,b)。通过检测分析发现:两件合金器(块)具有相似的显微金相组织,显微组织中富铜及富铁的两相截然分开。其后陆续对多个发掘的铁器样品进行取样检测分析,陆续发现多个相同结构特征的合金器(块),可见上述铜铁合金器(块)在遗址点并非个别现象,也非外来传入,当与遗址点冶金生产密切相关。

（a）　　　　　　　　　　　（b）

图 9　罗兴遗址点出土的铜铁合金器(块)

3. 铸范、鼓风管(嘴)

范发现的数量很少,据不完全统计,截至目前仅见有三件。2018 年水井 J1 出土一件残陶范(图 10,a),2021 年南部发掘小区东周文化层中出土一件石范(图 10,b),从残存的形态来看,应为工具范,当用于铸造斧、锛等小件工具。2021 年南部发掘小区水井 J18 中还出土一件陶范(图 10,c),从残存的腔体形状来看,当是铸造铜铃铛等小件器物。

（a）　　　　　　　　（b）　　　　　　　　（c）

图 10　罗兴遗址点出土的小件铸范

鼓风管和鼓风嘴有数件,均于 2018 年发掘出土,距离上述第二处炼炉废弃堆积不远。夹砂红陶质,外表饰有粗绳纹。断面呈圆形,直径 8～10 厘米,长 20～30 厘米(图 11)。范与鼓风管(嘴)当与遗址点铸造生产密切相关,可见遗址点除了冶炼生产粗铜外,一些小件的器物也由本地铸造、生产。

图 11　罗兴遗址点出土的陶鼓风管

三、初步分析与主要研究收获

(一)冶铜炉(L1)及冶炉废弃堆积的年代和冶铜技术

L1 炉缸内未见陶片,但填土上部炼渣残块中夹杂有少量木炭。笔者通过碳十四年代测定,为 2450±25(BP),经树轮校正后,置信区间集中于春秋早期及春秋晚期。与炼炉相关的操作坑及柱洞中也见有少量的陶片,器型有鬲足、豆盘,形态特征应为春秋晚期。打破柱洞的一灰坑中见有春战之际至战国早期特征的盖豆盘。综上所述,保守地将其年代定为春秋晚期应当不误。

L1 炉缸形态与结构、炉基的构筑手段、风沟的设置状况均与铜绿山Ⅺ号矿体春秋早期部分炼铜竖炉相似[①]。而 L1 两侧各设一金门,并在两侧对应的操作坑排渣和放铜,与Ⅺ号矿体炼炉单侧金门、在工作台面上排渣和放铜的操作方式有明显的不同。此外 L1 的辅助遗迹仅见有四个柱洞,而不见Ⅺ号矿体部门炼炉具备的矿渣坑、碎料台等结构,显得一定的不完备特征,推测应与遗址点冶铜的规模和技术的成熟程度等因素相关。L1 及周围未发现明确的矿石,但从发掘的冶炉废弃堆积发现的矿石和对 L1 周边的炼渣的检测分析,冶铜生产所利用的矿石主要是富硅的次生氧化型页岩或板岩矿石,冶炼时人为加入富钙的石灰或石灰岩矿石以顺利造渣。玻璃相炼渣中含铜量大多在 0.5% 以内,

---

① 黄石市博物馆:《湖北铜绿山春秋时期炼铜遗址发掘简报》,《文物》,1981 年第 8 期。

反映较高的冶炼水平①。少量炼渣中含有较高的铁含量,揭示遗址也利用含铁的原生铜铁矿石进行冶炼。

2018 年发掘的冶炉废弃堆积中所在的文化层中伴随出土有较多的陶器残片,以夹砂红、褐陶最多,次为泥质灰陶,纹饰以各类绳纹居多,素面陶次之。可辨器形有盂、鬲、罐、双耳罐、豆、簋(盖豆)、瓮等,器型特征具有明显的春秋晚期年代特点。打破废弃堆积的一处灰坑中,见有的少量陶器残片则晚至战国早期。因此,个人认为这处冶炉废弃堆积的年代最晚应在春战之际,大体与 L1 的年代相当或略晚。

从废弃堆积的分布和残存形状来看,推测结构仍应为竖炉,一侧依靠斜坡构筑,另一侧设金门排渣、出铜。炼渣的分布范围和堆积厚度相较于 L1 明显地扩大,反映出冶铜规模的扩大。从炼渣及发现残存矿石的分析结果来看,冶铜选用矿石类别仍然是次生型氧化铜矿,与 L1 相同。

(二)铜铁合金器(块)的检测分析和技术特点

我们对 2020 年 H39、H40 出土的铜铁合金器(块)通过诸多科技手段综合分析。发现两者具有相似的显微金相组织,即铜质部分与铁质部分紧密结合,但由于铜铁难以互熔,显微组织中富铜及富铁的两相截然分开,熔点较低的铜质部分围裹在铁质基体边缘,或以颗粒状弥散分布在铁质内部。铜质部分较为纯净,局部偶见硫化物夹杂;铁质部分可见条状渗碳体,为过共晶白口铁组织。

H39 铜铁合金器的铅同位素比值与苏家垄遗址炼铜遗物及出土矿石关系密切,具有低钍铅而高铀铅的特征,故而此类铜铁合金很可能使用了遗址生产的铜料。H40 铜铁合金块的铅同位素比值数据指示信息不如 H39 铜铁器明确,介于遗址铜器及本地冶炼铜料的比值范围之间。

苏家垄遗址 H40 出土的铜铁合金块样中所含碳样,通过 14C 年代测定工作,结果为 2405±25BP。经 OxCal 2020 软件进行树轮校正后,日历年代为 514BC(10.6%)496BC;490BC(57.7%)408BC,置信区间主要处于春秋末期至战国早期②。结合两灰坑所出陶片的考古型式特征将苏家垄铜铁合金的年代定为战国早期,其下限约为公元前 400 年,与遗址的冶铜生产活动有重合。

遗址点出土的多件铜铁合金器(块)较为罕见,可能是江汉地区在早期铁器的生产使用过程中的技术尝试,反映了脱碳以外的另一种改善生铁硬脆性的技术尝试。有助于揭示冶铜技术与早期冶铁技术的相互关联,也有利于全面认识苏家垄铜业生产性质及南方

---

① 湖北省文物考古研究所,北京大学考古文博学院等:《湖北京山苏家垄遗址 2017—2021 年冶金考古工作简报》,暂未发表。

② 席奇峰,张吉,王剑:《湖北京山苏家垄遗址新发现战国铁器试析》,暂未发表。

地区早期冶铁技术的复杂面貌。另外结合发掘发现的工具范,推测这些铁器很有可能就是本地生产制造。那么该遗址点除了作为"金道锡行"上的重要节点进行铜的运输和冶炼外,到了战国时期很有可能受北方冶铁技术的影响,以本地已有的冶铜技术为基础加以改进,逐渐小规模开始了铁器的冶铸。

(三)矿料来源的调查与研究发现

与北京大学考古文博学院、北京科技大学合作多次对遗址点周边进行铜矿点调查,发现遗址点北部的大洪山东、南麓,周边 10 公里处有涂家垮小型矿床,自此以上的襄—广接触变质带上,有随州同兴等地可作为潜在调查区域,自此以下,则有安陆同兴店、祖寺等多处出露矿点。这些铜矿资源皆为次生氧化型[①]。对安陆蔡家垮、京山卢王垴、钟祥孔家老垮等地点进行调查,均发现有低储量、高品位的氧化型铜矿点。

尤其是对距遗址仅 10 千米的安陆市涂家垮铜矿的调查表明,硫化型铜矿出露后经氧化淋溶,在页岩、硅质灰岩的缝隙中富集成氧化矿,局部品位可达 6% 以上,虽然储量不大,但却易于古人识别、拣选。罗兴遗址点出土的炼渣与安陆采集的现代铜矿石经测定铅同位素比值,均为高铀铅、低钍铅的异常比值,指示了遗址利用的铜资源主要来自次生氧化型铜矿石,并且与安陆涂家垮矿石高度吻合。据此判定苏家垄遗址的冶铜生产就近利用大洪山东、南麓地区的铜矿资源,矿石自附近的矿山拣选后运输至遗址进行集中冶炼[②]。

(四)铸造遗存的初步发现与收获

新发现的陶范、石范,证明了遗址除了冶炼外还存在铸造,一些小件的铜(铁)制品在本地生产,为发现可能存在的铸造遗存点(铸造作坊)提供了新的重要线索,加深了对遗址点手工业种类和分布的认识。土样中合金碎屑微遗存的分析发现种类较为丰富:包括锡青铜、铅锡青铜、铅锡、铜及冰铜等多种与冶铸有关的物料,暗示遗址点可能大量地使用相关的金属材料[③]。

遗址点冶炼生产的纯铜在战国早期的灰坑中有多处发现。从个别遗迹中共存的铜铁合金器(块)、生铁器及上述的铸范及鼓风嘴推断,至少在战国早、中期罗兴遗址点可能以所产纯铜与外来的生铁材料共同配制铜铁合金,用于铸造铁器。

---

① 铜矿的调查工作主要由张吉先生主持,相关调查结论参考张吉:《湖北京山苏家垄遗址出土冶炼遗物的初步分析》,个人汇报演示文件。

② 湖北省文物考古研究所,北京大学考古文博学院等:《湖北京山苏家垄遗址 2017—2021 年冶金考古工作简报》,暂未发表。

③ 合金碎屑微遗存的分析结果参见张吉:《湖北京山苏家垄遗址出土冶炼遗物的初步分析》。

四、结语

通过历年来的考古工作,我们认为罗兴遗址点规模大、布局规范、遗存丰富,中部曾存在高等级建筑区(原定为秦家垮遗址,后被毁),北有高等级的苏家垄贵族墓地。尽管现在还没有足够的证据证明遗址点是两周之际、春秋早期曾国的政治中心,但至少认为是一处曾国大型城邑应当不误,其等级或可认定为仅低于同期曾国都城的大型城邑。遗址点在春秋早、中期的出现,显示出突发性特征,到了战国早期作为大型城邑虽规模和重要性在逐渐缩水,但仍发现有丰富的遗存。战国中期以后随着楚国疆域的扩张,遗址点仍有古人生活,但其规模和重要性已大不如前。从大型城邑转变为更低等级的普通聚落,并一直延续至汉代①。遗址点所见的冶金活动,仅是城址附属诸多手工业中的其中一类,其规模和分布范围并没有之前所认识的那么大,调查和发掘所见的最主要遗物仍是生活、生产相关的各类陶器、石器等,冶金遗物明显居于次要地位。这点与长江中下游以铜绿山为代表的冶金遗址点以炼渣、炉壁等冶金遗物为主,而生活、生产有关的陶器、石器居于次要地位的遗存特征有着明显的区别。通过前期的调查工作也发现罗兴遗址点周边相当大的范围内没有与之同时的相关冶金遗址点②,宛如"孤星"般的存在。这与鄂东南地区以铜绿山为中心的"众星捧月"般的大小冶金遗址点成群分布的状况显得格格不入。冶金遗存出现和消亡的时间也非常集中,主要在春秋晚期至战国早期,仅涵盖了遗址点作为曾国大型城邑的少部分时间段。

上述关于罗兴遗址点冶金遗存特殊现象的背后有诸多的动因。从曾国历史的发展来看,西周晚期至战国时期是曾国疆域的拓展时期,西周晚期至春秋时期就是曾国畛域最大之时③,笔者认为罗兴遗址点在春秋早期的突然出现正是在这种历史背景之下,曾侯进行政治分封的结果。春秋晚期至战国早期曾国的势力和控制范围已有所削减,但毫无疑问,在这一时期仍牢牢控制着苏家垄为中心的周边地区,这也是遗址点冶金活动发展繁荣的基础。遗址点附属的苏家垄墓群 M79、M88 两墓的曾伯桼器群与传世的曾伯桼"金道锡行"青铜簠对应,可以确定器主为同一人。实证了周王朝早期通过曾国,管理、控制随枣走廊,进而控制淮夷并掌控"金道锡行"铜、锡资源的史实④。可见遗址点从出现之初就与冶金活动密切相关,成为南方铜、锡料输入中原地区的重要节点。而到了春秋晚期,随着东周王室的衰微和各大诸侯国的强盛,遗址点作为铜、锡料运送节点的地位

---

① 湖北省文物考古研究所:《湖北京山市苏家垄遗址及周边考古调查简报》,《江汉考古》,2023 年第 1 期。

② 赵营业:《江汉平原及其周边地区早期矿冶遗址调查报告》,个人资料,暂未公开发表。

③ 黄凤春:《关于曾国的政治中心及其变迁问题》,《中原文化研究》,2018 年第 4 期。

④ 方勤,胡长春等:《湖北京山苏家垄遗址考古收获》,《江汉考古》,2017 年第 6 期。

必然越来越走向末路。但是不可否认的是长时间的铜、锡料的运输也必然伴随着矿冶技术的输送与传播,遗址点冶金活动已有了充分的技术积累。那么几乎必然的随着遗址点春秋晚期作为"金道锡行"上的重要战略位置的逐步丧失,先民一定会以早已积累的矿冶技术为基础,寻找本地的冶铜原料进行小规模的冶铜生产。进入战国时期,本地冶铜活动通过技术实践进一步扩大和成熟,并可能进行小规模的冶铸活动。而随着中原生铁—铸铁脱碳技术的影响和传播,遗址点以原有的冶铜技术和生产铜料为基础与外来的生铁材料共同配制铜铁合金,进行脱碳以外的另一种改善生铁硬脆性的技术尝试,以本地的青铜器为模板,小规模地冶铸铁器。

最后,遗址点所见的冶金遗存丰富,涉及冶铜、铸铜、铸铁,出现和发展的时段较为集中,属于曾国冶金考古的首次发现,对于复原和展现这一时期曾国乃至南方诸侯国冶金活动的复杂面貌提供了弥足珍贵的新资料,具有重要意义。

珍贵遗产

黄石工业遗产是中国科技文明史的珍贵遗产

姜 波①

世界工业遗产是人类科技进步留下的历史印记,黄石工业遗产堪称中国古代科技史上的一朵文明之花!

黄石矿冶工业遗产主要由铜绿山古铜矿遗址、汉冶萍煤铁厂矿旧址、大冶铁矿东露天采场旧址以及华新水泥厂旧址等组成,是一处不可多得的代表性矿冶遗存。众所周知,在世界文明史上,中国文明最具特色的成就之一就是商周时期的青铜文明,而铜绿山古铜矿遗址即是青铜文明的"母矿",其考古与科学价值无与伦比。迫及清末,曾经辉煌灿烂的中华文明面临严峻挑战,在一批有识之士的推动下,古老的东方古国开启了救亡图存的"洋务运动",这是以煤炭和钢铁工业为标志的世界近现代工业文明在中国的蹒跚起步。从这个意义上讲,作为"洋务运动"的代表性遗产,汉冶萍煤铁厂矿旧址、大冶铁矿露天采场旧址正是中华民族试图迈向世界近现代工业文明的重要见证,实乃中国科技文明史上最为重要的文化遗产之一。由此可见,黄石工业遗产的价值可谓是"花开两朵":在遥远的商周时期,这里铸造了灿烂的青铜文明;在救亡图存的近现代,这里是中华民族迈向近现代工业文明的重要见证。

"工业遗产"是我们反思人类科技文明史的历史遗存,其理念源出于英国的"工业考古"。作为近代工业文明的起源国,同时又是近现代考古学的发源地,英国早在上个世纪六十年代即已开始调查、发掘和研究以煤炭和钢铁工业为标志的工业遗存。1978 年,国际工业遗产保护委员会(The International Committee for the Conservation of the Industrial Heritage,以下简称 TICCIH)在瑞典成立,标志着工业遗产的保护迈上了全球化合作的道路。2003 年,TICCIH 通过了用于保护工业遗产的国际准则——《关于工业遗产的下塔吉尔宪章》。而今,在欧美国家,工业遗产已然成为世界遗产中举足轻重的一种类型,涵盖了矿冶遗址、工业城镇、厂矿旧址、交通设施等诸多类别。这些遗产,从深藏山谷的矿洞到沿河而建的工业小镇,从横跨大陆的早期铁路到川流不息的古代运河,从飞跨奔流的钢铁大桥到探索浩瀚太空的射电天文台……它们曾经目睹过人类科技文明进程

---

① 作者为国际古迹遗址理事会副主席、山东大学教授。

的脚步,也成为今天人们流连忘返的朝圣之所。

联合国教科文组织世界遗产名录中,已经有一批珍贵的工业遗产赫然在列。笔者曾经造访英国的煤溪谷与铁桥遗产地,这是一处令人印象深刻的世界遗产地,英国工业革命时期留下的煤炭、钢铁和矿业交通遗迹,时至今日依然历历在目。高耸的铁炉遗址、保存完好的水车和横跨河流之上的世界上第一座钢铁大桥,无不展示出近代工业文明曾经的辉煌。智利的苏埃尔采矿小镇,始建于二十世纪之初,紧邻世界最大的地下铜矿——厄尔特尼恩特(El Teniente)遗址,堪称早期工业遗产景观的杰出典范。阿富汗的艾娜克(Mes Aynak)铜矿遗址是古代矿业遗产的杰出代表,时代属于贵霜晚期到伊斯兰早期,遗址周边还有极其珍贵的佛教遗迹,这是欧亚大陆腹地古典时期最为重要的采矿遗址之一,其出土文物曾经在阿富汗国家博物馆公开展出,引起全球关注。

我们的东亚近邻日本,同样有两处工业类型的世界遗产值得关注。一是石见银山银矿遗址,在 1526—1923 年间被开采了 400 余年,这是进入"大航海时代"以后,以白银为媒介的全球贸易时代留下的重要遗存,由此使得僻居远东的日本深度融入到全球贸易圈,具有世界级的意义。日本的另一处工业世界遗产,即"明治工业遗产",同样值得关注。按照日方申遗文本的表述,这是传统经济形态的日本,转向以煤炭、工业、海洋贸易为标志的近现代工业文明的重要遗产,也是东亚世界迈向近现代工业文明的摇篮。

在科技进步和全球化的时代,我们应该深刻认识到工业遗产的价值与意义。伊朗的世界遗产——跨伊铁路,奔腾在古老的波斯帝国土地上;通往印度北部茶园的大吉岭铁路,是南亚次大陆纳入近现代文明体系的标志。2019 年,20 世纪中期修建的英国乔德雷尔班克天文台申报世界遗产,在国际古迹遗址理事会的专家评审会上居然全票通过,让国内很多遗产专家深感意外。其实,这座天文台是"人类通过射电望远镜探索浩瀚宇宙的第一个跳板"!对于人类历史而言,具有划时代的意义,入评世界遗产理所当然(笔者当时作为评委也投了赞成票)!

1972 年,在巴黎举行的联合国教科文组织第十七届大会上,《保护世界文化和自然遗产公约》获表决通过。《世界遗产公约》的初衷是保护具有"历史、科学与艺术"价值的遗产(现在已经扩充、升级为评选世界文化遗产的六条标准)。截至 2021 年,我国已有 56 项世界遗产,世界遗产总数在全球名列前茅,成为名副其实的世界遗产大国。翻检世界遗产名录不难发现,我国现有的世界遗产多属历史考古类型,而科学类与艺术类遗产数量明显偏少(都江堰和大运河姑且别论)。像英国的乔德雷尔班克天文台旧址、澳大利亚的悉尼歌剧院、德国的玛蒂尔德艺术家小镇这一类的遗产地,在中国尚难进入申遗的备选名单,这不得不说是一种遗憾。

总之,作为中国古代青铜文明的摇篮和近现代工业文明起步的标志,黄石工业遗产申请列入世界遗产名录,可补我国世界遗产类型之空白,意义深远。中华文明源远流长,以"四大发明"为代表的科技成果曾经对世界历史进程产生过深远影响,由此而论,积极推动我国工业遗产申报入列世界遗产名录,诚可谓当务之急!

铜绿山古铜矿遗址工业遗产之价值解读

赵丛苍　祁　翔　柯珍明①

摘要：铜绿山古铜矿遗址集中反映了中国早期铜矿开采和冶炼的情况，属于广义的工业遗产。通过不同要素类型和时空尺度的分析，可以扩大和伸展铜绿山古铜矿工业遗产内涵及多元价值的研究纬度与纵深。工业遗产的可持续性保护和利用应在参照世界遗产标准继续发掘和有效保护其基础价值的前提下，尽可能地丰富外延价值的种类、提高外延价值的水平，促进形成全社会的共识。这样才可能在铜绿山古铜矿工业遗产的保护与再利用领域取得质的突破，也推动世界遗产申报工作的进一步开展。

关键词：铜绿山古铜矿遗址；工业遗产；基础价值；外延价值；遗产保护

《左传·成公十三年》："国之大事，在祀与戎。"而"祀"与"戎"，往往都离不开青铜原料支持。铜在先秦时期关系到国家的命脉，是宝贵的战略资源，其重要性体现在物质、制度、文化和精神等多个层面。研究中相较于备受重视的青铜器物，古代矿冶文化留下的生产加工场地长期以来没有受到足够的重视，尤其是采冶遗址的相关工作大都未能取得实质性的进展。上个世纪 70 年代大冶铜绿山古铜矿遗址的发掘，则拉开了中国冶金考古的序幕。夏鼐、殷玮璋先生曾高度评价："铜绿山古铜矿的发现和发掘，对了解我国古代的社会生产，尤其是青铜业的生产，具有重要意义。"作为矿山及加工提炼遗址的铜绿山古铜矿遗址，分别于 1994 年和 2012 年两次列入《中国世界文化遗产名录预备名单》，2018 年入选中国第二批工业遗产名录，其重要价值可见一斑。

工业遗产话语的发展，经历了从注重物质遗存的调查，到逐渐重视其非物质价值的过程。其研究和保护对象不只停留在物质遗存实体上，还表现在重构工业生产形态、彰显工业文化内涵等的非物质要素上。忽视工业遗产的完整性，将难以真正理解工业遗产的多元价值所在，进而也会对遗产保护利用造成影响。基于此，本文拟对铜绿山古铜矿遗址工业遗产构成要素及其价值再作分析阐释。

---

①　作者单位：赵丛苍、祁翔，西北大学文化遗产学院；柯珍明，大冶市铜绿山古铜矿遗址保护管理委员会。

一、工业遗产的内涵

工业遗产属于文化遗产范畴,是见证和承载着工业发展的遗存在历史长河中的丰富积淀。2003 年国际工业遗产保护委员会(TICCIH)通过了工业遗产保护领域的纲领性文件《下塔吉尔宪章》,认为"工业遗产是由工业文化的遗留物组成,这些遗留物拥有历史的、技术的、社会的、建筑的或科学上的价值。这些遗留物具体由建筑物和机器设备、车间、制造厂和工厂、矿山和处理精炼遗址、仓库和储藏室,能源生产、传送、使用和运输以及所有的地下构造所在的场所组成,与工业相联系的社会活动场地,比如住宅、宗教朝拜地或者教育机构都包含在工业遗产范畴之内"①。单霁翔指出,我国工业遗产的定义应有狭义和广义之分,其中广义的工业遗产是指具有历史学、社会科学、建筑学和科技、审美价值的工业文化遗存,包括史前时期加工生产石器工具的遗址、古代资源开采和冶炼遗址,以及包括水利工程在内的古代大型工程遗址等工业革命以前各个历史时期中反映人类技术创造的遗物遗存②。铜绿山古铜矿遗址工业遗产显然属于后者。

工业遗产的物质和非物质要素是人类与自然进行矿冶活动互动的产物。《下塔吉尔宪章》尽管指出了非物质表现具备重要的意义,但偏重于工业遗产的物质属性和物态遗产的保护。2011 年《都柏林原则》补充了非物质文化遗产的内容,如"在传统产业中,工人的技术和操作知识是一项非常重要的资源,必须被包含在遗产价值评估过程中"。研究与保护对象逐渐从重视工业遗迹,走向物质遗存、环境与非物质文化遗产并重,并在保护理念上强调工业遗产的完整性和立体性,建立了涵盖不同空间纬度与非物质要素的认识框架③。可见,只有在对工业遗产物质与非物质内涵的正确理解和系统把握的基础上,才能对遗产价值作更充分的揭示,从而促进工业遗产研究保护和世界遗产申报工作的进一步开展,使之更具有针对性和可操作性。

矿冶工业遗产一般包含有大量的生产遗迹和工具等物质因素。但不同于物质要素的直观化、可视化,非物质要素往往是附着于实物遗存上,体现的主要是创造性活动,触及遗产的深层次内涵,如知识、观念和精神。有学者认为后者包括历史相关(矿史矿志、民俗文化等)、生产相关(开采和冶炼技术等)、管理相关(青铜文化、冶炼文化等)④。也有学者将工业遗产保护体系下的非物质性遗产分为工业档案、生产流程(工艺流程)、工

---

① TICCIH:《工业遗产之下塔吉尔宪章》,《建筑创作》,2006 年第 8 期,第 197—202 页。
② 单霁翔:《关注新型文化遗产——工业遗产的保护》,《中国文化遗产》,2006 年第 4 期,第 10—47 页。
③ 季宏:《〈下塔吉尔宪章〉之后国际工业遗产保护理念的嬗变——以〈都柏林原则〉与〈台北亚洲工业遗产宣言〉为例》,《新建筑》,2017 年第 5 期,第 74—77 页。
④ 李百浩,刘婕:《从青铜文明到生态文明——大冶古铜矿遗址保护与再利用规划模式》,《中国园林》,2012 年第 7 期,第 19—25 页。

艺技能、工业文学和表述、工业表演艺术、工业节俗①。比较来看，以上观点在某种意义上可以说是大同小异，前者指古代工业遗产，后者偏重于近现代工业遗产。本文认为在分析工业遗产非物质要素时，既要考虑类型的差异，也应注意层次性，这样才能由小及大、由浅入深地系统阐释和清晰展示遗产的内涵及价值。因此可将古代工业遗产非物质成分主要分为技术方法、模式制度、精神内涵三个类型。技术方法主要包括开采方法、冶炼技术等；模式制度涵盖机构、地方和国家层面所制定的章程或形成的生产管理模式；精神内涵主要指与矿冶活动相关的观念、思维、信仰等。这与遗产的不同价值类型也存在一定的对应联系。对遗产内涵与价值的探索与认知，还应建立在时间和空间观察尺度上。时间方面包括短时段、中时段、长时段纵向纬度，空间可分为点、线、面三个横向层次。总之，通过不同要素类型和时空尺度的分析，扩大和伸展工业遗产价值的研究纬度与纵深。

二、铜绿山古铜矿遗址工业遗产的价值分析

文化遗产的多元价值可分为基础价值和外延价值。前者主要体现在对遗产本体所附载的参与历史构建的信息的揭露，可以看作是遗产与生俱来的基础价值；后者主要属于衍生或升华出的价值类别，往往更强调遗产与人类的现实联系②。工业遗产符合文化遗产的价值体系，价值的多样性往往又取决于遗产类型、评估视角等多方面。《下塔吉尔宪章》指出工业遗产应具有历史价值、社会价值，在制造、工程和建筑史上，它拥有技术上和科学上的价值，也可能在建筑、设计或者规划的品质中拥有审美价值③。基于以上认识，铜绿山古铜矿遗址作为不可再生的古代工业遗产，其基础价值应主要包括历史价值和科学价值，外延价值主要包括精神价值和经济价值等。以这四种类型为例，阐释如下。

(一)基础价值

1. 历史价值

文化遗产的基本特征是历史性，其首要的价值也是反映历史、证实历史、补正历史和传承历史的价值④。铜绿山古铜矿遗址的历史价值突出表现在提供采冶年代框架、青铜原料溯源和产业管控模式等历史信息。年代方面，该遗址铜矿开采冶炼时间应不晚于商代前期⑤，迄于汉代，连续采冶时间逾千年之久，可称是中国早期矿冶工业的一部发展

---

① 何军，刘丽华：《工业遗产保护体系构建——从登录我国非物质文化遗产名录的传统工业遗产谈起》，《城市发展研究》，2010 年第 8 期，第 116—122 页。
② 祁翔，曾丽，赵丛苍：《论中医药文化遗产》，待刊。
③ TICCIH：《工业遗产之下塔吉尔宪章》，建筑创作，2006 年第 8 期，第 197—202 页。
④ 蔡靖泉：《文化遗产学》，华中师范大学出版社，2014 年，第 136 页。
⑤ 赵丛苍：《商时期铜绿山古铜矿资源开发利用的历时性考察》，《中国考古百年——青铜文明与铜绿山古铜矿遗址研究学术文集》，长江出版社，2022 年，第 35—41 页。

史。铜绿山古铜矿遗址的发现,还为三代铜矿来源这一长期悬而未决的难题的研究打开一扇窗。研究者利用铅同位素分析、微量元素地球化学示踪等方法不断推进相关研究,如发现武汉盘龙城[①]、安阳妇好墓[②]和宝鸡弦国墓地[③]等部分青铜器的原料很可能来自铜绿山及其邻近地区。研究表明,铜绿山地区是夏商周青铜器矿料的一个重要来源地,应是无疑的,也是中国青铜文明发展的特殊见证。

产业管控模式主要包括生产环节、矿料运输和区域经略等方面。目前考古工作者已对铜绿山古铜矿生产从采矿到冶炼的过程积累了丰富信息。其中生产者和管理者是青铜产业链得以形成不可或缺的因素。周代就已有了关于矿业管理的记载:"丱人掌金玉锡石之地,而为之历禁以守之。若以时取之,则物其地,图而受之。巡其禁令。"[④]近年,岩阴山脚遗址洗选矿场发现了世所罕见的春秋时期 35 枚矿工赤足印[⑤],铜绿山 VII 号矿体北麓四方塘遗址发现春秋时期铜矿采冶生产者和管理者公共墓葬[⑥],这是中国矿冶考古首次发现从事矿冶活动人员的足印和墓地,为重现当时的矿冶活动生产管理的真实图景提供了罕有的实例资料。

以铜绿山古铜矿遗址为代表的矿冶遗存的发现,为重构三代矿源运营网络及其变化、分析王朝地方经略和区域冶金文明发展等,打开了突破口。工业实体的影响范围和产品的流通渠道工业的发展,与社会需求改变、产业结构调整等息息相关。例如,商周时期,相较于北方辽西地区相对落后、参差不齐的矿冶生产组织方式、产业和文化格局[⑦],铜绿山古铜矿遗址所处南方早期矿冶工业很早就受到中原王朝的重视,在人力、物力、技术上会有着较强的凝聚力,在当地形成系统的地区属性产业链,通过中原王朝的直接介入或地方纳贡、贸易等运输至王朝腹地或地方中心。到了汉代,铜绿山铜矿已不是先秦时期地区属性生产方式,汉代采矿工具上发现有铭"河三""江"等外地作坊名,说明其为调往铜绿山开矿使用的外来工具,也意味着此地区矿业由中央王朝统一开发管理[⑧]。

2. 科学价值

工业遗产有别于其他文化遗产的关键在于核心价值是它所承载的科学价值,工业遗

① 彭子成等:《盘龙城商代青铜器铅同位素示踪研究》,《盘龙城:1963—1994 年考古发掘报告》,文物出版社,2001 年,第 552—558 页。

② 金正耀:《晚商中原青铜的矿料来源研究》,《科技史论集》,中国科技大学出版社,1987 年。

③ 彭子成等:《弦国墓地金属器物铅同位素比值测定》,《弦宝鸡强国墓地》,文物出版社,1988 年,第 639—645 页。

④ 孙诒让撰,王文锦,陈玉霞点校:《周礼正义》,中华书局,1987 年,第 1210—1211 页。

⑤ 湖北省文物考古研究所等:《湖北大冶铜绿山岩阴山脚遗址发掘简报》,《江汉考古》,2013 年第 3 期,第 7—27 页。

⑥ 湖北省文物考古研究所等:《大冶铜绿山四方塘墓地第一次考古主要收获》,《江汉考古》,2015 年第 5 期,第 35—44 页。

⑦ 李延祥:《中原与北方地区早期青铜产业格局的初步探索》,《中国文物报》,2014 年 2 月 28 日第 5 版。

⑧ 卢本珊:《铜绿山古代采矿工具初步研究》,《农业考古》,1991 年第 3 期,第 175—182 页。

产设计反映了自然科学或工程技术科学变化的时代特点和发展轨迹。考古资料证明,铜绿山古铜矿工业遗产的科学价值主要集中在开采和冶炼技术上。《铜绿山古矿冶遗址》较全面地总结了遗址的采冶技术成就。陈树祥先生也曾在发掘报告基础上对遗址的科学价值作详细的专文解析[①]。概括来看,在开采方面,成功地解决了井下开采、采矿工具、井巷支护、矿井提升、排水照明和深井通风等采矿技术。主要包括:(1)采用浅井和重砂分析法找矿;(2)战国以前主要使用青铜工具开拓井巷,战国至汉代铁器广泛使用;(3)战国以前主要采用榫卯木支护结构,战国至西汉使用垛盘结构、鸭嘴结构木支护,符合力学原理,防止井巷坍塌;(3)先后运用下向式井巷交错、上向式方框支柱填充生产;(4)使用人工或木制轱辘提升;(5)使用木水槽引地下水至集水井,然后用木桶提升排水;(6)利用井口高低气压差形成的自然风流通风;(7)以竹签作为照明用材[②]。在冶炼方面,还率先使用了鼓风竖炉炼铜,至迟春秋早期已经掌握了"硫化矿—冰铜—铜"的工艺。而作为冶炼技术作用下的直接产物,铜渣含铜量的大小则直接体现工艺技术水平的高低。经检测,与铜绿山古铜矿遗址邻近的四方塘遗址春秋中晚期炉渣铜含量均值为 1.43%,低于希腊基斯诺斯岛青铜时代和阿曼青铜时代乃至美国近代亚利桑那州的氧化矿石炼铜渣含铜量[③],表明两周时期铜绿山冶铜技术在当时处于世界领先地位,甚至某些方面已达到近现代冶铜技术的水平。此外,青铜冶炼技术方面的成就不仅使其在青铜时代熠熠生辉,还直接影响了之后中国冶铁等工业的发展。如,黄石地区矿产资源丰富,调查发现有大量汉代之后的冶铁遗址,唐宋时期炼银遗址,宋以后冶炼熟铁、炼钢等不同工业遗址等[④]。铜绿山古铜矿采冶工业为之后铁矿等矿产资源的开采和冶炼提供了一定的技术传承和系统化生产的组织管理经验。

总之,工业遗产的科学价值应在工业技术层面进行分析,还需置于其社会文化意义的框架中评估。铜绿山古铜矿开采技术复杂而又自成体系,随着生产经验的积累,采冶技术系统还在不断地发展完善。这是先民在社会实践中有关矿冶科学技术智慧结晶的实证,对古代矿冶建筑、技术和文化的发展产生了重大影响。

(二)外延价值

1. 精神价值
工业遗产体现了人类对于美好生活的向往,承载着人们前进的信念,也蕴含着人类

① 陈树祥:《大冶铜绿山古矿冶遗址的科学价值解析》,《中国文化遗产》,2016 年第 3 期,第 52—60 页。
② 黄石市博物馆:《铜绿山古矿冶遗址》,文物出版社,1999 年,第 187—191 页。
③ 崔春鹏,李延祥,陈树祥:《湖北大冶四方塘遗址出土炉渣检测与研究》,《湖北理工学院学报(人文社会科学版)》,2022 年第 5 期,第 1—6 页。
④ 刘佳:《黄石发现百余处商周时期矿冶工业遗产》,《黄石日报》,2002 年 3 月 7 日第 1 版。

日益强大的适应并驾驭物质世界的力量和诉求①。标志性的工业遗产对于其所在的城市或地区通常具有特殊的意义,是其深层次的精神载体,也作为重塑城市形象、推动城市发展的精神支柱。其中蕴含的民族与文化认同,以及产生的社会凝聚力与号召力可满足人们通过感官获得理解、回忆和共鸣等精神收获,具备纪念、激励和教育意义。上世纪80 年代,黄石市就曾提出将铜绿山古铜矿遗址所闪耀着的宝贵精神内涵喻为"铜斧精神"。具体来看,铜绿山古铜矿工业遗产的精神财富至少包含了以下几点:①开拓创新。铜绿山古铜矿遗址是当时先进技术和创造力的杰作。遗址展现了中国古代较高的找矿、采矿、冶炼技术以及组织管理采冶活动的先进方式,其在时间轴线上的发展演变清晰明了,这无不体现着先民们锐意进取的开拓创新精神。②包容并蓄。资源型地区历来是多方势力集团你来我往、此消彼长的交汇区。商周时期以黄石一带为中心的地区所出陶器风格并不单一,包括素面锥状鼎足、尖锥状鬲足、附耳瓿、平底实足鬲、刻槽足垂裆陶鬲、长方形镂空圈足豆等器,此外,鄂东南冶炼红铜的炉渣与多种合金炉渣并存的现象,说明多种冶炼技术存在于此②。对于多种文化因素和冶炼技术的先后涌入出现,该地区没有吸纳性、包容性是不可想象的。③协作奉献。大规模采冶行为形成的活动链和产业链的正常运转与蓬勃发展,需要依靠大量人力和多道工序,这往往建立在一定的人员基数、技术分工、人员调配上。这就意味着早期采冶活动仍需要在顽强拼搏的基础上融入团结协作、奉献配合的精神。

当然,矿冶文化的精神要素潜在性地存在于矿冶活动的各个方面,其凝练在很大程度上需要基于较为全面的物质遗存分析,以及技术和制度层面非物质要素的分析,发掘与研究工作的推进会为其不断完善提供契机。

2. 经济价值

工业遗产的经济价值主要表现为遗产保护和再利用与经济社会发展需求联系起来,为人们带来经济收益。大冶和黄石曾分别于 2008 年、2009 年上榜资源枯竭型城市(县、区),这对工业遗产保护与利用甚至城市发展、产业更替转型有着重要的影响。而在经济全球化背景下,以铜绿山古铜矿遗址为代表的古代工业遗产作为一种独特而又珍贵的文化资源,具有较高的旅游开发价值,对于黄石市"绿色转型"的产业结构调整发展方向有重要的推动作用。具体来看与世界遗产一样,矿业遗产的再利用是多方面的,如作为科学研究对象、爱国教育基地、文化休闲场所、旅游观光地点等。铜绿山工业遗迹遗物的展示,可彰显出不同时代的生产动力、技术水平、矿冶精神等工业文化,以及社会、科技、管理变革对工业发展产生的巨大影响③,从而提升城市的文化品位,形成有个性的城市风

---

① 单霁翔:《关注新型文化遗产——工业遗产的保护》,《中国文化遗产》,2006 年第 4 期,第 10—47 页。
② 陈树祥,王定兴:《西周时期鄂东南铜矿业初步观察》,《南方文物》,2021 年第 3 期,第 19—28 页。
③ 董杰,高海:《中国工业遗产保护及其非物质成分分析》,《内蒙古师范大学学报(自然科学汉文版)》,2009 年第 4 期,第 452—456 页。

貌,同时延伸文化产业链,实现教育、旅游、影视及相关衍生品联动发展,以更好地培育新的经济增长点,推动矿冶城市经济转型升级。总而言之,铜绿山古铜矿工业遗产较高的经济价值可通过开发并整合遗产特殊的历史、科学、精神等价值,形成特色文化产业链来实现,其可成为地区经济发展的重要源泉和推动力。

也不可否认作为国家矿山公园的重要组成部分,该遗址及其邻近区域为了达到旅游景区建设标准所进行的相关建设行为会在一定程度上损害遗产的原真性与完整性,加之铜绿山铜矿储量大、品位高,是我国重要的铜矿基地,那么在保护工业遗产真实性和完整性的前提下如何科学合理地处理遗址保护与铜矿开采,以及如何对工业遗产自身进行创造性和保护性开发利用,仍是遗产保护领域的重要课题和实际操作中不可忽视的难点所在。

三、余言

矿冶遗址是研究古代社会、经济和文化发展的重要窗口。铜绿山古铜矿遗址集中反映了中国早期铜矿开采和冶炼的情况,而以铜绿山古铜矿遗址为代表的黄石地区矿冶文化历史悠久、底蕴深厚,为中国青铜时代经济与文化的发展做出过巨大贡献。其生产传统和矿冶文化是人类在对矿产资源的探查、采冶、贸易中所创造的物质财富和精神财富的总和①,具有世界范围内的突出普遍价值。多层次多视角的分析,使我们进一步丰富铜绿山古铜矿遗址工业遗产的内涵,较为清晰地展现了其历史价值、科学价值、精神价值和经济价值等。其工业遗产基本符合《实施世界遗产公约的操作指南》中"反映一项独有或至少特别的现存或已消失的文化传统或文明""是描绘出人类历史上(一个)重大时期的建筑物、建筑风格、科技组成或景观的范例"②等标准。而遗产价值的充分挖掘和积极弘扬,对于推进铜绿山考古研究、保护利用、申报世界遗产等仍具重要意义。但需要注意的是,遗产本体已经脱离了自身所处的历史原境,所含有的物质与非物质要素是需要不断地被发掘和认知的。考古研究、价值阐释和保护利用,三者相互关联相互促进。不少学者已认识到,现阶段铜绿山古铜矿遗址的考古资料已显薄弱,需要田野调查和发掘工作的持续开展,以及理论方法的创新应用来不断充实。而遗产价值认知的发展则促进了相关政策制度的形成和调整,因此需要动态地看待遗产多元价值评估,工业遗产的可持续性保护和利用应在参照世界遗产标准继续发掘和有效保护其基础价值的前提下,尽可能地丰富外延价值的种类、提高外延价值的水平,促进形成全社会的共识。这样才可能在古代工业遗产话语发展,以及保护与再利用领域取得质的突破。

① 郭远东:《刍论矿冶文化》,《黄石理工学院学报(人文社会科学版)》,2010年第5期,第5—9页。
② 北京大学世界遗产研究中心:《世界遗产相关文件选编》,北京大学出版社,2004年,第19页。

炉火映日月　铜魂耀千秋

——论大冶铜绿山古铜矿遗址博物馆基本陈列

郑正盛　吴宏堂①

摘要：铜绿山古铜矿遗址博物馆基本陈列，在策展思路上突出一个"巧"字，展览内容突出一个"特"字，展览形式上突出一个"活"字。充分运用展览语言，实现了文物与场景相结合、馆内与馆外相结合、遗址与展览相结合、新馆与老馆相结合，在陈列展览上突出了铜绿山古铜矿遗址在中国青铜文明中的地位与作用。

关键词：铜绿山古铜矿遗址；博物馆基本陈列；策展思路；展览内容

　　所谓基本陈列，是由比较稳定的展览主题、内容、馆藏文物展品和比较完善的艺术形式构成的陈列体系，通常包括文物、艺术品、科学发现和其他文化遗产，是博物馆最基本的展览形式，相对稳定，目的是让人们了解它们的历史和文化背景。大冶铜绿山古铜矿遗址博物馆基本陈列"青铜源·铜绿山"旨在全面系统地展示铜绿山古铜矿遗址的发现、发掘、保护和利用的全过程，满足人民群众对美好文化生活的向往。本文以《炉火映日月·铜魂耀千秋——论大冶铜绿山古铜矿遗址博物馆基本陈列》为题，结合布展实际，就大冶铜绿山古铜矿遗址博物馆基本陈列的策展思路、展览内容和展览形式谈三点认识与大家分享。

一、策展思路上突出一个"巧"字

　　策展一词源自西方艺术发展史上的"策展人"（curator）。策展初期的定义是艺术展览活动中的构思、组织和管理工作。博物馆策展就是把博物馆的文物展品、专业领域的知识通过图文版、音视频、艺术品、多媒体等，进行艺术的陈列设计，以讲故事的方式，把文物展品所蕴含的丰富信息挖掘出来，直观、生动、形象地呈现给观众，让他们在优美的

---

① 作者单位依次为：大冶市铜绿山古铜矿遗址保护管理委员会、湖北省文物局。

环境中、轻松愉悦的心情下增长知识、陶冶情操。考虑到大冶铜绿山古铜矿遗址博物馆属于国家考古遗址公园建设的一部分,因而在展览构思、展览布局、学术支撑方面始终围绕"巧"字动脑筋、下功夫、使力气。

(一)展览构思别具一格

大冶铜绿山,一个炉火不灭的地方,《山海经》"阳帝之山多美铜"①中的阳帝之山,指的就是大冶龙角山与铜绿山地区。《明史·地理志》"大冶县……又西南有铜绿山,旧产铜",这是关于"铜绿山"一词最早的记载。清同治六年(公元 1867 年)版《大冶县志》云:"铜绿山在县西马叫堡,距城五里,山顶高平,巨石对峙,每骤雨过时,有铜绿如雪花小豆,点缀土石之上。"以上文献资料分别说明了铜绿山的地理位置和其丰富的铜矿资源。这里几千年人与自然和谐发展而形成的"千古铜魂"在新时代也将不断绽放出新的光芒!

铜绿山古铜矿遗址的保护范围 5.6 平方公里,核心区保护面积 238 亩,大冶铜绿山古铜矿遗址博物馆新馆(以下简称新馆)处在铜绿山古铜矿遗址博物馆老馆(以下简称老馆)的北边,由中国建筑设计院崔恺院士主持设计,建筑面积 1.2 万平方米,展览面积 4284.9 平方米。2016 年启动展览内容大纲的策划,2021 年完成展览形式设计招标,2022 年 6 月完成展览施工队伍招标,2023 年 5 月 28 日完成专家验收,专家"一致认为基本陈列特色显著,主题鲜明,结构完整,内容丰富,逻辑性强,展线流畅,重点、亮点突出,五个展厅各具特色、互为文撑;博物馆新馆和老馆相结合,馆内与馆外相呼应,遗址与展陈相结合,内容与形式有机统一,有温度、有高度、有深度,代表了我国考古遗产应用与展示的较高水平。"2023 年 6 月 9 日,在第十八个文化和自然遗产日暨铜绿山古铜矿遗址发现 50 周年之际,新馆正式开馆迎宾。

当初,在新馆策展时,我们始终坚持以习近平总书记关于"让收藏在博物馆里的文物、陈列在广阔大地上的遗产、书写在古籍里的文字都活起来"②的重要讲话为指导思想,采取新视角、新理念、新思维,大胆创新,主动作为,积极探索博物馆与考古遗址公园的关系,最大限度地让铜绿山古铜矿遗址国家考古遗址公园活起来,而不仅仅是让新馆的文物展览活起来。始终坚持以考古发掘成果为基础,以科学研究为支撑,以满足人民群众文化需求为目的,用最好的文物展品,最通俗的语言表达,集中展示铜绿山古铜矿遗址发现、发掘、保护、利用的全过程,系统介绍铜绿山古铜矿遗址在人类冶金史、科技史、文明史方面的突出成就与贡献,全面阐释先民们筚路蓝缕的奋斗精神,坚韧不拔的开拓精神和独具匠心的创新精神,实现了当代与铜绿山古铜矿遗址跨越时空的对话。始终坚

---

① 《铜绿山古铜矿遗址与中国青铜文明研究》,长江出版社,2022 年,第 163 页。
② 《习近平文物保护简史》,2015 年 01 月 11 日 ,中国广播网。

持突出"三个相结合，讲好三个故事"：一是始终坚持突出新馆展览与馆外国家考古遗址公园相结合，集中讲好铜绿山古铜矿遗址是中国青铜文明发源地之一的故事。把新馆展览内容与馆外国家考古遗址公园内的矿工足迹、研学工坊、春秋炼炉、战国炼炉模型、明代焙烧炉、现代采矿机械、古墓葬复原、商周采矿场、矿石林、思乡亭、铜山沧桑、青岗栎林、铜草花海、古代炼渣等文物景点巧妙地结合在一起，馆内外遥相呼应，相互辅成，相得益彰。如馆内的四方塘展示和馆外的四方塘的矿工脚印、古墓葬复原展示形成了互补，馆外先进的采矿工具大电铲、运矿车、火车头等与馆内原始的大铜斧、大绞车、木桶等形成了鲜明的对比，让观众感受到古人采矿的艰辛。

二是始终坚持突出展示铜绿山古铜矿文物标本与外地文物标本相结合，集中讲好铜绿山古铜矿遗址为中国青铜文明所作出突出贡献的故事。展览除了展出铜绿山古铜矿遗址出土的文物标本外，还展出了其他地区出土的与铜绿山古铜矿遗址有关联的文物标本，包括展出外国铜矿、外省铜矿及古矿冶遗址，主要是从对比中看铜绿山矿冶遗址在中国青铜文明中的重要地位。展出曾侯乙墓、盘龙城、乔家院、叶家山等地出土青铜器的复制件等，主要是说明这些地方出土的青铜器的铜元素与铜绿山古代铜料的铜元素高度一致，从一个侧面为春秋战国时期铜绿山十几万吨古铜料的去向找到了一定的答案，证明了大冶铜绿山是名副其实的中国青铜文明的故里。

三是始终坚持突出新馆宋代古炼炉发掘现场与老馆春秋采矿遗址发掘现场相结合，集中讲好文物保护与利用的故事。新馆负一楼原地保存的宋代古炼炉遗址考古发掘现场与老馆原地保留的春秋采矿遗址发掘现场是这个馆最大的特点之一，"一冶一采"互为补充，充分体现了中国政府对文化遗产保护的高度重视。为了原地保存宋代焙烧铜矿与清代冶铁炉遗址发掘现场，我们将新馆在原选址基础上向西平移 5 米，然后以 1 轴和 CC 轴交点为定点向西旋转 3.764 度；为了原地保护春秋采矿遗址，舍弃十几亿元人民币的矿产资源不开采，这在国际文物保护史上更是十分罕见。在文物利用方面，1983 年国家文物局决定在遗址上兴建铜绿山古铜矿遗址博物馆，这也是继西安半坡遗址、秦始皇兵马俑遗址博物馆之后国家兴建的第三座遗址博物馆，该馆自 1984 年开馆至今已经接待国内外游客 2000 多万人次。2013 年，国家和地方政府又投入几亿元进行环境整治，建设铜绿山古铜矿遗址国家考古遗址公园，努力打造集科普教育、公共游憩于一体的高品质文化空间。这次新馆和四方塘复原展示工程的建成开放，必将使铜绿山古铜矿遗址活起来、潮起来、火起来。观众可以先从铜源广场入园，参观岩阴山脚下的矿工脚印、研学工坊、采矿机械、春秋冶炼炉基，进入新馆负一楼参观"青铜文明"沉浸式体验厅、宋代古炼炉发掘现场，然后从东边的楼梯步入新馆门前广场，再从新馆大门闸机入新馆序厅，沿大走廊而上，依次参观临时展览和基本陈列，全面系统地了解三千多年前铜绿山古铜矿遗址发掘成果与先进的采冶技术，最后进入老馆面对面地欣赏古人在采矿方面的辉煌成就和聪明才智,从而进一步坚定文化自信。

(二)展览布局别具匠心

针对新馆展厅狭长的特点和避免设置过多隔墙,将空间分隔过于零碎的弊端,展览尽量采用组团化、区域化并联的手法进行展览布局,将"大地奇珍"作为第一个临时展览布局在第一展厅,将新馆基本陈列依次布局在第二至六展厅,这种布局有利于加强观众在观展时对铜绿山古矿冶丰富的矿产资源和古人在找矿、采矿、炼铜,以及铜资源对中国青铜文明所作出的突出贡献有个比较系统而循序渐进的认识。

一是新馆负一层的布局。负一层是一个宋代焙烧炉、三个清代炼铁炉和一个烧碳窑遗址发掘现场,因而在其东西两边各布局了一个研学教室,同时将"青铜文明"沉浸式体验厅也布局在负一楼,观众可以自由参观。

二是序厅布局。序厅是表现一个展览的灵魂和观众聚散区,展览面积889.1平方米,空高21米,东侧大门主入口设置两组安检设备,南侧设置语音导览租赁及文创商店、咖啡厅,主展标"青铜源·铜绿山——大冶铜绿山古铜矿遗址博物馆基本陈列"与反映"炉火不灭"的大型铜雕布局在大厅西侧墙面,下方为展览"前言",北边是服务台,这种布局使整个大厅显得高端大气而又方便观众集聚和观展。

三是大走廊的布局。大走廊又高又宽又长,酷似古矿井斜巷,展览面积1523.3平方米,最高处21米,最低处4.8米左右,针对这一特点,巧妙地利用楼梯的层级关系在走廊西侧墙面创作了一幅反映铜绿山古铜矿遗址的铜雕长卷,内容为"青铜故里""南铜北运""铜助楚兴",连同序厅的"炉火不灭"客观地诠释了铜绿山是青铜文明的发祥地之一、铜绿山古铜矿遗址为中国青铜文明作出了突出贡献和楚国兴旺发达与铜绿山古铜矿遗址密不可分。东侧展厅外墙门楣布局各展厅的展标,围绕各展厅内容提炼与其相对应的符号与西侧走廊长卷遥相呼应,巧夺天工。

四是临展厅与基本陈列布局。临展厅位于大走廊东侧,是一个相对独立的展示空间,展厅面积为597平方米,层高3.45米,因此,把第一个临时展览"大地奇珍"布局在第一个临展厅恰到好处。利用展馆一楼大厅和拾级而上的大走廊五个并排的展厅布局基本陈列有利于展览内容的铺陈和观众参观展览时不走回头路。其中"铜山有宝"布局在第二展厅,展览面积694平方米,层高3.45米,"找矿有方"布局在第三展厅,展览面积630平方米,层高3.45米,"采矿有道"布局在第四展厅,展览面积562平方米,层高3.45米,"炼铜有术"布局在第五展厅,展览面积534平方米,层高3.45米,"青铜有源"布局在第六展厅,展览面积470平方米,层高3.45米。这种布局系统、完整、科学,符合新时代、新要求、新期许,突出了展览内容的循序渐进和以人为本的思想。

(三)展览学术支撑别开生面

为了使展览的学术支撑有力,一是组建了一个高水平的松散式的专家团队为展览保驾护航,有事集中,无事各忙各的。其中展览内容大纲由复旦大学的高蒙河教授、武汉大学宋海超副教授等人编撰。中国地质大学(武汉)殷鸿福院士,中国考古学会理事长王巍,中国博物馆学会原副理事长范世民,中国博物馆研究员郝国胜,中国科技大学教授李延祥,湖北省社科院原副院长刘玉堂、研究员张硕,湖北省博物馆原书记万全文、研究员邓佳平,中山舰博物馆研究员刘新洋、辛亥革命武昌起义博物馆研究员高万娥,武汉大学历史学院院长刘礼堂,中国地质大学(武汉)逸夫博物馆办公室主任刘安璐,华中农业大学博物馆馆长姜昊,湖北省地质博物馆馆长王镝,湖北美术学院教授李冰,湖北大学美术学院教授胡智勇,武汉园林雕塑研究所原所长贾开年等专家在策展中以不同的方式对展览内容大纲和形式设计给予了许多学术指导,从而保证了展览的质量。

二是充分利用考古新成果为展览添砖加瓦。2012 年和 2014 年,湖北省考古所的陈树祥研究员等在岩阴山脚遗址发现了 35 枚春秋时期矿工脚印和紧邻的四方塘遗址发现 258 座古墓葬,出土了一大批文物标本,包括珍贵文物 298 件(套),其中铜钺、铜凿、铜戈、玉玦和彩绘陶盂堪称文物中的瑰宝,解决了古矿冶遗址多年来“见物不见人”的问题,因而被评为“2015 年度全国十大考古新发现”[①]这一考古新成果在“铜山有宝”展厅中得到了充分的展示,成了展览中的一大亮点。

三是充分利用研究新成果为展览锦上添花。创办了“中国矿冶考古”文集,出版了一批丰硕的研究成果,包括《铜绿山古矿冶遗址发掘报告》《铜绿山古铜矿遗址考古发现与研究》《铜绿山考古印象》《铜绿山古铜矿遗址记忆》《铜绿山古铜矿遗址文学集》,其中 2022 年出版的《铜绿山古铜矿遗址与中国青铜文明研究》《唱响大型文化遗址保护的主旋律》和国家社会科学基金重点项目、“考古中国——长江中游地区文明进程研究”重大课题《大冶铜绿山——2011 至 2018 年考古调查勘探发掘报告》等研究新成果是展览最重要的学术支撑,它们从不同方面反映了铜绿山古铜矿遗址是我国采冶链最完整、延续时间最长、开采规模最大、技术水平最高、保存最完好的古铜矿遗址,代表着青铜时代采冶技术的最高水平,解决了中国青铜文化铜原料的来源问题,证明了铜绿山和大冶为中国青铜文明作出了突出贡献,正如著名考古学家夏鼐先生所说:铜绿山古铜矿遗址的发掘,“是中国古代青铜器研究的一个新领域,也是中国考古学新开辟的一个领域”。[②] 展

---

① 《习近平为何频频“打卡”博物馆》,新华社新媒体,2019 年 7 月 19 日。

② 夏鼐,殷玮璋:《湖北铜绿山古铜矿》,《铜绿山古铜矿遗址考古发现与研究》,科学出版社,2013 年,第 533 页。

览中充分吸收了这些丰硕的研究成果,并将它转换为展览语言,向观众普及古代采冶技术和考古学知识。对古铜矿遗址一些尚无定论的如铜绿山的开采年代是否达到夏代、三星堆遗址的铜是不是来自铜绿山等问题,则留给观众去思考。

二、展览内容突出一个"特"字

2017年4月,习近平总书记到广西壮族自治区考察调研,他在合浦汉代文化博物馆参观海上丝绸之路文物精品展览后指出:博物馆建设不要"千馆一面",不要追求形式上的大而全,展出的内容要突出特色[①]。展览内容要突出特色是一个博物馆区别于另一个博物馆的风格和形式,它是由博物馆赖以生存和发展的特定的具体环境因素所决定的。铜绿山新馆基本陈列特色重点体现在以下几个方面:

(一)展览主题特点鲜明

展览主题是展览想要传达的信息和内容的总括,完美的展览设计一定要有突出的展览主题,铜绿山新馆基本陈列的展览主题经过了一个比较长的时间打磨。一是上海复旦大学文博学院和武汉大学历史学院编制的大纲主题都是"古矿铜魂",这个主题的站位不够高,包含的内容不够全面,指向也不够明确,放到安徽铜陵市、江西瑞昌市、湖南麻阳市古铜矿遗址博物馆的展览也没有毛病,因此,一直没有定论。

二是在多次讨论评审"古矿铜魂"展览大纲时,专家们就展览主题也提出了一些建议,如"宝山"和"天下第一炉"等,都没有被方案编制单位采纳,因为这两个主题指向也不明确,放到什么地方都可以用,同时也没有涵盖展览的主要内容,且铜绿山古铜矿遗址博物馆的特色也不鲜明。

三是湖北省文化和旅游厅文物处陈飞处长把修改铜绿山古铜矿遗址博物馆展览内容大纲的任务交给吴宏堂同志以后,他也提出了"大冶铜绿山·青铜文明源"、"炉火映日月·铜魂耀千秋"和"举世无双冶"三个主题,在大冶市委原书记王刚主持的展览内容专家审查会时,大家说"举世无双冶",说的是大冶而不是铜绿山,"炉火映日月·铜魂耀千秋"过于文雅,"大冶铜绿山·青铜文明源"文字又太长了一点,最终王刚书记说:"大家也不必争论了,我把吴宏堂同志提出的'大冶铜绿山·青铜文明源'精炼了一下,就叫'青铜源·铜绿山'吧。"久议未决的展览主题终于在这次会议上一锤定音。这个展览主题,特色鲜明,简明扼要,一目了然,朗朗上口,通俗易懂,让人一看就知道铜绿山是中国青铜文明的发源地。

---

① 陈树祥,连红主编:《铜绿山考古印象》,文物出版社,2018年。

(二)展出文物标本特点鲜明

展览内容最重要的是文物展品,它是博物馆展览的核心,是向人们展示人类祖先在劳动实践过程中创造的各种智慧和物质财富的历史见证。一是展出的出土文物特点鲜明。新馆基本陈列精选上展文物展品数量 703 件(套),其中一级文物一件,二级文物 6 件套,三级文物 13 件套,包括铜斧、铜锛、铜凿、铜锭、铁锤、铁钻、古炼铜竖炉,木井架等,其中一级文物大铜斧被我国著名考古学家张忠培先生称为"中华采矿第一斧"。展出四方塘出土珍贵文物 298 件(套),这些典型的文物是青铜时代铜绿山采矿业生产的见证,代表了当时生产力的发展水平,希望通过展览,打通文物和历史、空间、文化之间的壁垒,达到透物见史、见人、见精神的目的。同时,展出的 420 余幅珍贵影像资料和标本绝大多数也是与古代采矿冶炼有关的实物见证,它们从科学技术的层面彰显了铜绿山古铜矿遗址的发展高度。

二是展出的购买文物标本特点鲜明。为了弥补文物标本不足的问题,大冶市政府投入 1000 多万元购买了珍贵矿标 264 件,其中展出的典型铜矿标本包括自然铜、孔雀石、蓝铜矿、赤铜矿、黄铜矿等 63 件,主要是为了说明铜绿山从古至今都是"状元矿",品位高,埋藏浅,易于开采。购买了青铜器 27 件(套),包括青铜食器、水器、乐器、酒器、兵器和铜镜等生活用品六大类,其中带铭文的有铜釜、铜钺、铜戈和铜薰炉等最为珍贵。展出这批文物主要是希望向观众普及几大种类青铜器的文化知识。

三是展出的部分青铜器复制件特点鲜明。包括随州出土的曾侯乙编钟、盘龙城铜鼎、郧县乔家院铜壶、随州叶家山铜瓿,枣阳九连墩出土的铜案等文物复制品。之所以要展出这些青铜器复制件,是因为这些文物的铜元素与铜绿山铜料的铜元素高度一致,可以说明铜绿山古铜矿遗址为中国青铜文明所作出的突出贡献,也为探索金道锡行进行了一些新的尝试。

(三)展览的发掘资料特点鲜明

半个世纪的两轮考古发掘,铜绿山古铜矿遗址先后发掘 1 万多平方米。一是发现了一批古代采矿的珍贵资料。前后共发现古代露天采矿坑 7 个、地下采矿区 18 个,山下洗(选)矿场和尾砂堆积、矿石整粒场、筛分场和泥池等多处;商周至西汉采矿井(含盲井) 231 口,平(斜)巷 100 多条,总长度 8000 米,地下采矿深度距地表达 60 米左右,挖掘矿料和土石量达 199100 万立方米,井巷支护木材超过 3000 立方米,古代采场遗留的铜矿石达 3 万—4 万吨,堆积的废土石渣物多达 70 余万立方米。[①] 成功解决了井下采矿的支

---

① 《铜绿山古铜矿遗址与中国青铜文明研究》,长江出版社,2022 年,第 63 页。

护、通风、排水、照明、提升等技术问题。

二是发现了一批古代冶炼的珍贵资料。先后发现春秋战国和汉代鼓风炼铜竖炉 16 座，宋代炒钢炉(残)17 座，宋代至明代铜矿火法脱硫的焙烧炉 8 座，清代冶铁炉 3 座 (组)、烧炭窑 1 座；古代炉渣堆积 40～50 吨，推测整个矿区累计生产粗铜 8 万～12 万 吨。铜绿山就山采矿、就地炼铜的采冶体系基本形成。通过检测，古代铜锭的含铜品高 达 93％，这在当时世界上处于遥遥领先的地位。

三是发现了一处"见物见人"的珍贵材料。其中铜绿山岩阴山脚下 35 枚春秋时期矿 工脚印和四方塘 258 座古墓葬的发现，证明了铜绿山古铜矿遗址产业链最完整；出土的 夏代陶鼎足、商代青铜斧，明代的焙烧炉、清代冶铁炉，创造了"持续开采时间最长"的大 世界基尼斯之最；这些资料从不同侧面反映了铜绿山古铜矿遗址的特色与个性。

以上这些特点鲜明的内容分别在五个展厅进行了系统的呈现。第一展厅"铜山有 宝"，以 1973 年寄往中国历史博物馆的一把铜斧作为展览的开场，通过"惊世发现，考古 发掘和科学保护"三大部分集中展示了铜绿山的"两宝"。第一，铜绿山有丰富的矿产资 源，被称为国家"状元矿"。第二，铜绿山有丰富的文物资源，出土了文物标本 2 万多件 (套)，其中不乏文物精品。

第二展厅"找矿有方"，通过"铜矿资源"、"历史佐证"和"找矿秘诀"三大部分，诠释了 铜绿山名字的由来，展示了世界铜矿、中国铜矿、大冶铜矿、铜绿山铜矿精品，以及古人找 矿的文献资料和他们找到铜矿的方法，目前已发现的自然界含铜矿物有 280 多种，主要 的只有 16 种，大通柜展出的自然铜、黄铜矿、辉铜矿、黝铜矿、蓝铜矿、孔雀石等，造型优 美，色彩斑斓，直观地向观众普及铜矿知识。

第三展厅"采矿有道"沿着"露天采矿"与"地下采矿"的双轴线引领观众认知古代采 矿技术的发展，从安徽铜陵金牛洞、江西瑞昌、湖南麻阳的古代采矿遗址的展出比较中， 突出铜绿山古铜矿遗址的重要地位；战国至汉代竖井支护框架，西周时期一端平头单眼 榫头连环式井框构件，春秋时期两端尖头双卯竖井支护(井框构件)等文物陪着观众领略 群井开采、方框支柱充填开采、护壁小控场开采和横撑支架开采的迭代与发展。局部复 原春秋时期的两个竖井、平巷和"马头门"，以及特别设置的物理互动装置与开场处的沉 浸式演绎形成虚实互补，同时让观众在自己动手搭建井巷支护与动手操作提升机械木绞 车的过程中收获趣味性。

第四展厅"炼铜有术"通过"炼炉结构，炼铜技术和百炼成铜"三大部分集中展示铜绿 山古铜矿遗址"炉火照天地，红星乱紫烟"的冶炼情况，展览以"中国古代铜冶金遗址巡 礼"为开篇，展出了全国一些典型的古代炼铜铸造遗址，提高了展览的站位；铜锭作为青 铜器的制作原料，与炉体、炉渣、船型木斗等重要文物组合展出，有利于观众对古代炼铜知识的理解,通过对古炉渣的检测,"平均含铜品位为 0.7％,但含铁达 50％上下"①。说明这些炉渣都是炼铜后弃置的,可以从一定程度上解除观众对铜绿山古代炼铜技术的怀疑。

第五展厅"青铜有源",分为"青铜之光""铜之贡献"和"矿冶之魂"三大部分,集中展示铜绿山古铜矿遗址是中国青铜文明的故里,尤其是西周椭圆形瓜钮盖兽首夔龙纹圈足底蝉纹环耳索状提梁铜卣、春秋时代尖锥二箍圆等器物无不诉说着铜绿山古铜矿遗址所蕴含的"千古铜魂",复制编钟等青铜器的展出突出了铜绿山古铜矿遗址为中国青铜文明作出了重要贡献。

三、展览形式上突出一个"活"字

展览充分运用了移动滑轨屏、油墨导电互动投影、合成抠像系统、三维全息、幻影成像、动漫、裸眼 3D、电子翻书、沙画、沉浸式体验、地踩屏、博物馆与网络媒体端融合、开发手机小程序等科学技术让新馆展览"活了起来"。用中国社会科学院学部委员、中国考古学会理事长王巍先生的话说:"这次博物馆的展出,做到了让观众看得懂、有兴趣、受教育。"

(一)利用铜雕与场景复原等技术增强展览的观赏性

一是创作铜雕提高展览的观赏性。利用展厅空间高大、通透、悦目和拾级而上的如同古矿井斜巷的大走廊设计了一副 100 多米长、600 多平方米的大铜雕,分"炉火不灭、青铜故里、南铜北运和铜助楚兴"四大部分,以艺术的形式歌颂大冶铜绿山的丰功伟绩,高端大气上档次,犹如展览验收专家所说:"大型艺术铜雕工艺水平高,艺术性、趣味性与通俗性兼具,有利于发挥博物馆的宣传教育和社会服务功能。"

二是设计场景提高展览的观赏性。利用"考古工作者的一天",把 11 号矿体遗址的局部地层搬进展厅,将不起眼的碎陶片嵌入地层进行艺术化展出,把不同时期的考古记录、考古工具如罗盘、探铲、手铲、绘图板、照相机、无人机、全站仪等也有选择地放入展柜或探方内,配上视频播放,向观众普及考古知识,彰显中国特色、中国风格、中国气派的考古学。

三是利用色彩提高展览的观赏性。整个展馆的空间色调以古矿冶文化色系为主,这种主色调与建筑外墙的土黄色和屋面铜瓦的颜色基本一致,但是,展厅与公共空间的色彩、文物库房与多媒体报告厅的色彩、展厅与展厅之间的色彩又各不相同,色彩过渡也很自然,各展厅色彩的差异性有利于突出文物标本的展示,有利于营造展厅的观展氛围,提

---

① 夏鼐:《铜绿山古铜矿的发掘(代序)》,《铜绿山古矿冶遗址》,文物出版社,1999 年,

高观众的参观效果。深灰色文物展架有利于呈现文物本色,使文物跃然于眼中,跳跃的饱和色用于提示要点,多彩的画面生动活泼,给观众带来视觉冲击,可以强化记忆。矿石标本的色彩全部为自然色,晶莹剔透,五彩斑斓。第一展厅以深灰揭开历史的面纱,强调考古的艰辛历程与时代感,辅以夯土黄诠释考古工作者最熟悉的环境氛围。第二展厅以深蓝色为底色,旨在突出矿物标本的陈列,尤其是在孔雀石展示的部分,能够很和谐地烘托其绿色的浸润感。第三展厅在原木色与米黄色间过渡,形成简洁而复古的色彩氛围,这样可以更好地突出井巷支护的深色木结构肌理。第四展厅的色彩控制在土壤色与紫红色之间,营造炼铜的画面感。第五展厅则大量使用了青铜色与肌理色作为基底,辅以米黄色,重在突出文物,弱化色彩对文物展示的影响,让观众可以更好地感受文物的器型、色彩、肌理与其厚重历史所赋予的沧桑感。

(二)利用多媒体技术增强展览的趣味性

一是打造展览亮点,突出展览的趣味性。其中"铜山有宝"展厅用电动装置使铜绿山矿寄给原中国历史博物馆的铜斧转动了起来。"找矿有方"展厅用声光电艺术复合场景还原了《大冶县志》中关于"山顶高平,巨石对峙,每骤雨过时,有铜绿如雪花小豆,点缀土石之上"的记载,诠释了铜绿山名字的由来,同时用沉浸式 AR 场景区再现古人通过观察矿苗及植物寻找矿石的宝贵经验。"采矿有道"展厅以十三通道大型沉浸式产品皮肤采矿演绎,展现了古代矿工在深井采矿中如何解决井巷支护、运输、提升、排水、通风、照明等采矿技术的卓绝创新,让观众在沉浸式空间内近距离感受古人采矿的艰辛和聪明才智。"炼铜有术"展览厅以珍贵文物 6 号竖炉为核心,复原古代炼铜场景,传承炉火不灭的精神,利用裸眼 3D 技术简述盘龙城遗址如何利用铜绿山古铜矿遗址的铜原料,加上铅和锡铸造出青铜器的故事。"青铜有源"展厅利用沙画技术增强展览的趣味性。展览最后以古代矿工脚印为构思,用地踩屏装置艺术空间与古代矿工足印相结合,让观众沿着古人足印,脚踩铜草花,在新时代、新征程中为实现第二个百年梦想砥砺前行,作出新贡献。

二是利用不同的展示方式突出展览的趣味性。把采矿工具铜斧和数量众多的古矿井支护井框进行并列式陈列,增强展览的视觉冲击力,把珍贵文物置于独立柜中,加上灯光的渲染凸显其珍贵性,考古发掘工具等展品置于场景中进行艺术化展示,特别富有诗意,文物展柜与版面组合协调,展柜与展具错落有致且突出重点,可以缓解观众的视觉疲劳,诸如此类的陈列手段可以从不同角度提高观众参观的兴趣。

三是利用不同灯光突出展览的趣味性。在展览的用光上,充分考虑了文物的安全性和参观的舒适度,在合理利用自然光营造意境的同时,展厅灯光明暗适宜,重点突出,公共空间采光通透自然,展厅灯光尽可能贴合铜绿山古铜矿遗址文化特色。全部展厅以四线三回路灯轨铺设单灯载体,单灯色温控制在 3500k 至 4000k,光源性能的控制将显色性框定在 Ra95,考虑到是在室内使用,防护级别统一定为 IP20,在具体的光场控制应用层面,主要通过对无极调光变焦的单灯、9°到 60°单灯、6°单灯、9°单灯分别进行阵列组合,对一级、二级、三级标题与展板大面进行分层次的点亮,贴合展览逻辑,突出线索感与节奏感。对于多媒体区域,在设备未启动状态下以氛围灯光辅助常设照明光,通过中控联动,在设备启停阶段,照明自动切换开关状态。艺术品与场景复原区域,通过拉光膜、蜂网片、遮光叶片等辅助灯具,对光场、光路进行塑形控制,烘托场景的纵深感与立体感,让灯光在水平与垂直体系中,形成更理想的视觉观展效果。

(三)利用电子滑轨屏、二维码和数字博物馆建设等技术增强展览的互动性

一是通过增加体验维度增强观众与展览的互动性。由单一视觉拓展到听觉、触觉、虚拟现实等多维感受,将艰涩难懂的专业知识进行可视化、趣味化的呈现。第一展厅第三部分电子查询屏,设置互动答题,讲述铜绿山考古发掘和文物保护知识。第二展厅《大冶县志》互动场景、互动查询机、AR 增强现实互动技术、电子翻书等讲述古人找矿知识。第三展厅木绞车结合一体机形成采矿互动,互动拼接台具摆着大量微缩井巷支护木让观众搭建横巷竖井,形成物理互动。第四展厅通过一体机体验炼铜流程。第五展厅的查询机、滑轨屏讲述南铜北运的故事。老馆战国至汉代采矿巷道的复原,可以让观众身临其境,体验古人采矿的艰辛。预约敲击复制编钟可以实现观众与文物的直接对话。多媒体、VR 互动游戏提升了解读展览的时效性和便捷性。

二是通过二维码讲解增强观众与展览的互动性。在传统的博物馆讲解中,通常是由讲解员通过口头讲解和展品文字介绍来进行的。使用二维码讲解可以使观众与展览形成互动,帮助观众更好地理解展览,提高参观体验。参观者可以在博物馆里使用智能手机,打开二维码扫描软件如手机 QQ 和微信中的"扫一扫"功能等,指向博物馆展品或展位处的二维码标签,就可将展览中的文物、矿石标本或展项等的详细内容,以图片、文字、多语种语音或视频播放给观众,还可以保存在手机里随时观看,这也就是人们所说的"将博物馆带回家"。这种方式可以帮助观众积极地参与到展览中,与讲解员和展品进行更多的互动,从而更好地理解展品的历史知识和文化背景。

三是通过建设智慧博物馆增强观众与铜绿山国家考古遗址公园的互动性。智慧博物馆,早期又叫数字博物馆,是传统实体博物馆在数字化科技的基础上创新发展出来的博物馆的新形式。为了突破以往博物馆内外"信息孤岛"的困境,铜绿山新馆投资 500 多万元建设了智慧博物馆,内容主要包括智慧保护、管理和服务三方面。从技术层面讲,智慧博物馆主要依托日益成熟的物联网、云计算、大数据和移动互联网等技术,实现了古铜矿遗址博物馆在公共服务、文物保护与组织管理等业务流程方面的优化升级。面对有限

的经费和资源,在"智慧保护、智慧管理、智慧服务"的大范畴内,选择了最为需要的"必建"内容,同时也参考了博物馆评估定级中的相关打分项,落实了藏品保护、藏品管理、网站和线上服务、教育活动、导览导视、网络安全等方面的建设,重点保障了最基础的文物保护、观众服务和数据建设等内容。在智慧服务方面,以微信公众平台为主要载体,为观众提供简单易用的导览与线上展示服务、高效灵活的预约与管理服务、贴心便捷的互动体验功能等;在智慧管理方面,重点围绕文物管理与数字资源管理,建成了支撑文物全生命周期管理的业务系统;在基础支撑体系方面,兼顾了全馆网络体系、超融合服务器体系以及数据安全体系等方面的建设,不存在基础支撑方面的瑕疵与漏洞。随着科学技术的不断发展,智慧博物馆建设即将变得更加具有吸引力。

长江国家文化公园视野下大冶铜绿山古铜矿遗址的价值及保护利用探讨

吴红敬[①]

摘要：本文在长江国家文化公园视野下，探讨了大冶铜绿山古铜矿遗址的价值及保护利用。该遗址的文物价值体现于其作为世界重要矿冶遗址的历史价值、科学价值和艺术价值。为保护该遗址，本文提出了建立国家文化公园保护利用机制，提升遗址的文化价值，加强遗址的旅游开发和观赏性保护，并推动绿色矿业的发展和相关物质及非物质文化遗产保护利用等措施。

关键词：长江国家文化公园；铜绿山遗址；文化价值；保护利用

铜绿山古铜矿遗址是我国目前发现的古铜矿遗址之中采冶延续时间最长、开采规模最大、采冶链最完整、采冶技术水平最高、保存最完整的一处古铜矿遗址[②]。她的发现和发掘，填补和改写了中国乃至世界铜矿采冶史、科技史。因其多重的价值，备受社会备界关注，对其研究成为当今一个热点课题。本文将阐述大冶铜绿山古铜矿遗址的价值，探讨其在长江国家文化公园保护利用机制中的价值特色、绿色矿业和旅游开发以及有关物质与非物质文化在遗址保护利用中的地位和作用。

一、铜绿山古铜矿遗址的价值

(一) 遗址的重大考古成果

大冶铜绿山古铜矿遗址位于湖北省大冶市城区西南约 3 公里。上世纪 70 年代初，

---

① 作者单位为湖北省文物事业发展中心。
② 陈树祥：《铜绿山古铜矿遗址"五最"价值》，《大冶文史》，2022 年总第 1 期。

铜绿山古铜矿遗址在现代采矿中被无意发现[1]，遗址分布于铜绿山矿区的12个矿体之上，现仅存Ⅶ号矿体5处古采矿遗址、Ⅵ号矿遗址、Ⅸ号矿遗址及部分冶炼遗址，该遗址保护区的面积达555.6公顷[2]，考古工作者历经半个世纪先后对其展开了两轮考古发掘，取得了系列重大考古成果。

铜绿山古铜矿遗址发现古露天采场和地下井巷开采两种采矿遗迹。其中，最早为露天开采，井下开采始于商代，历经西周、春秋、战国，一直延续到汉唐。在铜绿山5个矿体上调查发现了7个古代露天采场，10个矿体上有古人井下开采遗迹，其地下采矿区有18个，采矿的井巷总长度约8000米，井巷支护用木材达3000立方米，挖掘矿料和土石达100万立方米，古代采场内遗留的铜矿石达3万～4万吨（铜品位为12％～20％）、废土石达70余万立方米。

已揭露商周至汉唐时期采矿竖（盲）井231个、平（斜）巷100多条，春秋至汉代鼓风冶炼竖炉16座、春秋时期洗矿废弃的尾沙堆迹和选矿场各1处、冶匠赤足印35枚、宋代炒钢炉17座、宋明时期铜矿脱硫焙烧炉8座、清代冶铁炉3座、炭窑1座、矿冶生产与管理者的墓地1处，其中，夏商周时期墓葬246座[3]。

在遗址区调查发现冶炼遗址50处，推测冶铜炉渣达40万吨、冶炼出的粗铜达8万～12万吨。经对冶炼炉渣和粗铜成品检测分析，冶炼炉渣平均含铜量为0.7％、铁含量在30％～50％，粗铜成品含铜纯度在91.86％～93.99％之间。这些数据说明了矿石中的铜得到充分还原，法国里昂于1825年才达到这一冶炼水平，反映了我国春秋时期冶铜技术处于世界领先地位。

已发掘出土与采集文物及标本2万余件，主要为铜、铁、木、竹、石等质地的采矿和冶炼工具、冶炼遗物及生活用具等文物标本。其中，探矿选矿工具有船形木斗、木杵、木臼、木水槽，采掘工具有铜斧、铜锛、铜凿、铁斧、铁锤、铁钻、铁耙等，铲装工具有铜铲、木铲、木锹、木撮瓢等[4]。此外，在铜绿山周边地区进行考古调查并征集一批珍贵文物，如战国时期的"环形青铜权"全套13件，战国时期的楚国货贝"视金一朱""视金四朱"等[5]，均被国家文物鉴定组定为一级文物。研究表明，铜绿山古铜矿遗址是中国迄今发现采冶延续

① 潘红耘：《中国铜绿山古铜矿遗址博物馆侧记》，《中国博物馆》，1986年第1期。

② 北京清华城市规划设计研究院：《湖北省大冶市铜绿山古铜矿遗址保护规划》，2011年分别由国家文物局和湖北省人民政府批准。

③ 黄石市博物馆：《铜绿山古铜矿遗址》，文物出版社，1999年。陈树祥，连红：《铜绿山考古印象》，文物出版社，2018年。

④ 黄石市博物馆：《铜绿山古铜矿遗址》，文物出版社，1999年。陈树祥，连红：《铜绿山考古印象》，文物出版社，2018年。

⑤ 胡新生：《黄石文物精粹》，湖北人民出版社，2012年。黄锡全：《先秦货币研究》，中华书局，2001年。

时间最长、开采规模最大、采冶链最完整、采冶技术水平最高、保存最完整的一处古铜矿遗址,代表了我国乃至世界先秦时期最高采冶水平,其厚重的矿冶文化是中华民族传统文化的重要组成部分。铜绿山古铜矿遗址的发现、发掘、研究和保护利用,不断得到社会和学术界关注及中央和地方政府高度重视。

1982 年铜绿山古铜矿遗址被国务院公布为全国重点文物保护单位,1984 年在铜绿山Ⅶ号矿体古代 1 号采矿遗址上建成的铜绿山古铜矿遗址博物馆对外开放。

1994 年、2013 年铜绿山古铜矿遗址两次列入《中国世界文化遗产预备名单》。

2001 年铜绿山古铜矿遗址被评为"中国 20 世纪 100 项考古重大发现"。

2013 年 5 月 27 日,铜绿山古铜矿遗址被列为国家"十二五"时期大遗址保护项目库的 150 处重要大遗址,并立项建设国家考古遗址公园。

2016 年,铜绿山古铜矿遗址因"持续生产时间最长的古铜矿"被授予上海"大世界基尼斯之最"。

2016 年 5 月 16 日,铜绿山四方塘遗址墓葬区项目荣获"2015 年度全国十大考古新发现"称号。

2021 年,大冶铜绿山古铜矿遗址被评为中国"百年百大考古发现"。

2023 年 6 月 9 日,铜绿山古铜矿遗址博物馆新馆建成并对外开放。新馆建筑面积 1.2 万平方米,新馆基本陈列由"铜山有宝、找矿有方、采矿有道、炼铜有术、青铜有源"组成,通过大量珍贵文物和裸眼 3D 等声光电技术,生动展示了遗址从发现发掘到保护的丰硕成果,还原了华夏青铜文化从起源到兴盛的历史脉络。此外,铜绿山国家考古遗址公园正在抓紧建设。

(二)遗址的价值评估

大冶铜绿山古铜矿遗址作为中国重要的矿冶文化遗产,具有丰富的历史价值、科技价值、艺术价值、社会价值。大冶铜绿山古铜矿遗址的历史可追溯至夏代,是中国古代铜矿采冶业发源和发展的代表性遗址,其开采技术、冶炼技术的独特性、实用性和科技含量,为中国古代科技发展和文化传承作出了重大贡献。大冶铜绿山古铜矿遗址还具有极高的科学价值,它是地质、矿床、金属科学、采矿与冶金学等领域的宝库,其保存的丰富的自然科学和技术史例,为科学研究提供了重要的数据来源和案例。因此,我们应该重视大冶铜绿山古铜矿遗址所具有的历史文化、科技和社会价值,通过各种形式的文物保护和旅游开发,充分挖掘遗址的价值,让公众更好地认识中国古代的科技、文化和生活方式。

大冶铜绿山古铜矿遗址也是中国生产关系变迁的重要见证之一。它的肇兴、发展和变迁,反映了中国社会经济生产形态不断变革的历史过程。同时,由于它殷实的经济基础和重要地位,使得大冶铜绿山古铜矿遗址在历史文化发展过程中产生了广泛而深入的影响。

为了更好地保护和利用大冶铜绿山古铜矿遗址,可以依托文化公园保护利用机制,充分发挥绿色矿业和旅游开发的作用,让更多的人认识和关注大冶铜绿山古铜矿遗址。

(三)遗址的文化价值和历史地位

大冶铜绿山古铜矿遗址是一处世界级的文化遗产,在人类发展史上具有重要文化价值。遗址所保存的古代采冶技术的遗迹,成为人们观察和研究古代采矿和冶炼技术的重要实物,是一部十分厚重的中华民族矿冶史。

对于大冶铜绿山古铜矿遗址的价值和历史地位,早在 20 世纪 80 年代初,著名考古学家夏鼐先生就已经在美国纽约大都会博物馆召开的中国古代青铜器学术会上庄严宣告[1],从而引起世界冶金史界高度关注。该遗址的发现和考古发掘,为研究中国及世界古代冶金史提供了极为珍贵的实物证据。因此,大冶铜绿山古铜矿遗址被誉为"中国矿冶博物馆"。

大冶铜绿山古铜矿遗址作为中国冶金史的重要实物,具有极为重要的历史文化价值和旅游价值,需要得到更为全面和完善的保护。同时,在绿色矿业技术和旅游开发的推进下,该遗址的保护利用工作也能够得到更好的实施。

(四)遗址的科学价值与延伸的艺术价值

铜绿山古铜矿遗址是当时矿冶生产力发展状况最富特色的典型例证,为研究中国古代矿冶技术的兴盛与发展提供了一批珍贵的实物资料。铜绿山地下井巷追采富铜矿脉、井巷支护、井巷排水、井巷通风及照明、提升等系列科学技术,以及发明的鼓风冶铜竖炉技术均代表了当时世界采冶技术的最高水平,展现了华夏先民开拓进取、独具匠心的创新精神。铜绿山古铜矿遗址艺术价值主要指用其生产铜料铸造的青铜器,经检测分析,许多出土的商周时期青铜器成为罕见艺术品,如巧夺天工的曾侯乙编钟,铜料就来源于铜绿山[2],其在世界青铜艺术中是绝无伦比的,它改写了世界青铜冶铸史和音乐史。

---

① 黄石市博物馆:《铜绿山古铜矿遗址》,文物出版社,1999 年。

② 叶学贤,贾云福,周孙录等:《化学成分、组织、热处理对编钟声学性能的影响》,《江汉考古》,1981 年第 1 期,第 26—36 页。

二、铜绿山古铜矿遗址在长江国家文化公园建设中的地位和作用

大冶铜绿山古铜矿遗址是当代建设长江国家文化公园的重要组成部分,其独特的价值是湖北独有的文化符号。长江国家文化公园是继长城、大运河、长征、黄河之后第五个国家文化公园的建设项目之一。国家是建设主体,从国家层面进行顶层设计,始终代表着中华民族历久弥新的时代精神,具有国民认同度的广泛性,这充分体现国家形象、彰显大国风范等特征与使命。"长江"是建设范围,包括空间范围和符号范围,即长江干流及其流域是长江国家文化公园地理上的空间位置;长江本身也是中华文明的代表性符号和重要标识。"文化"是建设内容,即长江国家文化公园的建设,就是充分展现长江文化以其强大的文化影响力和包容性,将长江流域的文化符号串联起来,并将其打造成为系统性的文化符号。公园是空间载体,以公园形式作为特定的开放空间,集中打造长江文化的重要标志;通过建设管控保护、主题展示、文旅融合和传统利用四类主体功能区,统筹推进长江文物文化资源保护、传承、开发与利用进程。

文化公园保护利用机制是指在国家公园范围内建立完整的保护利用机制,以实现自然资源和文化资源的合理利用。大冶铜绿山古铜矿遗址在长江国家文化公园保护利用机制中是不可或缺的重要组成部分,特别是通过法规的制定和实施,在全面保护遗址、挖掘遗址价值、展现遗址文化特色、宣传和推广遗址价值等方面进行了多方位的努力。在这一机制的影响下,遗址将更好地得到保护,并向世界更好地展现其价值。

在保护利用过程中,铜绿山古铜矿遗址保护区的绿色矿业技术的推广也是非常重要的。绿色矿业技术是以生态环境保护为宗旨,以提高产量、降低成本、促进可持续发展为目的,以节约资源、减少环境污染为手段,实现铜绿山古铜矿遗址保护区的高效、低碳、环保发展。与此同时,旅游开发还可以把大冶铜绿山古矿遗址的价值展现得更好,吸引更多的游客前来探秘和学习,从而更好地促进当地经济和社会的发展。同时,铜绿山古铜矿遗址相关物质与沉淀的非物质文化遗产作为整个保护体系中不可或缺的部分来进行保护和传承,也具有重要作用。

总之,大冶铜绿山古铜矿遗址的保护利用,不仅可以持续发掘遗址的文化价值,还能促进文化公园的建设与发展。作为长江国家文化公园湖北段重要组成部分的大冶铜绿山古铜矿遗址,完全具有打造世界级古矿冶遗址公园的基础与条件,为湖北地方经济和文化的提升做出独有的贡献。

三、文化公园保护利用机制对古铜矿遗址的保护作用

(一)文化公园保护利用机制的定义和要素

文化公园保护利用机制是指为文化遗产的保护利用而设立的一系列制度和机制。这些制度和机制包括法律法规、管理机构、保护规划、科研和监测等方面,以保护和利用文化遗产为目的。文化公园保护利用机制的要素则包括四个方面,即保护、开发、利用和传承。其中,保护是文化公园保护利用机制的核心,也是文化遗产保护利用的重点。文化公园保护利用机制不仅做到完善保护措施,还应根据具体情况,选择合适的利用方式,以达到最佳效果。

在大冶铜绿山古铜矿遗址的保护利用中,由考古遗址公园向文化公园保护利用机制转化,具有极其重要的作用。文化公园保护利用机制通过制定保护规划和管理制度,保障了大冶铜绿山古铜矿遗址的完整性和稳定性。同时,文化公园保护利用机制可全面扶持和支持大冶铜绿山古铜矿遗址的保护和利用效果,并激发更多的社会参与,如遗址公园内展示的一批现代采矿、运输等大型机械,以及吨位重的铜金矿石,皆来自国企和个人的捐赠。可以说,文化公园保护利用机制是大冶铜绿山古铜矿遗址得以保护和利用的根本保障。

需要指出的是,文化公园保护利用机制并不是一成不变的。为了更好地适应时代的发展和文化遗产的保护利用要求,文化公园保护利用机制也需要不断改进和完善。作为文化公园保护利用机制的具体应用之一,大冶铜绿山古铜矿遗址也需要基于自身实际情况,持续优化文化遗产保护和利用相关制度与政策,以满足保护和利用的新需求。

综上所述,文化公园保护利用机制是大冶铜绿山古铜矿遗址保护利用的重要保障和推动力量。在未来的发展中,需要不断探索新的文化遗产保护利用方法,提高文化遗产保护利用水平,让大冶铜绿山古铜矿遗址以一个 4A 级文化公园(景区)面貌,为传承和发扬优秀的中华文化贡献更大的力量。

(二)大冶铜绿山古铜矿遗址在长江国家文化公园保护利用机制中的体现

伴随着长江国家文化公园的建设,大冶铜绿山古铜矿遗址的保护利用工作将会逐渐得到加强。文化公园保护利用机制,作为保护文化遗产的重要手段,对于大冶铜绿山古铜矿遗址的保护将发挥重要作用。具体来说,文化公园保护利用机制包括前期准备、保护规划、管理体制、协调机制、法律保障等要素。而大冶铜绿山古铜矿遗址在文化公园保护利用机制中的体现,主要是通过制订遗址保护规划和建立遗址管理体制来实现的。

首先，修订完善《铜绿山古铜矿遗址保护规划》。2010 年编制和公布了《铜绿山古铜矿遗址保护规划》[①]，应在本规划基础之上进行修编，这是文化公园保护利用中的一个重要工作。待修编的《铜绿山古铜矿遗址保护规划》应着重补充和完善遗址的内部保护、周边环境治理、周边旅游开发、遗址公示、展示及科普等方面，尤其对遗址保护区的综合整治，进一步提高遗址公园的品质和形象。

其次，建立遗址管理体制也是该遗址在文化公园保护利用中的体现。该体制主要以遗址的保护专门机构为主导，同时组织相关专业人员，制订操作规范，并对工作成果进行考核，以提升管理服务水平和保护质量。

总体来讲，文化公园保护利用机制在大冶铜绿山古铜矿遗址的保护工作中可以发挥积极的作用。遗址保护规划修订与建立遗址管理体制可有效地增强遗址的管理能力和保护水平，为保护遗址的文化价值和历史地位做出积极贡献。

四、绿色矿业和旅游开发在古铜矿遗址保护利用中的应用

(一)绿色矿业技术的概念和原则

在保护利用大冶铜绿山古铜矿遗址时，绿色矿业技术的应用是十分重要的环节。绿色矿业技术是指采用环保、节能、资源综合利用等技术手段，从而降低遗址保护区的现代矿业活动对遗址环境的影响和资源的消耗，提高遗址的保护效果。具体而言，铜绿山古铜矿遗址地处大冶铜绿山铜铁矿公司及民营公司的采矿区域，这些矿业活动对环境和资源的消耗十分巨大。如果在对遗址进行保护时不使用绿色矿业技术，那么矿业活动会影响或加剧遗址本体与周边环境的污染，扰乱遗址保护区与周边的生态系统。而采用绿色矿业技术，则可以降低矿业活动对遗址保护区及周边环境的影响，减少矿物资源的消耗，从而更好地保护遗址。

其二、绿色矿业技术可与旅游业有机结合。大冶铜绿山古铜矿遗址也可依托这种有机结合得以实现遗址的保护和利用，诸如当游客参观遗址时，可以了解到绿色矿业技术的应用，进而提高对环境保护和资源综合利用的认识。同时，旅游业的开发也可以促进绿色矿业技术的推广，达到保护环境和资源的双赢目的。

其三、在绿色矿业技术与旅游开发已成为推动古遗址保护利用的一大因素。绿色矿业技术的应用能够最大程度地减少污染物的排放，同时还能最大限度地保存该遗址的自然环境。旅游开发的推进，能够将铜绿山古铜矿遗址的文化价值展现给更多的人，同时

---

① 国家文物局(文物保函〔2010〕1365 号文件)批复通过《湖北省大冶市铜绿山古铜矿遗址保护规划》。

也能为当地经济发展做出积极贡献。

总之,绿色矿业技术的使用对大冶铜绿山古铜矿遗址的保护和利用具有积极的意义。在未来的工作中,需要加强对绿色矿业技术的推广和研究,不断探索更好的保护遗址和资源的途径。

(二)旅游开发对遗址保护利用的影响和作用

旅游开发在大冶铜绿山古铜矿遗址保护利用中起着重要的推动作用。一方面,旅游开发可以为遗址提供更多的保护资金和人力资源,从而更好地保护遗址;另一方面,旅游开发还可以将遗址的历史文化价值通过多种形式向公众展示,提高遗址的认知度和知名度。

具体来说,旅游开发可以通过规划和建设文化旅游线路,将遗址和周边的其他文化景观有机地结合起来,打造具有丰富文化内涵和高度知名度的旅游品牌。同时,旅游业的发展也可以为当地带来经济效益,促进当地的经济社会发展,从而为遗址的长期保护提供更加有力的支撑。

然而,对于旅游开发的实施,也需要考虑在保护遗址的前提下尽可能地如何发挥旅游开发的作用。因此,旅游开发的规划和实施需要认真考虑遗址的保护要求,特别是需要避免对遗址原貌的破坏,充分考虑遗址的保护和旅游开发的协调发展,让游客在旅游的同时更好地了解和认识遗址的历史和文化价值。

总之,旅游开发是大冶铜绿山古铜矿遗址保护利用的一种重要方式。通过旅游开发,不仅能够更好地保护遗址,而且还能够将遗址的文化价值向社会公众传播,促进经济社会的发展。因此,在遗址保护和旅游开发过程中,需要充分考虑两者之间的协调和平衡。

五、铜绿山古铜矿遗址相关物质及非物质文化遗产保护利用

铜绿山古铜矿遗址是中国古代铜矿采冶中最具代表性的遗产,在文化遗产保护中具有重要的地位。其物质遗产包括古露采场、古井巷、冶炼炉、焙烧炉、墓地、矿冶遗物、生产和生活用具,这些物质遗产在今天的研究中仍然有着广泛的应用价值。此外,铜绿山古铜矿遗址的非物质遗产也十分丰富,诸如古人流传矿冶历史文献、发明冶炼工艺、生产管理制度、生产方式和经验积累,以及前人研究成果。国家和地方保护遗址专项法规、文件,遗址本体及周围的地形地貌的三维数字化重建等等,需要全面和深入开展研究和保护。

总之,铜绿山古铜矿遗址的物质文化和非物质文化遗产的价值具有特殊性,保护方

法和手段需全方位性，使遗址的非物质文化遗产与物质文化遗产作为有机整体得到保护和传承。

六、结语

大冶铜绿山古铜矿遗址是中国乃至世界重要的一处古矿冶遗址，是列入国家考古遗址公园中在建的一个重要的绿色文化公园项目。它承载了中国厚重的矿冶文化，物证了四千多年中国青铜文化史，并向当代传递了中华科技文化延绵不息、强劲发展的历史脉络。在长江国家文化公园视野下，它的价值和保护利用将受到广泛关注和重视。通过文化公园保护利用机制，大冶铜绿山古铜矿遗址得到了全方位、多角度的保护和利用，为申报世界文化遗产奠定坚实基础[①]。在遗址保护与利用过程中，欧洲国家的绿色矿业技术与理念，得到了借鉴和应用。在旅游开发不断推进下，带动当地经济发展的同时，也必须更加精细地对遗址进行保护，使之永存价值、永续利用。同时，大冶铜绿山古铜矿遗址相关物质文化及非物质文化遗产保护利用，也是非常重要的方面，其锐意攻坚、开拓进取的铜斧精神，兼收并蓄、融合创新的铜炉精神为今世所传承。

总之，在建设长江国家文化公园的机制推动下，大冶铜绿山古铜矿遗址保护利用实践将不断推动文化遗产保护与经济社会发展有机结合，走出一条中国特色的遗址保护与利用之路。

---

① 王晶：《铜绿山古铜矿工业遗产申报世界文化遗产对比分析研究》，《铜绿山古铜矿遗址考古发现与研究（二）》，科学出版社，2014 年。

论以铜绿山工业遗产博物馆群为核心的
大冶学学科体系的构建①

刘金林　聂亚珍　杨　璐②

摘要：铜绿山工业遗产博物馆群，又称为黄石特色工业遗产博物馆群，包括已建成的铜绿山古铜矿遗址博物馆、黄石市博物馆、大冶铁矿博物馆、汉冶萍煤铁厂矿博物馆、华新水泥遗址博物馆等，正在研究以及建议创建的矿工博物馆、铁路博物馆、港口博物馆、钢铁博物馆、电力博物馆以及煤矿博物馆等。以铜绿山工业遗产博物馆群为核心构建的大冶学学科体系，是资源枯竭城市创建地方学学科体系的典型范例，大冶学代表着中国古代青铜文化及矿冶文化的精华，是中国近代工业文明富有典型意义的活标本。大冶学学科体系的构建对于全面推进资源枯竭型城市转型、促进工业遗产保护与旅游业发展具有重要的现实意义。

关键词：铜绿山；工业遗产；博物馆群；大冶学学科体系

黄石工业遗产在中国及世界上占有极其重要的历史地位，2008年大冶被列为全国首批资源枯竭城市，2009年黄石被列为全国第二批资源枯竭城市，2012年黄石矿冶工业遗产入选中国世界文化遗产预备名单，成为中国拥有三千年众多大型工业遗产集群资源的资源枯竭城市。2012年黄石被列为第一批国家公共文化服务体系示范区，2017年黄石成为全国首批老工业城市和资源型城市产业转型升级示范区。通过创建铜绿山工业遗产博物馆群，对于全面推进资源枯竭型城市转型、促进工业遗产保护与旅游业发展和

① 本文为2021年度湖北省高等学校哲学社会科学研究重大项目《城市意象理念下"三线"工业遗产与乡村旅游结合的发展模式研究》(项目编号：21ZD077)成果。

② 作者简介：刘金林，湖北师范大学工业遗产研究中心、地方文化研究中心主任，资源枯竭城市转型与发展研究中心研究员，黄石港地方文化研究会会长，主要研究方向为工业遗产与地方历史文化。聂亚珍，湖北师范大学经济管理与法学院副院长、教授，资源枯竭城市转型与发展研究中心主任，硕士生导师，主要研究方向为经济学与工业遗产。杨璐，湖北师范大学美术学院副教授，湖北省一流专业（环境设计）负责人，湖北师范大学东楚艺术研究与创作中心成员，主要研究方向为工业遗址景观与公共空间设计。

全面建设工业文化博物馆服务体系具有重要的现实意义,在全国特别是在老工业城市和资源型城市转型中具有重要的示范作用。

铜绿山工业遗产博物馆群,又称为黄石特色工业遗产博物馆群,包括已建成的铜绿山古铜矿遗址博物馆、黄石市博物馆、大冶铁矿博物馆、汉冶萍煤铁厂矿博物馆、华新水泥遗址博物馆,正在研究以及建议创建的有矿工博物馆、铁路博物馆、港口博物馆、钢铁博物馆、电力博物馆以及煤矿博物馆等,由于铜绿山古铜矿遗址的发掘在世界上具有重大意义,我们把黄石特色工业遗产博物馆群称为铜绿山工业遗产博物馆群。

一、铜绿山工业遗产博物馆群建设的实践与探索

(一)建成全国第一座矿冶遗址博物馆——铜绿山古铜矿遗址博物馆

全国第一座展示中国古代铜矿采矿冶炼发展史的专题型遗址类博物馆,1984 年建成对外开放,为全国重点文物保护单位。1985 年被评为新中国成立后十大考古新发现。1994、2012 年两次列入《中国世界文化遗产预备名单》。2001 年被评为中国 20 世纪 100 项考古大发现。2011 年被授予湖北省科普教育基地称号。2012 年被授予全国科普教育基地称号。2013 年被列入"十二五"时期全国 150 处大遗址和国家考古遗址公园(立项)。2016 年被列入"十三五"时期全国 150 处大遗址并被授予"大世界基尼斯纪录"。同年,"四方塘遗址墓葬区"被评为"2015 年度全国十大考古新发现"。2018 年被授予国家工业遗产称号。2021 年被评为"百年百大考古发现",被列入国家大遗址保护利用"十四五"规划。

铜绿山古铜矿遗址博物馆老馆展览大厅长 36 米,宽 30 米,高 14 米。400 平方米的考古发掘现场内,清晰地展示了春秋时期运用木制榫接方框支架维护的竖井 70 个,平巷 66 条,盲井、斜井各 1 个。它们纵横交错,层层叠,再现了当时开拓井巷采掘矿石的情况。排水巷道和木制水口,蜿蜒其间。一件件出土的工具依然放置在当时使用的地方。大厅四周墙裙上复原的地质剖面,与遗址现场浑然一体,加强了大厅的现场感。设置在大厅南侧的辅助陈列室,运用出土文物、矿石标本、照片、图表、模型等反映了遗址的地质地貌、发掘经过、年代测定、采冶结合等状况,并陈列有出土器物。此外,大厅外东南向深约 20 米的地下,还保存有西周至春秋时期 2000 平方米采矿遗存。

最新考古成果表明,遗址采掘年代最早可以追溯到 4000 多年前的夏代,该遗址是一处以采矿和冶炼遗址为核心的古代矿冶遗址,经商周、春秋战国延续至西汉及唐、宋、明、清,持续时间长达千余年,是中国迄今发现的古矿遗址中持续生产时间最长、规模最大、保存最完整、冶炼工艺水平最高、文化内涵最丰富的一处古铜矿遗址,在中国乃至世界矿冶史上是十分罕见的,对研究世界科技史、冶金史和矿业史等具有突出的价值,填补了中

国古代冶金史的多项空白,开辟了中国矿冶考古的先河,对研究中国青铜文化起源与发展具有独特性和唯一性。填补了我国矿冶史上铜矿开采冶炼的历史空白,揭开了华夏青铜文化史上铜原料的产地和铜矿如何开采以及冶炼成铜金属的千古之谜。

铜绿山古铜矿遗址博物馆新馆位于铜绿山Ⅶ号矿体遗址上,与老馆连为一体,由中国工程院院士、中国建筑设计研究院副院长崔恺先生亲自设计。采用大地景观风格,为坡地建筑,将博物馆的主体建筑以矿道形式,逐层后退融入到山体形态之中,同时将古矿井遗迹展示大厅作为特别主题展厅,串接整个博物馆的展线,强调遗址本体的重要性。新馆融合了中国青铜文化元素和矿冶文化元素,是一座记录并展现大冶青铜文明起源、发展、兴盛历程,凸显大冶青铜文化在中国乃至世界中的重要地位作用,对当时政治、经济、社会产生深远影响的青铜文化博物馆。主展标为"青铜源·铜绿山",围绕"铜绿山之魂脉"而展开,"铜绿山的脉"所维系的是三千多年的铜矿开采发掘、冶炼历史,是礼乐文化传承的历史。"铜绿山的魂"所铺陈的则是先民们筚路蓝缕的奋斗精神、坚韧不拔的开拓精神和独具匠心的创新精神。新馆分为临展厅(铜矿有灵)、铜山有宝、找矿有方、采矿有道、炼铜有术、青铜有源 6 个展厅。新馆总建筑面积 12273.5m^2,总投资 1.2 亿元,于 2023 年 6 月对外开放。①

(二)建成全国第一座地方综合工业文化博物馆——黄石市博物馆

1958 年 10 月,黄石市博物馆建立。博物馆陈列大楼于 1977 年 11 月 15 日动工,1979 年 10 月 1 日建成并正式对外开放。黄石市博物馆不仅是黄石市唯一的地市级综合性博物馆,还是全国第一座地方综合工业文化博物馆,该博物馆基本陈列《天地一洪炉——黄石矿冶文化展》于 2008 年 12 月免费对外开放,展示了黄石源远流长的矿冶工业文化。

该博物馆展品共计 507 件套,其中展出文物 293 件套。陈列面积 3960 平方米。内容以黄石地区矿冶工业发展史为主线,通过展示大量的考古发掘资料、文献资料,结合现代声、光、电等高科技技术及大型场景复原等艺术工程,全面展现黄石地区自二三十万年前的旧石器时代——"石龙头文化"为开篇,经新石器时代、商、周、秦、汉、唐、宋、元、明、清,一直到现代,绵延数千年的矿冶工业发展史。

(三)建成全国第一座铁矿工业遗产博物馆——大冶铁矿博物馆

大冶铁矿博物馆位于全国首批国家矿山公园——黄石国家矿山公园,是中国第一家铁矿山博物馆。全面展出了亚洲最大最早的钢铁联合企业——汉冶萍公司的历史照片

① 铜绿山古铜矿遗址博物馆:《铜绿山古铜矿遗址博物馆简介》,铜绿山古铜矿遗址博物馆,2023 年。

及图表和实物,浓缩了中国近代洋务运动和钢铁工业曲折的发展史;在日本对冶矿资源掠夺的陈列室,用详实的历史资料和实物,反映和见证了日本对大冶铁矿的侵略和掠夺,是对青少年进行爱国主义教育的基地。[①]

(四)中国保存规模最大的水泥遗址博物馆——华新水泥遗址博物馆

黄石被誉为"中国水泥工业摇篮""水泥故乡",华新水泥遗址博物馆就是这些美称的发源地。

华新水泥遗址博物馆即华新水泥厂旧址,位于黄石港区红旗桥社区。华新水泥厂旧址是全国重点文物保护单位、国家工业遗产,已入选首批"中国 20 世纪建筑遗产"名录以及中国世界文化遗产预备名单,是我国现存时代较早、保存规模最大、最完整的水泥工业遗产。

现存有湿法水泥窑、四嘴装包机等生产设施、设备及厂房、办公用房,见证了中国水泥工业从萌芽、发展到走向现代的历史进程。

(五)亚洲近代最大的钢铁联合企业遗址博物馆——汉冶萍煤铁厂矿博物馆

汉冶萍煤铁厂矿博物馆即被誉为"中国钢铁摇篮"的湖北新冶钢公司汉冶萍煤铁厂矿旧址。

汉冶萍煤铁厂矿旧址是我国现存最早、亚洲最大的钢铁联合企业工业遗产,是中国早期工业化的重要历史文物,是中国近现代发展进程中的重要见证,填补了我国近代早期钢铁工业文物保护中的空白,具有典型性、唯一性和不可替代性。是全国重点文物保护单位、国家工业遗产已入选"中国 20 世纪建筑遗产"名录以及中国世界文化遗产预备名单。

汉冶萍煤铁厂矿旧址位于黄石市西塞山区大冶特钢厂区内,2006 年被国务院确定为全国重点文物保护单位,该旧址包括炼铁高炉遗址、高炉栈桥、日欧式建筑群、瞭望塔、张之洞塑像、汉冶萍界碑等。

在近代长江沿岸,两座高炉成为中国最雄伟的工业建筑,成为汉冶萍公司的标志,成为近代黄石工业的象征,冶炼高炉遗址在近代钢铁冶金科技史上占有重要的地位。[②]

(六)研究与建议创建的工业遗产博物馆群的探索

通过参观了解铜绿山古铜矿遗址博物馆、黄石市博物馆、大冶铁矿博物馆及湖北华

---

① 刘金林:《中国科普胜地 世界地矿名城:黄石》,光明日报出版社,2016 年。
② 刘金林:《中国科普胜地 世界地矿名城:黄石》,光明日报出版社,2016 年。

新水泥遗址博物馆、汉冶萍煤铁厂矿博物馆等,策划设计未来黄石特色工业遗产博物馆群,包括矿工博物馆、钢铁博物馆、煤炭博物馆、铁路博物馆、港口博物馆等。以黄石矿工博物馆策划方案为例,开展黄石特色工业遗产博物馆群研究与建议创建的工业遗产博物馆群的探索。

1. 矿工博物馆简介

研究与筹建的矿工博物馆由综合展示馆、老照片馆、生活馆、美术馆、人物馆、收藏馆、生活体验馆、煤矿生产体验中心、矿工文化交流中心、矿工文化研究中心、矿工收藏品及生产生活用品交易中心等组成。

矿工博物馆是矿工历史文物、标本、文献资料的收藏中心,是矿工文化的科普教育、科学研究和宣传教育机构,也是矿工创业创新基地、文化交流体验娱乐中心以及工业遗产旅游的基地。

2. 创建矿工博物馆的意义

(1)传承矿冶工业文化,突出黄石矿工文化特色的需要

黄石从商周时期至今,矿冶文化源远流长,三千年连绵不绝,千百年来薪火相传的矿冶文化代表着我国矿冶文化的精华,是中华民族文化的重要组成部分,在中国乃至世界矿冶史上有着独特的历史地位。

黄石矿工文化是青铜文化及矿冶文化的一个重要组成部分,创建矿工博物馆,不仅可以传承青铜文化及矿冶工业文化,更可以突出黄石矿工文化的地方特色。

(2)突出黄石近代工人运动历史地位的需要

黄石是中国近代矿冶工业中心,是中国工人阶级最集中的地区之一,是近代工人运动中心,在中共领导人林育英、刘少奇、周恩来、彭德怀、陈潭秋、贺龙等领导、指导下的黄石工人运动犹如熊熊烈火燃遍三楚大地,近代黄石矿冶史就是一部工人阶级运动史。

(3)发扬"工匠精神",突出"黄石精神"内涵的需要

习近平总书记指出让"工匠精神"成为时代共识,来引领中国成为创新者的国度。人们通过学习矿冶先辈们的优良品质,体会爱国、爱家乡是矿冶精神的灵魂,"包容、创新、唯实、自强"是黄石精神的内涵。

(4)开展工业遗产旅游,促进资源枯竭城市转型的需要

创建矿工博物馆,充分利用枯竭资源发展工业遗产旅游,解决城市就业问题,促进旅游业的发展,成为全国资源枯竭转型城市的典范。[1]

---

[1] 刘金林:《黄石工业遗产科普旅游研究》,光明日报出版社,2016年。

汉冶萍铁路旅游站点附近工业遗产博物馆分布简表

序号	旅游站点	站点附近工业遗产及博物馆分布
1	汉冶萍站	汉冶萍旧址及汉冶萍煤铁厂矿博物馆、大冶钢厂苏式建筑群及工人运动陈列馆。
2	源华站	源华煤矿、利华煤矿旧址及煤矿博物馆。
3	港口站	卸矿机码头、华记湖北水泥厂码头及港口博物馆。
4	华新站	华新水泥厂旧址及水泥遗址博物馆、大冶电厂旧址及电力博物馆。
5	操车场站	汉冶萍操车场及铁路博物馆、华记湖北水泥厂旧址。
6	下陆站	下陆车站、东钢旧址及钢铁博物馆。
7	大冶有色站	大冶有色苏式建筑群及大冶有色金属陈列馆。
8	大冶铁矿站	大冶铁矿东露天采场(黄石国家矿山公园)及大冶铁矿博物馆。
9	铜绿山站	铜绿山古铜矿遗址博物馆及新冶铜矿旧址及矿工博物馆。

黄石工业遗产博物馆绝大部分分布在汉冶萍铁路沿线,通过打造汉冶萍铁路工业遗产旅游线路,创建黄石特色工业遗产博物馆群,建设国际工业遗产旅游目的地——中国黄石公园,对于黄石资源枯竭型城市转型与经济社会发展具有重要的现实意义。[1]

二、大冶学学科体系的构建

从 2010 年开始,我们一直开展大冶学的创建与研究工作,2016 年 12 月,撰写的《资源枯竭城市工业遗产研究:以黄石矿冶工业遗产研究为中心的地方文化学科体系(大冶学)的构建》(光明日报出版社 2014 年版)荣获湖北省政府颁发的第十届湖北省社会科学优秀成果奖二等奖,这是黄石地方文化及湖北省工业遗产研究领域获得的最高奖项。首创的大冶学学科体系得到学术界广泛认可,撰写的 20 余篇大冶学学术论文在国际、国内学术研讨会上宣读与交流。同时,创建了全国两大学术门户网站《地方文化网》(dfwhck. com)、《工业遗产网》(dayexue. com),以网站为基地正在打造中国地方文化论坛、中国工业遗产论坛两大全国互联网学术平台。在今日头条、网易等互联网平台创建西塞山论坛,开展大冶青铜文化传奇、汉冶萍一体化传奇、西塞山千古传奇等研究与研讨活动。

(一)大冶学的涵义及主要内容

大冶学是以历史上的大冶地区为核心,以矿冶之学为主要内容的一门地方文化学科。大冶学不仅仅是一门研究地方文化的学科,实际上更是以更宏大的背景、更广阔的

---

[1] 刘金林,聂亚珍:《地方文化特色历史课堂与学科体系的构建》,光明日报出版社,2018 年。

视野，从整体史的角度，来研究中国古代以青铜原料铜为核心的矿冶史以及中国近代以钢铁工业为核心的重工业史为主要内容的具有地方特色的一门学科。大冶学在中国古代矿冶史以及中国近代工业史的研究方面具有非常典型的代表意义。

大冶学研究的内容与对象尽管涉及各个领域和方面，具有一定的综合性特征，但就学科性质而言，应当隶属于历史学研究范畴。大冶学是以历史学科为主、多学科交叉的综合性地方文化学科。

大冶学研究的主要对象包括大冶青铜文化，以青铜原料铜为核心的采矿与冶炼文化。大冶铁器文化，以大冶铁矿为核心的采矿与冶炼文化。大冶工业文化，即大冶近代重工业文明，包括大冶钢铁文化、大冶煤炭文化、大冶水泥文化、大冶有色文化、大冶电力文化等等。此外，还包括地方民俗文化、红色文化、宗教文化等等。

大冶学研究的地域范围包括：核心地区为古代及近代的大冶县，中心地区除大冶县外，还包括阳新县、鄂城县的地域。扩展地域即近代史上的汉冶萍地区包括武汉、黄冈、咸宁等鄂东地区，湖南株洲、岳阳、长沙、湘潭以及江西萍乡、九江等地。更广的范围包括与汉冶萍有关的上海、重庆地区，以及长江中游的铜矿带、铁矿带等地区。大冶学不同于大冶文化，它超越了大冶文化的狭小地域范围，特别是青铜文化以及钢铁文化不仅影响长江流域、全国，甚至影响到亚洲、世界，大冶学研究的范围更加广阔。

大冶学研究的主要内容是两点一线六摇篮。两点指铜绿山古铜矿遗址、汉冶萍公司。一线是指三千年的矿冶史这条主线。六摇篮是指具体内容，即青铜摇篮（古代青铜文化以及矿业开发史）、钢铁摇篮（近代钢铁工业史）、水泥摇篮（近代水泥工业史）、煤炭摇篮（近代煤炭工业史）、电力摇篮（近代电力工业史）以及铁路摇篮（近代城市铁路史）。大冶学是由工业遗产研究（创建铜绿山工业遗产博物馆群）为核心构建的古代青铜文化与矿冶史、近现代重工业史以及其他地方文化为主要内容的学科体系。[①]

(二)大冶学的发展进程

1. 大冶学的起源——汉冶萍研究

大冶是汉冶萍公司的核心，是汉冶萍公司的发源地和归属地，没有大冶就没有汉冶萍公司，没有汉冶萍公司就没有近代大冶工业奇迹，大冶与汉冶萍公司相互依存的关系，是任何城市都不可能做到的，这是汉冶萍研究作为大冶学研究重点的主要原因。

汉冶萍简史不仅仅是一部亚洲最早最大的钢铁联合企业的曲折发展史，它还是一部近代大冶重工业的曲折发展史，是一部近代中国民族钢铁工业的曲折发展史。

---

① 刘金林，聂亚珍，陆文娟：《资源枯竭城市工业遗产研究——以黄石矿冶工业遗产研究为中心的地方文化学科体系的构建》，光明日报出版社，2014年。

　　百余年来,有关汉冶萍公司的研究一直没有停止。大体上可以分为两个阶段,从汉冶萍公司的创立至1949年为第一个阶段,这一阶段研究总的特点是对企业经营得失的探讨,尤以公司的经营管理者、利益相关者和关心民族工业发展的有识之士的文章居多,其资料性较强,学术性则显不足。1949年新中国成立至今为第二阶段,与前一阶段相比,无论是研究的深度与广度、成果的数量与质量都有了很大的推进。但汉冶萍公司后期历史研究的成果较少,将汉冶萍公司研究由企业史研究扩展到钢铁工业史以及重工业史研究,特别是城市史、地方文化史的研究有待进一步加强。

　　专门的汉冶萍资料集出现在20世纪80年代以后,主要有武汉大学经济系编的《旧中国汉冶萍与日本关系史料选》;陈旭麓、顾廷龙、汪熙主编的《盛宣怀档案资料选辑之四——汉冶萍公司》;湖北省档案馆编的《汉冶萍公司档案史料选编》。此外湖北省档案馆编的《百年汉冶萍》;戴奇伟、刘金林主编的《汉冶萍档案图集》等档案图集,这些资料集的编辑出版,对深入研究汉冶萍公司史乃至整个中国近代工业史有着重要的参考价值。

　　汉冶萍的专著。早在20世纪60年代武汉大学经济系即编写了《汉冶萍公司史》,未能出版。已经出版的主要有全汉升著《汉冶萍公司史略》,刘明汉、马景源的《汉冶萍公司志》,郑润培的《中国现代化历程——汉阳铁厂(1890－1908)》,林援森的《中国近代企业史研究:汉冶萍个案分析》,袁为鹏的《聚集与扩散:中国近代工业布局》,李玉勤的《晚清汉冶萍公司体制变迁研究》,张实的《苍凉的背影——张之洞与中国钢铁工业》,方一兵的《汉冶萍公司与中国近代钢铁技术移植》,刘金林的《永不沉没的汉冶萍——探寻黄石工业遗产》,张后铨的《招商局与汉冶萍》,田燕的《文化线路视野下的汉冶萍工业遗产研究》,代鲁的《汉冶萍公司史研究》等。

　　美国学者费维恺以汉冶萍公司为个案研究、透视19世纪中国的近代工业,著有《中国早期工业化——盛宣怀(1844—1916)和官督商办企业》和《19世纪的中国工业化:汉冶萍煤铁厂矿有限公司个案》两部著作。

　　汉冶萍研究论文的关注点主要体现在以下几个方面:

　　(1)张之洞、盛宣怀等与企业的创办和建设,如:赵葆惠的《张之洞与汉阳铁厂》(《齐鲁学刊》1988年第2期);赵晓雷的《盛宣怀与汉冶萍公司》(《史学月刊》1986年第5期);李海涛、自在的《李维格与汉冶萍公司述论》(《苏州大学学报(哲学与社会科学版)》2006年第3期);李海涛、张泰山的《汉阳铁厂初创时期机器设备来源考略》(《武汉科技大学学报(社会科学版)》2013年第5期)等。

　　(2)企业的经营管理及其失败的分析,如:车维汉的《论近代汉冶萍公司的衰败原因》(《辽宁大学学报》1990年第1期);尹承国的《论汉冶萍公司经营失败的内在因素》(《当代财经》1984年第2期);田鸿钧的《张之洞兴建汉阳铁厂的教训》(《决策探索》1987年第3期)等。

（3）日本与汉冶萍的关系，这是整个汉冶萍研究中被关注最多和分量最重的部分。主要从三个方面展开：一是对日借款问题，如：代鲁的《汉冶萍公司所借日债补论》（《历史研究》1983 年第 4 期）和《从汉冶萍公司与日本的经济交往看国家近代化的政治前提》（《中国经济史研究》1988 年第 4 期）；汪熙的《从汉冶萍公司看旧中国引进外资的经验教训》（《复旦学报》1979 年第 6 期）；易惠莉的《盛宣怀在汉冶萍公司成立前的日本借款论析》（《近代中国》第 11 辑）；向明亮的《利用外资视域下的中国早期矿业（1895—1925）——兼论汉冶萍公司举借外债得失》（《中国矿业大学学报（社会科学版）》2012 年第 4 期）。二是民国初年的"中日"合办问题，如：杨华山的《论南京临时政府期间汉冶萍"合办"风波》（《学术月刊》1998 年第 11 期）；黄德发的《汉冶萍公司中日"合办"事件试探》（《中山大学学报论丛》1988 年第 3 期）；孙立田的《民初汉冶萍公司中日"合办"问题探析》（《历史教学》1998 年第 3 期）；向明亮的《在帝国主义与经济民族主义之间——盛宣怀与汉冶萍中日合办案新探》（《历史教学（下半月刊）》2011 年第 12 期）；左世元的《民初中日合办汉冶萍案新论》（《湖北理工学院学报（人文社会科学版）》2013 年第 2 期）等。三是从外交角度的研究，如：彭泽周的《汉冶萍公司与日本的初期关系》；车维汉的《日本帝国主义侵掠汉冶萍公司述论》（《日本研究》1989 年第 2 期）等。

（4）汉冶萍体制也是学者们涉及的范畴之一，如：代鲁的《清末汉阳铁厂的"招商承办"述析》（《清史研究》1994 年第 3 期）和《再析汉阳铁厂的"招商承办'》（《近代史研究》1995 年第 4 期）；李海涛的《清末民初汉冶萍公司制度初探》（《河南理工大学学报（社会科学版）》2006 年第 1 期）；阎文华的硕士论文《汉冶萍厂矿的公司制研究（1908—1925）》；李江、陈庆发的《汉冶萍公司体制研究》（《南方文物》2013 年第 4 期）等。

（5）汉冶萍与政府的关系，如：左世元的《晚清国家干预与汉冶萍的初步发展》（《湖北社会科学》2013 年第 6 期）、《通惠借款：汉冶萍公司与袁世凯政府关系论析》（《历史教学（下半月刊）》2013 年第 3 期）和《汉冶萍公司与国民党政权之关系——以 1927—1929 年整理汉冶萍公司案为中心》（《江汉学术》2014 年第 2 期）等。[①]

（6）汉冶萍工业遗产，主要论文有方一兵的《汉冶萍公司工业遗产及其保护与利用现状》（《中国矿业大学学报（社会科学版）》2010 年第 3 期）；李百浩、祝笋的《中国近代钢铁工业的摇篮——汉冶萍煤铁厂矿旧址的价值与保护》（无锡市文化遗产局编《中国工业遗产保护论坛文集》，凤凰出版社 2007 年版）；李百浩、田燕的《文化线路视野下的汉冶萍工业遗产研究》（《中国工业建筑遗产调查与研究——2008 中国工业建筑遗产国际学术研讨会论文集》，清华大学出版社）；彭小桂、刘忠明、韩培光、刘晓妮、李伟东的《黄石市矿业遗迹分布及其类型》（《资源环境与工程》，2008 年第 2 期）；王坤、汤昭、胡玉玲：《黄石工

---

① 李江：《百年汉冶萍公司研究述评》，《中国社会经济史研究》，2007 年第 4 期。刘建民：《铜绿山古矿冶遗址研究综述》，《湖北师范学院学报（哲学社会科学版）》，2010 年第 1 期。

业遗产现状调查及保护研究》(《中外建筑》,2010 年第 9 期)等。

刘金林的工业遗产研究系列论文如:《近代"大冶奇迹"与黄石工业遗产片区》(《2012年中国第三届工业建筑遗产学术研讨会论文集》,清华大学出版社)、《再现近代中国第一城——历史学视野下的黄石工业遗产价值评价》(《2013 年中国第四届工业建筑遗产学术研讨会论文集》,清华大学出版社)、《汉冶萍铁路的工业遗产价值》(《黑龙江史志》2015年第 13 期)、《黄石工业遗产开发与利用对策研究》(《湖北理工学院学报(人文社会科学版)》2016 年第 2 期)、《试论黄石矿冶工业遗产的突出特色》(《湖北理工学院学报(人文社会科学版)》2016 年第 3 期)、《汉冶萍工业文明在延续》(《中国国家地理(中文繁体版)》2016 年第 9 期)、《中国工业遗产旅游的百年实践与探索研究——以黄石汉冶萍铁路工业遗产旅游为例》(《中国旅游评论》2016 年第 4 辑)、《中国城市轨道铁路制度规范化的早期探索——以近代黄石汉冶萍铁路为例》(《遗产与保护研究》2018 年第 6 期)、《地方志与矿冶文化的传播——以明清时期《大冶县志》为例》(武汉大学《文化软实力研究》2021 年第 4 期)、《"156 项工程"与新中国重工业中心城市的调整——以湖北省黄石市为例》(武汉大学《文化软实力研究》2022 年第 3 期)、《资源枯竭型城市工业遗产研究——以黄石市为例》(《2015 年中国第六届工业遗产学术研讨会论文集》,清华大学出版社 2016 年版)、《试论汉冶萍地区红色工业遗产的特点》(《使命合作担当:首届工业遗产峰会学术研讨论文集》,天津人民出版社,2022 年 11 月)等。

2. 大冶学的发展——铜绿山古铜矿遗址研究

大冶铜绿山古矿冶遗址自 1973 年发掘伊始,便已引起中外学界的高度关注。研究主题类型多,既有遗址本身的矿冶技术,也有遗址与社会的联系,还涉及当代的环境与保护;多学科交叉的研究方法,考古学、历史学、化学、物理学、生物学、工程学等的学科方法都有参与;研究方式的跨学科、跨地域合作,绝大部分研究的参与者来自不同的地域。铜绿山古铜矿遗址的研究主要体现在以下几个方面。

(1)铜绿山古铜矿遗址发掘的重要意义——大冶青铜文化

以前青铜文化重点放在青铜器研究方面,随着铜绿山古铜矿遗址发掘,青铜原料的来源成为青铜文化研究的重要组成部分,它不仅开辟了中国青铜器研究的一个新领域,也是中国考古学的一个新领域。著名考古学家夏鼐的《湖北铜绿山古铜矿》不仅说明了铜绿山古铜矿的历史和科学价值,也指明了它的发现和发掘在中国考古学上的地位和作用。

(2)铜绿山古铜矿与上古社会

张正明、刘玉堂在《大冶铜绿山古铜矿的国属——兼论上古产铜中心的变迁》,秦颖、魏国锋的《长江中下游古铜矿及冶炼产物输出方向判别标志初步研究》,魏国锋的《古代青铜器矿料来源与产地研究的新进展》,金正耀的《晚商中原青铜的矿料来源研究》,彭子成的《强国墓地金属器物铅同位素比值测定》、《西周铜器断代中的"康宫问题"》，龚长根、郭恩的《铜绿山古铜矿与楚国的强盛》等是这方面的代表作。

（3）遗址的矿冶技术

《铜绿山古矿冶遗址》作为正式发掘报告，由黄石市博物馆编著，文物出版社 1999 年 12 月出版发行，较完整地反映了此前关于遗址考古学研究成果。

龚长根、胡新生撰写的《大冶之火》是一部研究铜绿山古矿冶遗址的学术专著，系统地分析了铜绿山古矿冶遗址的生产情况、技术成就、历史背景等。

（4）遗址的环境与保护

潘别桐、李征夫等所作《大冶铜绿山古铜矿遗址原地保护与合理采矿方案论证报告》，石鹤、柯秋芬的《铜绿山古铜矿遗址古坑木保存状况及朽坏原因分析》，李红艳、唐世荣、郑洁敏的《两种生长在铜矿渣上的菊科植物的铜含量》，刘新星、霍强、刘学端、邱冠周的《古矿井区域酸性矿坑水微生物群落的多样性》等是这方面的代表作。[①]

3. 大冶学的完善——矿冶文化研究

黄石地方文化研究成就最大的是矿冶文化研究。湖北师范大学于 2007 年在"鄂东矿冶文化研究所"的基础上成立矿冶文化研究中心，2007 年湖北理工学院成立矿冶文化研究所，湖北省教育厅于 2009 年 12 月批准建设省重点人文社科基地"长江中游矿冶文化与经济社会发展研究中心"，该基地由湖北师范大学和湖北理工学院共建。从 2009 年起，《湖北理工学院学报（人文社会科学版）》开设特色栏目"矿冶文化研究"。2011 年 9 月，黄石矿冶文化研究会成立，此外大冶市成立了青铜文化研究会，铁山区成立了矿冶文化研究会，黄石港区成立了黄石港矿冶文化研究中心、黄石港地方文化研究会。

如今湖北师范大学在经济管理与法学院及省重点人文社科基地"资源枯竭城市转型与发展研究中心"成立了湖北师范大学工业遗产研究中心、地方文化研究中心，重点将黄石青铜文化及矿冶文化与工业遗产、地方文化研究相结合创建大冶学学科体系。黄石地区现已创办的矿冶文化有关的网站有：矿冶文化网——湖北师范大学矿冶文化研究中心网站（kywhw. cn）、汉冶萍网即汉冶萍研究中心网站（hanyeping. com）、地方文化网即地方文化丛刊网站（dfwhck. com）、工业遗产网（dayexue. com）以及中华矿冶文化网——湖北理工学院长江中游矿冶文化与经济社会发展研究中心网站。

黄石市举办了两届矿冶文化旅游节、三届矿冶文化论坛，黄石市政协编辑出版《中国矿冶历史文化名城——黄石》《矿冶文化研究文集》等书。湖北理工学院编辑出版了矿冶文化研究丛书：《黄石矿业开发史》《黄石——矿冶文明之都》《太阳石的文明：黄石煤矿百

---

① 周保权：《铜绿山古铜矿遗址在矿冶文化史上的地位及价值》，《矿冶文化研究文集》，长江出版社，2011 年。

年历程》《春秋百年——大冶铁矿企业文化启示录》《黄石矿冶文学研究》《黄石矿冶文学作品选》等。

湖北师范大学工业遗产研究中心、地方文化研究中心、矿冶文化研究中心以及汉冶萍网与汉冶萍研究中心，编辑出版了《资源枯竭城市工业遗产研究：以黄石矿冶工业遗产研究为中心的地方文化学科体系的构建》《黄石工业遗产科普旅游研究》《中国科普胜地世界地矿名城 黄石》《地方工业与文化旅游模式研究：以黄石港区域文化旅游中心的创建为例》《地方文化特色历史课堂与学科体系的构建》《永不沉没的汉冶萍——探寻黄石工业遗产》《汉冶萍档案图集》《汉冶萍历史续编》《黄石城市公园》《汉冶萍旧址博物馆》等书，并与黄石市教育局等单位合作编写了全国首套中小学工业文化与工业遗产普及教材《黄石工业文化》《黄石工业遗产》。

政协大冶市委员会编辑出版了《中国青铜古都——大冶》《图说铜绿山古铜矿》等。大冶市铜绿山古铜矿遗址保护管理委员会编辑出版了中国矿冶考古丛书：《铜绿山古铜矿遗址考古发现与研究》《铜绿山古铜矿遗址记忆》《铜绿山古铜矿遗址文学作品集》。此外龚长根、胡新生撰写的《大冶之火》，张实撰写的《苍凉的背影——张之洞与中国钢铁工业》，舒韶雄、李社教、刘恒、倪国友的《黄石矿冶工业遗产研究》(湖北人民出版社)等都是黄石矿冶文化研究的重要成果。

三、大冶学学科体系构建的重要地位

(一)大冶学是资源枯竭城市创建地方学学科体系探索的典型范例

在我国资源枯竭城市创建地方学是一项创举，我国资源枯竭城市大多数是新中国时期创建的，绝大多数是单一的资源开发型城市，地方文化建设薄弱。而黄石市不仅是中国古代青铜文化的发祥地之一，商朝晚期的铜绿山古铜矿遗址，说明这里是中国古代的资源型城市。特别是近代从张之洞开创中国钢铁工业开始，大冶成为中国历届政府建设的重点，成为全国重工业中心，这是其他资源枯竭城市所不具有的条件。丰富的近代大冶工业档案文献资源、众多的矿冶考古遗址报告以及影响全国的名人档案文献资料为大冶学学科体系的构建提供了学术基础，大冶学成为全国资源枯竭城市创建地方学学科体系的典型范例。

大冶学的创新之处是充分利用资源枯竭城市的"枯竭资源"——矿冶遗址、工业遗产以及工业档案等文献构建具有地方特色的大冶学，让资源枯竭城市的"枯竭资源"永远不枯竭。

创建大冶学充分利用黄石工业及工业遗产在全国占有极其重要的历史地位这一优势，工业及工业遗产是黄石市的立市之本。特别是近代矿冶工业遗产是黄石市之源、黄石市之魂。通过开展以黄石矿冶工业遗产为中心的研究与实践,探索出一条具有黄石特色的资源枯竭城市转型发展之路,重点是创建具有黄石特色的地方学体系——大冶学,即矿冶文化学科体系。大冶学融地名学与悠久的历史(三千年青铜文明史、一千年建县史、百年开发史及工业文明史)、丰富的文化内涵(大兴矿冶之意)与著名的工业品牌(近代汉冶萍公司大冶铁矿、大冶钢铁厂以及大冶水泥厂、大冶源华、利华煤矿闻名中外,现代大冶铁矿、大冶特钢、大冶有色世界闻名)于一体,创建大冶学不仅是保存我国古代矿冶文明、近代工业记忆的需要,也是全面推进资源枯竭城市产业转型和建设武汉城市圈"资源节约型、环境友好型"社会、促进地方文化发展的有益探索,更是促进矿冶文化遗址保护及旅游业发展和全面建设小康社会的需要,特别是在全国资源枯竭城市中具有重要的示范意义。

(二)大冶学代表着中国古代青铜文化及矿冶文化的精华

著名考古学家夏鼐先生在美国纽约大都会艺术博物馆主办的"中国青铜文化学术讨论会"上所作的《湖北铜绿山古铜矿》专题学术报告中指出:"今天,我们不仅研究青铜器本身的来源,即它的出土地点,还要研究它们的原料来源,包括对古铜矿的调查、发掘和研究,这是中国青铜器研究的一个新领域,也是中国考古学新开辟的一个领域。铜绿山古铜矿的发现和发掘,对了解我国古代社会生产,尤其是青铜业生产具有重要意义。从铜绿山获得的丰富资料,还说明楚国在铜矿的开采和冶炼方面已达到较高水平,从而对于曾侯乙墓出土的青铜器具,总产量达到十吨之多的惊人数字,也就有了更深的理解。"夏鼐先生的这些话,不仅说明了铜绿山在古铜矿的历史和科学价值,也指明了它的发现和发掘在中国考古学上的地位和作用。

中国科学院资深委员,我国著名的冶金史专家柯俊教授曾两次到铜绿山考察,在深入研究考古资料后,他认为铜绿山古铜矿代表了一个时代的技术。

现有资料表明,铜绿山古铜矿不仅在找矿探矿、地下井巷开拓和支护、选矿和冶炼等方面,在当时的历史条件下,达到了较高的技术水平,而且在工具制造、通风排水、提升等方面都有很多符合科学原理的创造。如战国晚期提升使用的绞车,研究机械史的专家认为,它是我国最早的提升机械。从事生产标准化研究的专家,看到古铜矿井巷的支护方式及规格尺寸,在各个不同时期都趋向定型的情况,也认为这些资料太重要了,它表明我国运用标准化进行生产的年代早于秦始皇兵马俑的制作。从事测绘专业的专家,看到古铜矿竖井的垂直,平巷与平巷、平巷与竖井之间的贯通与连接,也认为达到了很高水平,值得很好地从测量技术方面进行研究等等。科技史界的专家普遍认为铜绿山古铜矿遗址全面反映了我国商代晚期、西周至春秋战国这一历史时期科技发展水平及其成就。

铜绿山古铜矿的发现、发掘是世界冶金史的一件大事。这是 1981 年 10 月,在北京举行的古代冶金国际学术讨论会后，一些世界著名的冶金史专家到铜绿山进行参观、考察后共同的看法。由于种种历史原因，当今世界上，古铜矿遗址能够完好地保存至今确实稀少，有比较才有鉴别。世界著名的冶金史专家、美国哈佛大学考古系麦丁教授说："在世界其他地方，看了许多古代矿冶遗物，铜绿山是第一流的。中东等地虽然很早就开始了铜矿冶炼，但没有这样大规模的地下采掘遗址，较完好的冶炼用炉，炉渣温度高、流动性好，含铜量低是很少见到的，给我留下了十分深刻的印象。"世界著名的冶金史专家、美国麻省理工学院史密斯教授说："我们在这里看到了世界其他地方看不到的东西，这在我们一生中是永远不会忘记的。"加拿大弗兰克林教授说："你们在这里经常接触可能不觉得，但对我们来说，这是世界其他地方所没有的，可惜时间太短，我十分留恋这个地方。"[①]黄石的矿冶开发成为中国灿烂的青铜文化的物质基础和历史源头。以铜绿山古铜矿遗址为核心内容的大冶学代表着中国古代青铜文化及矿冶文化的精华。

1984年建成的铜绿山古铜矿遗址博物馆是中国第一座反映古代矿冶科技史的专门性博物馆。2013年铜绿山考古遗址公园正式获得国家考古遗址公园立项。铜绿山古铜矿遗址博物馆和考古遗址公园将成为汉冶萍铁路工业遗产文化旅游线路以及黄石资源枯竭城市工业遗产旅游基地的重要组成部分。

（三）大冶学是中国近代工业文明富有典型意义的活标本

近代大冶工业史是大冶学的核心内容，近代大冶不仅是中国近代工业第一城，而且是一座改变中国重工业布局的城市，以近代大冶工业史为核心的大冶学是中国近代工业文明富有典型意义的活标本。黄石工业遗产片区，是亚洲近代重工业引进西方技术的活标本。

大冶县北部从铁山到石灰窑的一百余平方公里的狭长地带，面积仅为大冶县的百分之十，不到湖北省的千分之一，到1949年集中了湖北省甚至中南地区全部钢铁工业以及主要的水泥、电力、煤炭等重工业，创造了近代中国工业史上闻名世界的"大冶奇迹"，1949年，新中国在此设立大冶工矿特区，1950年8月改名为黄石市。

现代黄石市是亚洲近代引进西方技术的活标本。汉冶萍铁路由德国工程师时维礼设计，铁路器材及机车全部购自德国。汉冶萍公司引进美国列德干利制造公司的两座800立方米的高炉，是当时亚洲最大、最先进的冶炼炉。汉冶萍公司是中国钢铁技术与钢铁人才的摇篮。近代大冶水泥工业，从清末引进德国设备，到民国后期引进美国全套先进的水泥生产设备。近代大冶煤炭工业，从张之洞创办王三石煤矿，引进德国先进设备和技术，到后来源华、利华煤矿从西方引进先进设备与技术。近代大冶电力工业，从清

---

① 周保权：《铜绿山古铜矿遗址在矿冶文化史上的地位及价值》，《矿冶文化研究文集》，长江出版社，2011年。

末引进德国设备发电,到民国初期以及后期两度从美国引进先进的发电设备。

黄石市现在遗留下的大量近代钢铁工业、水泥工业、煤炭工业及其电力工业遗产,通过汉冶萍铁路相连成为一座规模宏大的工业遗产片区,是亚洲近代重工业引进西方技术的活标本,这些工业遗产是创建汉冶萍铁路工业遗产文化旅游线路、打造黄石资源枯竭城市工业遗产旅游基地的重要组成部分。

四、大冶学学科体系构建的现实意义

(一)黄石工业遗产片区申报世界文化遗产

湖北省政府批准设立的黄石工业遗产片区包括铜绿山古铜矿遗址、汉冶萍煤铁厂矿旧址、华新水泥厂旧址、大冶铁矿东露天采场四个部分。黄石工业遗产不仅完整展示了悠久的古代矿冶文明,也充分展现了 20 世纪早期工业化、近现代化的进程,其完整性、系统性、代表性在全国罕见。

根据世界遗产中心的报告,截至 2015 年列入世界遗产名录中的工业、技术文化遗产共有 72 项。入选《世界遗产名录》的工业遗产中,绝大多数是欧洲国家,占工业遗产总数的 65%,这与世界遗产委员会希望构建一个平衡、可信的《世界遗产名录》的目标不甚一致。

对于我国而言,截至 2019 年底,我国共有 55 项世界遗产,其中文化遗产 37 项,但与工业或技术相关的遗产仅有"青城山都江堰水利灌溉系统""大运河"两项,中国近现代工业遗产则是空白。

相比于国际发展趋势,工业遗产在我国的世界遗产名录中占据的比例仍然较低。我国对工业遗产的保护、研究相对薄弱,因此工业遗产的影响力和重要性尚未充分体现。黄石工业遗产片区进入申报世界文化遗产的预备名单,成为填补我国世界遗产中工业遗产类别缺失的有效措施,也可以改善目前世界遗产名录中工业遗产地区分布失衡的状况。

黄石工业遗产片区申遗的优势在于黄石工业遗产时间上的连续性、品类上的多样性、空间上的聚集性。黄石工业遗产片区既有如南美洲古代矿冶工业遗址,又有如欧洲近代大型工业遗产,既有近代汉冶萍铁路遗产,又有长江近代先进港口码头遗产。

单看黄石矿产的采、选、冶以及水泥制造等遗产,全国不乏其物,但四大工业遗产集中于 17 平方公里的区域密集呈现,全国唯一,世界罕见。黄石矿冶工业遗产是印证古代矿冶文化和近代工业文明的"活化石",具有很高历史价值、科学价值和艺术价值。

近几年,黄石加大工业遗产片区文物本体保护,广泛征集工业遗产文物藏品,积极恢复工业遗产历史风貌,并通过深化研究、专题研讨等多种途径扩大工业遗产片区的影响力。

目前,黄石已聘请国际古迹遗址理事会副会长、中国古迹遗址保护协会副主席兼秘书长郭旃作为顾问,全面开展矿冶工业遗产文物本体修缮及环境整治,全力推进矿冶工业遗产群申遗工作。

此外,《汉冶萍煤铁厂矿旧址修缮工程设计方案》通过国家文物局审批后,目前通过招标正式进入实施阶段。

大冶铁矿东露天采场完成了从资源枯竭矿山到全国第一家矿山公园,再到国家 4A 级旅游景区的华丽转身,工业旅游红红火火。

华新水泥厂旧址则被国家核定为第七批全国重点文物保护单位,"湖北水泥遗址博物馆"成功命名,"S—16 矿渣库、S—17 烘干车间"修缮项目已经完成;"1—3 号湿法回转窑"保护与展示利用项目已对外开放。

经湖北省人大常委会批准的《黄石市工业遗产保护条例》正式施行。该《条例》不仅是黄石首部地方性法规,也是湖北省首部地市州地方法规、中国首部工业遗产地方法规。

2019 年黄石市工业遗产保护中心的成立,为工业遗产保护和利用工作提供了坚实基础和组织保障。该中心将致力于加强黄石文化遗产宣传,讲好黄石工业故事,让陈列在博物馆的遗产活起来;大力发展"工业遗产＋"产业,实现工业遗产保护利用与城市经济社会的互动发展;统筹推进黄石工业遗产申报世界文化遗产,彰显黄石特有的城市精神。

(二)建设中国黄石公园

从公元 6 世纪有文字记载的风景入画般的黄石山,到现代被确定为全国重点文物保护单位及 4A 级景区的铜绿山古铜矿遗址、汉冶萍煤铁厂矿旧址和黄石国家矿山公园,再到放眼世界第一旅游品牌,创建黄石工业遗产片区,以此为核心组建中国黄石公园是我们探讨的具有黄石特色资源枯竭转型之路。

以铜绿山古铜矿遗址、汉冶萍煤铁厂矿旧址、华新水泥工业遗址、黄石国家矿山公园和源华煤矿旧址为核心,以汉冶萍铁路为主线创建黄石工业遗产片区。再以黄石工业遗产片区为中心,以众多旅游资源整合而成的中国黄石城市公园,简称中国黄石公园或者黄石城市公园,充分利用 3000 年即将资源枯竭的矿冶文明成果,吸收世界第一旅游品牌——美国黄石公园的精华,回归到犹如风景入画般的黄石山,创造"中国黄石公园"品牌。正如 1946 年,华中钢铁公司筹备处编制的《黄石市市政建筑纲要》中提出"拟将黄石港、石灰窑连成一气,合称为黄石市。……查美国有黄石公园闻名于世,他日吾人之计划如果能实现则可谓巧合矣。世外桃花园,其将实现吾人之理想乎……"[①]

---

① 刘金林:《永不沉没的汉冶萍 探寻黄石工业遗产》,武汉出版社,2012 年。

黄石工业遗产片区与山水名胜、红色旅游景点等相结合组成中国黄石公园。中国黄石公园实际上是一个以大冶学为核心的文化内涵非常丰富的文化创意产业集群,它可以由众多独立又相互关联的文化创意企业、旅游企业、工矿企业以及相关的机构组成,可以借鉴大庆、景德镇、徐州等文化创意产业集群的经验进行组建。

黄石公园最核心的部分是黄石工业遗产片区与山水名胜相结合,形成五条矿冶遗址与山水名胜相结合的旅游线路。主要包括汉冶萍煤铁厂矿旧址、汉冶萍博物馆与西塞山风景区相结合;源华煤矿遗址、源华煤矿博物馆与黄荆山风景区相结合;华新水泥遗址广场、中国水泥博物馆、黄石电力博物馆与磁湖风景区相结合;黄石国家矿山公园、大冶铁矿博物馆与东方山风景区相结合;铜绿山古铜矿遗址博物馆、铜绿山矿山公园与雷山风景区相结合。由于这五条线路,工业遗产与山水名胜相连,特别是黄石国家矿山公园与东方山风景区、铜绿山古铜矿遗址与雷山风景区已形成比较成熟的旅游线路。

中国黄石公园的进一步拓展是将矿冶文化与工业旅游、山水名胜旅游、红色旅游等相结合,包括黄石市区、大冶市、阳新县的工业旅游、名胜旅游、红色旅游、宗教旅游、休闲旅游等公园、旅游景点。

创建中国黄石公园是一个庞大的工程,也是一个民心工程,需要各级政府机关以及相关单位的统一规划、管理和通力合作。湖北省政府批准设立黄石工业遗产片区已成为关键性的一步。再通过与西塞山、黄荆山、磁湖、东方山、雷山风景区相结合,组建一个统一的旅游联合体或者类似于管理旅游线路的旅游管理机关,即使工业遗产与风景区所归属的单位不统一,只要形成了统一的有一定规模的黄石旅游市场,都是可行的。中国黄石公园既可以是有形的旅游集团公司,也可以是无形的旅游市场,工业旅游是其最大特色。让黄石工业旅游在探索中前进,能够走出一条具有黄石特色的资源枯竭城市转型的成功之路。[1]

---

① 刘金林,聂亚珍:《地方文化特色历史课堂与学科体系的构建》,光明日报出版社,2018年。

铜绿山古铜矿遗址的文化遗产价值与保护利用

陈文华　李欣霏　侯也婧①

铜绿山古铜矿遗址位于长江中游南岸,湖北省东南部,与江西瑞昌铜岭铜矿遗址和安徽铜陵铜矿冶炼遗址形成了长江中下游铜矿带。大冶铜绿山古铜矿遗址是我国保存最完整、采冶时间最早、采冶年代最长、冶炼水平最高、采冶规模最大、文化内涵丰富的古铜矿遗址,是国内外学界讨论中国矿冶文化和青铜文明的重要内容,并开辟了中国矿冶考古的新领域。

一、铜绿山古铜矿遗址考古发现与研究回顾

大冶铜绿山古铜矿遗址地理地质条件优越,富集了自然铜、赤铜矿、孔雀石、蓝铜矿等氧化矿物。这些矿物埋藏浅,易于开采。铜绿山古铜矿遗址交通便利,紧邻大冶湖,与长江水系相连,自古以来就是我国重要的铜矿产区之一。文献多处记载铜绿山古铜矿遗址。《明史》记载大冶"又西南有铜绿山古铜矿遗址,旧产铜"②。清《读史方舆纪要》记载铁山"又县治西南有铜绿山古铜矿遗址,亦古出铜冶铸之所"③。清朝官员盛宣怀曾说"离大冶县城五里许,离铁路约二十里左右,有一铜绿山古铜矿遗址,孕铁甚富"。④

考古发掘为研究古代矿业提供了实物证据,并与文献记载互为印证。自 1965 年铜绿山古铜矿遗址铜矿重新开采以来,考古人员发现了大量的古代采矿冶炼遗迹和文物。在过去的 50 年间,铜绿山古铜矿遗址新出考古发现不断。1973 年秋季,铜绿山古铜矿遗址发现了古代矿坑中的竖井、斜井、巷道、采场等遗迹,并在周边发现了十几处大量的炼渣。此外,还出土了铜斧、铜锄、铜锛、铜凿、木槌、木铲、铁锤、铁锄等生产工具,以及藤

---

① 作者简介:陈文华,湖北省社会科学院楚文化研究所副所长、副研究员,李欣霏、侯也婧,湖北省社会科学院楚文化研究所研究生。

② [清]张廷玉等撰,中华书局编辑部点校:《明史》卷四十四,中华书局,1974 年,第 1073 页。

③ [清]顾祖禹撰,贺次君、施和金点校:《读史方舆纪要》卷七十六,中华书局,2005 年,第 3542 页。

④ 陈旭麓等主编,朱子恩等编:《盛宣怀档案资料(第 4 卷)》,上海人民出版社,2016 年,第 657 页。

蒌、竹蒌、木钩、麻绳等运输工具。据推算,铜绿山古铜矿遗址累计产铜量达到 12 万吨。[①] 从 1976 年 5 月至 1979 年 1 月,考古队发现了 8 座炼铜竖炉和大量残存的炼铜护炉壁、粗铜块、矿石、木炭、炼渣、耐火材料、石砧、石球,以及一些残破的陶器和铜器。[②] 1979 年,铜绿山古铜矿遗址工作队在大岩阴山发现了巷道、采矿竖井、古炼铜炉,揭示了成组的井巷关系,为探讨古代的采掘工艺提供了新的资料。[③] 铜绿山古铜矿遗址的考古一直持续。2012 年 6 月,在铜绿山古铜矿遗址脚下的岩阴山脚遗址发现了一批春秋至西汉时代重要的洗选矿遗迹、冶炼场和探矿井,为还原冶炼工作场景和推进古代矿冶文化研究提供了重要的资料。[④] 同年 10 月,铜绿山古铜矿遗址四方塘遗址被发现,其中的四方塘墓地具有楚文化特征,为研究楚国统治者涵盖大冶铜绿山古铜矿遗址的年代、采冶者的民族、楚国与吴越的关系以及楚国强盛的物质基础等提供了宝贵的实例。[⑤] 同年 11 月,铜绿山古铜矿遗址卢家垴冶炼遗址被发现,其是铜绿山古铜矿遗址范围内面积最大、保存最完好、文化内涵最丰富的冶炼遗址。在这里,发现了汉代的冶炼炉、工作台面、工棚等遗迹,还有残炉壁、炼渣、矿石、木炭粒、支撑石块,以及少量的绳纹和菱纹砖块、陶片等遗物,还有唐、宋、明、清的瓦片和陶瓷残片等。[⑥]

大冶铜绿山古铜矿遗址考古已 50 年,关于古铜矿遗址的研究持续深入。大冶铜绿山古铜矿遗址曾被夏鼐、殷玮璋认为开辟了中国古代青铜器研究的新领域。铜矿遗址突破了研究青铜器铭文、形态、用途、花纹、成分、铸造方法,以及出土物的共存关系和型式学,拓展到对青铜器出土地点,原料来源以及古铜矿的调查、发掘和研究。[⑦] 李天元通过对不同时期典型井巷结构的比较,推论楚国与楚国对鄂东古铜矿的开采起了直接促进作

① 湖北省博物馆:《湖北古矿冶遗址调查》,《考古》,1974 年第 4 期。铜绿山考古发掘队:《湖北铜绿山春秋战国古矿井遗址发掘简报》,《文物》,1975 年第 2 期。黄石市博物馆:《铜绿山古矿冶遗址》,文物出版社,1999 年。

② 黄石市博物馆:《湖北铜绿山春秋时期炼铜遗址发掘简报》,《文物》,1981 年第 8 期。

③ 中国社会科学院考古研究所铜绿山工作队:《湖北铜绿山东周铜矿遗址发掘》,《考古》,1981 年第 1 期。黄石市博物馆:《大冶铜绿山古矿冶遗址近年来的考古发掘及其研究》,《江汉考古》,1981 年第 S1 期。

④ 湖北省文物考古研究所,大冶市铜绿山古铜矿遗址保护管理委员会:《湖北大冶铜绿山岩阴山脚遗址发掘简报》,《江汉考古》,2013 年第 3 期。陈丽新,陈树祥:《试论大冶铜绿山四方塘墓地的性质》,《江汉考古》,2015 年第 5 期。

⑤ 湖北省文物考古研究所,大冶市铜绿山古铜矿遗址保护管理委员会:《大冶铜绿山四方塘墓地第一次考古主要收获》,《江汉考古》,2015 年第 5 期。

⑥ 湖北省文物考古研究所,大冶市铜绿山古铜矿遗址保护管理委员会:《大冶市铜绿山卢家垴冶炼遗址发掘简报》,《江汉考古》,2013 年第 2 期。

⑦ 夏鼐:《铜绿山古铜矿的发掘》(代序),黄石市博物馆:《铜绿山古矿冶遗址》,文物出版社,1999 年,第 1 页。夏鼐,殷玮璋:《湖北铜绿山古铜矿》,《考古学报》,1982 年第 1 期。

用,古铜矿的开采业也增强了楚国的经济实力。① 卢本珊专题研究了铜绿山古铜矿遗址的采矿工具、铜竖炉和炼铜技术。② 张正明认为"两周之际,楚国不到今大冶",当时的鄂东南属于越人的势力范围,春秋以后楚的势力范围已经牢牢把控鄂东南地区。③ 也有学者对铜绿山古铜矿冶炼的遗址进行梳理,在研究古遗址的矿冶技术后,又讨论了遗址的国属、铜料来源,江南铜北运的交通路线、铜资源与先秦军事等问题。④ 张忠培提出要加大对青铜产业的研究,尤其是加大对青铜采矿、冶炼、铸造的分工,并讨论产生的组织、管理及其制度等,即青铜器使用的社会配置领域。⑤ 在古铜矿遗址与中华早期文明研究方面,陈树祥认为要做好青铜文化探源的研究,早期鄂东南铜矿业技术如何肇始,采冶铸技术流程及发展水平值得关注。⑥ 徐少华认为,至迟于商代,长江中下游地区的铜矿资源即逐步开采、冶炼,从两周至秦汉,以铜绿山古铜矿遗址为代表的一大批古矿冶遗址,是中国古代青铜文明的重要物资源地和有力见证。盘龙城商文化的兴起、发展,与铜绿山古铜矿遗址等地青铜资源的开采、冶炼和转运联系密切。⑦ 易德生从科技考古角度再研究,考察了铜矿的运输路线,认为鄂东南地区的铜矿采冶年代可推至二里头晚期至早商时期。⑧ 铜绿山古铜矿遗址与青铜时代、长江中游文明进程和中国古代文明有着重要联系。

二、铜绿山古铜矿遗址的文化遗产价值

(一)中国早期铜矿采冶的代表

铜绿山古铜矿遗址是一处典型的矿冶工业遗产。1. 文化遗存年代久远,延续时间

① 李天元:《楚的东进与鄂东古铜矿的开发》,《江汉考古》,1988 年第 2 期。
② 卢本珊,华觉民:《铜绿山春秋炼铜竖炉的复原研究》,《文物》,1981 年第 8 期。卢本珊:《铜绿山春秋早期炼铜技术续探》,《自然科学史研究》,1984 年第 2 期。《铜绿山古代采矿工具初步研究》,《农业考古》,1991 年第 3 期。
③ 张正明,刘玉堂:《大冶铜绿山古铜矿的国属——兼论上古产铜中心的变迁》,张正明主编:《楚史论丛》(初集),湖北人民出版社,1984 年,第 60 页。
④ 刘建民:《铜绿山古矿冶遗址研究综述》,《湖北师范学院学报(哲学社会科学版)》,2010 年第 1 期。
⑤ 张忠培:《从过去走向未来——在纪念铜绿山古铜矿遗址发掘 40 周年学术讨论会上的讲话》,《江汉考古》,2014 年第 1 期。
⑥ 陈树祥:《关于早期铜矿业探索如何深化的思考——以鄂东南及铜绿山古铜矿遗址考古为例》,《南方文物》,2016 年第 1 期。
⑦ 徐少华:《铜绿山与盘龙城及中国早期青铜文明之关系》,《湖北理工学院学报(人文社会科学版)》,2014 年第 1 期。
⑧ 易德生:《科技考古视野下的商王朝锡料来源与"金道锡行"》,《中国社会科学》,2013 年第 5 期。易德生:《从科技考古角度再思考鄂东南地区古铜矿开采的年代》,《社会科学动态》,2018 年第 12 期。

长。铜绿山采矿遗址始采于商,不间断地开采千余年至西汉,隋唐时又复采。2. 采冶规模大,推测当时铜绿山古铜矿遗址产铜至少在 8 万至 12 万吨。1974 年至 1985 年发掘采矿(盲)井 302 口,平(斜)巷 128 条,井巷总长度约 8000 米,井巷使用支护木材超过 3000 立方米,挖掘矿料和土石量达 100 万立方米。春秋战国至汉代的地下采矿区 18 个,多处古代露天采坑,古代采场内遗留的铜矿石达 3 万至 4 万吨,堆积的废土石渣物高达 70 余万立方米。该区域发现冶炼遗址 50 多处,古炉渣 40 万至 50 万吨,鼓风炼铜竖炉 12 座。3. 采冶链完整。铜绿山古铜矿遗址涉及采矿—冶炼—铸造全过程,发现有采场、炼炉和工作台,还有井巷、通风设施和排水设施,出土有大量采矿工具和运输工具。4. 采冶技术水平高。该遗址所具备的采冶、铸造等青铜技术代表了中国早期矿冶的水平,是长江中游地区矿冶遗存的代表。

(二)见证青铜文化发展及长江中游文明进程

大冶铜绿山古铜矿遗址历史文化价值持续千年,是中国古代铜矿采冶的突出代表,见证了中国青铜文化发展,反映出先民的劳动智慧、先进的生产方式和生产创造能力。两周之际,铜是国家重要战略资源。对铜绿山铜矿的控制与采冶反映出政权的更迭、早期运输路线的变迁、经济社会的发展以及疆域的变化等,对于了解中国古代政治、经济、军事、文化具有重大意义。

铜绿山古铜矿遗址丰富的铜矿资源为楚国崛起提供了坚实的物质基础,支撑了楚国的军事扩张。《史记·楚世家》记载,楚国观兵于周疆,问鼎中原时,楚庄王与周定王使者王孙满对话时说"楚国折钩之喙,足以为九鼎"[1],可见当时楚国铜量存储巨大。楚国也为夺取铜矿资源而开辟出重要的交通要道,为此后楚国经略长江中下游及南方地区奠定了基础。

铜矿的开采助推了楚国青铜业的发展,楚国先民掌握了巨大的铜矿资源,拥有先进的技术,铸造出精美青铜器。郭德维指出楚人在青铜铸造技术上的创新求变,打破了中原地区的停滞状态,可看作是中国青铜铸造的第二个高峰。[2] 楚国青铜冶炼铸造技术也成为中国青铜器发展过程中的翘楚。

(三)反映了中国早期青铜科技发展的水平

铜绿山古铜矿遗址采冶延续千年,见证了中国古代铜矿冶炼业的发达,展现了中国

---

① [汉]司马迁:《史记·楚世家》,中华书局,1982 年,第 1700 页。
② 郭德维:《谈谈我国青铜铸造技术在楚地的发展与突破》,《中原文物》,1990 年第 1 期。

冶炼技术的水平。铜绿山古铜矿遗址中体现了中国古代采矿技术、洗矿技术和冶铜技术,在中国考古学上开创了矿冶考古学的分支。① 此外,大冶铜绿山古铜矿遗址还形成了独特的开采和运输模式,科学的通风和排水设施为采矿提供了便利和安全。铜绿山采矿从业者的墓地(四方塘墓地)中葬有矿冶工人、管理者、保卫人员等,反映了矿区内不同级别生产者的身份,墓葬规模和随葬品的差异显示了矿冶活动群体的等级和分工不同,对于还原古代的生产方式和劳动组织有重要的价值。②

铜绿山遗址古铜矿工业遗产的科学价值主要集中体现在开采和冶炼。其铜矿的开采技术主要包括:采用浅井和重砂分析法探矿;利用铜器、铁器等先进生产工具开拓井巷;利用榫卯、垛盘、鸭嘴结构等符合力学原理的井巷木支护技术;采用平巷、竖井、盲井相结合以及向上式方框支柱填充法的采矿方式;使用人工或木制机械辘轳提升;采用木水槽引地下水至集水井,然后用木桶等提升的简便排水方式;利用井口高低气压差通风并利用废弃巷道改变风向的先进通风方式;以油饱竹签作为照明用材的安全井下照明技术等。③ 铜绿山古铜矿遗址铜矿的冶炼技术主要包括:采用大量的氧化矿石,使用氧化矿石直接还原熔炼成铜的冶炼技术④。率先使用了鼓风竖炉炼铜,掌握了"硫化矿—冰铜—铜"的工艺。入炉物料比例适当,掌握了先进的造渣与配矿技术。这些铜冶炼技术在当时处于世界领先地位。⑤

综上所述,铜绿山古铜矿遗址铜矿的采冶不仅为国家政治、军事的发展奠定了物质和技术基础,而且见证了中国古代社会地发展,在中华文明上占据重要地位。铜绿山古铜矿遗址古铜矿工业遗产是中国古代矿冶生产的杰出典范,再现了古代中国矿冶技术的突出成就,其采冶技术是人类古代采冶技术的非凡范例,对中国乃至东亚地区的矿冶工业发展具有重要的推动作用。

三、铜绿山古铜矿遗址的申遗路径思考

工业遗产作为人类社会发展的重要历史见证,不仅体现了人类社会发展的历史进程,还承载着厚重的文化、社会和经济价值。根据国际相关宪章和准则,工业遗产包括工业革命及其以前的工业化发展过程中遗留下来的物质遗产和非物质遗产,矿冶遗产是历

① 陈树祥:《大冶铜绿山古矿冶遗址的科学价值解释》,《中国文化遗产》,2016 年第 3 期
② 陈丽新,陈树祥:《试论大冶铜绿山四方塘墓地的性质》,《江汉考古》,2015 年第 5 期。
③ 黄石市博物馆:《铜绿山古矿冶遗址》,文物出版社,1999 年。
④ 杨婧雅,韩昭庆:《鄂东南地区两周时期青铜产业链形成探析》,《理论月刊》,2018 年第 4 期。
⑤ 陈树祥,王峥:《楚国铜矿冶业历史进程的考古学探析》,《湖北理工学院学报》,2020 年第 1 期。

史上关于矿产探查、开采、选冶和制作中形成的一切工业遗存[①],是工业遗产的重要类型之一。如何更好地保护、利用、展示工业遗产也是拥有工业遗产资源国家应思考的问题。多国已针对本国工业遗产资源提出了保护利用和开发模式。如德国政府提供政策和奖金支持,学术界和非营利组织、社区共同参与历史研究和保护规划,最终将鲁尔区工业区遗址打造成既保留原有煤矿设施、建筑等独特煤矿工业遗迹风貌,又兼具博物馆、艺术中心、展览空间、餐厅和办公场所等实用功能的现代工业遗址空间。[②]

因此,我们对铜绿山古铜矿遗址保护利用和申遗有如下思考。

(一)做好遗产调查、评估和保护规划

湖北大冶铜绿山古铜矿遗址是中国古代冶铜遗址中的重要代表,它见证了中国古代冶铜技术的发展历程,具有重要的历史和科技价值。文物保护部门可制定综合性的保护策略,采取相应措施进行有效的保护、传承和利用。一是按照世界文化遗产的标准,划定铜绿山古铜矿遗址的核心区域与周边配套区域的范围,开展全面的考古和遗产调查和评估工作。二是制定综合保护规划、加强遗址管理。工业遗产的保护与可持续发展密切相关,当地政府在保护工业遗产的过程中,应注重实现经济、环境和社会的可持续性。听取文物保护部门的专业意见,确保遗址的原貌和环境的可持续性,限制不合理的开发活动。定期对遗址监测和维护,确保遗址保持完整。

(二)持续开展科学研究

加强科学研究,铜绿山古铜矿遗址价值重大,在中国历史文明进程和中国科技史上都有重要地位。但目前铜绿山古铜矿遗址的研究力量主要集中在湖北,研究成果主要是考古成果。一是学界可拓宽对铜绿山古铜矿遗址的研究深度与广度,联合考古学、历史学、文化遗产学、化学等多学科交流加强研究。此外加大文明史、科技史(矿冶史)方面问题的探讨,如运用化学方法对古铜矿遗址进行多视角分析等。在内容上,加强铜绿山古铜矿遗址产业链、铜矿早期生产关系与组织、遗址与早期中华文明的研究。此外还可加强对铜绿山古铜矿遗址文化遗产相关问题研究,尤其应加强铜绿山古铜矿遗址与已申报成功和预备名单项目之间的异同,提炼铜绿山古铜矿遗址突出的普遍性价值,完善申遗文本,尤其是做好铜绿山古铜矿遗址的文化价值解读和阐释,以推进铜绿山古铜矿遗址

---

① 单霁翔:《关注新型文化遗产——工业遗产的保护》,《中国文化遗产》,2006 年第 4 期。戴湘毅,阙维民:《世界遗产视野下的矿业遗产研究》,《地理科学》,2012 年第 1 期。

② 李蕾蕾:《逆工业化与工业遗产旅游开发:德国鲁尔区的实践过程与开发模式》,《世界地理研究》,2002 年第 3 期。

申遗进程。另外,也可以加强对铜绿山古铜矿遗址的科普工作,推出一批科研成果和普及成果。

(三)加快铜绿山古铜矿遗址申遗进程

铜绿山古铜矿遗址两度入选中国世界文化遗产预备名单,目前世界文化遗产申遗名额有限,因此要制定合适的申遗方案,争取早日申报成功。一是从典型性、普遍性、突出性和稀缺性提炼铜绿山古铜矿遗址的文化遗产价值。二是可突出长江中下游铜矿带概念,与江西瑞昌铜岭铜矿遗址、安徽铜陵铜矿冶炼遗址联合申遗。长江中下游铜矿带拥有着丰富的铜矿资源,在中国历史进程中扮演着重要角色。这三处铜矿遗址在采冶年代、采冶方法、采冶技术、运输路线各有特点,共同揭示了长江中下游丰富多样的铜矿文化遗产。研究表明,长江中下游铜矿带在商周时期供应了中原地区的一部分矿料和长江中下游本地矿料,这一发现反映了两地之间的文化交流并非单向被动接受,而是具有一定独立性。[①] 这种双向的资源交流和文化互动,为中原地区和长江中下游铜矿带的历史文明交融提供了证据。

再如黄石矿冶工业遗产丰富,遗址包括铜绿山古铜矿遗址与汉冶萍煤铁厂矿旧址、大冶铁矿东露天采场旧址和华新水泥厂旧址等。这些工业遗产历史悠久、遗址类型多样、空间分布集中、保护状况完整。以矿冶工业生产和生活为核心,时间跨度长,展示了矿业景观和工业技术成就,形成一个完整的工业整体,既是黄石地区发展的历史见证,又完整地展示了我国矿冶业的发展历史,是研究古代社会经济、科技和文化的重要文化遗存,可进行联合申遗。[②]

(四)展示铜矿文化

黄石地区有丰富的铜矿资源,以铜绿山古铜矿遗址为代表的矿冶遗产见证了这一地区的发展历程,构成了其独特的精神内核,因此铜矿文化展示在黄石的城市更新中扮演着重要角色。如增加铜构筑物和公共建筑中的铜构件等体现黄石的铜文化特色,融入独特的矿冶工业气质。激发场景活力提升矿业文化的参与度,可以构建综合性的矿业文化展示场所和活动。并在这些场所呈现丰富多样的矿冶相关展品、展览和演艺表演等。加强铜绿山古铜矿遗址公园与铜绿山古铜矿遗址博物馆可视化建设,展示相关文物、考古发现和研究成果。在展示方式上运用现代科技手段,创建 3D 动画展示空间,例如展示

---

① 刘海峰:《综论长江中下游铜矿带先秦矿冶考古》,《历史研究》,2020 年第 7 期。

② 李雨馨,李嘉妮,许凡:《世界文化遗产视角下的黄石矿冶工业遗产突出普遍价值适用标准及遗产构成探析》,《风景园林》,2022 年第 7 期

矿山采矿全貌、古代矿工采矿和冶炼场景等。通过使用 VR 等技术手段,还原当时的生产与生活场景,增加沉浸感和体验感,让人们更加深入地了解和体验矿业文化的魅力。通过整合城市资源,塑造具有矿业特色的城市风貌。

(五)鼓励公众参与保护

通过教育和宣传活动提高公众对文化遗产的认识和保护意识。针对不同受众群体,开展宣教活动,增强公众对大冶铜绿山古铜矿遗址的认知和文化意识。加强宣传推广工作,利用互联网、社交媒体等渠道进行宣传,提高遗址的知名度和影响力,提高大冶铜绿山古铜矿遗址的热度,共同守护与传承珍贵文化遗产,形成全社会共同参与的氛围。

文化遗产保护利用漫长而复杂,需要持续不断的努力和大量资源的投入。政府、学术界、专业机构和社会各界应该携手合作,共同努力,确保文化遗产得到妥善保护和传承,以促进社会的可持续发展和维护文化多样性。

文化遗产视域下铜绿山古铜矿遗址保护初探

刘　振[①]

摘要：铜绿山古铜矿遗址是我国重要的文化遗产，如何将它保护好、利用好、传承好是当代学人义不容辞的责任。文化遗产保护有两个重要原则，即原真性与完整性原则，落实到铜绿山古铜矿遗址的保护，应秉持就地保护、最少干预和不改变原状原则。

关键词：文化遗产；保护；铜绿山古铜矿遗址

1973 年考古工作者在湖北省东部、大冶市西南，发现了铜绿山古铜矿遗址，该遗址是迄今为止我国延续生产时间最长、开采规模最大、内涵最丰富、保存最完整的铜矿开采和冶炼遗址，是中华民族青铜文明的标志性象征，在世界冶金史上有举足轻重的地位[②]。铜绿山古铜矿遗址是古人留下的丰厚文化遗产，如何将它保护好、利用好、传承好是当代学人的任务与使命。铜绿山古铜矿遗址被发现以来，保护工作经历一波三折，但经各界不懈努力，克服重重困难，遗址保护利用再次迎来大的发展机遇。关于铜绿山古铜矿遗址保护的措施等方面有前辈论述在前[③]，拙文从文化遗产角度谈几点思考。

一、铜绿山古铜矿遗址的保护现状

铜绿山古铜矿遗址地处长江中游，位于黄石市大冶城区西南 3 公里处。铜绿山古铜矿遗址包括了铜绿山、大岩阴山、小岩阴山、蛇山、破钟山、柯锡太、乌鸦扑林塘、螺狮塘等遗址群，面积近 2 平方公里。

[①]　作者单位为武汉大学长江文明考古研究院。

[②]　陈树祥等：《大冶铜绿山古铜矿遗址考古新发现与初步研究》，《湖北理工学院学报（人文社会科学版）》，2012 年第 6 期。

[③]　主要有：陈中行：《探讨大冶铜绿山古铜矿遗址保护》，《中国文物科学研究》，2010 年第 3 期；谭元敏等：《关于铜绿山古铜矿遗址保护管理的思考》，《湖北理工学院学报（人文社会科学版）》，2017 年第 5 期；陈建立等：《古代矿冶遗址的研究与保护》，收入《中国文物保护技术协会第五次学术年会论文集》，2007 年。

在现代矿区内的 12 个矿体中,古人都进行过不同程度的地下开采。地表遗存的古代炼渣多达 50 吨,被发掘的古代炼炉有 7 座。此外,许多有价值的遗迹和古迹被发掘,包括遗留的木结构的竖井和巷道,随同出土的生产和生活用具上千件,有探矿、采掘、木铲、辘轳、选矿、排水等各种开采工具。从商代晚期一直到汉代,该遗址当时的开采和冶炼技术均达到了相当高的水平。在开采方面,矿井深度达 60 余米,并成功地解决了井下通风、排水和照明等一系列较复杂的技术问题。在冶炼方面,古代工匠们已较熟练地掌握了炼铜鼓风竖炉的构筑、矿料的筛选、炉温的控制等一系列的复杂工艺[①]。

1973 年被考古工作者发现后,铜绿山古铜矿遗址即刻得到了保护。1981 年铜绿山矿产公司依照矿山生产服从于文物保护的原则,将古矿埋藏丰富并且具有代表性的 7 号矿体作为古铜矿遗址永久保存,在其范围内停止现代采矿作业。1982 年铜绿山古铜矿遗址被国务院列为全国重点文物保护单位。1984 年在 7 号矿体上建成了我国首个矿冶遗址博物馆。1994 年铜绿山古铜矿遗址被列入联合国教科文组织《世界文化遗产名录》预备清单。2012 年以铜绿山古铜矿遗址为核心的"黄石矿冶工业遗产"被正式列入《中国世界文化遗产预备名单》。2013 年铜绿山考古遗址公园被列入第二批国家考古遗址公园立项名单。

二、文化遗产的保护原则

2012 年以铜绿山古铜矿遗址为核心的"黄石矿冶工业遗产"被正式列入《中国世界文化遗产预备名单》。联合国科教文组织对于文化遗产评选有一系列的标准,其中最重要的是:遗产有突出的普世价值,且得到了原真性和完整性的保护。铜绿山古铜矿遗址及黄石矿冶工业遗址的普世价值不再赘述,现从文化遗产的角度谈谈原真性原则和完整性原则。

(一)原真性原则

在遗产学中,中文的"原真性"译自于英文的"authenticity",其含义包括真正的、真实的、原初的、诚实的、神圣的[②]。国内也有"真实性"或"本真性"等不同译法。但从遗产保护的角度来看,"原真性"所表达的"原初性"与"真实性"理念更能体现遗产的主体性原

---

① 湖北省文物考古研究所等:《湖北省大冶市铜绿山古铜矿冶遗址保护区调查简报》,《江汉考古》,2012 年第 4 期。

② 徐嵩龄:《第三国策:论中国文化与自然遗产保护》,科学出版社,2005 年,第 105 页。

则。任何一种遗产都是由特定的民族、族群和人群共同体所创造、认同、传承的结果,融入了他们的主体价值和认知,因而保护遗产的"原真性"也是对遗产主体及其文化的认同与肯定。遗产的"原真性"问题是一个重要的学术问题,下面简单介绍国际学界对原真性概念的丰富与发展。

原真性概念最初出现在《威尼斯宪章》。《威尼斯宪章》提出"将文化遗产真实地、完整地传下去是我们的责任",强调了文化遗产的保护不仅要保护"最初的状态",而且应保护"所有时代留下的文化精华",以及历史古迹周围的环境等。这充分表达了文化遗产保护的原真性概念的内涵①。

1994年,原真性概念继而在《关于原真性的奈良文件》中得到了更为详细的阐释。该文献提出从文化多样性与遗产多样性角度来理解遗产原真性问题,认为文化遗产的原真性既包括原初性的遗产要素,也包含与之相关的文化信息的可信度与真实性。这些与遗产原真性有关的信息主要包括:遗产的形式与设计、材料与材质、利用与功能、精神与情感,以及其他内在因素与外在因素②。

另一部对原真性概念有重要影响的文献是澳大利亚国际古迹与遗址理事会制定的《巴拉宪章》。这部国家级文化遗产保护法规对文化遗产的内容、分类及保护对象进行了扩充,丰富了遗产的文化价值和原真性概念的内涵③。

伴随人们对遗产概念及保护理念的认识不断提升,原真性概念的内涵与外延也不断丰富,对原真性概念的不同解读推动了国际遗产界对遗产原真性理解的多元化。《世界遗产公约行动指南》将遗产的文化价值认证直接与遗产的原真性原则联系起来,并明确指出遗产申报必须经受"原真性检验"。坚持原真性原则,已经成为文化遗产保护中的重要准则。

(二)完整性原则

"完整性",表示尚未受人干扰的原初状态。在遗产的保护实践中,完整性原则首先出现在国际保护联盟对自然遗产提出的标准中。其后,《世界遗产公约行动指南》对文化遗产的完整性原则进行了更为详细的解释。

在文化遗产的保护实践中,完整性原则非常重要。主要体现在:(1)文化遗产的保护既包括保护遗产本身,也涵盖与之密切相关的生存环境。建筑、城市、街区、景区或考古

① 国家文物局法制处编:《国际保护文化遗产法律文件选编》,紫禁城出版社,1993年,第162—165页。
② 彭兆荣:《文化遗产学十讲》,云南教育出版社,2012年,第228页。
③ 张朝枝:《旅游与遗产保护——基于案例的理论研究》,南开大学出版社,2008年,第52—55页。

遗址等应当尽可能保持自身组成部分和结构的完整,及其与所在环境的和谐、完整性。(2)完整性还包括文化遗产所具有的历史、科学、情感、价值等方面的内涵和文化遗产形成的要素①。

　　遗产的存续需要良好的保护与管理。在文化遗产保护中,坚持原真性原则与完整性原则的目的是促进遗产真实、完整地传承下去,强化遗产与其文化主体之间的内在联系,从而构建遗产与其文化主体、生态环境之间的和谐关系。而目前,伴随开发、旅游的盛行,遗产的原真性、完整性保护日益受到多方力量的挑战。那么,在坚持原真性与完整性保护原则的前提下,如何协调好遗产保护与开发利用的关系、"解构式"保护与整体观之间的关系、遗产保护与市场经济的对接问题等,还有赖于遗产与自然和生态、遗产与国家和地方等诸多关系的良性互动。

三、铜绿山古铜矿遗址的保护遵循

　　原真性和完整性是国际文化遗产保护最重要的两个原则,具体到我国文化遗产保护以至铜绿山古铜矿遗址保护,应坚持以下三个原则。

(一)就地保护原则

　　1968年11月19日,联合国教科文组织大会第15届会议通过《保护受到公共或私人工程危害的文物建议案》,提出"为保护历史的联系和延续性,各成员国应对受到公共及私人工程危害的文化遗产实行就地保护原则,并给予优先考虑"。《考古遗产保护与管理宪章》指出:"考古遗产管理的总体目标应该是古迹与遗址的就地保护,包括对一切相关记录与藏品的长期保管。将遗产的任何组成部分转移至新的地点的行为,都有悖于就地保存原则。"这一原则保障了国家对辖区内有形遗产的所有权,并要求缔约国有责任保护好所在区域的有形遗产。对于文物、遗址、古迹,就地保护兼顾了遗产保护的整体性的大原则,保护了历史的完整性、延续性。

　　1980年、1981年连续两年,国家文物局、国家冶金部和湖北省文化局联合在黄石市先后两次召开铜绿山古铜矿遗址保护座谈会,会议纪要确定将有代表性的铜绿山7号矿体永久保存,不再露天开采,这是铜绿山就地保护的初次践行。铜绿山古铜矿遗址分布范围广,与现代开采中的矿体密不可分,1983年有关方面出于经济利益考虑,提出异地搬迁保护的请求,围绕7号矿体的就地保护与搬迁保护开始了长达8年的论证之路。

---

　　①　于海广,王巨山:《中国文化遗产保护概论》,山东大学出版社,2008年,第112页

1991 年国务院明确下文对铜绿山 7 号矿体进行就地保护,同时批准铜绿山古铜矿遗址保护范围为 5.3 公顷。从此铜绿山古铜矿遗址明确了就地保护原则,这也是今后需要继续坚持的遵循。

(二)最少干预原则

1964 年 5 月第二届历史古建筑师及技师国际会议,通过的《威尼斯宪章》明文规定"保护与修复古迹的目的旨在把它们既作为历史见证,又作为艺术品加以保护",该宪章认为,对有形遗产的保护应以日常保护为主,不进行任何添加,修复的目的也只在于保存和展示古迹的审美价值与历史价值,并以尊重原始材料和确凿文献为依据,而不能有丝毫臆测。其所规定的古代建筑的保护与修复指导原则,被概括为"最少干预原则",成为之后有关国际文件共同遵循的原则。

最少干预原则是指保护需要尽可能少地对遗产进行干预,不但要保护性修复,还要避免人为破坏。铜绿山古铜矿遗址在历史上曾遭到不同程度的破坏。铜绿山古铜矿遗址区的相关方对遗址价值认识迥异,加上早期保护管理职责不明,相关企业和个人将法律政令置若罔闻,擅自越界采矿或盗采 7 号矿体,导致遗址本体和环境遭受严重破坏,产生了不良影响。2006 年铜绿山古铜矿遗址从候选了 10 多年的《世界文化遗产名录》预备清单中撤了下来。2007 年 7 月 1 日,遗址博物馆也因出现地表开裂等严重险情而不得不闭馆整顿。这些是相关方没有遵循最少干预原则,导致遗址遭到破坏,产生严重后果。

(三)不改变原状原则

《中华人民共和国文物保护法》第 21 条、第 26 条规定:"对不可移动文物进行修缮、保养、迁移,必须遵守不改变文物原状的原则";"使用不可移动文物,必须遵守不改变文物原状的原则"。"不改变文物原状"原则是中国文物界保护实践与理论的长期总结,其理论承继了"最少干预原则"尊重历史、注重传承的保护理念,其原则包括保存现状和恢复原状两个方面,主要强调只对出现险情的文物、建筑等局部使用防护加固和原状整修手段。我国文化部 1986 年颁布实施的《纪念建筑、古建筑、石窟寺等修缮工程管理办法》中认为:"不改变原状"的原则,系指不改变始建或历代重修、重建的原状。这是原真性、完整性的另一要求,同时也是最少干预原则的逻辑延伸。

2010 年《湖北省大冶市铜绿山古铜矿遗址保护规划》获得国家文物局和湖北省人民政府的批准。规划中的遗址保护区的面积比之前公布的保护范围扩大了 100 多倍。铜绿山遗址核心区的 7 号矿体北麓 230 亩山坡地也由大冶市政府征购,规划为绿化地带。

铜绿山古铜矿遗址的就地保护、打击盗采和扩大保护范围是就地保护原则、最少干预原则和不改变原状原则的实践,也是以后工作的遵循。

四、结语

习近平总书记指出:"历史文化遗产承载着中华民族的基因和血脉,不仅属于我们这一代人,也属于子孙万代。要敬畏历史、敬畏文化、敬畏生态,全面保护好历史文化遗产。"铜绿山古铜矿遗址近十年连续入选国家文化项目建设名单,2012 年第二次入选《中国世界文化遗产预备名单》,2013 年被国家文物局公布为第二批国家考古遗址公园立项项目,2021 年被国家文物局列入《大遗址保护利用"十四五"专项规划》。新时代下铜绿山古铜矿遗址遗产保护迎来了新机遇,我们要以习近平总书记关于文化遗产保护的一系列重要讲话为指导思想,贯彻落实"保护为主、抢救第一、合理利用、加强管理"的方针,坚持保护为主的原则不动摇,切实将铜绿山古铜矿遗址保护好。要加快推进国家考古遗址公园建设,加快申报世界文化遗产的步伐,让铜绿山古铜矿遗址在新时代创造性转化、创新性发展,挖掘遗址所蕴含的独特文化魅力,讲好青铜文明的中国故事。

古今纵谈

异彩纷呈的长江流域青铜文明

李敏瑞　刘礼堂[①]

长江流域保存着丰富的青铜文化遗存。长江中游的盘龙城出土大量早商青铜器,长江上游的成都平原三星堆遗址和长江中游的江西新干大洋洲大墓遗址均发现大批晚商青铜器,长江中游的湖南宁乡等地出土晚商礼乐青铜器,长江下游江苏宁镇也发现一批具有本地特征的西周时期青铜器,均代表了长江流域精湛的青铜工艺水平。笔者围绕长江流域青铜文明从以下三个方面予以论述。

一、在继承与创新中发展

长江流域青铜文明为何如此发达? 青铜器形成发展过程非常复杂,长江流域青铜文明的产生有着许多方面的前提和因素,包括大量定居的居民(劳动力)、生产力提高、农业和手工业在分工中形成具备相当规模的生产协作。

商周时期,青铜器对奴隶主贵族来说至关重要,这也酿造了其灿烂的青铜文化。《左传·成公十三年》云"国之大事,在祀与戎"。青铜器是贵族世家的标志、庙堂祭祀不可或缺的宝器,宗庙祭祀需要大量的青铜器,商周时期贵族因其与某些祖先血缘关系的远近,决定其在祭祀祖先的场合中所使用的青铜礼器的数量与种类,据此显示贵族身份地位等级的高低。清代史学家阮元曰:"器者所以藏礼"(《研经室集》卷三《商周铜器说》),即言青铜器为社会秩序和制度的物化形式。在方国征伐中,又需要数量众多的青铜兵器,以占据武力优势,获得地域霸主地位。

从物质条件看,长江流域有着丰富的矿藏资源。长江流域的彭县、庐江、铜陵等地皆有大规模铜矿,可以满足青铜冶炼业所需。位于今湖北鄂东的大冶铜绿山古铜矿遗址是长江流域青铜文明的发祥地之一,考古工作者经过 1974—1985 年、2011—2018 年两轮发掘揭露了铜绿山从商周、东周至西汉、唐代的如迷宫般层层叠叠的 8000 米长古代采矿井巷,从商代到汉代的铜矿开采已从露天开采发展为地下井巷开采,浅井探矿和重砂分

---

① 作者单位为武汉大学历史学院。

析等地下采矿技术日趋完善;春秋时期,铜绿山已形成山上采矿、山下冶炼的生产格局,出土的战国鼓风冶铜竖炉、汉代冶炼炉、宋代炒钢炉、清代炉窑等矿业生产遗址和遗物可以管窥当时热火朝天的冶炼场景。铜绿山矿区自古以来开采量巨大,从冶炼遗址上堆积的厚厚炉渣可推测,矿区所炼铜料共可铸造 3.2 万套重达 2.5 吨的曾侯乙编钟。铜绿山古铜矿遗址是我国目前已发现的古矿遗址中延续生产时间最长、开采规模最大、内涵最丰富、保存最完整、采冶技术水平最高的一处遗址,在世界冶金史和世界矿冶文化史上有着举足轻重的地位,是中华民族青铜文明的标志性象征。此外,长江流域拥有用于大规模采矿、运输、冶炼和铸造的人力资源,能够承担铸造时所需的相当规模的社会协作,还有燃料、交通和作坊等,使得青铜器铸造能拥有必需的物质保障。

从铸造技术看,长江流域青铜制作技术较为先进,工艺不断提升。长江流域出土的很多新石器时期的高质量陶器,说明当时烧制陶器技术先进,这为青铜冶炼温度和器物造型打下坚实的基础。同时,由于二里岗文化时期的一支商人来到长江中游,带来了先进生产技术,长江流域的青铜铸造技术得到长足发展。构造古矿井、制作陶范、失蜡法浇铸工艺和铸造过程的生产组织与规模等都有所提升,可以造出造型硕大显赫、庄严肃穆、纹饰富丽瑰奇的青铜器物。在二里岗文化扩散而产生的影响和刺激下,长江流域青铜文明在吸纳、承继与创新中特色化地发展起来。

二、形成系统性发展的青铜文化体系

长江流域青铜文明的代表性遗址有哪些? 长江上游地区,以三星堆文化为代表的巴蜀文明是中国文明多元一体结构中的重要组成部分,是夏商时代长江流域青铜文明和城市文明的卓越代表,在中国文明史上占有十分突出的地位。四川广汉三星堆遗物坑出土的青铜器种类有礼器、兵器、人像、人头像、面具、青铜树等,大量青铜人物铸像、社树及金杖等祭祀用品是三星堆青铜文化中最具特色之物。

长江中游地区的湖北黄陂盘龙城遗址被誉为"长江流域青铜文明之源",是长江中游地区最早发现的商代青铜文化遗址,为长江流域青铜文明中心,亦是长江流域已知的布局最清晰、遗迹最丰富的早商城址。遗址出土鼎、甗、鬲、觚、斝、爵、盉、罍、盘、簋、卣等青铜器多达 351 件,数量和规制明显表现出属于三或四个不同的等级。其中的青铜圆腹大圆鼎、雕花钺形器等青铜器都是中国文物中的极品,向世人昭示着盘龙城创造的青铜文化异彩纷呈。另外,赣中地区的江西新干大洋洲大墓出土的礼器、乐器、兵器、工具等各类青铜器 480 余件,器物类别之多、样式之复杂在整个长江流域独树一帜。出土的大量高大且相配成套的青铜重器堪与安阳小屯部分商墓相媲美。不似盘龙城与中原商文化铜器的高度吻合,江西新干大洋洲大墓出土铜器既有与中原商文化铜器相同的地方,但又具有鲜明的个性且年代早晚跨度较大。

长江下游地区的江苏宁镇地区出土的青铜器有鼎、甗、簋、罍、爵、瓿、卣、尊等,但这里大批集中的出土物不多,缺少勾勒其文化面貌的特色器物,多为模仿中原礼器的铜器,只是形态和纹饰增加了一些几何形图案,体现了南方地区印纹陶的传统,其时代较三星堆、盘龙城、大洋洲青铜文化的兴起时间较晚,大概为商周之际兴起的吴文化。未出现大规模青铜铸造业的迹象表明长江下游地区虽然也受到二里岗文化的影响和刺激而铸造青铜器,但处于较低的发展阶段,可见,早商文化在向南扩张中,不同地区受到的影响是通过不同模式完成的,其影响和刺激对不同地区的程度和造成结果不同。

除了以上代表性的发现外,四川彭县竹瓦街,安徽屯溪,江苏丹徒烟敦山,湖南洞庭湖周围的宁乡、湘潭、安化等地区比较集中地出土了青铜器。这些发现虽未有通常意义的大型居址,但也出土过很多大型铜铙,动物造型的铜尊、铜卣等许多风格特殊的青铜器,如人面纹方鼎、四羊方尊、象尊、牛尊、虎纹大铜铙、"覃父癸觯"、龙虎尊、三羊罍等形形色色动物造型名器、重器,学者对这些青铜器的性质、族属等问题意见不一,然而不论是何情况,器物文化特征显示其是商文化影响下,糅合鲜明地方特征而产生的。

长江流域不同区域发掘的青铜器间存在着许多较为明显的共性,相对而言,器类比较单调,有长期使用一类或几类器物的传统,普遍缺乏中原常见的瓿、爵等饮器,铜器上少有铭文,艺术风格多塑造写实风格的动物造型。从上游、中游及下游出土的一些器形和纹饰都基本相同的器物如大口尊和罍来看,这些共性特征正是与中原铜器不同的、地方性特点,这表明长江流域上、中、下游间存在密切联系与共同传承,对中原文化是有选择性的吸纳。

三、激发了流域间青铜文明交流与互鉴

长江流域青铜文明的辐射力究竟有多大?自 20 世纪 70 年代以来,长江流域的商周考古工作不断有重大发现。长江流域的青铜文明是中国古代青铜文明的重要组成部分。

长江流域青铜文化融入了中华礼乐文明。阮元谓:"器者,先王所以驯天下尊王敬祖之心,教天下习礼博文之学。……先王使用其才与力与礼与文于器之中,礼明而文达,位定而王尊,愚慢狂暴好作乱者鲜矣。"(《研经室集》卷三《商周铜器说》)说的就是礼制、才学、文献和力量都蕴含于青铜器物中,彰显昌明的礼制与发达的文化。礼制保证等级关系、维系社会秩序,令宗法为纽带的社会统治系统更加稳固,是治国安邦之根本,亦为传统中国文化的模式。礼器则成为国家权力的象征和等级关系的标志。不仅周王朝所分封的同姓封国遵循礼制,周边异姓封国和边缘地区亦效仿沿袭。长江流域居住的苗蛮、百越、巴蜀早在原始社会后期就出现了发达的祭祀文化,至商周时期,在礼的模式驱动下,也纳入了礼制文化的大系之中,与中原结成了统一的礼制文化共同体。长江流域青铜文明的发生、发展见证了这一发展过程,长江流域各遗址发掘的一些青铜器物的广泛

一致性反映了流域内各区域对礼乐文化的共同认同,所包含的政治内涵、思想内涵、文化内涵及等级观念、等级制度与中原礼制文化相统一,反映了从商周至秦汉,长江流域礼乐文化的发生、发展过程。在政治法则、宗教信仰等方面的信仰趋同,是长江流域各区域融入华夏文化圈的物化表现,所以,长江流域发达的青铜文明是中国古代礼乐制度的物化象征,是礼乐文明昌达显盛的体现,促进了华夏民族多元一体的文化认同。

长江流域青铜文明促进了流域内各区域文化特色化发展,激发了流域间青铜文明的交流与互鉴。商周时期,长江上游的四川盆地、中游的两湖地区、下游的江南地区都比较普遍地出现了特色化发展的青铜文化,诸遗址出土的青铜器除了吸收中原商文化的铸造技术和相关知识外,更多地似乎主要模仿中原文化器物的物化表层,器物中所蕴含的深厚价值观念则更多地体现了地域特色;至周代,长江流域的青铜文化与黄河流域青铜文化逐渐融为一体,但依然保持了花纹细密、刻意求繁等长江流域一致性的流域特征。

同时,长江流域文化与中原文化建立的相互沟通、共同发展的有机联系,与中原青铜文化进行互动性交流,对中原青铜文化产生了异乎寻常的影响。长江流域青铜器的纹饰风格和器类对北方影响十分明显,如最早出现于安徽阜南、长江上游、中游及下游均存在且反映南方民族信仰的虎食人母题,对北方铜器纹饰产生了明显影响。直到安阳时期,中原地区才出现同样的纹饰。但中原地区只将此纹样吸收为表层因素,并不塑造虎与人的全躯,或用在鼎耳等次要部位,或移植到兵器、车器上。中原地区青铜器的一些具有写实风格的器类被一些学者认为来自南方,如安阳妇好墓中出土的一对鸮尊。再如,西周中期以来,以长江流域铜铙演化的甬钟为代表的青铜器对西周文化产生了重要影响,成为中原青铜器重要礼乐器物组合,中原青铜器不仅吸收这类器型,也经历了吸纳长江流域宗教信仰与价值观念的变革过程,这种传播说明长江流域青铜器的纹饰、器型和器物组合扩散影响中原地区的同时,也将相关铸造技术、经验以及器物所包含的世界观、信仰观念与社会政治理念也都传播开去。周文化在吸收来自长江流域青铜文化各类因素的同时,又逐步将新的编钟、动物造型等融入周人礼仪和葬俗,成为周文化的重要组成部分,并随着对北方地区文化的统一而广泛传播开来。

采空区对铜绿山古铜矿遗址的影响分析

陈剑文　张　鑫　王石林　蔡旭旸[①]

摘要:铜绿山古铜矿遗址是中华民族和人类历史文化的瑰宝,2008年和2016年开展的物探工作表明古铜矿遗址附近存在采空区,对遗址的安全造成了一定的影响。本文根据上述两次物探工作揭示的采空区分布情况,建立数值分析模型,分别从静力和动力两方面分析采空区对古铜矿遗址的稳定性影响。结果显示,古铜矿遗址的变形影响外因中,北段露天采坑东帮变形、遗址及邻近区分布的采空区、采矿爆破振动等三个因素占据主导地位;采空区的存在,可能对遗址造成较大影响,须加强对遗址区的综合监测。

关键词:铜绿山铁矿;采空区;数值模拟;爆破振动

一、引言

铜绿山古铜矿遗址位于大冶市城区西南部3km,新划定的保护区范围东至三里七湖西岸,西至铜山村,北至长流港南侧,南至铜绿山铜铁矿路线,现保护面积5.557km²。现有考古研究证明,铜绿山的开采历经夏、商、周、春秋战国、汉、唐及现代,延续时间达4000多年,是中华民族和人类历史文化的瑰宝。

遗址区属丘陵和湖盆区地貌单元,位于大冶湖湖盆地南部边缘的丘陵残丘区,北靠大冶湖,西邻青山河,洪水期三面环水,呈一半岛直插湖中[②]。矿山开采前地形南高北低,海拔14.5~58.15m,地形坡度0°~30°。现矿区内地形、地貌因矿山开采有了较大的改变,矿山浅部矿体露采后已形成了南北两个露采坑。

受周边大规模不规范开采影响,2006年下半年铜绿山古铜矿遗址区出现了大范围的地面开裂,严重威胁到遗址的安全。前人采用现场调查与数值模拟等方法分析认为现

代不规范、无序采矿是造成遗址地面开裂的主要原因[①]。为了遗址的安全,大冶市政府关停了遗址区周边小矿山;2007年5月,铜绿山铜铁矿山全面停止露天生产作业;2009年,大冶有色金属有限责任公司提出了古铜矿遗址保护的综合治理措施;2010—2012年,大冶市铜绿山铜铁矿矿山地质环境治理项目实施;2017年,大冶有色金属有限责任公司提出利用选矿厂尾矿对露天采坑进行胶结充填。上述措施对控制遗址区的地面开裂起到了积极作用,但我们仍需注意的是,2013年3月,铜绿山古铜矿遗址又出现了多条裂缝,因此有必要探讨采空区对遗址区地面变形的影响,为古铜矿遗址的保护提供资料。

本文根据岩土力学研究所(2008年)与中南地质勘察院(2016年)前后两次进行的采空区勘探成果,分析了铜绿山古铜矿遗址区采空区分布情况,结合遗址区工程地质条件,构建数值模型。结合获取的采矿爆破振动监测数据,分别开展静力和动力条件下典型采空区对古铜矿遗址的变形影响分析,在此基础上提出了铜绿山古铜矿遗址的保护建议。

二、采空区分布情况

铜绿山古矿遗址核心区下面存在古人浅层采空区和近现代民采(盗采)形成的采空区。

2008年3月,中国科学院武汉岩土力学研究所综合钻孔资料、瞬变电磁法、地质雷达探测结果及CT成像的物探资料,推定编号R1-R9的异常带为采空区(此处所言的采空区并非完全意义上的空区,而是指矿体、空区与充填物的混合体)如图1所示。

2016年5月,中国冶金地质总局中南地质勘查院通过瞬变电磁法和浅层地震映像法相结合的综合物探方法探测铜绿山古矿遗址深部可能存在的坑道及采

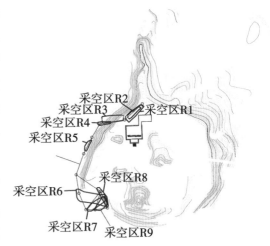

图1 推断采空区异常分布(2008.3)

空区位置、埋深、规模等,并提交了《湖北省大冶市铜绿山古矿遗址地面变形地质工程勘察物探工作报告》。此次工作圈定4个瞬变电磁高阻异常区和13个与高阻异常对应的地震异常,推断这些异常为深部高电阻率岩体或采空区(如果采空区无水)的反映。

2016年5月圈定的上述异常带中,R8异常相对较长,位于位于物探线190—310之

① 刘佑荣,陈中行,胡斌等:《大冶铜绿山古铜矿遗址裂隙成因研究》《湖北理工工学学报(人文社会科学版)》,2014年第1期,第7—14页。李红利:《铜绿山铜铁矿地质环境恢复治理实践》,《现代矿业》,2021年第8期,第236—238页。

间,异常中心高程 5m～－20m,形态为似圆形和椭圆形,异常大小为 5m×5m～20m× 20m,综合推断异常为采矿坑道(局部可能有水)。由于 R8 异常有分支围绕在遗址周围, 可能对遗址造成较大影响。

湖北省大冶市铜绿山占矿遗址地面变形地质工程勘察综合推断解释平面图

图 2　综合推断平面异常带分布(2016.5)

三、模型建立

本次数值模拟主要分析采空区对古铜矿遗址的影响。采空区的位置及尺寸依据《黄石市铜绿山古矿遗址地面变形调查物探工作报告》(中国科学院武汉岩土力学研究所, 2008.3)。

根据铜绿山古铜矿遗址区的工程地质条件和采空区空间位置,选取靠近遗址的 R1- R5 采空区,向古遗址博物馆方向切取三个剖面,对其所关联的 R1-R5 采空区进行二维剖面建模(如图 4 所示)。

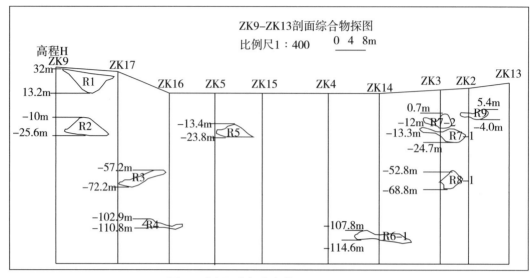

图3 采空区空间分布关系(ZK9-ZK13)

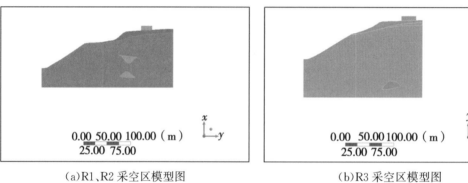

（a）R1、R2 采空区模型图

（b）R3 采空区模型图

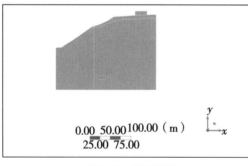 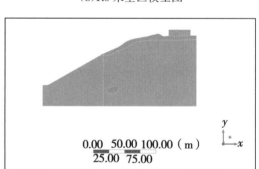

（c）R4 采空区模型图

（d）R5 采空区模型图

图4 R1-R5 采空区模型图

岩土体材料力学性质采用 Mohr－Coulomb 模型，岩体物理力学参数如表1所示。

表1 模型力学参数取值表

工程岩组	密度/(kg/m³)	弹性模量/GPa	泊松比	黏聚力/MPa	内摩擦角/°	抗压强度/MPa	抗拉强度/MPa
强风化花岗闪长斑岩	2060	0.15	0.3	0.02	20		
中风化花岗闪长斑岩	2600	10.5	0.14	0.343	34	12.95	0.328
新鲜花岗闪长斑岩	2700	26.5	0.26	0.6	36	47.76	3.5
磁铁矿矿石	3900	20.0	0.17	0.588	36	21.12	3.0
大理岩	2700	24.0	0.2	0.4	34	9.93	1.8
矽卡岩	2600	7.44	0.27	0.294	28	3.69	2.8
斜长石岩	2600	7.2	0.25	0.196	28	3.98	2.0
充填体	2000	6.0	0.24	0.03	26		0.1

数值模型侧面限制水平方向移动,底部限制水平方向和竖直方向约束,初始地应力仅考虑自重应力影响。

四、采空区影响静力分析

(一)初始应力场

矿体开采过程中,因地应力重新分布,将在围岩周围形成扰动带而导致围岩变形,为模拟该过程产生的形变,假设围岩属于均匀、连续的介质体,岩土体自重作为模型初始应力条件。

分析采空区之前,需要对模型的初始应力场进行计算得到初始自重变形位移结果,然后利用插入命令流与求解方案组合的形式,清除初始自重带来的变形位移,进而分析采空区开挖后各个模型的变形位移情况。

(二)R1、R2 采空区分析

在各个模型中依次对采空区顶部、遗址区底部和填土区坡脚处布设相应监测点、位移监测曲线,如图5所示。

在有限元软件中输出模型位移变形等结果如图6所示。

由位移云图(图6)可知,R1采空区形成后,周边变形值在1~6cm左右,R1采空区顶部竖向最大位移约为6cm。R2采空区附近总变形范围约为1~3cm,其中最大变形出现在采空区顶部附近。值得注意的是,博物馆西侧存在因人工填土形成的人工边坡,根据位移云图形态,当下部采空区形成后,将对该处的边坡稳定性产生影响。根据数值模拟设定的监测数据,填土区边坡变形范围在1~5cm,而在与采空区同一竖直方向上的填土区域,有最大变形值 4.5cm 左右。由此可知,采空区开挖对上部填土边坡稳定性产生一定的影响,使其向露天采坑边坡移动的趋势。遗址区底部变形范围在 1~3cm 左右,且顺填土边坡方向有增大趋势。

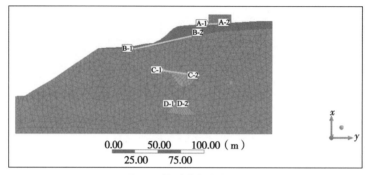

图 5　监测路径布置图

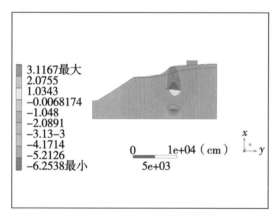

（a)R1、R2 采空区竖向位移图

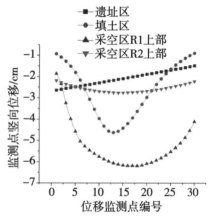

（b)R1、R2 采空区监测点竖向位移图

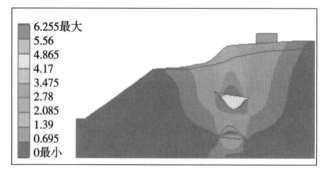

（c)R1、R2 采空区总位移云图

图 6　R1、R2 采空区变形图

根据等效塑性应变分布(图 7),遗址区底部出现的塑性区,并且与填土边坡侧塑性区贯通。当填土边坡产生向露天边坡的滑移时,可能使遗址区底部产生同方向的位移变化,进而导致遗址区底部地面出现开裂情况。

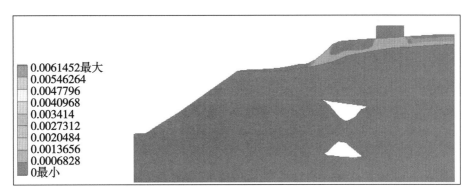

图7　R1、R2 采空区等效塑性应变区分布

(三)R3 采空区分析

模拟结果表明(图8),R3 采空区附近变形最大,顶板附近位移变化为 7~8cm。填土边坡平缓处位移变化较小,自坡脚往上位移逐渐变大,后数值趋于稳定,约为 3.5cm 左右,遗址区底部位移变化大约为 3cm。

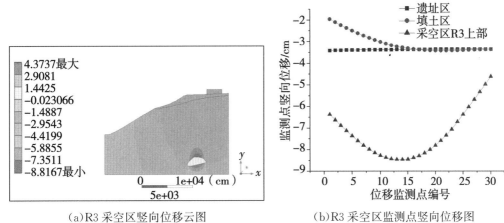

(a)R3 采空区竖向位移云图　　　　　(b)R3 采空区监测点竖向位移图

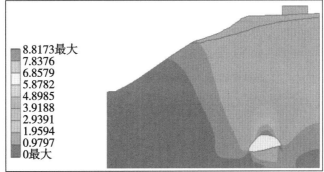

(c)R3 采空区总位移云图

图8　R3 采空区变形图

根据等效塑性应变分布图(图9),R3采空区围岩塑性区分布范围较小,稳定性相对较好。填土边坡的较陡处下方有塑性区产生,并与遗址区底部的塑性区有贯通的发展趋势。遗址区底部可能会产生向边坡侧变形发展。

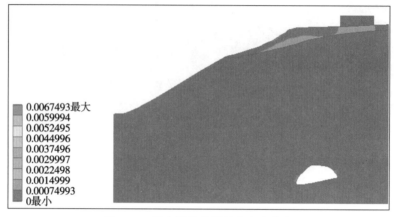

图 9　R3 采空区等效塑性应变区分布

(四)R4 采空区分析

由图 10 可知,R4 采空区形成后,顶板附近最大竖向位移 7.4cm 左右,底部隆起位移 3~4cm。填土边坡总体位移变化范围在 1~2cm,且靠近露天采矿方向有增大趋势。

R4 采空区附近塑性应变小(图 11),采空区基本呈稳定状态。露天边坡区域未出现塑性区,整体呈现较安全状态。填土边坡与露天采矿边坡交界处地势较平缓,呈现较稳定状态。大范围塑性区出现在遗址区底部,且与填土边坡底部塑性区有贯通趋势发展,填土区边坡仍有向西侧的变形发展趋势,长久发展有可能使遗址区地面变形位移加大。

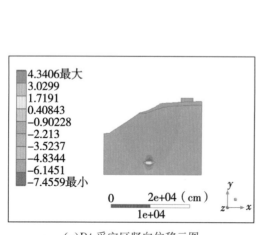

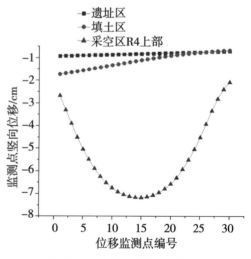

(a)R4 采空区竖向位移云图　　　　(b)R4 采空区监测点竖向位移图

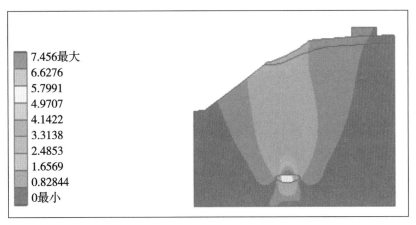

(c)R4 采空区总位移云图

图 10　R4 采空区变形图

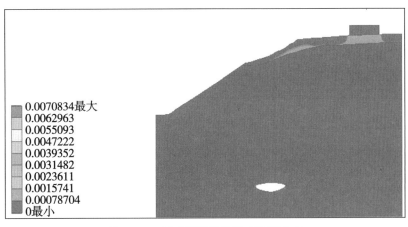

图 11　R4 采空区等效塑性应变区分布

(五)R5 采空区分析

相较 R1-R4 采空区,R5 采空区离遗址区较远,遗址区受其影响较小,变形数值在 0.1cm 左右。由图 12 可知,最大变形发生于采空区顶板附近,受采空区所处位置、体积大小等因素影响,R5 采空区整体变形较小,变形范围在 1～2cm,处于稳定状态。

R5 采空区塑性区主要出现在遗址区底部以及西侧(图 13)填土边坡处,遗址区底部塑性区未与填土边坡塑性区贯通,表明 R5 采空区的开挖对遗址区影响小。

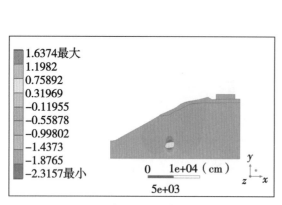

(a)R5 采空区竖向位移云图

(b)R5 采空区监测点竖向位移图

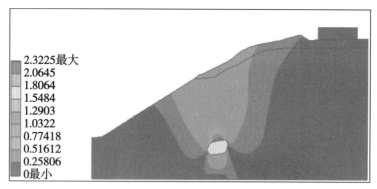

(c)R5 采空区总位移云图

图 12　R5 采空区变形图

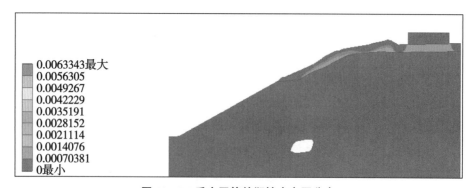

图 13　R5 采空区等效塑性应变区分布

(六)静力分析总结

1. 数值模拟表明,R1—R5 采空区顶部及其邻近区变形较大,位移大小由采空区所处位置、体积大小等因素有所不同。结合塑性区分布表明,R1—R5 采空区整体处于较稳定状态。

2.采空区形成后,顶板变形影响范围可延伸至遗址区 3 号公路边坡。根据位移云图,采空区产生后导致部分区段的边坡向西侧(北段露天采坑东帮)临空面滑移变形的情况。

3.采空区形成后,遗址区底部均发生塑性变形。考虑到填土边坡的位移变形情况,以及塑性区之间的贯通发展趋势,遗址区地面存在变形发展的可能,且填土边坡的加速变形会引起遗址地面变形。

五、采空区影响动力分析

(一)爆破振动数据

爆破振动数据来源于本次研究布设在古遗址博物馆北东侧人工模拟采矿古巷道的监测数据,选 4 月 28 日 15 时所记录得到的最大爆破振动波形,以此爆破波数据进行荷载输入。数值模拟时采用的爆破振动波形参数为:爆破时长 2s,采样频率 250Hz,输出间隔 0.004s(图 14)。

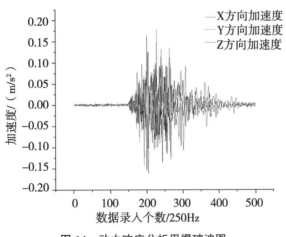

图 14 动力响应分析用爆破波图

(二)R1、R2 采空区分析

ANSYS 瞬态模块中,以加速度的形式,对照实际方位,按照 X、Y 和 Z 三个方向输入矢量数据,加载爆破波。同时按照监测数据个数设置总计算步,定义所有步骤的子步,计算输出 R1、R2 采空区模型位移云图如图 15 所示。

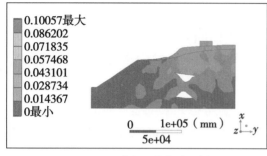

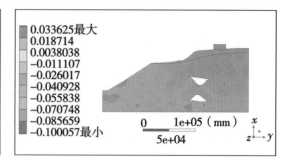

（a）R1、R2 采空区总位移云图　　　　　　　　（b）R1、R2 采空区竖向位移云图

图 15　R1、R2 采空区位移云图

在爆破振动作用下,采空区附近变形大小为 0.01～0.02mm;在填土边坡区,位移变化在 0.04mm 左右;遗址区变形范围 0.02～0.07mm。

为进一步分析爆破振动给遗址区带来的影响,在遗址区底部布设监测点,输出总位移时程曲线;对于易产生较大位移变形的填土边坡和采空区顶部,在相应位置布设路径监测曲线,经计算整理后绘图如图 16 所示。

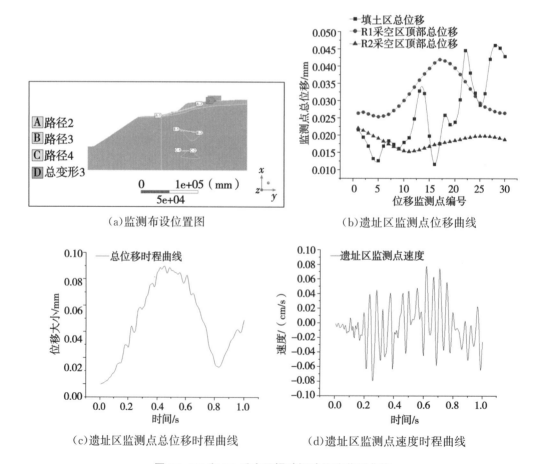

（a）监测布设位置图　　　　　　　　　　　（b）遗址区监测点位移曲线

（c）遗址区监测点总位移时程曲线　　　　　（d）遗址区监测点速度时程曲线

图 16　R1 和 R2 采空区爆破振动位移监测曲线

由图 16(b)可知,爆破波作用 0.5s 后,遗址区底部监测点位移变形达到最大值(约 0.09mm),此后到 0.8s 位移变化呈下降趋势,最终遗址区监测点产生了大约 0.05mm 位移。

数值监测曲线结果图(图 16(c))可知,靠近北段露天采坑东帮处地势较平的边坡区位移变形较小,随着坡度增大(靠近古遗址博物馆处),监测点位移变形逐渐增大,其最大值达到 0.05mm 左右。分析采空区顶部附近监测点,发现采空区顶部靠中位置变形较大,R1 采空区顶部最大变形值 0.04mm 左右;R2 采空区顶部最大变形值 0.02mm 左右。

综合位移分析,R1、R2 采空区受采矿爆破振动影响较小,北段露天采坑东帮上方 3 号公路填土区边坡受到一定影响。

遗址区速度峰值 0.08cm/s,低于《爆破安全规程》(GB 6722—2014)13.2.2① 表 2 中规定的一般古遗迹的安全允许振速 V=0.2cm/s(主振频率 10Hz≤f≤50Hz)。

(三)R3 采空区分析

根据图 16 可知,爆破振动作用下,北段露天采坑东帮顶的 3 号公路边坡填土区较陡处最大变形值 0.09mm,遗址区底部变形值约为 0.05mm 左右,R3 采空区附近变形位移在 0.01~0.02mm。

根据数值监测结果,爆破作用 0.5s 左右后,遗址区底部监测点位移变形达到最大值 0.08mm 左右,经过时长 1s 的爆破波作用后,最终产生了约 0.05mm 的位移。填图边坡随着高程增加,地形变陡,测点位移变化呈升高趋势,最大值达到 0.08mm。采空区 R3 顶部位移为 0.02mm 左右。

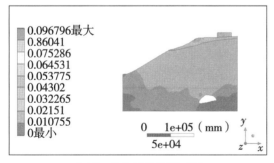
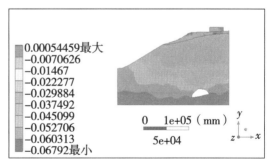

(a)R3 采空区总位移云图　　　　　　(b)R3 采空区竖向位移云图

图 17　R3 采空区模型位移云图

---

① 《古建筑防工业振动技术规范》(GB/T 50452—2008)。

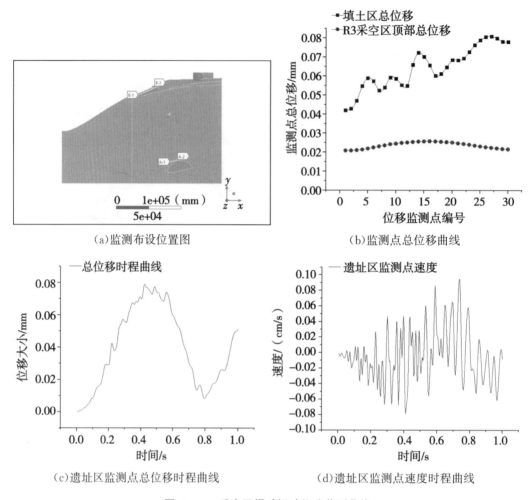

（a)监测布设位置图　　　　　　（b)监测点总位移曲线

（c)遗址区监测点总位移时程曲线　　　（d)遗址区监测点速度时程曲线

图 18　R3 采空区爆破振动位移监测曲线

遗址区在 0.8s 左右达到振速峰值 0.09cm/s,低于《爆破安全规程》(GB6722－2014) 13.2.2 表 2 中规定的一般古遗迹的安全允许振速 V＝0.2cm/s(主振频率 10Hz≤f≤ 50Hz)。

(四)R4 采空区分析

在爆破振动作用下,北段露天采坑东帮顶 3 号公路旁填土区边坡分变形范围为 0.05～0.10mm,局部区域出现 0.16mm 最大值变形,R4 采空区附近变形为 0.01～ 0.03mm。

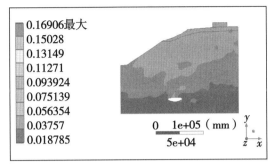

(a)R4 采空区总位移云图

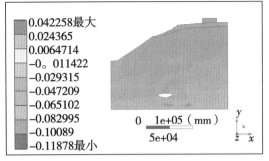

(b)R4 采空区竖向位移云图

图 19　R4 采空区模型位移云图

根据监测点时程曲线(图 20(a)),遗址区测点在爆破前 0.5s 位移持续变大,达到最大值 0.09mm。

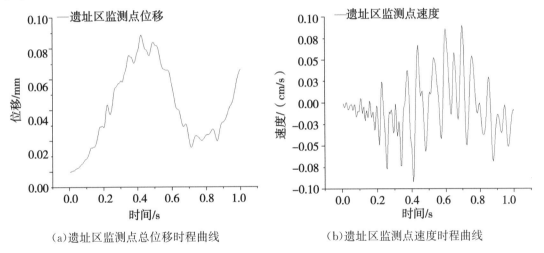

(a)遗址区监测点总位移时程曲线　　　　(b)遗址区监测点速度时程曲线

图 20　遗址区监测点时程曲线

遗址区在 1s 的爆破时段内有振速峰值 0.09cm/s,低于《爆破安全规程》(GB 6722—2014)13.2.2 表 2 中规定的一般古遗迹的安全允许振速 $V = 0.2$cm/s(主振频率 10Hz $\leqslant$ $f \leqslant$ 50Hz)。

(五)R5 采空区分析

由位移云图(图 21)知,在爆破波作用下,遗址区最大变形发生于遗址区东侧,最大变形值约 0.08mm。西侧 3 号公路填土边坡,整体变形为 0.03~0.07mm,其中靠近遗址区的边坡以及坡度较大处位移变化稍大。采空区 R5 附近变形为 0.01~0.02mm,整体变化较小。

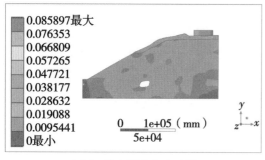 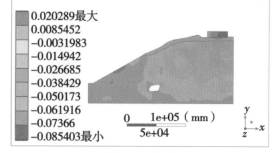

(a)R5 采空区总位移云图　　　　　　　　　(b)R5 采空区竖向位移云图

图 21　R5 采空区模型位移云图

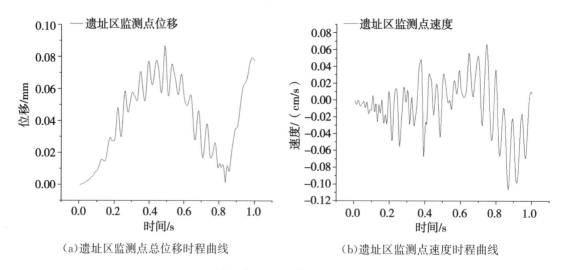

(a)遗址区监测点总位移时程曲线　　　　　　(b)遗址区监测点速度时程曲线

图 22　遗址区监测点时程曲线

由位移时程曲线,测点在 1s 的爆破作用后产生了约 0.08mm 的位移;由速度时程曲线,在 0.8s 处有峰值振速约 0.06cm/s,低于《爆破安全规程》(GB 6722—2014)13.2.2 表 2 中规定的一般古遗迹的安全允许振速 V=0.2cm/s(主振频率 10Hz≤f≤50Hz)。

(六)动力分析总结

1. 根据博物馆内现场监测得到的爆破振动波形分析采空区在采矿爆破振动作用下对遗址区变形的影响表明,现状采矿爆破振动作用下,各采空区周边变形均在 0.01—0.03mm,位移受采矿爆破振动影响相对不大。

2. 爆破振动时,北段露天采坑东帮 3 号公路旁填土边坡位移值总体不大,但在填土—基岩界面坡度较大处存在变大趋势。

3. 爆破振动时,遗址区测点最终产生 0.05～0.08mm 位移,在 1s 的爆破时段内,最大振速峰值约 0.09cm/s,低于《爆破安全规程》(GB6722—2014)规定的一般古遗迹的安全允许振速 V=0.2cm/s(主振频率 10Hz≤f≤50Hz)。

六、结论与建议

(一)结论

基于 2008 年和 2016 年物探勘查成果,选取编号为 R1－R5 的采空区为对象,分析采空区对铜绿山古铜矿遗址变形影响,获得主要结论如下:

1. 2008 年和 2016 年先后 2 次物探结果表明,铜绿山古铜矿遗址区及周边存规模和埋藏深度不一的采空区。2008 年推测有 9 个采空区(编号:R1－R9);2016 年推测有 10 个采空区(编号:R4－R6,R10－R13,2 个独立),采矿坑道 R8 位于位于物探线 190－310,异常中心高程 5m～－20m,异常大小为 5m×5m～20m×20m,围绕在遗址周围,可能对遗址造成较大影响。

2. 数值分析表明,距遗址区相对较近的 R1－R5 采空区形成后,顶板存在的变形影响范围可延伸至遗址区 3 号公路边坡,导致部分区段的边坡向西侧(北段露天采坑东帮)临空面滑移变形。R1－R5 采空区导致的遗址区底部附加变形量一般为 1～3cm。

3. 根据 2022 年 3 月 15 日－10 月 21 日古铜矿遗址博物馆内爆破振动监测数据,采矿爆破时产生的最大峰值振动速度为 1.38mm/s,低于《爆破安全规程》(GB 6722—2014)规定的安全允许质点振动速度 $v=2mm/s$,略高于《古建筑防工业振动技术规范》(GB/T 50452—2008)中规定的石窟容许振动速度 $[v]=0.1mm/s$。

(二)建议

无论是本次工作还是前人的研究成果均表明:(1)铜绿山古铜矿遗址的变形主要受控于:北段露天采坑东帮变形、遗址及邻近区分布的采空区、采矿时爆破振动等三个因素;(2)遗址及邻近区仍有采空区存在;(3)北段露天采坑东帮仍存在一定的变形,故建议:

1. 古铜矿遗址博物馆内尚可见裂缝 7 条,建议继续进行高精度监测,判断裂缝的发展趋势,同时对遗址区内其他已有裂缝进行监测,并巡视是否有新的裂缝产生;

2. 重视北段露天采坑东帮边坡稳定性监测,尤其是监测的持续性和数据分析;

3. 重视古铜矿遗址区及周边的采空区勘察与分析,同时对已充填的采空区进行效果检验与评价;

4. 恢复古铜矿遗址博物馆内原有的环境监测,增加爆破振动监测;

5. 古铜矿遗址区内部分监测是在 2010－2012 年实施的"大冶市铜绿山铜铁矿矿山地质环境治理"项目期间设置的,由于项目实施时间以及经费等因素导致监测设备(设施)基本失效,监测也未能持续。建议分析、整理古铜矿遗址区各项监测措施的基础上,维护、增加必要的监测措施,建立"铜绿山古铜矿遗址综合监测预警系统",从本质上提高铜绿山古铜矿遗址安全管理水平和信息化程度,为遗址保护奠定基础,为"申遗"做准备。

6.现有规范有关爆破振动对遗址的影响评价阈值规定不具体,且没有考虑爆破振动的持续性和累积性,后续加强古铜矿遗址区的爆破振动监测以及相关的针对性研究;

7.大冶有色金属有限责任公司铜绿山铜铁矿在生产过程中,应采取必要的措施尽量减少爆破振动对古铜矿遗址的影响。

古代大冶地区"铜铁曾青"的工艺探讨

——湿法—火法串联工业化冶炼铜

艾思凡　　陈雪梅[①]

曾青又称空青、白青、石胆、胆矾等,即天然硫酸铜。"铜铁曾青"就是指曾青得铁则化为铜,从现代的角度看是湿法冶金,把铁放在硫酸铜溶液中,通过还原反应,铁置换出铜,成为单质铜沉淀下来的产铜方法。其化学反应为:$Fe + CuSO_4 \Longrightarrow FeSO_4 + Cu$。

从历史观点来看,胆水炼铜的成功,必须先具备基本条件:1. 对水溶性铜矿物或含铜矿水有相当认识;2. 冶铁技术发展,能大量生产铁;3. 已经掌握"沉淀铜反应"。

与火法冶金相比,古代湿法冶金优势为:1. 投资少见效快,可就地取材,便于推广。在胆水多的地方,便可设置铜场,进行生产,而且设备简单,操作技术容易掌握,成本低廉。2. 可以在常温下提取铜,不必像火法炼铜那样需要 1000℃度以上的高温,从而节约了大量的燃料以及熔炼设备。3. 胆水炼铜不管是贫矿还是富矿,一概能用,使铜矿资源得到充分的利用。4. 湿法炼铜减轻了工人的劳动强度。

劣势为:1. 铁的供应必须充足;铁消耗大,约 3—4 斤铁可得铜 1 斤;2. 天然硫酸铜不容易收集,资源容易枯竭;3. 胆铜的质量低劣,含有铁,质地脆弱,不耐腐锈。

一、"铜铁曾青"技术开始于西汉——未工业化的技术

对于这一化学现象的认识和记载,至迟在汉代已经出现。西汉初年,淮南王刘安所作《淮南万毕术》记载:"曾青得铁则化为铜。"西汉末年《神农本草经》也记载:"石胆……能化铁为铜。"而东晋葛洪所著《抱朴子》中的记载"以曾青涂铁,铁赤色如铜"与《淮南万毕术》的记载基本相同。

南朝梁陶弘景《本草经集注》中记载:"鸡屎矾……不入药用,惟堪镀作,以合熟铜;役苦酒中涂铁,皆作铜色。"这里的鸡屎矾可能是碱性硫酸铜或碱性碳酸铜,因其难溶于水,

---

① 作者单位依次为:北京科技大学、湖北理工学院。

故加苦酒(醋酸)使其溶解。

二、唐末、五代时,已有了一定规模的胆水炼铜工业化生产

沈括《梦溪笔谈》中记载:"信州铅山县有苦泉,流以为涧。挹其水熬之,则成胆矾,烹胆矾则成铜。熬胆矾铁釜,久之亦化为铜。"郭正谊考证认为这段是沈括的读书笔记,摘自《丹房镜源》。该书成于唐乾元至宝应年间(公元 758—763 年),故这段记载可视为唐代的湿法炼铜史料。而在唐代方士金陵子所撰《龙虎还丹决》中,有多种用铁釜熬胆水以炼制"红银"的要诀。此处所谓的"红银",其实就是纯铜。此外,五代轩辕述的《宝藏论》中将水法冶炼得到的铜称为"铁铜",并列为当时的十种铜之一。由此可见,当时确已有了一定规模的水法炼铜生产。

三、宋代工艺成熟,且有了大规模的胆水炼铜生产

由于宋代盛世,封建商品经济的空前繁荣,货币需求量大增,作为铸币原料的铜材的需求量也随之大增。因此,政府很重视铜的生产,并严禁私行开采铜矿及私铸铜器。到北宋末年,由于一些富铜矿资源枯竭,开采殆尽,所以水法炼铜就因其成本低廉、可施用于贫矿等一系列优点受到重视和推广。当时负责江南炼铜事宜的官员对此也起了很大作用。他曾统计了当时南方的胆水产区,共 11 处,分别为:韶州岑水(今广东翁源县北)、潭州浏阳(今湖南湖阳)、信州铅山(今江西铅山)、饶州德兴(今江西德兴)、建州蔡池(今福建建瓯县附近)、婺州铜山(今浙江金华南)、汀州赤水(今福建长汀附近)、即武军黄齐(今福建邵武附近)、源州矾山(今湖南长沙附近)、温州南溪(今浙江永嘉附近)、池州例山(今安徽泾县西南)山。宋末的湿法炼铜场,以信州铅山、饶州兴利、韶州岑水三场规模最大,号称"三大场"。其中,信州铅山场设于绍圣三年(公元 1096 年),专门生产胆铜(以区别于火法所冶得之黄铜),最高年产量达 38 万斤。据《宋史·食货志》记载:政和六年(公元 1116 年),广东漕司所辖铁场 92 所,收铁 289 万余斤,以广为浸铜。南宋淳熙五年(公元 1178 年)后,因生铁供应不上,胆铜生产每况愈下。

宋代胆铜生产工艺,即胆水浸铜法和胆土煎铜法。如《宋史·食货志》记载,崇宁元年(公元 1102 年),信州胆铜古坑二,一为胆水浸铜,工少利多,但其水有限;一为胆土煎铜,土无穷而为利寡。浸铜一斤以钱五十为本,煎铜以八十为本。胆水浸铜虽工少利多,但因其所用为天然胆水,在干旱之年无法生产,故只好发展胆土煎铜法,即先采胆土,引水淋之,从而获得胆水,再用来煎铜(或浸铜)。关于宋时胆铜产量在总产总额中所占的比重,很难作出精确统计。据史料推算,北宋时约 15%～25%,南宋时则高达 85%以上。

宋时水法炼铜的耗铁量,据《建炎以来系年要录》记载,饶、信两州胆水浸铜,用铁二

斤四两可得铜一斤。另根据南宋乾道元年(公元 1165 年)各场胆铜产量及输铁量估算，约三至四斤铁可得铜一斤。

值得一提的是，宋代在胆铜生产中，积累了丰富的生产经验并形成了一套严密的经营管理制度，如工匠用口尝法来检验胆水的浓度，用目测法来观察铜煤的质量等。

当时还涌现出了专门的浸铜人才，并且有浸铜专著问世。北宋哲宗绍圣元年(公元 1094 年)，江西德兴 69 岁的张潜开始整理多年的探索与实践经验，于绍圣年间(公元 1094—1098 年)编著了《浸铜要略》。该书总结出浸铜方式、浸铜方法以及浸铜时间的控制等一套完整的胆水炼铜生产工艺流程。

南宋末年，水法炼铜衰落。清顾祖禹《读史方舆纪要》卷 85 中说到信州铅山县时，谓："宋时为浸铜之所，有沟漕七十七处，兴于绍圣四年，更创于淳熙八年，至淳祐后渐废。"又谈到"绍兴二年朝议，以坑冶所得不偿所费，悉罢监官，以县令领其事，后遂废。"

水法炼铜的衰落，除了资源枯竭，吏治腐败、对坑户剥削过重等原因外，胆铜的质量低劣也是主要原因。因胆铜中含有较多的铁质，用来铸币或器物，往往质地虚脆，不耐腐锈。

元代曾试图恢复水法炼铜生产。《读史方舆纪要》卷 85 记载："元至元十二年，中书省臣张理言：'德兴三处胆水浸铁，可以成铜，宜即其地名立铜冶场。'从之。因以理为场官。试之，其言不验，于是复废。"

到了明初，当时曾成功地恢复了江西德兴、铅山两地的水法炼铜生产，两地的胆铜产量达 50 余万斤，比宋时两地的最高产量 43 万斤还多。

明代中后期及清代，水法炼铜完全衰落。虽然民间可能仍有小规模的生产，但史书上却鲜有记载了。

四、大冶在唐代已经进行了胆水炼铜的工业化生产，且领先全国三百年

自称"我本楚狂人"的唐代大诗人李白，于乾元二年(公元 759 年)，为纪念韩愈父亲韩仲卿撰句碑文《武昌宰韩君去思颂碑并序》，其中就写到了黄石矿冶业的湿法冶金＋火法冶金发展盛况。

对于当时黄石地区发展的矿冶业，李白激情满怀，以豪放的笔触写道："铜铁曾青，未择地而出。大冶鼓铸，如天降神，既烹且烁，数盈万亿……"这既写出了当时黄石地区炉火熊熊、大冶鼓铸的盛况，也写出了当时"未择地而出"的开采面之广和"数盈万亿"的生产规模之大。可以看出前二句湿法冶金＋后二句火法冶金的生动描述，"铜铁曾青"，是湿法冶金的铜与铁之间置换得铜，"烹"与"烁"是火法冶炼的表述。由此不难看出，唐代黄石地区的矿冶业仍旧发达繁荣，它上承东汉，下启五代和宋明，使矿冶业在黄石地区长

盛不衰。

综上所述,宋代 11 处胆水炼铜产区与三大场都没有提到大冶地区,可以推测在唐代大冶已经规模化生产消耗了大量的胆水,到宋代规模小了很多。唐代乾元二年(公元759 年)到宋代绍圣元年(公元 1094 年)大规模生产来看,推测大冶炼铜工艺较国内其他地方领先 300 多年。

据台湾故宫博物院张世贤考证,欧洲湿法炼铜开始于 1500 年前后,它"极可能受中国胆水法西传的直接影响"而开始的。到 1670 年,西班牙铜矿开始大规模用湿法冶炼,到 1833 年时,年产量达 140 吨。到十九世纪时,欧洲商业性生产已扩大到爱尔兰、英格兰、德国、匈牙利等许多地区和国家。1888 年美国试行生产,到 1901 年完成商业化生产。二十世纪后,胆水炼铜法普及到世界各产铜地区,亚洲国家如日本、菲律宾也先后采用。由十六世纪中叶开始到二十世纪五十年代,在欧洲及世界其他地区,均采用中国传统式地沟法,并无特别改进。二十世纪五十年代后,开始摆脱了传统技术的范围而有了新的突破。

总之,胆水炼铜法源于中国,是中国对世界冶金技术的一项伟大贡献,也是世界湿法冶金技术的始祖。同时,在化学发展史上也占有特殊重要的地位,中国的胆水炼铜较之欧洲最少领先 500 年。

五、科学推测大冶地区是湿法—火法串联的炼铜工艺

《大冶赋》是南宋著名的文学家洪咨夔于嘉定二年(公元 1209 年)在《平斋文集》中的开卷之作。作为矿冶史上极为罕见的珍贵文献,全赋虽仅 2701 字,却高度概括地记述了上古冶金史料,金银、铜的采冶,其中对大冶的金属矿的叙述,特别是铜矿的矿脉描述,铜矿的湿法冶金、火法冶金的生动的历史性、艺术性的描述,对铜提纯技术,铜矿冶炼先后顺序工艺、铸钱工艺,矿冶机构的设置与分布等的介绍,具有十分重要的学术价值。同时,间接印证了唐宋时期湿法冶金的工艺特征。

从李白的诗推敲,研读《大冶赋》中浸铜、淋铜的过程,结合现代炼铜过程中化学基本原理与化工的单元操作,可以对我国古铜矿冶遗址的炼铜技术进行分析判断。

利用关键词推理。"烹"是火法炼铜,"熬"是指湿法炼铜。"其浸铜也"是表达天然硫酸铜制备铜。"量深浅以施槽,万瓦建瓴而淙淙;龙骨渠之水道"表达天然硫酸铜溶液汇聚＋常温连续水流沟槽置换法得铜(铜含量 80％以下)。"蒸酿穷日夜而不止"表达天然硫酸铜浓缩与高温煎熬法得铜(铜含量 80％以下)。"投之炉锤,遂成粹美"表达火法提纯得到有含杂质的冰铜(铜含量 85％左右)。粹美是冰铜,似冰易脆。"其淋铜也"是表达人工制取硫酸铜溶液过程。"土抱胆而潜发……既生而细"表达人工制取硫酸铜晶体。"左挹右注,循环不竭"表达反复浸取。"铁往铜来,锡至铅续"表达固定槽常温置换得铜

（铜含量80%以下）＋火法提纯得冰铜（铜含量85%左右）。"一煏、二煏、三煏、四煏"是指1000℃度以上高温熔炼提纯。利用《大冶赋》佐证，使用关键词＋科学推理方法，研学并解读，推断出较为完整的化工工艺（即为"化工之巧"）。具体工艺如图1。

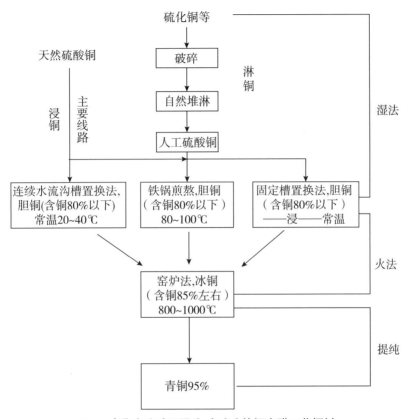

图1　唐代大冶地区湿法-火法冶炼铜串联工艺探讨

从图1可知，古代大冶冶炼工艺是工业化、完整的、递进的，方法是多样的。铜含量是依次提纯80%—85%—95%，达到实际应用的效果。

从化工角度，科学解读《大冶赋》。"余宦游东楚，密次冶台。……而王师飞渡于采石（国家采矿）。……而万宝毕萃，莫东南之与匹。……斗牛被饰以星光，江汉灌输其灵液。淮海荆衡之壤，厥贡三品；……唐诸道置炉九十有九，而重其使以总江淮之铁；……漕辄兼统，肇于兴国（阳新有水陆运输条件）。……冶场之盛，名在斡官者，纷纷其可覆：铅山……兴国、……盐务坑井，殆几万计（阳新有大量的矿）。……然或铁山之孕铜，或铜坑之怀金；或参银而偕发（矿物共生），或且浸而且淋。……但见汰金有洲，淘金有冈；瑞金有监，通金有场。……请复究铜之为说：刘濞萃逋逃之薮，擅采山之富，而吴之产丰于豫章；……钱币或造于楚晋（楚国造铜钱），……铜山四百六十有七，今之大要，不过厥色之有三（专指铜矿分布）。其为黄铜也：坑有殊名，山有众朴。……矿纹异采，乍纯遽驳，……乌胶缀，金星烁。蓣花淡，丹砂渥。鼠结聚团，鸡燋散泊。糍饵膏油，英润濯濯（铜矿特点色彩＋集聚特征)。……其浸铜也：铅山兴利……辨以易牙之口，胆随味而不同。青涩苦以居上，黄醯酸而次中(胆水苦特征)……铜雀台之檐溜，万瓦建瓴而淙淙；龙骨渠之水道。……量深浅以施槽，随疏密而制闸。陆续吞吐，蝉联贯列。乃破不辇之釜……如鳞斯布，如翼斯起[天然硫酸铜溶液汇聚＋连续水流沟槽置换法得铜(铜含量80％以下)]。漱之珑珑，溅之齿齿。沉涵极表里以俱畅，蒸酿穷日夜而不止[并天然硫酸铜浓缩及煎熬法得铜(铜含量80％以下)]。……变蚀为沫，转涩为灈。……投之炉锤，遂成粹美[＋火法提纯得含杂质的冰铜(铜含量85％左右)]。其淋铜也：……土抱胆而潜发……浮埴去，坚壤呈。得鸡子之胚黄，……淹积高于修楹。日愈久而滋力，矾既生而细砒[淋铜过程之一先为人工制取硫酸铜细小晶体]。是设抄盆筼络以庋，是筑甓槽竹笼以酾。……勇抱瓮以潺湲，驯翻瓢而滂澋。分酽淡于淄渑，别清浊于泾渭。其渗泻之声，则糟丘压酒于步兵之厨；其转引之势，则渴乌传漏于挈壶之氏。左把右注，循环不竭(反复浸取)……铁往铜来，锡至铅续[＋固定槽常温置换得铜(铜含量80％以下)＋火法提纯得冰铜(冰铜含量85％左右)]。……铸钱使考其会，辨铜令第其品。……炭户充牣。鼓两仪之龠而大播，……一煽涛生海门之微波，再煽日吐扶桑之叠晕，三煽烘朝霞而烂照，四煽汹屯雷而欲震。……黑浊之气竭而黄气次，黄白之气竭而青气应。液爰泻于兜杓，闸遂明于模印。……肉好周郭，坚泽精紧。……尽东门之沤麻，不足以为其贯引。……异黄榜紫标之私殖。金工铄之则有禁[火法铸铜钱(铜含量90％以上)＋模印＋穿麻＋国家工程]，……余乃豁然悟，蹶然起拜，手而系之曰："……地不爱宝，稼穑登兮(矿区地质特点)。……化工之巧，莫穷其端兮(化工之巧不是化学之巧)。"

《禹贡》"敷浅原"与夏商王朝
对长江中游铜矿资源的开发与利用

——以瑞昌铜岭、九江荞麦岭遗址为例

周广明　饶华松[①]

中国是历史悠久的文明古国,中华民族有着灿烂的历史文化。深刻认识中国历史文化,离不开考古学。考古发现不仅能展示中华民族起源和发展的历史脉络,而且能展示中华文明的灿烂成就,展示中华文明对世界文明的重大贡献。

一、关于《禹贡》"敷浅原"

(一)九州之域

《左传·襄公四年》引上古文献《虞人之箴》云:"茫茫禹迹,画为九州,经启九道,民有寝庙,兽有茂草,各有攸处,德用不扰。"

据现代历史地理学家研究,《禹贡》"九州"涵盖的地域是:

冀州,相当于今山西、河北和辽宁的一部分;

兖州,相当于今河北、河南、山东的交界地区;

青州,相当于今山东的东部地区;

徐州,相当于今山东南部和江苏、安徽的北部地区;

扬州,相当于今江苏、安徽南部,浙江北部和江西东部地区;

荆州,相当于今湖北、湖南和江西西部地区;

豫州,相当于今河南和湖北的北部;

梁州,相当于今四川和陕西南部地区;

雍州,相当于今陕西北部、中部和甘肃及其以西的一部分。

---

① 作者单位为江西省文物考古研究院。

春秋中晚期的《齐侯镈》、《钟》铭文云：

"□□（赫赫）成唐（汤），有严在帝所。敷受天命。翦伐夏后，败厥灵师。伊小臣惟辅，咸有九州，处禹之堵。"

邵望平先生利用大量考古学资料及研究成果，对《禹贡》九州的分野作出了令人耳目一新的解释。邵氏认为，"九州"既不是古代的行政区划，也不是战国时的假设，而是自公元前两千年前后就实际存在的、源远流长的、自然形成的人文地理区系。①

夏禹划九州、序九州或定九州云云，实际上是夏禹和夏人凭借他们所掌握的关于世界（或"天下"）的地理知识，按照公元前二千年前后即已实际存在的人文地理区系的分野，对天下即夏朝声威所及之地所作的具有地理学和政治学双重意义的划分和界定。从现代政治学的观点看，禹划九州和《禹贡》九州制度，更确切地说就是夏代人对于世界秩序的认识。从历史上看，这种独特的世界秩序，无疑是东周以后出现的以"中国"为中心的传统等级式世界秩序的原型②。

（二）"敷浅原"之地望

《禹贡》："禹别九州，随山浚川，任土作贡。禹敷土，随山刊木，奠高山大川。……岷山之阳，至于衡山，过九江，至于敷浅原。"关于"敷浅原"的地望，历来有不同的解读。

《汉书·地理志》："豫章郡……有历陵县，有傅易山，傅易川在其南，古文以为敷浅原。"

北魏，郦道元《水经注》："敷浅原地在豫章郡历陵县西南。"

唐朝，杜佑《通典》："江州得阳县有蒲塘驿，即汉历陵县也，驿前有敷浅原，原西数十里有敷阳山。"

宋朝，朱熹《答程泰之书》："详古今敷浅原，是衡山东北的一支尽处。"又《九江彭蠡辩》："今之所谓敷浅原者为山甚卑小，俾不足以有所见，而其全体正脉，遂起而为庐阜，则甚高且大，所以适乎衡山东北一支所极者，惟是乃为宜耳。"

宋朝，蔡沈《书传》："九江见荆州。敷浅原，《地志》云：豫章郑（郡？），历陵具（县？）有敷阳山，古文以为敷浅原，今江州德安县博阳山也"。

元朝，王耕野《读书管见》："敷浅原恐非庐山。广平日原，而又名为敷浅原，则必为平旷之地，不为高山可知"。

元朝，吴幼清《纂言》："德安即汉历陵县地、敷浅原盖兼山水而言，敷阳山乃其中间之小山，，庐阜则其尽处之大山。"

---

① 邵望平：《〈禹贡〉九州的考古学研究》、《〈禹贡〉九州风土考古学丛考》，《九州学刊》，1987年9月2卷1期、1988年1月2卷2期。

② 陈剩勇：《九州新解》，《东南文化》，1995年第4期。

明朝,李莹《敷浅原辨》:"敷浅原出于《禹贡》,其名最古,考《书经注疏》及《汉书·地理志》皆以为豫章郡历陵县敷阳山,又《水经注》云:敷阳山古文为敷浅原也,根盘三十里,为德安一邑之镇。准此三说,则敷浅原似非庐山"。

清朝,燕兰微《敷浅原说》:"《禹贡》敷浅原,大禹导水所至。……敷浅原之名,唐虞三代,相沿最古。逮汉置历陵县,名称代更,而原之名遂革。先儒考据详尽,资讼纷纭,于彼于此,无从定处。惟考《汉志》:"豫章郡历陵县有敷阳山,敷阳川在其南,古文以为敷浅原",《通典》:"蒲驿即汉历陵县,驿前有敷浅原,原西数十里地有敷阳山";《纂言》:"德安即汉历陵县,敷浅原盖兼山水言"。

清朝,胡渭《禹贡锥指》以为即庐山以南平原。

周銮书力图证明庐山是敷浅原[①]。

孙自诚根据历史文献与德安出土北宋《涂三郎墓铭并序》力证敷浅原"江西省德安县是也"[②]。

程裕钧从塬的地貌特征出发,根据近代以来地质调查研究成果,确认此敷浅原即庐山前平原[③]。

我们以为敷浅原是以庐山为核心的圣山,结合赣北以博阳河、溢江等流域为代表的包括今九江城区、庐山市、瑞昌市、德安县在内的较为广阔的地理空间,面积约3800平方千米。从自然地理、人文地理的角度,这是一片适宜人类生产生活的地理空间,既往的考古调查与发掘也证明了这一点(图1)。

博阳河属鄱阳湖水系,上游分两支,西支发源于瑞昌市南义镇湖炎洞,东支发源于庐山,自西北向东南流经瑞昌市东南部、九江县南部,贯穿德安县全境,全长105公里,德安县境内79.7公里,流域面积1354平方千米,经由共青城市南湖注入鄱阳湖[④]。由于博阳河流域地处长江中下游地质断裂带,地下矿产资源十分丰富,目前已发现矿产产地六十余处,主要有锡、锑、金、银、铅锌、铜、铁、砷、萤石、重晶石、煤、磷、石灰石、花岗岩、大理石等二十余种矿产。其中锡、锑、萤石等矿产在全国享有盛誉。博阳河虽短,但流域内古文化遗址密集,是江西商代遗址的主要分布地域之一,荞麦岭遗址、龙王岭遗址群[⑤](龙王岭遗址群包含龙王岭遗址及其周边的磨盘山遗址、门口山遗址、八哥山遗址、王华兰遗址、太公岭遗址以及荞麦岭遗址考古发掘期间发现的燕子岭遗址、黄家枧后山遗址,均位

① 周銮书:《浅谈庐山史研究中的几个问题》,《争鸣》,1980年第1期
② 孙自诚:《敷浅原在何处》,《江西历史文物》,1982年第2期。
③ 程裕钧:《＜禹贡＞九江、敷浅原新解》,《江西社会科学》,2001年第2期。
④ 王杰等主编:《长江大辞典》,武汉出版社,1997年。
⑤ 江西省文物考古研究所,九江市文化名胜管理处等:《九江县龙王岭遗址试掘》,《东南文化》,1991年6期。翁松龄,李家和,曹柯平:《江西九江县马回岭遗址调查》,《东南文化》,1991年6期。

于博阳河上游的张家河两岸)、石灰山遗址①、蚌壳山遗址②、猪山垅遗址、黄牛岭遗址③、陈家墩遗址④,均位于博阳河两岸。荞麦岭遗址、龙王岭遗址群位于博阳河上游东支、石灰山遗址位于博阳河上游西支下段,蚌壳山遗址、猪山垄遗址、陈家墩遗址、黄牛岭遗址均位于博阳下游。上述遗址均可归入博阳河流域遗址群。神墩遗址⑤、檀树咀遗址⑥、铜岭遗址⑦位于赣北北部,距长江更近,可归入近长江南岸遗址群中。

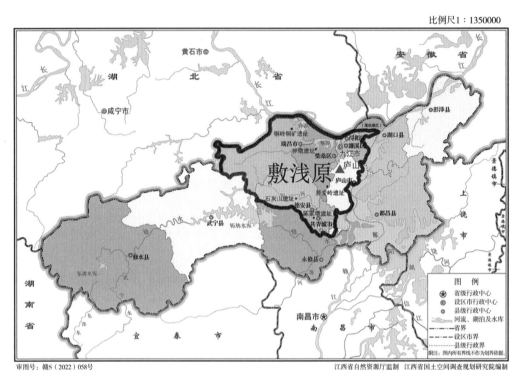

审图号:赣S(2022)058号　　　　　　　　　　　　　　　　江西省自然资源厅监制　江西省国土空间调查规划研究院编制

图 1　禹贡"敷浅原"位置示意图

---

①　江西省文物工作队,德安县博物馆:《江西德安石灰山商代遗址试掘》,《东南文化》,1989 年 4、5 期。江西省文物考古研究所,德安县博物馆:《江西德安石灰山商代遗址发掘简报》,《南方文物》,1998 年 4 期

②　江西省文物考古研究所,德安县博物馆:《江西德安蚌壳山遗址发掘简报》,《南方文物》,1994 年 3 期。

③　江西省文物考古研究所,德安县博物馆:《江西德安米粮铺遗址发掘简报》,《南方文物》,1993 年 2 期。

④　江西省文物考古研究所,德安县博物馆:《江西德安陈家墩遗址发掘简报》,《南方文物》,1995 年 2 期。江西省文物考古研究所,德安县博物馆:《江西德安陈家墩遗址第二次发掘简报》,《东南文化》,2000 年 9 期。

⑤　江西省文物工作队,九江市博物馆:《江西九江神墩遗址发掘简报》,《江汉考古》,1987 年 4 期。

⑥　江西省文物考古研究所,瑞昌市博物馆:《江西瑞昌市檀树咀商周遗址发掘简报》,《考古》,2000 年 12 期。朱垂珂,何国良:《江西瑞昌檀树嘴遗址试掘》,《南方文物》,1994 年 4 期。

⑦　江西省文物考古研究所铜岭遗址发掘队:《江西瑞昌铜岭商周矿冶遗址第一期发掘简报》,《江西文物》,1990 年 3 期。刘诗中,卢本珊:《江西铜岭铜矿遗址的发掘与研究》,《考古学报》,1998 年 4 期。

二、金道锡行:中国青铜时代的铜矿资源基地

"我们不仅要研究青铜器本身来源,即它的出土地点,还有它们的原料来源,包括对古铜矿的调查、发掘和研究。这是中国古代青铜器研究的一个新领域,也是中国考古学开辟的一个领域。"(夏鼐)

冶金术的发明及金属的使用,是人类一项伟大的发明创造,是科学技术发展史上一个重要的里程碑,在人类文明发展史上具有重要的地位,也是文明社会的基本要素之一。

铜作为人类认识和使用的第一种金属,早在新石器时代已开始使用。就世界范围来说,人类认识和利用铜金属,最早可上溯至距今 9000 年前,当时人们利用的是天然的铜。人工冶炼铜器的出现要晚得多,5800 年前伊朗叶海亚地区发现的人工冶炼的含有少量砷的铜器,是中东地区目前所知最早的人工冶铜制品,而伊拉克发现的距今约 4800 年的含锡青铜器,是中东地区年代最早的锡青铜。

在中国,从仰韶文化到龙山、齐家文化,早期铜器在各地屡有发现。中国最早的铜金属遗物是临潼姜寨原始黄铜片、管,出自仰韶文化半坡类型一期遗址,距今约 6400 年。中国目前最早的青铜器,是 1975 年甘肃东乡林家的马家窑类型文化遗址中出土的青铜刀,系合范铸成,有关地层的碳十四年代为公元前 2575—前 2500 年(树轮校正:公元前 3100—前 3010 年)[1]。这个时期,铜器的材质是红铜、原始青铜和黄铜多种铜质并存,尚未进入真正意义的青铜时代。

中国青铜时代,按张光直先生的观点,是指青铜器在考古记录中有显著重要性的时期。到二里头文化时期,青铜器的显著重要性已成为不争的事实,学者公认其已进入青铜时代。由此看来,中国青铜时代便是历史上的"三代",从距今 4000 年前,一直持续到公元前 500 年以后,至少有 1500 年之久[2]。

三代文明以铸造精美绝伦的青铜器为其主要特征。由于青铜器在三代文明中的特殊地位——"中国古代青铜器等于中国古代政治权力的工具"[3],它象征着统治阶级政权的合法性以及对通天工具和通天原料的独占,也是王族主要财富的象征。

三代时期,谁拥有铜矿资源,谁就拥有强大的势力,谁就能占据统治地位。这一点,远在商代之前就已充分体现出来,"青铜兵器,据神话和传说,始用于黄帝、蚩尤之世。《管子·地数》篇记载:"葛卢之山发而出水,金从之,蚩尤受而制之,以为剑、铠、矛、戟,是岁相兼并者诸侯九;雍狐之山发而出水,金从之,蚩尤受而制之,以为雍狐之戟、芮戈,是

---

① 安志敏:《中国早期铜器的几个问题》,《考古学报》,1981 年第 3 期

② 张光直:《青铜挥麈》,上海文艺出版社,2000 年。

③ 张光直:《青铜挥麈》,上海文艺出版社,2000 年。

岁相兼诸侯十二。""蚩尤凭借着青铜兵器,战胜攻取,几有所向披靡之势。黄帝与蚩尤'九战九不胜'。后来黄帝采掘昆吾之山的铜铸造铜器,改善装备,加上友邻部落的帮助,才使蚩尤败北。"这段传说,说明了青铜器和铜矿资源在青铜时代的重要性。作为重要的战略资源,三代的统治者为了维护其统治地位及政权的合法性,必然会对其加强控制,并进一步控制青铜铸造业。

青铜器矿料来源和产地研究,是青铜时代至关重要的考古问题,也是冶金考古的重点和难点之一。对之进行研究,能反映冶金技术的起源和传承关系以及当时社会的政治、文化、方国地理、经济贸易、交通运输、生产组织、社会结构和铜、锡矿资源的获得方式等多方面、深层次的问题。

(一)天赐金缘 惟金三品

现代地质勘探资料表明,中国大陆的铜、锡、铅矿主要分布在长江中下游的湖北、湖南、江西、安徽及西南的云南等地,尤其长江中下游是中国一条蕴藏最为丰富的铜矿带。江西铜矿地质条件优越,资源非常丰富,产地多,规模大,类型齐全,矿量集中,已探明铜矿储量居全国之首,约占蕴藏量的 1/3。江西铜矿以赣北储量大而集中,仅在赣东北的丘陵山地就围绕着六座铜矿,呈马蹄形分布在鄱阳湖的四周。

长江中游铜矿床属岩浆期后矽卡岩型接触交代含铜磁铁矿。地质学研究证实:发生于中生代侏罗纪、白垩纪时期的燕山运动,是继印支运动之后影响范围广泛,几乎遍及全国的古地质构造事件。产生这一事件的根本原因在于太平洋板块与欧亚大陆板块的出现,以及它们之间大规模构造活动的开始。这种活动深刻影响到亚洲环太平洋地区,尤其是中国东部的地壳演变的进程。目前我国的地质构造轮廓和地貌基础,基本上是燕山运动以来形成的。由于太平洋洋壳对亚洲大陆的冲撞、剪切,导致我国东部地区广泛地出现大规模的中酸性火山喷发活动和多期次的花岗岩侵入,从而形成了著名的岩浆岩带。在岩浆岩分布的广大空间里,生成了多种有价值的内生金属矿产,其中包括长江中游地区蕴藏丰富的氧化和硫化铜矿床。[①]

长江中游地区是指从湖北宜昌至江西湖口地段,实际上包括江汉平原、洞庭湖平原、鄱阳湖平原和部分江南丘陵这样一个广泛的空间。其在地质构造上属扬子拗陷褶皱束沿江地段,地貌上大部分属于长江冲积平原及剥蚀的低山丘陵区,铜矿床及矿点均分布于剥蚀山丘或山区。

本地区的地貌发展历史表明:自中新世时期开始,长江中游地区的新构造运动表现

---

① 杨森楠,游振东,杜国云:《华南燕山阶段古构造特征》,《华南地区古大陆边缘构造史》,武汉地质学院出版社,1986 年;李文达等:《长江中下游硫化物矿床氧化带及铁帽评价研究》,地质出版社,1980 年。

为大幅度的升降运动,除此以外,也表现为某些第三纪地层的拗折和某些更古老时期构造断裂的复活。这些活动造成许多硫化物矿体发育较深与强烈破碎。由于这一地区降水量多集中于春、夏两季,秋、冬季相对较为干旱,另外加上地下水特征、围岩及矿体的渗透性等许多因素影响,硫化物矿床的次生富集作用十分普遍。此类矿床经过多次次生富集作用,常形成含铜丰富的铜矿床。

经现代地质勘探及采矿生产揭露证实,这一地区矿体多、储量大、品位高,而且大部分矿体出露接近地表,所以经过长期强烈的风化侵蚀,次生富集环境优越。铜在转移和沉淀过程中,大量的自然铜、赤铜矿、孔雀石和蓝铜矿等矿物,在矿体及围岩破碎带内形成氧化富集带,其含铜平均品位在 6‰ 以上,孔雀石矿脉最厚可达 10 米。靠近矿体直接顶底板的矿石和围岩比较松软破碎,底板破碎带厚 30~40 米,已成为角砾岩和黄泥。火成岩蚀带内的矽卡岩抗压强度仅有 100~400(公斤/平方厘米)[①]。由此看来成矿前后的构造带和破碎带,为古人采矿奠定了极有利的条件(图 2)。

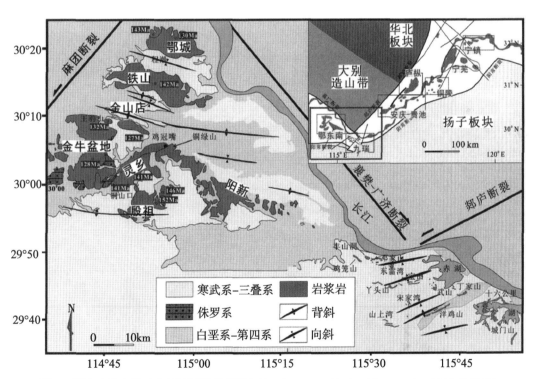

图 2 鄂东南和九瑞矿集区区域地质简图(据 **Xie et al. ,2011a;Yang et al. ,2011** 等修编)

关于长江中游地区产铜、采铜的历史,汉以前文献屡见记载。《禹贡》中的扬州所贡"唯金三品",《诗·鲁颂》中的"南金",以及《周礼·考工记》提到的"吴越之金锡"和《史记

---

① 杨永光,李庆元,赵学忠:《铜绿山古铜矿开采方法研究》,《有色金属》,1980 年第 4 期。

·李斯谏逐客书》中的"江南之金锡",指的就是长江流域产铜、采铜的史实。

此外,长江为古代文化交流的黄金水道,交通运输便利。铜矿区大都为临江的丘陵地带,雨量充沛,常年气温高,生长着茂密的森林,为采矿和冶炼提供了充足的木材和燃料。

总之,这一地区丰富的铜矿资源、茂密的森林、便利的交通是形成中国古代产铜、采铜基地的重要物质前提。

(二)天工开物 青铜采冶

长江中游地区是商文化在南方重要的分布区域之一,也是中国铜矿、锡矿资源较为集中区域,发现了较多先秦时期矿冶遗址。其中,江西瑞昌铜岭遗址为该区域内目前所确认的唯一一处年代明确的商代中期为主体的采矿、冶炼遗址。

1988 年春,铜岭村民在修筑矿山公路时发现了该遗址。经过调查获知,这是一处集采矿、冶炼于一地的铜矿遗址。1988—1991 年,江西省文物考古研究所、瑞昌市博物馆连续四个秋冬对采矿区进行了抢救性发掘,丰富的遗物、遗迹为我们系统地研究铜岭遗存的文化面貌提供了十分有价值的资料(图 3)。

图 3 瑞昌铜岭铜矿遗址采矿区考古现场

铜岭矿山始采于商代中期,终采于战国前期,它是迄今为止中国境内发现的年代最早的大型铜矿山(图 2、图 3)。铜岭古铜矿是集采矿、选矿、冶炼为一体的矿山,其采掘技术体系领先世界(图 4、图 5、图 6、图 7)。长江南岸的铜料正是通过江汉平原进入南阳盆地而达中原,这是中原王朝始终控制的一条南铜北输的生命线,这条生命线与中原青铜文明的兴盛紧密相关(图 4)。

(a)陶斝

(b)陶鬲

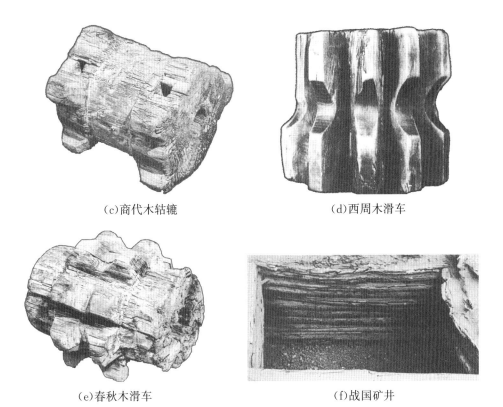

(c)商代木辘轳

(d)西周木滑车

(e)春秋木滑车

(f)战国矿井

图4　瑞昌铜岭铜矿遗址出土遗物与遗迹

　　铜矿作为商周时期一种极为重要的资源,对中国青铜文明的形成和演进发挥着至关重要的作用。早中商时期,随着商王朝对长江中游地区的经略,赣北地区的商文化进入一个繁荣时期。九江龙王岭、荞麦岭、神墩、德安石灰山等大中型聚落遗址相继出现。铜岭铜矿约在中商一期或略早时间开始进行开采,并从一开始就表现出成熟完备的技术体系和高超的工艺水平。凭借丰富且便于开采的铜矿资源、先进的生产技术、优越的水运条件等,铜岭铜矿迅速达到一个繁盛期,在商代早中期(商代中期为主)成为中原商王朝铜料来源的主要矿山之一。中商三期前后,随着商文化由长江以南向北收缩,盘龙城遗址废弃,位于赣北的九江神墩、荞麦岭遗址也相继废弃。铜岭铜矿随之停止开采,进入一个空白期。西周早期以后,铜矿恢复开采,延续至春秋早期,但规模不大。值得注意的是,中商三期前后,赣北北部的主要遗址相继废弃,但在赣北南部、赣中地区,青铜文明却进入新的阶段。赣北南部以陈家墩遗址为代表的商代遗存开始出现,并在商末周初高度繁荣;赣中地区的吴城文化也在中商三期前后进入大发展时期,其势力范围在赣江以东最北至彭泽团山,在赣江以西最北至永修戴家山。而铜岭铜矿此时却看不到开采迹象。显然,中原商文化退出该地区是铜岭铜矿停产的主要原因,但是否是唯一原因还有待进一步分析。春秋中晚期到战国早期,随着楚人控制铜岭铜矿,带来更为先进的开采、冶炼技术以及更大的需求,铜岭铜矿迎来另一个生产高峰。而这一时期,靖安李洲坳、高安太阳墟墓葬以及新余陈家遗址仍以吴越文化为主，也就是说，楚人为夺取铜矿资源控制铜岭铜矿的时间要早于江西其他地区。战国早期，随着铜矿资源的枯竭，铜矿废弃。五代至北宋时期，可能在此短暂开采过铁矿。

（三）吉金铸就赣地文明

虽然对于"敷浅原"各家说法不一，但近年荞麦岭遗址考古发掘为探寻"敷浅原"地望提供了新的路径，考古发现与胡谓的说法尤为契合。

荞麦岭遗址位于江西省九江市九江县马回岭镇富民村荞麦岭组后的山垄上，该山垄为低矮山坡，遗址即位于山垄的南坡，海拔高度为45至46米，地理坐标为东经115°49′21″，北纬29°26′28″。经初步钻探，遗址面积约5万平方米。遗址东侧30米为昌九高速，东距庐山5公里，南距德安县城15公里，北距九江县20千米（图5）。

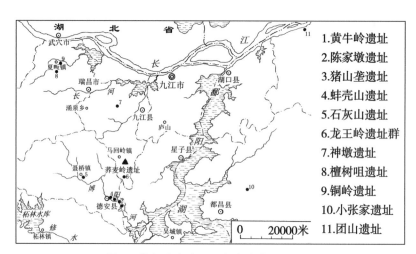

1. 黄牛岭遗址
2. 陈家墩遗址
3. 猪山垄遗址
4. 蚌壳山遗址
5. 石灰山遗址
6. 龙王岭遗址群
7. 神墩遗址
8. 檀树咀遗址
9. 铜岭遗址
10. 小张家遗址
11. 团山遗址

图5　荞麦岭遗址及周边遗址地理位置图

经碳十四测年，荞麦岭遗址年代范围在公元前1890—前1300年之间，年代处在夏和早商之际，出土陶器内涵丰富，多见二里头文化因素和二里岗文化因素，是夏商文化在赣北地域的一个重要体现。在二里岗期的遗物中见有较多的铜矿石、坩埚、铜锭等冶炼遗物，是商人南下经略长江中游获取铜资源的重要证据（表1）。

表1　　　　荞麦岭遗址测年数据（测年单位：北京大学加速器质谱碳十四测年实验室）

BA1510036	2015-4-20	木炭	70	荞麦岭	T2112 ⑦B	3260	25	1620BC(89.3%) 1490BC; 1480BC(6.1%) 1450BC
BA151031	2015-4-20	木炭	69	荞麦岭	T0407 ⑥B	3270	25	1620BC(95.4%) 1490BC
BA151034	2015-4-20	木炭	41	荞麦岭	T0914 ⑥B	3285	20	1620BC(95.4%) 1500BC

　　荞麦岭遗址地处江西省九江县马回岭镇(今柴桑区马回岭镇),庐山西南马回岭盆地东侧丘陵地带,与目前中国所知最早的铜矿开采冶炼遗址——江西瑞昌铜岭商周铜矿矿冶遗址直线距离仅40公里,按常人步行速度,从瑞昌铜岭至荞麦岭,在半天即4~6个小时即可以到达。荞麦岭遗址商类型因素与瑞昌铜岭遗址商类型因素基本一致,瑞昌铜岭铜矿近年的发掘将年代上限由之前的中商提前至早商晚段[1],荞麦岭夏商年代跨度大于瑞昌铜岭,遗址内涵也较瑞昌丰富,结合周边调查遗址信息,可以判断夏商文化可能先从瑞昌一直往南到了庐山南侧的荞麦岭周边。夏商文化从盘龙城南下的路线也比较明显[2]。通过这两年在赣北的考古调查发掘,可以推断,荞麦岭应是夏商文化在赣北的边界所在,荞麦岭周边应是夏商文化较大规模集结聚集地,沿庐山水—博阳河而南的共青城米粮铺陈家墩一带是最南边界,因此共青城以北地区都在夏商文化控制之下(此指夏和早商阶段)。跟早商文化从一开始就往西全部占领二里头文化的分布地域一样[3],从荞麦岭遗址下层二里头因素遗物可见,早商文化在赣北也是占领二里头文化的分布范围,占领和控制铜矿资源是主要目的之一。也可以推知,荞麦岭使用二里头因素的人群可能已经获知了赣北铜矿资源信息,荞麦岭遗址周边是寻找二里头阶段冶金材料的一个可能区域。禹"至九江,过敷浅原",庐山南侧的荞麦岭遗址二里头文化因素遗存可能与之有关(图6)。

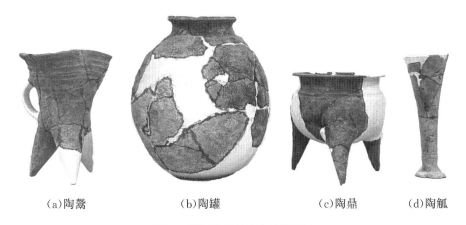

(a)陶鬶　　　　(b)陶罐　　　　(c)陶鼎　　　　(d)陶觚

图6　荞麦岭遗址出土夏商遗物

　　从荞麦岭遗址考古大致可以确定二里岗期商文化的南土范围,占据的时间较为长久,实力较为强大,除了瑞昌铜岭铜矿之外,周边还有城门山铜矿(神墩遗址北侧)、彭山锡矿(石灰山遗址北侧)等矿产资源分布,作为长江中游重要的资源区,二里岗期商文化

①　崔涛,刘薇:《江西瑞昌铜岭铜矿遗址新发现与初步研究》,《南方文物》,2017年第4期。
②　唐际根:《商文化在鄂东南与赣西北地区兴衰的时间与通道》,《湖北理工学院学报(人文社会科学版)》,2022年第3期。
③　刘绪:《夏商周考古》,山西人民出版社,2021年,第51页。

遗址往往在矿地附近发现,这应该不是偶然。夏商文化不远千里深入长江腹地,矿产资源是核心需求,长期的经略必然导致对这一地域的充分了解和熟悉。庐山作为长江中游最高峰之一,在先秦以山川水系为认知的地理认知里,可能就是一个目标点位的存在,也是一个坐标基点,环庐山一带密集分布夏商文化也就不足为奇了。而夏商文化对赣北地域的充分了解和熟悉,也为新干大洋洲、吴城等赣江中游一系列重要遗址墓葬的发现提供了先导条件。刘绪先生即认为荞麦岭遗址对探讨盘龙城与吴城文化之间的关系很重要,跟铜资源的获取通道可能是有直接关系的[①],赣江中游大量的青铜器出土与商文化的密切控制和重点开发是密切相关的,有理由相信,中原夏商文化和江西的关系因铜矿等资源而紧密联系在一起。正如邹衡先生在《江西先秦考古》一书的序言中指出"吴城文化中有此(新干大洋洲商墓)诸侯王之类的大墓存在,确凿无疑地证明了早在三千多年前,鄱阳湖—赣江流域已经出现了国家—方国"一样,吴城文化源头商文化因素浓郁。在序言中,邹先生还指出,以丰富的铜矿资源为物质基础是吴城文化高度发达的重要原因,夏商文化尤其是商文化对铜矿等资源的开发利用,也促进了赣鄱地区的全方位开发。先进技术与丰富资源的结合是赣鄱地区在夏商时期崛起于长江中游的关键因素,而带来先进技术的正是中原南下的夏商文化。

中国大量早期铜件、铜矿、铸铜作坊的发现表明,上古时期中国有着完整的采矿、冶炼、铸造青铜工业体系,中国的青铜文化是在本国土地上生长的,自成体系,富有独特的民族特色,在世界青铜文明中占有重要地位。《禹贡》"敷浅原"地区以瑞昌铜岭、九江荞麦岭为代表的青铜采冶技术无疑在中国夏商时代青铜工业体系占据重要的地位,体现了开拓创新、不断进取的中国智慧与中国精神!永存史册!

---

① 刘绪:《盘龙城与长江文明国际学术研讨会学术总结》,《盘龙城与长江文明国际学术研讨会论文集》,科学出版社,2016 年,第 20 页。

大冶铜绿山为"涿鹿之战"古战场考

——兼论"炎、黄、蚩"三祖地望

周行易①

摘要:"涿鹿之战"古战场何在? 所有记载这一故事的文献原典都没有指明具体地点。将其与河北涿鹿联系起来,只是后人根据次生地名的主观对接,并不反映古史真实情况。若定涿鹿之战发生在河北涿鹿,与诸多文献记载的黄帝行迹产生矛盾。本文通过对文献原典的重新解读,辅之以地名学、考古学材料,用多重证据证明涿鹿之战的发生地包括炎、黄、蚩三祖地望都在长江中游。

关键词:涿鹿之战;炎帝;黄帝;蚩尤;铜绿山

"涿鹿之战"是我国历史上有明确记载的第一场战争,大约发生在公元前三千纪。战争的双方是黄帝和炎帝、蚩尤,包括"阪泉之野"与"涿鹿之野"两次战役。关于这场战争的记述,见于《逸周书》《山海经》《左传》《史记》《列子》等诸多典籍。长期以来,学界大都认为这场战争发生在今河北涿鹿②,然而这个认识是不正确的。据有关材料显示,这场战争发生在长江中游大冶铜绿山一带,其动因是为了争夺铜绿山的铜矿资源。因此,这场战争的性质便已不再是两个族群为了传统生业而展开的战争,而是铜器时代和石器时代的第一次文化大碰撞,它预示着我国青铜时代的到来,其意义十分重大。本文试对此进行初步探讨,以期引起学界对长江中游铜矿资源在中华文明进程中所起作用的进一步重视。

一、"蚩尤畔父,黄帝涉江"

以往在讨论"涿鹿之战"发生地时,论者一般都回避了以下 4 条材料:

---

① 作者单位为湖南省社会科学院区域文化品牌研究中心。
② 肖守库:《涿鹿之战若干问题浅探》,《河北北方学院学报(社会科学版)》,2017 年第 S1 期。

1. 黄帝有子曰蚩尤，蚩尤既长成人，乃作为五兵。(《清华楚简·五纪》)

2. 子弄父兵，罪当笞。父子之怒，自古有之。蚩尤畔父，黄帝涉江。(《史记·建元以来侯者年表》)

3. [黄帝南伐]赤帝，[至于□□]，战于反山之原。(银雀山汉墓竹简《孙子兵法》)

4. 修教十年，而葛卢之山发而出水，金从之，蚩尤受而制之，以为剑、铠、矛、戟，是岁相兼者诸侯九；雍狐之山发而出水，金从之，蚩尤受而制之，以为雍狐之戟芮戈，是岁相兼者诸侯十二。(《管子·地数篇》)

这 4 条材料是追溯"涿鹿之战"发生原因及战场所在的关键材料，回避它们是极不应该的。

清华楚简《五纪》成文于约公元前 300 年，是迄今为止所知的记述黄帝、蚩尤关系的最早文本。银雀山汉墓竹简《孙子兵法》抄成于西汉文、景至武帝初期，是迄今为止所知的记述"涿鹿之战"具体方位的最早文本。二者皆系出土文献，其证据效力毋庸多言。它们的出土，证实了《史记·建元以来侯者年表》褚先生所说的"蚩尤畔父，黄帝涉江"不虚，亦证明了《管子·地数篇》所说的蚩尤在葛卢、雍狐之山采铜制作五兵的传言可采信。

这 4 条材料互为印证，具有以下三方面意义：

(一)揭示了黄帝与蚩尤为"父子"关系。虽然这种关系未必是父亲与亲生儿子的关系，但为父辈与子辈的关系是没有问题的。再参读《国语·晋语四》所云："昔少典娶于有蟜氏，生黄帝、炎帝。黄帝以姬水成，炎帝以姜水成。成而异德，故黄帝为姬，炎帝为姜。"《路史·蚩尤传》所云："阪泉氏蚩尤，姜姓，炎帝之裔也"，我们基本上可以肯定蚩尤为黄帝族子。族子亦是"子"，族父也是"父"，故而可言"黄帝有子曰蚩尤""子弄父兵""蚩尤畔父"。由此我们可知，炎、黄、蚩三祖在血缘世系上是一脉相承的，并不像某些学者说的那样是分属于三大集团[①]。

(二)表明了"涿鹿之战"的起因是"子弄父兵"。所谓"子弄父兵"，即年轻一代蔑视父权率先开创铜兵时代。据此，我们得以从新生力量与传统势力、新的生产力与落后的生产关系的冲突来解读这场战争，认识到这场战争的划时代意义。虽然这场战争的结果是以蚩尤失败而告终，但他开创的青铜文明则为后世所继承。也正因为蚩尤越过父辈率先采铜作兵，中国历史才从此进入一个新的发展期。

(三)锁定了这场战争的发生地是在长江以南。"蚩尤畔父，黄帝涉江""黄帝南伐赤帝"——这种战场地点指向无歧义的叙事，令"涿鹿之战"发生在黄河流域今河北涿鹿的主流观点难以为继，从而促使我们对炎、黄、蚩时期中国历史的走势和中华文明的成长路

---

① 徐旭生：《中国古史的传说时代》，广西师范大学出版社，2003 年，第 3—4 页。

径重新思考。

关于黄帝战蚩尤的具体位置,笔者认为是在以今湖北大冶铜绿山为中心的幕阜山北麓铜矿区。

首先,幕阜山北麓铜矿区的开采时间与炎、黄、蚩时代相契合。据陈树祥先生介绍,在阳新大路铺遗址第⑧层出土了3块石家河文化晚期冶炼遗物,经采用XRF对其中2块标本进行分析,初步判定为冶铜烧流的炉壁和炼铜坩埚残块。在第⑦层后石家河文化堆积中,发现有铜矿石、废矿料、炉(炼)渣和青铜残片等冶炼遗物。经采用X射线荧光技术对一块青铜片进行无损成分检测,发现这块青铜残片是以锡、铅、铜为主的三元合金物,这标志着阳新大路铺遗址在后石家河文化时期已跨入青铜时代①。从采矿冶铜到发明合金术铸造青铜,有一个漫长的技术积累过程,在理论上讲长江中游的冶铜活动会更早。事实上,经过郭静云、郭立新等专家研究,"发现长江中游地区公元前第四千纪和公元前第三千纪的诸多遗址,如龙嘴、屈家岭、一百三十亩、石家河、殷戴家湾、金鸡岭,以及幕阜山区的诸多遗址等,其实均已经发现铜块、青铜工具、红铜及青铜炼渣、冶炼工具和设施、相关废品等直接证据,并先后出现过普通圆型炉、竖穴式圆型炉、长型横穴式炉,长条型龙窑式熔铜炉以及用炼缸进行冶炼和熔铜的坑式冶铸工作坊"②,传说中的炎、黄、蚩时代正好在这个时间段之中。

其次,从长江以南铜矿资源分布来看,只有湖北大冶铜绿山到江西瑞昌铜岭这一线山脉有大体量的地表铜存在,先民易于从那里发现铜、开采铜,故而蚩尤采铜作五兵引发涿鹿之战的原点必然是在那里。

第三,幕阜山北麓铜矿区有与《管子·地数篇》所述蚩尤采铜之山相同的山名。幕阜山南起湖南平江县,向东北延伸至江西九江庐山。《管子·地数篇》所说的"葛卢之山",应即大冶铜绿山附近的鄂州"葛山"和九江瑞昌铜岭附近的"庐山"。"卢"与"庐"可通假,"葛卢之山"在隋虞世南《北堂书钞》中便作"葛庐山"。而"雍狐之山"则或指距大冶铜绿山不远的阳新大路铺遗址附近的"荣山"和九江瑞昌铜岭附近的德安"孤山"。荣、雍影母东部,双声叠韵可通。狐,匣母鱼部;孤,见母鱼部,见匣旁纽叠韵,亦可通。

《管子·地数篇》所谓"葛卢之山发而出水,金从之,蚩尤受而制之,以为剑、铠、矛、戟,是岁相兼者诸侯九;雍狐之山发而出水,金从之,蚩尤受而制之,以为雍狐之戟芮戈,是岁相兼者诸侯十二",应是一种互文见义的修辞手法,"葛卢之山"和"雍狐之山"其实指同一个地方,都是说的以今湖北大冶铜绿山为中心的幕阜山北麓铜矿区。《管子》如此铺

---

① 陈树祥,龚长根:《湖北新石器时代遗址出土铜矿石与冶炼遗物初析——以鄂东南和鄂中地区为中心》,《湖北理工学院学报(人文社会科学版)》,2015年第5期。

② 郭静云、郭立新等:《中国冶炼技术本土起源:从长江中游冶炼遗存直接证据谈起》,《南方文物》,2018年3期、2019年3期。

陈叙事,是为了强调蚩尤在那里不断采铜作兵,增强实力,兼并诸侯。

另,"葛卢""雍狐"上古音相近,或为古吴越语双音节词促读的不同记音文字,原本就是同一座大山脉的称谓,后来才演变成今天的葛山、庐山、荣山、孤山等山名的。

第四,"涿鹿之战"所涉的"涿鹿""阪泉""冀"等地名在幕阜山北麓铜矿区周边皆一一可考。

1.涿鹿。《世本·居篇》记载:"涿鹿在彭城。"与铜绿山毗邻的阳新县大路铺遗址附近今犹有"彭城山"和"彭城""上彭城""下彭城"等古村落名。"涿鹿"在不同文献中又记作"蜀鹿""蜀禄""独鹿",在距离铜绿山不远的洞庭湖至梁子湖一带,今犹有蜀江、蜀湖、蜀山、独山、鹿山、鹿门等古地名。直至唐代,长江汉阳段都叫"蜀江"。据《元和郡县图志》卷 27 载:汉阳县鲁山"一名大别山,在汉阳县东北一百步。其山前枕蜀江,北带汉水"。

2.阪泉。银雀山汉墓竹简《孙子兵法》"阪泉"作"反山之原"。整理小组释"阪"与"反"通,"泉"与"原"通,"反山之原"即"阪泉"。由简文"黄帝南伐赤帝……战于反山之原"可知,"阪泉"在南方。此于其他文献亦有征,《五帝本纪》集解引皇甫谧曰:"[阪泉之野]在上谷。"《路史·后纪五》注引《帝王世纪》曰:"上谷当名彭泽。""彭泽"即鄱阳湖。《说文》曰:"坡者曰阪。一曰泽障。一曰山胁也。"这种地貌正是幕阜山北麓铜矿区的典型地貌,"阪"通"畈","畈"为幕阜山北麓铜矿区上古方言,今当地仍有数以百计的叫"畈"的地名,如铜岭所在的瑞昌便叫"夏畈"。

3.冀。"冀"即"翼",二字字形相似、声韵相近,可通假。唐杨倞注《荀子·修身》"行而供冀"云:"冀当为翼"[①]。"翼"为二十八宿之一,与"轸"宿相邻。轸、翼分野对应荆楚大地,包括幕阜山北麓铜矿区。

过去将此"冀"理解为河北"冀"是不正确的。"冀"的本义是"中"而非"北"。《孔子家语》卷第九云:"中国为冀。"《山海经·大荒北经》"黄帝乃令应龙攻之冀州之野"郭璞注云:"冀州,中土也。"正因为"冀"的本义是"中",《逸周书·尝麦解》才说"黄帝执蚩尤杀之于中冀"。如果"冀"指北方,《逸周书》言"中冀"便不可理喻。

"翼"与"冀"之所以可通假,除二字字形相似、声韵相近外,还因其在字义上也相通。"翼"字也有"中"的意思,《玉篇》:"翼,辅也。"《中文大字典》曰:"辅,正也。"又曰:"正,中也。""翼"与"冀"很可能在上古是同源字,可以互换。

"中冀"乃"天地中心"所在,古时洞庭湖平原有"天心湖",正与"中冀"相符。《洞庭湖志》卷之二《湖山》四"龙阳县"载:"天心湖,在县东六十里,有上下天心"[②]。

因此,《山海经·大荒北经》所云"黄帝乃令应龙攻之冀州之野",其实就是说"黄帝乃

---

① 耿芸标校:《杨倞注荀子》,山海古籍出版社,2016 年,第 14 页。

② [清]陶澍、万年淳:《洞庭湖志》,岳麓书社,2009 年,第 48 页。

令应龙攻之翼宿之野",亦即攻之荆楚之野。这与《史记·建元以来侯者年表》所云"蚩尤畔父,黄帝涉江"、银雀山汉墓竹简《孙子兵法》所云"黄帝南伐赤帝"所指方位是相吻合的。若"冀州之野"指河北涿鹿,则显然与之相抵牾。

笔者揣旧释"冀州"在河北,是受了《说文》释"冀"为"北方州"的影响。然而,《说文》这个解释是错误的。甲骨文、金文"冀"皆不"从北","冀"字本身并无"北方"义。对此,于省吾先生在《甲骨文字释林》"冀"字条早有详细辨析,他指出:"《说文》据已讹的小篆释为:'冀,北方州也,从北异声。'既误认为从北,又割裂独体字为形声字。"①其所论甚是。

除此之外,也可能与《山海经》是在《大荒北经》记述这场战争有关。最早记载"冀州"的文献是《禹贡》和《大荒北经》。然《禹贡》言大禹治水从"冀州"始,并未言"冀州"在北方,能将"冀州"与"北"联系起来的只有《大荒北经》。因"黄帝乃令应龙攻之冀州之野"故事记录在《北经》,故人们想当然地认为"冀州"在北。《说文》释"冀"为"北方州",除了受已讹小篆"冀"字字形误导,恐怕与此也不无关系。

但是,《山海经》各经文的叙事视角是变化的。《大荒北经》的叙事视角沿袭的是北回归线附近玉蟾岩先民的叙事视角,即"古苍梧"视角。按照这个视角,《大荒北经》所述的地理位置为苍梧以北的长江中游古云梦泽、洞庭湖、鄱阳湖一带,而非后来"大一统"天下的黄河中原北方。长江中游古云梦泽、洞庭湖、鄱阳湖一带进入洪水季节便是一片汪洋,北方属水,为玄武所在的观念便是由此产生的。今武汉之名和龟、蛇二山及长江中游南岸梁子湖旁的"北海""海口"等地名,都应是这种《大荒北经》记忆遗存。若"北方"为黄河中原以北,那里全是旱地,北方属水的观念便无由产生。

这一点,可从《海内经》《战国策·魏策》对《大荒北经》所述"共工""苗民"地望的不同记述得到证明。《大荒北经》云:"有系昆之山者,有共工之台,射者不敢北乡(向)。"

《海内经》云:"祝融降处于江水,生共工。共工生术器,术器首方颠,是复土穰,以处江水。"又《大荒北经》云:"西北海外,黑水之北,有人有翼,名曰苗民。"《战国策·魏策》云:"昔者,三苗之居,左有彭蠡之波,右有洞庭之水"。

从以上叙事可知,《大荒北经》对"共工""苗民"地望的述说只有一个笼统的北方方位,具体位置不详。《海内经》对"共工"地望的述说却明确指出共工为祝融之子,生于江水,其后裔亦处江水。由此可见共工地望在长江中游是肯定的。《战国策·魏策》述说苗民地望亦十分具体、明确,指出苗民居地在彭蠡、洞庭之间,也是在长江中游。

由此可见,虽然"黄帝乃令应龙攻之冀州之野"故事记录在《大荒北经》,但这个"冀州之野"指的仍是长江中游而不是后来的河北冀州。

关于上古"冀州",刘俊男教授多年前做过考辨,他认为上古冀州有一个"由南向北推

---

① 于省吾:《甲骨文字释林》,中华书局,1979年,第389页。

进,亦即农业文明向游牧文明推进"的过程,从考古角度看,夏以前的冀州"当为大溪、屈家岭、石家河、桂花树古城周围"①。刘说堪称灼见,值得重视。

其实,从《路史·蚩尤传》说的"阪泉氏蚩尤……发葛卢、雍狐之金启九冶",已可径直锁定蚩尤采铜作五兵的地点在铜绿山。《易经证释》云:"乾数为九。"又《周易述》云:"乾为大"。可见"九"与"大"通,"九冶"即"大冶"。因此,所谓蚩尤"发葛卢、雍狐之金启九冶",也就是蚩尤"发铜绿山之铜启大冶"。这与《素问·五常政大论》"眚于九"注所云:"九,南方也。"也是很吻合的,"大冶"便在长江以南。正因为蚩尤是在长江以南采铜作五兵,居于长江以北的黄帝要"涉江"才能讨伐他。

至于黄帝具体从何处起兵讨伐蚩尤,笔者以为是从长江北岸的今湖北黄冈市一带。黄冈北倚大别山,西连武汉,东接安徽,南与幕阜山北麓铜矿区隔江相望,从那里"涉江"讨伐蚩尤十分便捷。

旧说黄帝故里在河南新郑或陕西宝鸡,如果是这样,黄帝要从那里讨伐蚩尤太过于遥远,在公元前约三千纪的农耕社会,不可能有如此跨生业区的长途跋涉作战。在古代战争要素中,后勤供给至关重要,所谓"兵马未动,粮草先行"。若从新郑或宝鸡起兵,后勤供给难以保障。

《五帝本纪》所云"天下有不顺者,黄帝从而征之,平者去之,披山通道,未尝宁居。东至于海,登丸山,及岱宗。西至于空桐,登鸡头。南至于江,登熊、湘。北逐荤粥,合符釜山,而邑于涿鹿之阿。"也不是学界想象的那样是后世的"大一统"天下四方征战。笔者以为这个"天下"是一个"小天下",虽然其时蚩尤已灭,黄帝已有不少拥戴他的诸侯可以提供后勤保障,但他征战的四方范围仍只限于以幕阜山北麓铜矿区为中心的长江流域稻作农业区。

"岱宗"指合肥漕湖岱山。其距长江中游不远,黄帝顺江而下,征伐起来并不困难。

"空桐"指"洞庭"。"空桐"和"洞庭"可声转,是不同记音文字。宋娄机《班马字类》"黄帝过空桐",《永乐大典残卷·抱扑子·地真篇》便作"黄帝过洞庭"。"登鸡头"指登洞庭湖平原西北角的宜昌鸡头山。

"江"这里应指资江。《书·禹贡》:"九江孔殷。《正义》:江以南,水无大小,俗人皆呼为江。"《风俗通·山泽篇》云:"江者,贡也。出珍物,可贡献也。"资江之"资"义近之。"登熊、湘",指登资江流域雪峰山脉的熊山、湘山。

"北逐荤粥"即把"荤粥(匈奴)"赶到北方去。这个叙事说明黄帝故里不在北方,否则,如此叙事便于理不通。

"釜山"指咸宁"浮山"。古无轻唇音,釜,并母鱼部;浮,并母幽部,双声,鱼幽旁转可

---

① 刘俊男:《华夏上古史研究》,延边大学出版社,2000 年,第 182 页。

通假。"釜山"与"浮山"亦为不同记音文字。咸宁"浮山"与大冶铜绿山毗邻,均属幕阜山北麓。黄帝伐蚩尤从幕阜山北麓铜矿区始,最后结束战争又"收兵"于幕阜山北麓铜矿区,故谓"合符釜山"。

"邑于涿鹿之阿",即黄帝平定天下后在蜀鹿之野亦即洞庭之野铸鼎定都。

常见有论者据《五帝本纪》所云黄帝"迁徙往来无常处",说黄帝是北方游牧民族[①]。这是典型的断章取义。这种论说完全无视上文"天下有不顺者,黄帝从而征之"和下文"以师兵为营卫",把黄帝四方征战的战时生活曲解为北方游牧民族"逐水草而居"的日常生活,这样的论说是无效的。

笔者认为,"炎、黄、蚩"故事原本是稻作农业区的一个"小故事",后来才拓展为大天下"大故事"的。我们今天发掘的众多文化遗址,有些只是这个"小故事"在扩展和传播过程中留下的次生"化石"。如果我们不分时空节点一股脑地将它们全都装入"炎、黄、蚩"原生故事叙事框架,中华民族的成长史便会显得很紊乱。不明此,很多问题都难搞清楚。

二、"黄帝以姬水成"

《国语·晋语四》所说的"黄帝以姬水成"之"姬水",过去学界大都说是陕西武功县的"漆水"或河南新郑市的"澐水"。细考,这些说法均属后人主观认定,并无确凿原典文献支持,更无与黄帝传说紧密契合的考古学材料作证。

根据上述"蚩尤畔父,黄帝涉江"和"黄帝南伐赤帝"等传世与出土文献双重证据,笔者认为"黄帝以姬水成"的"姬水"即黄冈"蕲水"。蕲,斤母之部;姬,见母之部,双声叠韵,可通假。"蕲水"或为"姬水"的不同记音文字。蕲水流域今犹有"姬公庙""黄帝寨""皇帝塝""皇帝尖"等古地名,这些地名亦均可作为"黄帝以姬水成"的"姬水"为黄冈"蕲水"之旁证。

蕲水为长江中游北岸的重要水系,《水经注》"蕲水"条云:"蕲水出江夏蕲春县北山,南过其县西,又南至蕲口南入于江。"全长117.8公里,接纳大小支流550条,流域面积1983平方公里,其广阔的地理空间为黄帝族成长提供了坚实基础。

从考古学文化看,黄帝传说可具体对应黄冈螺蛳山新石器时代文化遗址。螺蛳山遗址位于堵城镇堵城村,地处长江内江东岸约350米的小山丘上。现存面积约7000平方米,原与东南约300米的王家山新石器时代遗址为一座相连的山丘,规模宏大。螺蛳山遗址时间跨度为距今约6000—4000年[②],正好包括传说中的黄帝时代。

关于螺蛳山遗址所在地"堵城"名字的由来,据《中国地名辞源》解释,是取"削壁为

① 易华:《黄帝与成吉思汗——从游牧看中国文化的形成》,《论草原文化(第六辑)》,内蒙古教育出版社,2009年。

② 董志伟:《黄州螺蛳山遗址文化特征浅析》,《黄冈职业技术学院学报》,2013年第5期。

城,堵截来敌"之意命名。然其地为沿江冲积平原,无"壁"可削,其所说当不实。"堵城"这个名字出现在那里很突兀。它很可能即黄帝早期"都城"。"堵"与"都"双声叠韵可通假,《史记·六国年表》"魏城武都",《魏世家》"都"便作"堵"。

螺蛳山遗址对我国考古和上古史研究意义重大,其所处位置为东、西、南、北各支考古学文化的接触地带,特殊的地理位置导致多种文化在那里汇集、交融。考古界一般认为螺蛳山遗址存在仰韶文化、大溪文化、屈家岭文化、青莲岗文化、薛家岗文化、良渚文化、崧泽文化、大汶口文化、龙山文化等多种文化因素①。这种文化性质和规模正好为"黄帝以姬水(蕲水)成"提供了可能。在陶器类型上,螺蛳山遗址多鼎,女性墓葬多陶纺轮,这也与黄帝身份及嫘祖传说很相符。

笔者说"黄帝以姬水成"之"姬水"即"蕲水",还可由其他文献所载黄帝世居地和活动地证之。

(一)《史记·五帝本纪》所载黄帝世居地

> 黄帝居轩辕之丘,而娶于西陵之女,是为嫘祖。嫘祖为黄帝正妃,生二子,其后皆有天下:其一曰玄嚣,是为青阳,青阳降居江水;其二曰昌意,降居若水。昌意娶蜀山氏女,曰昌仆,生高阳,高阳有圣德焉。黄帝崩,葬桥山。其孙昌意之子高阳立,是为帝颛顼也。……帝颛顼生子曰穷蝉。颛顼崩,而玄嚣之孙高辛立,是为帝喾。

以上所述地名在蕲水及其周边地区皆一一可考。

1."轩辕之丘":应即黄冈螺蛳山遗址。晋皇甫谧《帝王世纪》云:"(黄帝)授国于有熊,居轩辕之丘,故因以为名,又以为号。"今黄冈境内有"熊坳""熊塆""熊老塆""熊山岗"等古地名,其正与螺蛳山遗址这个"轩辕之丘"形成呼应。这些地名应都是"有熊氏"曾在那里生息繁衍留下的文化印记。后来楚人以"熊"为氏,也应与黄帝"有熊国"在长江中游有关。有论者将黄帝"名曰轩辕"与北方游牧民族的马车联系起来,说黄帝系北方游牧民族,这是不对的。黄帝名"轩辕"应和对应荆楚大地的"轸"宿有关。《史记·天官书》云:"轸为车",《荆州星占》亦云:"轸为天车。"黄帝的名字"轩辕"便得自"轸宿"这个"天车"。

2."西陵":即湖北宜昌西陵。宜昌西陵距黄帝所居的黄冈"轩辕之丘"不远,黄帝娶"西陵之女"为妻在情理之中。

3."江水":指长江中游。"江水"地望无可争执,此亦证明黄帝世居地在长江流域。

4."若水":指武汉市黄陂区的一条古河流,今黄陂区仍保留有"若水塆"古地名。

5."蜀山":指长江南岸今嘉鱼县"蜀山村"一带,其与黄陂若水隔江相望,昌意在那一

---

① 董志伟:《黄州螺蛳山遗址文化特征浅析》,《黄冈职业技术学院学报》,2013年第5期。

带娶妻亦甚为合理。

6."桥山":即今湘阴"乔山"。湘阴乔山有"黄陵""黄陵庙",当为黄帝葬处。

黄帝后裔高阳、高辛居地亦在长江南岸幕阜山北麓阳新县境内的"古阳辛镇"。当地民间传言,黄帝孙颛顼高阳和玄孙帝喾高辛曾居那里,人们为纪念这两位先祖,便将该地取名为"阳辛"[①]。笔者专门到那里考察,证实当地的确有此传言。虽然这只是一个传说,但参读《离骚》,屈原为"帝高阳之苗裔",他流放期间为向先祖陈情,追溯到幕阜山下的汨罗江投水自沉,两相印证,这个传说亦应非空穴来风。

值得关注的是,在幕阜山东侧的江西吴城遗址,出土了"勹土嵩田"陶文。"勹"古同"包",可读作"亳"。"土"读为"社",社乃土地之神,亳社应即商之社坛。"嵩"字为李学勤先生所释[②]。笔者以为"嵩"可读"颛",二字均有"专"义,且"嵩"为"颛"声旁,当可通;或"嵩"为"颛"省。四字可训为"亳社颛田",即商族供祀颛顼之田。准此,"古阳辛镇"为高阳、高辛故居便相当可信了。

(二)《帝王世纪》所载黄帝世居地

> 黄帝生于寿丘,在鲁东门之北。
>
> 黄帝自穷桑登帝位,后徙曲阜。
>
> [黄帝]有圣德,授国于有熊,郑也。

先秦文献只载"黄帝以姬水成",未见黄帝出生地记载。司马迁写《五帝本纪》也未提黄帝出生地。有关黄帝出生地的记载始见于晋皇甫谧《帝王世纪》。过去学界认为《帝王世纪》所说的"寿丘""鲁""曲阜"在山东,所说的"郑"在河南。这是将后世次生地名对应黄帝故事原生地名。这样对应使黄帝地望显得十分混乱。其实,《帝王世纪》所记述的这些地名仍都是在长江中游。

1.寿丘:此系借用十二星次的"寿星之次"叙事。《国语·晋语四》云:"岁在寿星及鹑尾,其有此土乎?"韦昭注:"自轸十二度至氐四度,为寿星之次。"寿星与二十八宿相配为轸、角、亢、氐四宿。对应荆楚的轸宿在其中,故"寿丘"应即指黄冈螺蛳山遗址。

2.鲁东门:即汉阳鲁山城东门。鲁山城一名鲁城,三国时筑,城以鲁山得名。《水经·江水注》所说的"江水又东径鲁山南,……山上有吴江夏太守陆涣所治城。"即指此。皇甫谧与吴江夏太守陆涣同时,他应知陆涣所治鲁城,故以之来作黄帝出生地"寿丘"的叙事坐标。长江经鲁城向东北方向流,下游便是黄冈螺蛳山遗址,此正与《帝王世纪》所云"黄帝生于寿丘,在鲁东门之北"相合。

---

① 《中国省、市、县/区(部分)等行政区的地名由来:中南篇》,知乎(zhihu.com)。

② 李学勤:《李学勤文集》,上海辞书出版社,2005年,第191页。

3.“穷桑”：或指黄冈“桑林”。据《元丰九域志》载，黄州其时尚有桑林镇。

4.“曲阜”：即“蒲阜”“幕阜”。《说文》云：“或说曲，蚕薄也。”可见“曲”可训“薄”。“薄”与蒲圻之“蒲”可通假，《唐韵古音》：“薄读蒲。《书》序：‘成王既践奄，将迁其君于蒲姑。’《左传》《史记》作薄姑。”因此，“曲阜”亦可训作“蒲阜”。“蒲阜”亦即蒲圻所在之“幕阜”。蒲，并母鱼部；幕，明母铎部，并、明旁转，鱼、铎阴入对转，“蒲”与“幕”于上古声韵也是可通的。《帝王世纪》所云“黄帝自穷桑登帝位，后徙曲阜”，意思应当就是黄帝从黄冈登帝位，后因“蚩尤畔父”而“涉江”讨伐蚩尤，迁徙到了长江南岸的幕阜。

5.“有熊”：上已言黄冈境内有“熊坳”“熊塆”“熊老塆”“熊山岗”等古地名，“有熊”当指此。

6.“郑”：古“郑”亦在黄冈一带。今黄冈犹有“郑岗”“郑坳”“郑咀”“郑寨”等与“郑”相关的古地名。河南新郑市之“郑”当为后起，为黄帝故事北传所产生的新地名，故谓“新郑”。

在以上地名中，“鲁”十分重要。对“鲁”字原始内涵的考释，关涉到中华文明正确探源。因许多文献在述古帝事时都涉及到这个“鲁”，论者多将其与山东“鲁”联系起来，认为这些古帝事都发生在山东，这属误解。其实，山东“鲁”之名都是由长江中游迁去的。

于省吾先生释甲骨文“鲁”云：“从鱼从口，口为器形，本象鱼在器皿之中”[1]。又鲁与卤、鱼可通假，银雀山竹简《王兵》“蒲苇、平蒡（荡）、尺鲁……”，影本注“尺鲁”读为“斥卤”。殷墟甲骨文《后》上三一·一“在甫鱼”，《后》上三一·二作“在甫鲁”[2]。卤专指西方的岩盐，《说文》云：“卤，西方咸地也。”《说文段注》云：“东方谓之斥，西方谓之卤。”甲骨文“西”与“鲁”的字形亦的确很相似，容易混淆。据此，笔者考释“鲁”的造字应本自大溪文化先民腌制盐鱼的生活记忆。

据考古材料，至迟在6000多年前，长江三峡地区的先民便已开始腌制盐鱼了。“巫山大溪文化遗址三次发掘墓葬207座，其中9座有以鱼随葬的现象，有的鱼被放在身上，有的在脚旁，有的在双臂下，有的被含于口中[3]。“鱼肉高度易腐，如果不以咸盐腌制即便煮熟也无法长期保存，而巫山大溪墓葬中的鱼骨得以保存至今，正好说明腌鱼技术的存在。”[4]

大溪文化随葬腌制盐鱼的墓葬不多，说明“鲁”是一种难得之物，是财富的象征。故“鲁”与“嘉”“旅”可通假，具有“美好”和“商贾”的意味[5]。

---

① 于省吾：《甲骨文字释林》，中华书局，1979年，第52页。
② 王辉：《古文字通假字典》，中华书局，2008年，第101页。
③ 谢建忠：《巫山大溪遗址以鱼随葬的原始宗教意识与巫术》，《重庆三峡学院学报》，2011年第1期。
④ 权莎，邓晓：《巫山大溪遗址鱼类随葬品及其内涵探析》，《三峡论坛》，2018年第2期。
⑤ 于省吾：《甲骨文字释林》，中华书局，1979年，第52—53页。

笔者发现，在渝东和鄂西南有"鲁山"，那里正是大溪文化的发源地，"鲁山"很可能是当地腌制盐鱼习俗的一个文化地标。笔者还发现，从大溪文化核心区开始，"鲁山"地名有向外传播的迹象。沿汉水传播到河南平顶山，那里有鲁山县；沿长江而至黄淮流域，湖北宜昌、阳新、武汉有鲁山，安徽舒城有鲁山，江苏邳州有鲁山，山东淄博、潍坊、沂源有鲁山。如果将"鲁山"所在地排序，正反映了"鲁"之名由西向山东传播的路径。因此，认为《帝王世纪》所云"黄帝生于寿丘，在鲁东门之北"指山东曲阜是不对的。同样，许多文献在述古帝事时所涉及的"鲁"与山东也没有关系。"鲁"包括与之相随的"曲阜"的原生文化记忆都在长江中游。

（三）文献所载的黄帝活动地亦在长江中游

黄帝张咸池之乐于洞庭之野。（《庄子·天运》）

黄帝过洞庭，从广成子受自成之经。（《抱朴子·地真篇》）

黄帝采首山铜，铸鼎于荆山下。鼎既成，有龙垂胡髯下迎黄帝。黄帝上骑，群臣后宫从上者七十余人，龙乃上去……故后世因名其处曰鼎湖。（《史记·封禅书》）

以上所说的"洞庭"在长江中游历来无异议。笔者考黄帝采铜、铸鼎之"首山""荆山"亦在长江中游幕阜山北麓铜矿区。

"首山"应指咸宁蒲圻首山。《读史方舆纪要》卷七十六湖广二载："蒲首山在县西三十里。《志》曰：蒲圻之首山也。"蒲圻首山是从洞庭湖区上幕阜山的第一座山，或因此而名"首山"。"荆山"应指咸宁荆山，其距"首山"很近。两座山均为幕阜山西北麓余脉，距幕阜山北麓铜矿区不远，"黄帝采首山铜，铸鼎于荆山下"的故事应即发生在那里。咸宁荆山下便是洞庭湖，因黄帝在那里铸鼎，故后世名洞庭为"鼎湖"。《洞庭湖志》载："鼎湖，在（湘阴）县西北二百里，巴、华、龙阳交界。《湘阴县志》：'黄帝铸鼎荆山之阳，张乐洞庭之野。鼎成，骑龙上升，故曰鼎湖。'"沅水入洞庭处古时曰"鼎江"、常德曾名"鼎州"，亦应都是因黄帝曾在洞庭铸鼎而得名。

《史记·封禅书》所载的具有神话色彩的黄帝骑龙上天故事，很可能是融入了洞庭湖先民的"龙卷风"生活记忆。"龙卷风"是洞庭湖区的典型气象特征，在历史上时有发生，当今亦然。1952 年以来，岳阳全市范围有 10 例龙卷风，1983 年湘阴"4·27 龙卷风"，达到 EF－4 级，在上世纪被列入世界十大风灾[1]，风眼正好在黄陵庙附近的神鼎山镇。

以上这么多古地名与传说中的黄帝世居地和活动地地名一一对应，绝非偶然。值得指出的是，当地百姓并未刻意将这些地名与黄帝故事联系起来炒作，即便"古阳辛镇""鲁

---

[1] 张为，徐亚平：《百年古塔见证罕有龙卷风》，《湖南日报》，2020 年 5 月 12 日。

东门"、"黄陵"也没有。这就证明其不是为了附会黄帝才起的地名，而是埋藏在中华民族记忆底层的黄帝故事原生地地名。

这些与黄帝故事密切相关的地名没有引起史家重视，与后来中国政治中心已迁北方有关。其时的南方被看成是蛮荒之地，历代儒生根本就不采信这些地名传说。甚至把湘阴黄陵也改说成了是葬的帝舜二妃。《湘阴县志》"黄陵山"云："在县北四十五里，大江之滨。帝舜二妃墓在焉。"《水经注》亦云："二妃庙，世谓之黄陵庙也。"唐代韩愈写的《黄陵庙记》也云："湘旁有庙曰黄陵，自前古立祀尧之二女、舜二妃者。"[①]但是，帝舜二妃墓在洞庭君山亦多有文献记载，这就产生了矛盾，在同一个洞庭出现了两个帝舜二妃墓。另，如果湘阴黄陵是葬的帝舜二妃，又岂敢称"黄陵"？这些都是于情理说不通的。唯一的解释便是：黄陵的真相被掩盖。

但尽管如此，历史总会留下蛛丝马迹，还是有一些文献保留了少许真实的历史记忆。如《岳州府志》载："轩辕台，在君山上，一名铸鼎台。"唐代胡曾《洞庭》诗曰："五月扁舟过洞庭，鱼龙吹浪水云腥。轩辕黄帝今何在？回首巴山芦叶青。"[②]

当然，黄帝族群的成长地除了以蕲水为中心的长江中游外，还应包括蕲水至安徽含山的长江北岸大别山一带。与鄂东相连的安徽潜山县薛家岗遗址和含山县凌家滩遗址，均应是黄帝故事的考古学文化支撑。螺蛳山遗址和薛家岗遗址都出土了多孔石刀[③]，可见两地文化相连。多孔石刀是薛家岗文化的标志性器物，其石刀钻孔特别偏执于奇数，除 M49 中随葬一件为四孔外，其余均为 1、3、5、7、9、11、13 奇数孔[④]，这或许与传说中的黄帝《归藏易》"易数"有关。《尚书·中候》云："帝轩提像，配永循机。天地休通，五行期化。河龙图出，洛龟书成。赤文像字，以授轩辕。"在凌家滩遗址，便出土了刻有八卦空间模型和易数的与之相契合的玉龟板。凌家滩遗址附近今仍有"骆集"、"骆张"等古地名，这亦与"洛龟书成"传说相符。凌家滩玉龟板是证明黄帝地望在长江流域的最有力物证，这在全国是绝无仅有的。《世本·作篇》载："黄帝作冕。"冕即冠，凌家滩遗址出土的玉人像皆戴冠冕。后来，这种戴冠冕的玉人像又出现在了石家河文化中，这正反映了黄帝文化成长和传播的路径。

三、"炎帝以姜水成"

《国语·晋语四》所载的"炎帝以姜水成"的"姜水"，笔者则以为应是"湘水"。姜，见母阳部；湘，心母阳部，见心旁纽，叠韵，二字上古音可通。

① ［清］陶澍，万年淳：《洞庭湖志》，岳麓书社，2009 年，第 261 页。
② ［清］陶澍，万年淳：《洞庭湖志》，岳麓书社，2009 年，第 551 页。
③ 湖北省黄冈地区博物馆：《湖北黄冈螺蛳山遗址墓葬》，《考古学报》，1987 年第 3 期。
④ 朔知，杨德标：《薛家岗石刀钻孔定位与制作技术的观测研究》，《中国历史文物》，2003 年第 6 期。

旧说炎帝成长的"姜水"在陕西岐山姜氏城南,凭的仅是《水经·渭水注》所云:"是其地也。"这是郦道元的主观判断,这种未经论证的注释是不能作为证据使用的。其据明代天顺五年《大明一统志》所载"姜水在宝鸡县南",说炎帝成长的"姜水"是宝鸡县南的清姜河,也是未经论证的主观判断,不足取信。

笔者谓姜水即湘水,除了姜、湘二字声训相通外,《帝王世纪》所载的舜母游华阳感孕生舜的"华阳",在湘水入洞庭东侧的幕阜山麓亦可考。平江县有"华阳山",距"华阳山"不远处有"姜源洞""姜源村"。甲骨文"姜"与"羌"形近。据《后汉书·西羌传》:"西羌之本,出自三苗,姜姓之别也。"而据《战国策·魏策》《史记·吴起列传》记载,三苗国在洞庭湖与鄱阳湖之间。平江"姜源洞"正处于这个区位,因此这个"姜源洞"很重要,它应即炎帝姜姓的源头。此外,湘水流域为炎帝神农文化最深厚积淀区,炎帝陵亦在湘水流域。

当然,笔者说"炎帝以姜水成"的"姜水"是"湘水",主要还是基于湘水所在的湖南考古学文化可以有力支持文献所载的炎帝历史功绩。《太平御览》卷八百三十三引《周书》曰:"神农耕而作陶。"《周易·系辞下》曰:神农"日中为市,致天下之民,聚天下之货,交易而退,各得其所。"《淮南子·修物训》曰:"神农乃始教民播种五谷,相土地宜,燥湿肥垆高下。尝百草之滋味,水泉之甘苦,令民知所辟就。当此之时,一日而遇七十毒。"以上这些记述都可以在湖南考古学文化中找到对应:在湘水源头道县都庞岭玉蟾岩遗址,出土了东亚大陆最早的陶和稻[①];在澧阳平原,发掘了东亚大陆最早的城,城内出土了10座陶窑,专家认为其产陶规模已远超城内居民所需,已存在与城外居民的商品交易行为[②];在长沙马王堆西汉墓,出土了一批我国最早的帛医书和竹木简医书,合计达14种,约三万字。这批古医书后世都已失传,就连《汉书·艺文志》也未能著录,其中应不乏炎帝尝百草积淀下来的远古药物学知识。这些考古发现说明,湖南是我国传统农业、制陶工业、城市商品交易和药物知识探索的先驱地和传播中心。也因为有这些考古发现,笔者说"炎帝以姜水成"即"炎帝以湘水成",才显得合理。

陕西姜氏城南的所谓"姜水",从考古层面看,既非陶的发明地,也非原始农业发源地,更非城市商品交易萌芽地和远古中草药知识积淀地,怎么可能是早年炎帝的成长地呢?因此,旧说陕西宝鸡是第一代炎帝故里,是与文献记载和考古材料相违的。

笔者这里并不是否定陕西有炎、黄文化,陕西不仅有炎、黄文化,而且十分深厚,保留得也更为完好。陕西民众也同样是炎、黄二帝的嫡系子孙。笔者这里只是在回溯中华民族的成长过程,厘清我们民族在不同历史时空的发展节点。以历史节点考之,陕西炎、黄文化显然是炎帝、黄帝族群北迁带去的。那里只是炎、黄文化的次生地而非原生地。

---

① 吴小红等:《湖南道县玉蟾岩早期陶器及其底层堆积的碳十四年代研究》,《南方文物》,2012年第3期;李水城:《驯化与农业起源》,《光明日报》,2022年9月13日,第11版。

② 刘勇,罗宏武主编:《神秘的高岗——城头山遗址解读》,湖南人民出版社,2014年,第61—63页。

陕西之所以被历代王朝视为炎、黄文化正宗，主要是认识上的问题。这犹如自然界的参天大树，越往上面，树冠越大，益发郁郁葱葱，引人注目；而树根在下往往不被人关注，埋在地下的树根尤然。人类文明之树也是如此。我们不能只看到树冠，而忘记了树根。

炎、黄故里不在黄河流域旱作农业区而在长江流域稻作农业区，笔者于上面已从文献原典、地名学和考古学进行了多重证据论证。蚩尤作为"黄帝之子""炎帝之裔"，其故里当然也在长江流域稻作农业区。

10年前，笔者曾发过《新化"蚩尤故里"考辨》拙文，认为蚩尤世居地可能在雪峰山脉的"大熊山"[1]。那里发现了清末民初的载有"蚩尤屋场"的《陈氏源公九修族谱》和古石碑，还有许多有关蚩尤的民俗传承。虽然这些证据年代很晚，似乎不能说明问题，但是，因蚩尤被历代王朝视为反面人物，当地百姓绝无可能攀附其名以壮地望，因此这些证据在学理上还是有一定可信度的。《五帝本纪》载黄帝"登熊湘"，有一种说法就是登这座大熊山。《大清一统志·宝庆府一》载："熊胆山，在新化东北一百里，一名熊山。《方舆览胜》云：'昔黄帝登熊山，意即此。'"

大熊山之所以有可能是蚩尤族群的早年世居地，因它是雪峰山脉向洞庭湖区延伸的最后一座山峰，是雪峰山高庙文化向北传播的重要隘口。宁乡沩水从其余脉流往湘江，在长沙湘江东岸发现了7000多年前的高庙文化大塘遗址[2]。资江绕大熊山流至益阳，在益阳亦发现了蔡家园、麻绒塘、丝茅岭3处高庙文化白陶遗址[3]。大熊山余脉抵益阳沧水铺便是洞庭湖区，与湘阴乔山黄陵相望。从长沙湘江经浏阳河可北达幕阜山，上面提到的"华阳山""姜源洞"便在这条文化带上。再过去就是幕阜山北麓铜矿区。

在雪峰山高庙文化核心区与洞庭湖平原之间，广袤的湘水流域无疑为炎帝、蚩尤姜氏部族的生息繁衍、发展壮大提供了最佳自然地理空间。其考古学文化所呈现出来的上古文化通道，与炎、黄、蚩古史故事的形成路径也无不吻合。

学界多言蚩尤故里在山东，其主要理据是因山东有蚩尤墓。《三家注史记》卷一《五帝本纪》第一《集解》引《皇览》曰："蚩尤冢在东平郡寿张县阚乡城中，高七丈，民常十月祀之。"然而，在笔者看来，恰恰是这个"阚乡城"蚩尤冢的存在，坐实了蚩尤故里在长江中游而不在山东，山东只是"涿鹿之战"后蚩尤后裔新的生息繁衍和发展壮大地。

这个历史奥秘就隐藏在"阚乡城"的"阚"字当中。《说文》释"阚"："望也。"《说文段注》："望者，出亡在外，望其还也。"可见"阚乡城"即"望乡城"。既名"望乡城"，也就证明

---

① 周行易：《新化"蚩尤故里"考辨》，《企业家天地（理论版）》，2012年第10期。

② 长沙市博物馆：《长沙南托大塘遗址发掘报告》，《湖南考古辑刊》第八集，岳麓书社，2009年。

③ 尹检顺：《湖南史前白陶初论》，《湖南省文物考古研究所建所三十周年纪念文集》，科学出版社，2016年。

山东不是蚩尤故里。为什么山东蚩尤冢所在地要取名为"望乡城"呢？这应与蚩尤后裔希望有朝一日能将始祖蚩尤遗骸重新葬回故乡有关。这个"阚"字包含了中华民族在成长过程中不得不经历的悲欢离合磨难史。

山东非蚩尤故里而是"涿鹿之战"后蚩尤后裔新的生息繁衍地，从山东民间葬俗亦可得到佐证：直至而今，山东民间为逝者送魂，仍要朝着西南方向大声哭喊："某啊，某啊，往西南……"山东的西南，正是长江中游。作家莫言曾在《红高粱》中以文学语言记录过这个葬俗，笔者2022年秋在山东做田野调查也证实了这个葬俗。这种沉淀在民间葬俗中的文化人类学记忆，应反映了历史的某些真相。

山东先民自大汶口文化时期起，与长江中游先民就是一种打断骨头连着筋的关系，大汶口文化与大溪文化、屈家岭文化，龙山文化与石家河文化，有太多的沟通与相似。如，大汶口文化的彩陶豆凸显着长江中游高庙文化八角星标志①，龙山文化的蛋壳陶、磨光黑陶与石家河文化同类器存在技术交流，都是明证。从民族学角度看，山东人的豪放、耿直和刚毅秉性，亦保留有较多的蚩尤时代我国先民的文化特征。审视我们民族在不同历史阶段、不同地理空间所呈现出来的文化多样性与丰富性，令人感触良多。

四、"炎、黄、蚩"古史发生路径反思

检讨学界长期以来将黄帝说成是从西北来的，在炎帝地望上或言西北或言南方，在蚩尤族属上或言东夷或言苗蛮的原因，不外乎有二：

一是不加论证便主观认定《山海经》等文献所载古史故事的叙事视角为黄河流域中原地区，将古史故事所述的东、南、西、北方位对应以中原为中心的后来才有的"大一统"天下东、南、西、北方位，完全不顾及古史故事所述的四方方位有可能是一个别的局部地区的四方方位。在此错误认识基础上，又将因族群迁徙和文化传播形成的次生地名等同于故事原生地名，继而将其与考古学文化对接，这就难免在文献材料的引证和考古学文化的阐释上顾此失彼、矛盾丛生。

二是将中国现代考古史的发展过程等同于中国历史的发展过程，将中国现代考古史上的"仰韶时代""龙山时代"视为中国上古史的"仰韶时代""龙山时代"。因仰韶文化、龙山文化先发掘，便先入为主地认为"三皇五帝"的古史传说必然对应仰韶文化和龙山文化，认为中华民族必定来自黄土高原、中华文明必定最先源于黄河流域。而事实上，中国上古史自身根本就不存在什么"仰韶时代"和"龙山时代"。从分子人类学所揭示的东亚大陆现代人进化史看，中国人的祖先最早是在南方生存，然后才由南往北迁徙的②。新

①　郭伟民：《新石器时代澧阳平原与汉东地区的文化和社会》，文物出版社，2010年，第281页。
②　金力，褚家佑：《中华民族遗传多样性研究》，上海科技出版社，2006年，第236—237页。

石器时代的族群迁徙和文化走势也是这样①。

对此我们不妨展开讨论:

比较距今 7000 年至 5000 年时所谓"仰韶时代"的考古学文化,南方长江中游的高庙文化、柳林溪文化、大溪文化和长江下游的河姆渡文化、凌家滩文化的文明程度,明显高于北方黄河流域的仰韶文化。仰韶文化彩陶的优势只是以其色彩艳丽的图案在视觉上给人以强烈震撼,其文化内涵远没有高庙文化、柳林溪文化、凌家滩文化的丰富与深刻。高庙文化、柳林溪文化、凌家滩文化所拥有的天文历法图像系统,代表着同时期东亚大陆文明的最高成就,是仰韶文化所无法企及、无法比拟的。仰韶文化亦并非一种游离于高庙文化之外的异质文化,在其艳丽的彩绘陶衣上,依然烙着高庙文化的八角星太阳历标志②。从城市文明视域看,仰韶文化的差距更为明显:东亚大陆最早的城址、中心城址和城址群,都是先在长江中游两湖平原出现,然后再向黄河中原地区推进的③。黄河中原直至距今 5300 年时,才有了第一座城——郑州西山古城,其比长江中游的城头山古城足足晚了 1000 年。而且"规模甚小,毋宁视为一座设防的村寨"。④

比较距今 5000 年至 4000 年时包括所谓"龙山时代"的考古学文化,其时黄河流域的仰韶文化已经式微,长江中游的屈家岭文化、石家河文化和长江下游的良渚文化如日中天,渐次向中原地区和西北第二阶梯迁徙、扩张。在西北第二阶梯,良渚文化、石家河文化继仰韶文化强弩之末,催生了齐家文化、陶寺文化和石峁文化。齐家文化、陶寺文化、石峁文化并非当地本土文化的自然延伸与发展,其玉器形制、猪骨葬俗、石头雕像,无不本自良渚文化和石家河文化传统。在中原地区,其时中原本土文化已褪去仰韶文化彩陶外衣,而多见屈家岭文化、石家河文化影子⑤。有学者研究,山东龙山文化黑陶的源头亦在长江中游⑥。放眼 4500 年左右的东亚大陆,石家河城邦傲视群雄,而非龙山文化可比。

另外,考古界有一种观点,认为长江中游文明在后石家河文化时期已经自我消亡,没有参与中原文明进程⑦。这种观点也是不正确的。

首先,这种观点罔顾事实。事实是,后石家河文化时期的长江中游肖家屋脊遗址出

① 张之恒:《中国新石器时代遗址的分布规律》,《四川文物》,2007 年 1 期,第 50 页。

② 贺刚:《湘西史前遗存与中国古史传说》,岳麓书社,2012 年,第 412—413 页。

③ 赵春青:《长江中游与黄河中游史前城址的比较》,《江汉考古》,2004 年第 3 期。

④ 苏秉琦主编:《中国远古时代》,上海人民出版社,2010 年,第 493 页。

⑤ 郭静云:《夏商周——从神话到史实》,上海古籍出版社,2013 年,第 34—37 页。

⑥ 范梓浩:《从泥质黑陶遗存看两湖地区新石器时代晚期文化格局的转换》,《湖南大学学报(社会科学版)》,2017 年第 5 期。

⑦ 何驽:《可持续发展定乾坤——石家河酋邦崩溃与中原崛起的原因比较》,《中原文物》,1999 年 4 期。

土玉器,"代表了史前中国乃至东亚地区玉器加工工艺的最高水平"。① 即便到了商代前期,长江中游文明仍很发达,如杨家湾一座大型墓葬出土青铜大鼎口径55厘米,是商代前期直径最大的青铜鼎。盘龙城出土了各类青铜器接近200件,无论是数量、精美程度,都不亚于同时期的郑州商城②。

其次,这是一种形而上学的观点,是以封闭的、静止的眼光看待一种文明在某地的兴盛与淡出,而没有考虑到文明是动态的,是可以随人群异地迁徙的。某种文明迁徙到异地,融合异地本土文化以一种新的姿态发展、壮大,依然是这种文明。不能把它在异地重新出现的文明新样态视为异地原有文化的自然延伸与发展,而说这种文明已经消亡。

看一种文明是否消亡,要看后来的文明中是否还有它的"质的规定性"存在。从这个意义上去考量,真正自我消亡、没有参与中原文明进程的是仰韶文化彩陶——庙底沟文化的"玫瑰花"没有一朵存活在三代文明的土壤上,全部枯萎凋零。三代文明的玉器、青铜器承载的是中华先祖在南方悟到的"道",铭记的是长江文明高庙文化图像系统的"祖神像"及其文化标识。因此,以仰韶文化、龙山文化去生硬对接"炎、黄、蚩"三祖地望,是会出大问题的。对此,我们应当深刻反思。

---

① 邓慧遐,付磊磊等:《天门有个长江中游史前部落文化遗址,史前玉作巅峰,城壕总面积约180万平方米》,《长江日报》,2022年8月8日。

② 张昌平:《盘龙城遗址考古收获》,《人民日报》,2019年9月7日,第5版。

铜绿山古铜矿遗址与青铜时代

曾纪鑫[①]

一

青铜时代,是中华民族历史上一部雄浑奇绝、辉煌灿烂的交响诗篇。

由青铜时代产生、积淀、结晶而成的青铜文化,历经千百年的风雨剥蚀、战争浩劫与自然淘汰,至今仍闪烁着动人的光芒。以重达八百七十五公斤的司母戊大方鼎、气势磅礴的曾侯乙编钟、精美绝伦的越王勾践剑为代表的青铜器物及其他传承于世的各种青铜礼器、食器、兵器如鼎、缶、尊、爵、瓠、斧、戈、戟、矛、弩等,无不向人们述说着青铜时代的多彩风姿,展示着青铜文化的丰富内涵,映射着青铜制作的高超技术……

青铜时代,是一个足可令每一个中国人感到回肠荡气、迷恋陶醉、骄傲自豪的伟大时代!

曾有很长一段时间,人们面对光彩夺目的青铜器物,感叹赞赏之余,却因资料匮乏而对制作这些精美器物的原料——铜的开采过程、冶炼技术不甚明了,"史文阙佚,考古者为之茫然",只好"姑且存而不论"。位于湖北省黄石市境内的大冶铜绿山古铜矿遗址的发现与发掘,便很好地填补了这一空白,解决了铜如何开采与冶炼这一重大历史课题,被列为中国 20 世纪 100 项考古大发现,也是迄今为止我国发现采冶链最完整、发掘规模最大、技术水平最高、生产时间最长、保存最为完好的古铜矿遗址,被中外专家、学者认为"是世界冶金史上一件具有重要意义的大事"。

---

① 作者简介:曾纪鑫,1990 年毕业于湖北师范大学历史系,曾先后担任黄石市艺术创作研究所副所长,武汉市艺术创作中心、湖北省艺术研究院编剧,2003 年作为重点人才引进到厦门市工作。一级文学创作,中国作家协会会员,福建省传记文学学会副会长,中国当代写作文化散文的代表性作家之一,享有实力派作家、学者型作家之称。出版专著三十多部,多次获国家、省市级奖励,作品进入全国热书排行榜,被报刊、图书广为选载、连载并入选《大学语文》教材,全国媒体广泛关注、评论,相关研究有《被照亮的历史·曾纪鑫历史文化散文研究(1999—2020)》《荆楚情怀与现代精神·曾纪鑫作品研究》《我们活在历史中·曾纪鑫创作论》等六部论著、评论集出版。

因此,青铜时代虽然已在翻卷的历史云烟中消逝了两千多年,我们仍可在那卷帙浩繁的史籍中追寻它的依稀风采,在留存于世的青铜器物中感受它的脉搏跳动,在一种自北宋末年就开始有组织地研究的专门学问——金石学中见识它的精深绝妙,更可在发掘出土的铜绿山铜矿冶炼遗址中感受它的博大宏伟。

1994年底,时任黄石市文化局局长的吴宏堂先生嘱我创作一部反映青铜时代的大型历史剧《青铜九鼎》。为此,我不仅较为系统地研究了青铜文化,还与黄石市京剧团编剧熊崇实一道,在铜绿山古铜矿遗址博物馆住了几天,从感性上充分认识古代先民在较为封闭的特殊环境中付出的艰辛劳动、闪现的聪明才华与创造的文明成果。

二

铜绿山所在地的铜铁矿藏非常丰富,经过好几千年的开采,至今储量仍相当可观,一个现代化的铜矿就坐落在古铜矿遗址博物馆附近。

很久以来,铜绿山周围满山遍野都是炼铜炉渣,覆盖面积约14万平方米,最厚处3米多,总量至少在50万吨以上。铜渣一直就在那儿堆着,风吹雨淋,日晒夜露,岁月悠悠,无人问津。一片废弃的铜渣在重功利与实用并为生存奔波挣扎的普通人眼里,引不起多大的重视与注意,按说也是一桩十分平常的事情。

后来,铜绿山来了一支地质勘探队,一堆堆铜渣自然引起了这些被现代科学思想"洗过脑"的队员们的注目:这么多的冶炼遗物是谁人开采? 是什么时代留存下来的? 它们反映了一种什么样的历史事实? 走访民间,有的说是唐朝末年黄巢起义军攻占鄂城时在此安营扎寨,铸造兵器所留;有的讲是南宋抗金名将岳飞率领大军杀退金兵,制造大冶之剑遗存……众说纷纭,一时难以深入考究,也就成了一个无法解开的谜团。

直到1973年10月,大冶铜绿山矿在生产剥离作业时,电铲掘进到离地表40多米深的古矿井,发现了两把大铜斧。几位爱好历史的工程技术人员对此既兴奋又迷惑——我国在战国末期就已进入铁器时代,难道说唐宋时期还在使用这样的铜制工具开采铜矿吗? 又是一个无法解开的谜团!

堆积的铜渣、迷离的传说、古老的铜斧……这一切,似乎都在向人们默默地诉说着一个久远而瑰丽、奇妙而宏伟、真实而迷人的历史事实。为了揭开历史的神秘面纱,矿领导将其中一件使用磨蚀较多、体积较小的铜斧寄往中国历史博物馆(今国家博物馆),并附信简要说明发现经过,以求获得历史的真相。

中国历史博物馆对此十分重视,立即派员前来调查,省、市、县相关单位积极参与配合。调查组待了约一个星期,不仅获得大量研究资料,还走访当地矿工,探寻古矿井线索,向他们征集收藏的出土遗物铜斧、铜锛、铁斧、铁耙、铁锄、木铲、木槌、木锹、木斗、木钩、木撮瓢、木辘轳主轴等。

不久,一篇名为《湖北古矿冶遗址调查》的简报,刊于《考古》杂志 1974 年第 4 期。

于是,一个从西周历经春秋、战国,一直延续到西汉的巨大古铜矿遗址——铜绿山古铜矿遗址终于被人们发现,并引起了强烈轰动。

10 年后,即 1984 年,我国第一座古铜矿遗址博物馆以它那特有的风姿,在铜绿山七号矿体春秋采矿遗址点拔地而起,举世瞩目,吸引了无数中外游客。

铜绿山古矿冶遗址的发现与发掘,必然中带着极大的偶然因素。如果没有地质勘探队的前期走访,没有两把铜斧的出土问世,没有现场技术人员对历史的浓厚兴趣,没有矿山领导的高度重视,没有考古调查组的勘探研究……这一系列的"如果",只要其中一环出现断裂,也许遍布铜绿山的铜渣至今还是一堆堆被世人视为无用或累赘的"废物"。

在我们脚下这块生生不息、有过几千年灿烂文明的古老土地上,该有多少类似铜绿山古铜矿遗址的文物宝库或是没有发现,或者无可挽回地惨遭毁弃,或在目光短浅的各种建设与开发的浪潮中日渐消失!

科学、理性而自觉地对待历史遗产,避免盲目与无序,开掘保护人类的共同文化财富,不仅是一项艰巨而长期的神圣使命,也是提高国民素质的一个重要方面。

铜绿山海拔不到 100 米,谈不上巍峨高大,但是,它那难以穷尽的地底却蕴藏着取之不竭的丰富矿藏。为了保护国家重点文物,决定不再对铜绿山进行现代露天开采。山上发掘的遗址有三处,博物馆修建在一号考古发掘现场,虽是一座没有多大特色的现代楼房,但建筑依照遗址特点、保护与陈列等要求设计规划,与周围的环境也就显得较为和谐。登上台阶,进入展厅,除了一旁陈列着的必要的模型、介绍与说明外,赫然映入眼帘的,就是大厅中心一块 400 平方米的古代采矿遗址。

这是一块没有经过任何修饰与改动,完全保持历史原貌的古代遗址。当时发掘出来是什么样子,仍按原样陈列,遗物的位置、模样都不改变,"原汤原汁"。它自然裸露,不加掩饰地袒呈,穿越了 2700 多年的漫长时光,向人们展示着它那独特的风采。没有战争及其他人为的破坏,没有刻意的修补、添加与点缀,时代如此久远而又保存得如此完整的历史文化遗迹,不仅在中国,在世界上恐怕也难得一见。

遗址中,一条条井巷纵横交错、层层叠压、密如蛛网。那些支护井架的树木,虽历经 2700 多年,仍牢牢地挺立撑持。井架形状不一,或竖井,或斜巷,或平巷盲井,它们构成了一个向下挖掘、向前开采的完整体系。

先民们对铜的利用,也有一个认识不断深化、开采技术不断发展的艰难过程。

石器时代末期,古人发现了明显优于石块的红铜,这是一种夹在石头中的天然纯铜,因外观呈红色,所以就叫红铜。人们在红铜的使用中慢慢发明了熔铸术,掌握了从天然铜矿石里提炼铜质、冶熔青铜、铸铜成器的方法。于是,人类也就完成了一个具有历史意义的过渡与转变,漫长的石器时代结束了,青铜时代的灿烂曙光喷薄而出。

铜器的广泛使用,必然导致用铜量猛增,铜矿的开采也就显得相当重要了。

铜绿山何以得名?据《大冶县志》记载,因其一带"山顶高平,巨石对峙,每骤雨过时,有铜绿如雪花小豆点缀土石之上"。由此可见铜绿山的矿藏该是多么丰富,先民们只要根据地表的奇特面貌——雨后雪花般的铜绿就能找到富矿。后来,人们又发现了一种可以指示矿藏的植物——铜草花,开采也就更加广泛了。日子一长,地表矿藏利用殆尽,自然要向地底掘进。巷道越挖越深,就得有支护的框架撑持,才不至于坍陷塌方,才能保证开采的顺利进行。好在铜绿山周围山深林密,生长着各种茂盛的树木可供利用。他们选择了青刚栎、化香、豆梨等几种质地坚韧、弹性良好、可防虫害的树种作为支护原料。随着开采的不断加深,矿石被挖走后留下的空间越来越多,支撑的难度越来越大,框架的方式也由榫卯式方框发展到搭接式方框。直到今天,这些支护方法还在沿用,完全可以同现代木结构的支护媲美。

通过这种搭设支护井架的方式,先民们在没有任何金属机械和动力的条件下,将铜矿开采到地表 60 米以下,这实在是一个堪称伟大的奇迹!

面对古老的遗址与出土的铜斧、铜锛、木杵、木臼、木钩、竹篓、草绳、木瓢、木桶、竹火签等大量工具,先民们当年开采铜矿的情景,如浮雕般生动地凸现在我的眼前……

昏暗的井巷中,他们扬起手中的铜斧、铜锛、铜镢等开采工具,拼尽全身力气砍下,铜斧与坚硬的岩石碰撞,发出了清脆的响声与喷溅的火花。一下下,一声声,岩石被一点点地"啃"掉。矿工们把这些宝贝般的矿石装入竹筐,蜷缩身子,在曲里拐弯、狭窄潮湿的井巷中爬行着往外拖送。运到垂直的竖井,见得着一星亮光了,他们把装满矿石的竹筐放到粗糙的木制机械工具上,然后由井口上面的工人完成下一道工序,将这些从地底深处采掘的铜矿石缓缓提升至地面。

地底越来越深了,坑道出现了积水,矿工们不得不使用木水槽、木撮瓢、木桶等工具排水。预定的矿脉采完,下一个目标在哪里?如何选择下一道矿脉?他们将矿物碾成粉末放入木斗淘洗,比重轻的被水冲走,比重大的就沉淀在木斗内。这时,他们点燃竹火签,在一簇簇跳跃的火光映照下仔细观察,沉淀物中有色颗粒多的就是富矿,少的便是贫矿。定好目标,稍作调整,又开辟一条新的井巷,向另一道富脉矿体艰难掘进。上层采完了,便转向更深的地底。巷道一深,通风也成了问题。于是,他们利用空气对流原理,在一部分井筒底部升火,空气受热膨胀,形成一股强大的气流,将井下污浊的空气排出井外,新鲜空气随之从另一些井筒涌入补充。

先民们为了得到宝贵的矿石,利用当地、当时的简陋条件,在艰难地开掘着地底矿藏的同时,也开采着大脑的丰富矿藏,将人类早期的朴素智慧几乎发挥到了极致。如果不是身临其境,实在难以想象古人凭借一些简单的木料、粗糙的工具,便能一层一层地开采掘进到地底 40 至 60 米,并成功地解决了塌陷、通风、照明、运输、提升等难题。当然,他们的每一次努力与成功,都付出了相当残酷的代价。不说艰苦的劳作,即使长期无所事事地待在狭窄、阴暗、潮湿、缺氧的井巷,这于现代人来说,恐怕都是一件难以想象的事情。我发现,矿工们那些用以栖身、运输、掘进、开采的地底巷道实在是太过狭窄了,狭窄到今天具有中等身材的普通人即使赤手空拳,也难以爬进爬出。对此,我们只能解释为近三千年来,人类身体素质的不断提高与进化。事实也是如此,古人身材一般比较矮小,一些出土展览的完好古尸也证实了这一点。而铜绿山的矿工,长年累月在地底生活、劳作,更是被恶劣的环境折磨得瘦骨嶙峋以至身体变异出现畸形。不难想象,矿工们患有多种无法医治的疾病,寿命一般都不会很长。他们是以自己的身体、生命、智慧为燃料,点亮了青铜文明的璀璨光芒……

博物馆内陈列的不过是一处已经发掘的采矿遗址,在铜绿山矿区底部,还埋藏着大量这样的古矿井。根据遗留在铜绿山附近 8 平方公里范围内堆积着的数十万吨古代矿渣推算,产铜量 10 万吨左右,如果以其为原料,可以铸造曾侯乙编钟 4 万套。古人留存的矿渣均呈薄片状,表面光滑,流动性能良好,冶炼温度在 1200℃度左右。专家们认为,渣好铜必好。经渣样分析表明,渣型合理,炉渣含铜量平均仅为 0.7%,粗铜纯度高达93% 以上,已接近现代冶炼水平。

所有这些,似乎都在默默地告诉后人,铜绿山附近除埋藏着大量先进的矿石开采遗址外,必有配套的成熟冶炼技术和相应的古代设施。为了揭示这一奥秘,考古队又在铜绿山一带重点发掘出古代炼铜遗址三处,清理出古代炼铜炉 27 座。

值得一书的是十一号矿体,发掘出土了西周至春秋时期的炼铜炉 8 座,其中两座保存较为完整,炉体结构基本具备了现代鼓风炉的式样。在 3000 多年前的西周时期,先民们就在使用鼓风竖炉冶炼,这不仅在中国冶金史上属首次发现,在世界上也是独一无二的。鼓风炼铜竖炉是一种连续加料,间断排渣、排铜的高效率铜炉。用鼓风炉还原熔炼,不仅要求炉体坚固、结构合理,具备多种防护措施,还涉及到先进的设备及复杂的技术问题。比如需要 1000 多摄氏度的高温,需要相当的风量、风压的鼓风技术,需要相应的耐火材料,要控制好炉内的还原环境,要掌握先进的配渣技术等等。因此,鼓风竖炉在西方,还是一个多世纪以前随着科学技术迅猛发展出现的产物。国际上有史可查的运用鼓风竖炉还原冶炼的最早遗址位于法国里昂,确切年代是 1828 年,此外还没有发现比它更早的先例。

铜绿山鼓风炼铜竖炉高 1.5 米左右,由炉基、炉缸、炉身三部分组成。炉基置有垫石;炉缸底部设有风沟,利于防潮保温,可有效地防止炉缸冻结;炉体的不同部位使用不同的耐火材料配制夯筑,为冶炼创造了十分理想的保温条件。因此,在 1200 多摄氏度的炉温下,竖炉能够正常操作、连续冶炼。

面对这一古代的先进炼铜技术,国际冶金史专学、美国教授麦丁情不自禁地赞叹道:

"在世界其他地方,看了很多古代矿冶遗物,铜绿山才是第一流的。中东等地虽然很早就开始了铜矿的冶炼,但保存这样大规模的地下采掘遗址、较完好的冶炼用炉,炉渣温度高、流动性好、含铜量低是很少见的,留下了十分深刻的印象。"

为了向人们形象地展示鼓风炼铜竖炉,铜绿山古矿冶遗址博物馆对它成功地进行了复原。站在复原的炼炉前,透过几千年的历史面纱,我的眼前,出现了一群衣衫褴褛的古代矿工,他们正围绕在竖炉四周艰辛地劳作:有的拿着石砧、石球敲击开采出来的矿石破碎选料,有的躬着身子一屈一伸地拉着风箱,有的往炉内加送矿料、往炉底添加燃料,有的在认真地观察炉内矿石的熔炼以把握火候掌握结构变化……风声呼呼,炉火熊熊,矿工们紧张而有序地忙碌着,好一幅生动的古代矿工冶炼图!突然,铜水出炉了,艳艳的红流自炼炉的金门奔腾而出,一片耀眼的光芒,笼罩在竖炉上空。这时,矿工们古铜色的脸膛闪过一股神圣的灵光,成功的喜悦与欢呼自他们的胸腔如鲜亮的铜水奔涌而出,整个铜绿山似乎都沸腾了。这非同寻常的充满了科学与理性的光芒与声音,不仅扩散到当时的中华大地,更穿越了茫茫的历史时空,尽管它们是那么微弱,却分明在我眼前不断闪耀,在耳畔经久不息……

三

以生产工具的发展为衡量标志,古代人类社会经历了石器时代、青铜时代与铁器时代这三个历史阶段。

青铜时代是人类物质文化发展史上的第二个时代,人类使用金属的第一个时代。

在石器时代末期,人类已经发现了红铜,因此,我们可以将红铜的使用视为青铜时代的先声。红铜就是天然纯铜,外观呈红色,故名。它往往夹在山间的石块里面,原始人在选择石器材料制作工具时,自然会碰上这种天然铜块。开始,他们不过把它当作一种普通的石材加以处理。在长期的捶打、敲击、剥制与琢磨过程中,他们发现红铜具有与普通石材迥异的性质,不易劈裂,可以锤薄、延展,并且具有赏心悦目的光泽。于是,他们把它制成小小的器物,或精美的装饰品佩戴在自己身上。后来又发现了红铜所具有的另一特质,它经过烈火熔化后不仅能够重新凝固,还可以根据需要改变原来的形状。人们以此为突破口发展演进,慢慢就发明了熔铸术,掌握了从天然铜矿石中提炼铜质、冶铜成器的方法。自此,人类对红铜的利用才与石器的打制区别开来,进入真正的金属时代。

红铜虽然不像石块那样易破易碎,不像石头那样难以改变形状,不像石器那样一旦破碎就要报废,但它的硬度较低,一般不宜于制作生产工具,并且天然铜块极其有限。这些弱点限制了红铜优越性的有效发挥,没有引起社会经济面貌的重大变革,在生产工具史上不能构成一个独立的时代。因此,考古学家将这一时期称为"金石并用时代",附着于新石器时代末期。

对石器获得彻底性的征服并取而代之的不是红铜,而是青铜!

青铜是铜与锡的合金,其颜色呈青灰色,所以称为青铜。红铜与锡都属软金属,但二者按照适当的比例配合炼成合金后,就具有了硬度高、熔点低、便于铸造、轮廓分明、不易锈蚀、外观美丽等兼具石器、红铜器的长处而又克服了二者不足的优越性能。于是,青铜被用来大量制造生产工具、生活用具、攻守武器等,它的广泛使用,不仅促使社会经济面貌发生重大变化,更导致了社会制度的变更。

我国约在公元前 21 世纪由石器时代进入青铜时代,至公元前 500 年结束,共 15000 年时间,历经夏、商、西周、春秋等朝代,至战国末年结束。

我以为,历史上最为惊心动魄、震天撼地的时期,当数那些历史转型与变革时代,其中尤以生产力的革新并推动、导致生产关系的变更为最。以近代为例,西方的坚船重炮打开了中国大门,物质文明的侵入给广大的中国民众带来了无以言说的巨大痛苦与迷惘、失落与彷徨。在东西方两种不同文明的撞击中,他们震惊,他们选择,终而发愤,以图强盛,于是开始了巨大而艰难的变革与转型。依此类推,青铜这一先进生产原料的发明、出现与使用,也必然带来当时社会生产力的更新;而生产力的发达,又将导致生产关系的萌芽与建立,这是一系列不可避免的连锁反应。事实也正是如此,青铜大量使用的结果,便是完成了中国历史由原始社会向奴隶社会的过渡与演变。

颇有意味的是,我国奴隶制的发生、发展与衰亡不仅与青铜时代相始相终,还与青铜时代最具典型代表性的青铜九鼎相生相灭。

大禹在治水的过程中,逐步架空舜帝,接管了他手中的实权,然后将他流放于南方的蛮荒之地。后人为了美化大禹,篡改为舜帝巡行至苍梧之野染病而亡。大禹治水成功后,"收天下美铜铸九鼎,列分野以像九洲"。因此,我们可以将大禹时期视为石器时代向青铜时代的过渡阶段。而到了他的儿子启,就干脆撕开了温情脉脉的遮羞布,置极有可能禅让接班的伯益于死地,从他父亲手中接过执掌大权,确立了世袭王权制,成为父权家长制的始作俑者,开创了中国历史"家天下"之先河。至此,我国原始社会宣告结束,正式进入奴隶制国家社会,与其相生相伴的青铜时代也拉开了厚重的历史帷幕。

此后,青铜九鼎便成了王权的象征,为历代统治者所收藏。

战国时期,楚子(楚庄王)借朝拜天子之名,挥师北伐,陈兵洛水,向周王朝炫耀武力。周定王派遣王孙满慰劳楚师,楚庄王便询问传国之宝九鼎的轻重与大小。楚子问鼎,含有夺取周王朝天下的意思。后来,人们便用"问鼎"一词意指图谋夺取政权。那时,铜绿山早就成为楚国疆土,铜矿的开采、冶炼与利用为楚庄王的文功武略立下了不可磨灭的汗马功劳。

战国末年,秦国丞相吕不韦领兵消灭西周,九鼎被移往秦宫。此后,秦嬴政也就真的灭了六国,一统中国,成为君临天下的第一任皇帝。秦朝建立后,秦始皇收尽天下兵器

"聚之咸阳,销锋铸锯",熔造了十二个高大的铜人。秦始皇的这一举措,固然是为了销毁武器削弱六国遗民的反抗力量,而那时,锋利的铁器早就开始大量使用,青铜时代已进入尾声,因此,铜人的铸造,也是铁器对青铜取而代之的象征。十多年后,秦朝灭亡,大禹打铸的青铜九鼎也就不知所终了。

秦汉以后,青铜生产虽然还在长期延续着,但是,它已不能代表中国物质文化的最高水平,只能算作青铜文化一息悠然仅存的余脉。

对青铜时代的定位与研究,主要取决于青铜所铸造的物件——青铜器。精美的青铜器能够长期保存下来,一方面在于青铜的物理、化学性能良好,不易浸蚀朽坏;另一方面,也在于人们对它的重视与珍爱。一般而言,青铜器具大多为贵族阶层享受的高档用品,他们不仅生前使用,死后也要带入坟墓作为陪葬;也有遭遇意外出逃时将它们埋入地窖。于是,后人通过挖掘、盗墓等方式,使得这些珍贵的青铜器"民间化",从而流传于世。青铜器的制作代表了青铜时代生产力的发展水平,以实物形态综合反映了当时物质文化和精神文化的风貌,具有多方面、多层次的学术价值:对铜器生产过程的研究,可以了解当时冶金技术的发展程度;对青铜礼器、兵器、乐器、工具的研究,可以了解当时社会的生产水平、经济状况及贵族的生活、礼乐、战争等情况;对器物造型与纹饰的研究,可以把握古人的审美观念与心理崇尚;特别是青铜器上留下的铭文,更是一群"会说话"的古代见证,价值不可估量……有组织的青铜器研究始于北宋末年,至今已有一千多年的历史,著录的铜器多达七八千件,从上面的铭文记载而言,百分之八十以上为周器,也有少数可以断定为商器。

郭沫若把中国青铜器时代分为滥觞期(殷商前期)、勃古期(殷商后期及周初成康昭穆之世)、开放期(恭懿以后至春秋中叶)、新式期(春秋中叶至战国末年)四个历史时期。

我国青铜时代的最高成就无疑属于商、周朝代,这一时期,也是奴隶制生产最盛的时候。商周铜器种类繁多,铸造极其精巧,造型奇特生动,纹饰繁缛华美,具有独特的艺术风格与魅力。在青铜文明史上,体积与重量堪称之最的巨型铜器也出自这一时期。如商代的司母戊大方鼎,通耳高 1.33 米,重达 875 公斤;湖北随县曾侯乙墓出土的一对大缶,每件重 300 多公斤;同墓出土的曾侯乙编钟更是举世闻名,总重量达 2500 多公斤,这套编钟发音清脆宏亮,每组铜钟的音阶都符合音律要求,至今仍可演奏音域广阔的乐曲……这些青铜器气势雄伟、蔚为壮观,而造型与纹饰却又显得那么精巧别致、玲珑剔透,融大气磅礴与典雅精致于一体,巧夺天工,令人拍案叫绝,在世界青铜文化之林中独具一格,以典型的中国风格和中国气派大放光彩。

四

由于青铜器的大量传世并凝聚、浓缩了青铜时代与青铜文明的诸多信息,后人的目光自然聚焦其上。从北宋年间开始,形成了一种颇具专业性质的研究学问——金石学,传承、延续至今,可谓硕果累累矣。

然而,前人在对青铜器颇有建树的研究中,却有意无意忽略了青铜文化的一个重要组成部分——铜的开采与冶炼。这不仅因为前人的认识有限,更与开采、冶炼资料的匮乏及遗物的阙如有关。

古人对铜绿山古矿开采与冶炼的文字资料记载,至今连片言只语也无法找到。当时,矿工们仅专注于艰辛的劳作,恐怕根本就没有考虑过将生产经验与生活方式形诸文字。先民们以直观朴素见长,他们不擅将日常的生产、生活上升至理性高度,或是不愿立言。即以我国最伟大的哲学家老子、孔子而言,也是如此。老子若不出关,后人们也就见不到惜墨如金的五千言《道德经》;孔子的《论语》,并非其亲自著述,也是后生们聆听教诲后记录整理而成。在此,我们可以断言,铜绿山的矿工们根本就没有留下相关的文字资料,在恶劣的环境、艰辛的劳作与疾病的折磨下,也许,他们连这一想法都不曾有过。如果没有留存的遗物,今天我们所面对的,只是一片茫茫的空白,当然也就无从着手研究了。

好在有了遗址的发现与发掘,根据实物实景,便可推测想象,恢复原貌,还其历史的本来面目了。对青铜开采、冶炼的研究,不仅可以丰富青铜文化的内涵,还可对青铜时代与青铜文化的整体研究起到实质性的突破作用。

在对铜绿山古矿冶遗址的参观、研究与认识中,我发现了涉及中国文化及历史发展与走向的两个重大问题。

其一,当地除了大量的古矿井与为数众多的古熔炉外,却没有发现一处铸造作坊遗址。也就是说,铜绿山的矿石从地底开采出来,就近冶炼为一锭锭粗铜后,即通过大冶湖进入长江水道,运往别处加工锻造,铸成一件件精美的青铜器具供贵族阶层享用。铜绿山所能做的,只是将那些炼成的粗糙铜块源源不断地输出,铸造成器的最后一道工序,全然被统治者所垄断。他们没有使用铜块的权利,当然也就无法掌握铸造的精密技术,就连开矿使用的铜锛、铜斧等青铜生产工具,也是从外地运输进来的。

这一情形不唯古代,即使今天,铜绿山所在的黄石市也没有多大改变。黄石素有江南聚宝盆之称,丰富的矿产使得生活在这块土地上的祖祖辈辈感到由衷的自豪。然而,丰富的资源在给当地人民带来荣耀与财富的同时,也产生了一种可怕的惰性——"靠山吃山"。如果能靠拣矿石吃饭,靠卖资源发财,谁还愿意绞尽脑汁、费心尽力去开拓新的发展之路?因此,长期以来,当地民众、企业大都围绕开山挖石兜圈子,半饥半饱地吃着"资源饭",以致错过了一次又一次调整结构、自我完善、经济腾飞的良机。

今日现代化的露天开采,已将当年的铜绿山从原海拔100多米的山峰降成凹入地底的锅形山谷,一台台穿孔机飞转着天轮,一部部电铲车自如地伸展着钢铁巨臂,一辆辆大型卡车往来如梭;地底的开采已深入山体 600 米以下,一条条上下盘旋的幽长隧道简直就是一座座复杂的迷宫。在当地工作人员的安排下,我与同伴老熊进入了这些现代矿井。尽管有技术人员的引导及讲解,但上下层相互交错与弯来绕去的巷道,还是弄得我晕头转脑、不辨东西。现在无论露天开采,还是地底作业,与先民们那屈身井巷的手工掘进,自有天壤之别,不可同日而语。铜绿山矿的冶炼,也全部实行了大规模机械化与自动化,一座座高大的厂房,一台台磨碎、搅拌、熔炼的机械设备,依山而架的一根根粗大管道,不知不觉地将你从眼前的现实拉回远古的竖炉,两相比较,更为现代文明的发达感到由衷的惊叹。

尽管如此,自古以来"吃资源饭"的格局与模式却没有多少改变。铜块冶炼后,仍是运往外地精加工。若以 1994 年的价格而言,一吨粗铜 1.8 万元,经过电解后可增值到 2.3 万元,而加工成漆包线就变成了 4 万元。如果黄石运出的不是粗铜,而是加工后的漆包线,一吨就可增值 2.2 万元。黄石市每年生产粗铜约 6 万吨,如果自己消化一半加工,那该增值多少? 这笔账人人都会算,可因历史的惰性、认识的限制与条件的束缚,就是难以改变,无法转轨。

对资源和传统产业的过分依赖,必然导致经济结构的失调,形成大投入、高耗能、重污染的产业格局。况且,资源不能再生,总有穷尽之日,如果长期如此,必将付出沉重的代价。

不唯黄石,其他许多地方都存在着"靠山吃山"的依赖与惰性。过去,我们总是一个劲地念叨祖国地大物博,并为此豪情满怀。然而,当我们从自我陶醉的迷梦中醒来睁眼一瞧时,东边地狭物薄的蕞尔小国日本又一次跑在了我们的前面。拥有丰富的资源当然不错,而能够充分利用自身资源并善于借用别人(包括外地与外国)的资源,才是真正的本事。

其二,铜绿山古矿冶遗址的堆积层由近及远,包括近期堆积层、地表扰乱层、隋唐堆积层、战国至春秋堆积层、春秋早中期堆积层、西周晚期堆积层六个层次。这些堆积虽然年代不同、层次有别,但显示出的冶炼技术、指标却是一脉相承。它十分清楚地表明,我国数千年的冶金史,从烧陶到炼铜,哪怕炼铜鼓风炉的应用与完善,都沿着一条独立发展的道路自成体系,很少借鉴与交流。

最早使用青铜的是巴比伦人,这与当地的地理环境密不可分。那里的资源主要为丰富的天然气、石油气和石油胶,再就是脚下的泥土、地底的矿石。于是,他们将泥土、矿石与石油、天然气结合在一起,烧制、锻冶,发明了铁、陶瓷、砖瓦、青铜、玻璃等先进的物质文明。巴比伦人使用青铜的时间远比中国早,因燃料与原材料的不同,他们的冶炼体系与我国古代天然有别,优劣互现。如能相互交流,取长补短,必能产生新的质变与飞跃,出现新的矿冶发展格局。可是,我国丰富的铜矿资源大多位于南方,据《禹贡·尚书》记载,九州之中,贡金三品的仅为荆州与扬州。金三品即铜、金、银三种,其中尤以铜为主。古代交通不便,荆州、扬州与巴比伦一东一西,矿冶受着地理环境条件的严格限制,也就难以相互沟通交流,只有封闭地依照自己的特点一脉相承地发展着。而中国文明又过于早熟,到了一定时期,也就进入了它的鼎盛期与巅峰期,再往前走,要么停滞不前,要么进入一条死胡同。铜绿山古矿冶遗址就是一个典型的例证。尽管当地仍然储藏着丰富的铜矿资源,可开采与冶炼却不知消失于何时,留给后人的不过是一堆堆遗弃的矿渣、一座座废弃的竖炉、一道道深埋的矿井、一层层不同的堆积、一个个难解的谜团。即使古代的采矿、冶炼技术没有消失,一如继往地向前发展,受体系、条件的制约,也不可能发展到今日机械化的自动开采与冶炼。现代开采、冶炼技术与模式,纯属引进与"拿来"之物。

扯远了,还是让我们回到"青铜时代"这一话题。尽管铜器的最早使用不在中国,但我们的祖先以其勤劳与智慧,创造出了体系独特、无与伦比的青铜文化,在世界长期居于遥遥领先的地位。

青铜文明的衰落是历史的必然,青铜由铁器的取代是人类进步的表征。人类的文明总是不断地由旧时代向新时代递进、演变、发展,每一个时代都有其独特的内涵,只有领会并把握住时代的本质,才能登上时代的顶峰,创造时代的辉煌。我们的祖先在青铜时代便很好地做到了这一点。

研究青铜时代,借鉴古人智慧,对我们反思近代工业文明的落后,把握新时代的内涵与本质,有着非同寻常的价值与意义。

作者附记:欣闻"纪念铜绿山古铜矿遗址发现五十周年暨国际矿冶文化与保护利用学术研讨会"于 2023 年 6 月召开,我的老领导——湖北省文物局原副局长吴宏堂先生致电向我约稿。正好手头有一篇写铜绿山古矿冶遗址的旧稿《青铜时代》,经过一番修改,更名为《铜绿山古铜矿遗址与青铜时代》,谨此提交。

在此,我要特别感谢吴宏堂局长!如果没有他的信任与嘱托,就不会有大型历史剧《萧何落难》诞生。该剧完稿后广受好评,经多次修改,发表于《艺术》杂志 2009 年第 1 期,收入台湾秀威资讯公司 2010 年出版的《萧何落难·曾纪鑫戏剧作品选(下)》。当然,如果没有当年的受命创作、采访感受与近三十年后的邀约,也不会有《铜绿山古铜矿遗址与青铜时代》这篇文章问世。

2023 年 1 月 23 日定稿于厦门园山堂

铜绿山古铜矿遗址

——纪念铜绿山古铜矿遗址发现 50 年

龚长根[①]

铜绿山古铜矿遗址发现至今已经半个世纪，这对于一个有幸自始至终参与这项发掘和研究的考古人来说是莫大的荣幸。我们的祖先是勤劳、艰辛的，更是智慧的，他们创造的青铜文明是辉煌的，这是中华民族赖以发展和繁荣的基石。

回头看看恢弘的铜绿山古铜矿遗址，它留给我们的不仅仅是赞叹，还有无尽的探索和遐想。先民们创造的矿冶成就虽然客观存在，但它却曾经被历史的风尘所掩埋，它的"偶然"发现，使我们真正了解了中国青铜时代的辉煌。记录铜绿山古铜矿遗址的发现、考古发掘，仍然令人思绪不止。

张光直先生说："中国古代所发现的青铜器的量，大于世界其余各地所发现的铜器的总和；中国所发现的青铜器的种类，又多于世界其余各地所发现的青铜器的种类的总和。"[②]殷玮璋先生曾经感慨：当时制作青铜器的原料从哪里来？又是怎样开采的呢？自从 1928 年发掘安阳殷墟以后，考古学家门曾经寻找了很久，一直没有结果。一个偶然的机会，铜绿山发现古铜矿的消息传遍考古界，一时间成为学术界关注的热点[③]。的确，那时中国的学者们并不知道这些制作青铜器的原料——红铜是从哪里来的？又是如何生产出来的？如果缺少这个环节，中国青铜时代的文明一定有点不可思议。

黄石地区古铜矿遗址的发现和考古发掘多少有一点传奇色彩。本来很有机会更早了解青铜时代青铜原料的来源问题，然而，却多次错失机遇。当发现了古铜矿遗址，然而又因为生产差点尽毁遗址。真的，铜绿山古铜矿遗址发现与考古发掘有点惊心动魄。

---

① 作者为黄石市博物馆文博研究员。

② 张光直：《中国青铜时代》二版序，生活·读书·新知三联书店，1999 年。

③ 殷玮璋：《铜绿山古铜矿遗址发现的意义及在古史研究中的作用》，《中国青铜古都——大冶》，文物出版社，2010 年，第 73 页。

一、擦肩而过的遗憾

从文献资料的记载上看，我们错过了更早对黄石地区古铜矿情况的了解和认知。

《史记·货殖列传》载："彭城以东，东海、吴、广陵，此东楚也……东有海盐之饶，章山之铜，三江、五湖之利，亦江东一都会也。"[①]这是说，东楚地区有丰富的海盐、章山出产的铜，这些，都给三江、五湖的广大地区带来了经济利益。其实，汉代今黄石地区亦是重要的铜矿采冶之所（图1）。毫无疑问：司马迁说的章山应该就是以大冶为中心的黄石地区[②]。

图1 铜绿山古铜矿遗址战国至汉代采矿遗址考古发掘现场

公元590年，杨广时为晋王，奉其父隋文帝杨坚之命到鄂州之大冶铁山开采铜矿，设炉冶铸造五铢钱。《隋书·食货》载：隋文帝开皇十八年（公元598年）"是时江南人间钱少，晋王广又听于鄂州白纻山有铜矿处，锢（熔炼）铜铸钱，于是诏听置十炉铸钱。"十炉铸钱是当时最大的铸钱场所，可见，这里出产的红铜对隋朝的经济发展是极其重要的。"白纻山"即白雉山。其实，白雉山只是这一地区的一个比较重要的地理标识，此山并无铜铁矿。对此《太平寰宇记》说得明白："大冶县北白雉山……西南出铜矿……"这指的正是大冶之铁山。其实，大冶铁矿也是一个具有一定体量规模的铜矿，其铜矿主要为："硫化矿石，矿物有黄铜矿、斑铜矿、辉铜矿，以黄铜矿为主，其次是氧化矿物，有孔雀石、蓝铜矿、赤铜矿、黑铜矿等。"[③]

《明史·地理五》载："大冶州（兴国州）西北。北有铁山，又有白雉山，出铜矿。又东

---

① ［汉］司马迁：《史记》，中华书局，1959年，第3267页。
② 龚长根，胡雅年：《论章丘之铜》，《铜绿山古铜矿遗址考古发现与研究（下）》，科学出版社，2013年，第912页。
③ 武钢大冶铁矿矿志办公室：《大冶铁矿志》，第一卷上册，湖北汉川县印刷厂，1986年，第42页。

有围炉山，出铁。又西南有铜绿山，旧产铜。大江在北。有道士㳇巡检司。"这是目前已知最早记录铜绿山产铜的史料。

此外还有许多典籍如《三国志》《晋书》《新唐书》《宋史·地理志》《太平寰宇记》等，都曾记述大冶地区自古就出产铜铁，不知学者们为什么没有把青铜时代红铜的来源与大冶连上线。或许人们没有想到黄石地区会有这么早、如此先进的古铜矿遗址。我们现在知道，其实那时有部分学者根本就不太相信中国会出现如此规模和先进的矿冶生产体系。

事实上，近代以来我们还有机会发现、认识古铜矿遗址，不知怎么的，阴差阳错又多次错过机遇，历史有点作弄人。

民国四年（公元1915年），民国政府（北京，公元1912—1928年）农商部派出技师丁格兰博士到大冶铁山考察，只见铁山之南，从得道湾到土桥一线，古渣累累。于是采集旧渣化验，"其成分如下：四氧化三铁60％，三氧化二铁6.9％，纯铁为51.5％，二氧化硅23.63％，磷酸0.33％。"[①]

"建国后取坟山（黄石四医院前）旧炉渣化验，其结果为纯铁41.08％，铜0.154％，硫0.10％，二氧化锡32.64％。1971—1972年，仅在铁门坎西南一处，就回采古炉渣16.48万吨。"[②]这些回采的古炼渣被送至武钢回炼。

当时的技术人员，以其专业知识一定知道这是炼铜的渣，不然不会多次采炼渣回炼钢铁。无可厚非，毕竟他们不是历史和考古学者。

黄石地区的考古工作始于建国初期。1955年，铁道部批准修建武（昌）大（冶）铁路，按年运输量200万吨干线标准建设，工程分3期修建。是时，湖北省文管会在中国科学院考古研究所的指导帮助下，对铁路建设沿线的铁山、新下陆、老下陆等遗址进行了考古调查，包括东方乡遗址、王家坞遗址、铁山李家湾、铁山岔路村遗址、鹳老庙遗址。

东方乡遗址[③]（图2）　从老下陆上首北端，经汪家巷、四官塚、艾家宇、六家窠等山丘和台地，穿过铁路约100米为止，长约1千米，东西宽200～400米。文化层的堆积厚度一般为1～1.5米，最厚的2.2米。遗址面积大、范围广、遗物丰富，在公路断面和山地斜坡边散布的陶片几乎俯拾皆是。从陶片看，器型有鼎、鬲、豆、盘、罐、碗、流口器等，其中，鼎和豆最多。此外还发现有残石簇一件，残石器及矿石多件。

"在汪家巷后山的斜坡地，还露出了长10米的大片红烧土。"

①　湖北省冶金志编纂委员会：《汉冶萍公司志》，武汉，华中理工大学出版社，1990年，第43页。
②　武钢大冶铁矿矿志办公室编：《大冶铁矿志》，第一卷下册，黄石市图书出版印刷发行服务部，2002年，第62—63页。
③　高应勤，周保权：《湖北黄石六处古遗址调查纪要》，《文物参考资料》，1956年第12期。

图 2　东方乡遗址商周时期采矿坑

铁山李家湾遗址①遗址在一个高于地面 30 米的高台上,东西长 350 米、南北宽约 500 米。从陶片看,器型有鼎、鬲、豆、盘、长方形或三角形豆把、大罐等。此外,采集到完整的石斧两件、石锛两件、砺石四块。

"在 300 米长的公路两旁断面,到处都露出了黑色的灰烬,最厚的 2.6 米,一般为 2 米,最浅的 1.2 米。在公路北的断面处有一灰层长达 58.15 米。"

铁山岔路村遗址②岔路村遗址与李家湾遗址相距不到 300 米,分布在一个高出周边 5 米的台地上,总面积约 12 万平方米。在坡地与公路断面处,到处都可以看到明显的灰烬。所包含的文化内涵与李家湾遗址相似。

20 世纪 80 年代,我做考古调查时,从铁山至新下陆沿铁路线大约 10 千米长的地带,仍然能见到漫山遍野的黑色薄片状、厚片状、坨状炼渣,以及大块红烧土等冶炼遗物。2003 年 4 月,为了配合武九铁路复线提速我们对占爱宇遗址(东方乡遗址的局部)进行了试掘,"可以判定占爱宇遗址是一处集露天采矿、冶炼、生活、墓葬于一体的重要遗址……炼渣大致可分为三种,即块状渣、厚片状渣和薄片状渣"③。非常遗憾,20 世纪 50 年代的那次考古调查却未提及这些冶炼遗物。

铜山古铜矿遗址发现后,就此,我曾经请教参与 20 世纪 50 年代考古调查的周馆长:1956 年发表的考古调查简报为什么没有提及那些矿冶遗物的情况? 周馆长哈哈长笑,

---

①　高应勤,周保权:《湖北黄石六处古遗址调查纪要》,《文物参考资料》,1956 年第 12 期。

②　高应勤,周保权:《湖北黄石六处古遗址调查纪要》,《文物参考资料》,1956 年第 12 期。

③　湖北省文物考古研究所:《湖北省考古报告集二·黄石占爱宇遗址试掘简报》,武汉市楚风印刷有限公司,2015 年,第 42—43 页。

转身离去。

1971年,调查大冶章山石龙头遗址的归途中,我(指孙启康,时任湖北省文化局文物处处长)还特别查阅了《大冶县志》,了解到大冶的县名即源于"大兴炉冶",该县境内不仅有铜绿山,还有金山、银山、铜山、铁山和磁湖等。但当时就是安排不了这仅仅2.5公里的行程到铜绿山去看看。因而失去了在工程建设开始之前介入的契机。不得不说,这是一个遗憾。[①]

无意责难前人,那是历史的局限,更是文化需要不断努力之使然。

二、发现铜绿山古铜矿遗址

擂鼓墩编钟,春秋战国时代悠扬激越的钟声,在21世纪的春阳里响遏行云,穿越时空的音乐悠扬地诉说着华夏青铜文明的辉煌;碎金断玉、寒刃千年的青铜宝剑,雄浑庄重,象征地位、权力的青铜列鼎,无不诉说着青铜时代的鼎盛和繁荣。然而,青铜的原料是怎么采掘、又是怎样冶炼的呢? 在20世纪70年代以前,这个问题一直在考古学家们的头脑中翻滚。相关研究的学者们甚至有些焦虑,更充满了期盼和希望。

1959年,那是一个如火如荼的年代,开春,湖北省地质局鄂东地质队在铜绿山进行物探、浅井探、钻探工程等综合技术找矿,时值苏联地质及铜矿专家赫维奇作为顾问随地质勘探队考察、勘探。赫维奇依据初步调查和勘探资料并根据经验认为:"矽卡岩型无大矿",要求所有钻机停钻,全面停止钻探。此时,著名地质学家、地质学教育家夏湘蓉(时任湖北省地质局总工程师)却没有盲从,而是根据长期研究成果和野外勘探实践经验,坚决据理力争,担着责任坚持继续打钻做深部了解,最终见矿。此举为勘探铜绿山大型富铜富铁矿床奠定了基础,也为铜绿山铜铁矿的开发做出了卓越的贡献。当然,也为后来发现古铜矿遗址留下了精彩的一笔。

1965年,那是一个慷慨激昂的岁月,人们高举红旗,敲着锣鼓,在各种工程车辆的轰鸣声和尘土飞扬中,矿山建设队伍浩浩荡荡开进铜绿山。站在高高的铜绿山顶,放眼远眺,只见黑色片状金属炼渣漫山遍野,堆积如山。这是何物? 又是什么时代留下的? 对此,人们疑惑、猜测,技术人员对这种金属渣进行了化验,结果是含铁量很高,含铜量非常低。于是查阅古代文献资料,了解当地民间传说,并试图借此了解过去,从而认识这段曾经"消失"的历史。非常遗憾的是,传说与记载仅至距今不到千年的宋代而已,与真正的历史内涵相去甚远。

20世纪80年代初,铜绿山矿露天采矿车间在剥离土石方时,挖出大量近乎炭化的

---

① 孙启康:《铜绿山古铜矿遗址——记忆·大冶铜绿山古铜矿遗址的发现、研究与保护回眸》,科学出版社,2013年,第120页。

井巷支护木,当时许多人并未意识到它的历史与文物价值,矿区周边村民们将它们捡回家烧茶煮饭,出人意料的是,这些坑木燃料燃烧时的火力竟格外旺,淡蓝色的火焰,且无烟,实际上这些古代的坑木由于埋藏地下过于久远,加上地质营力作用,已经接近炭化。1973 年 6 月至 10 月,铜绿山矿在南露天采场北端剥离距地表 40 余米(海拔 5～15 米)的铜矿富集带时,在一片古代采矿井巷中,先后发现多件铜斧(每件重约 3.7 千克)、铜锛以及木槌、木铲、陶罐等器物。面对这些古代的青铜工具,再看看铜绿山地区漫山遍野的黑色片状金属炼渣,以及不知何年何月留下的密集的采矿坑道,许多有识的工程技术人员疑惑了,在铁器广泛使用的宋代怎么还会使用青铜工具来采矿呢!? 毕竟铁器工具的凿岩挖掘能力比铜器工具更强、更先进! 此时铜绿山矿的领导和工程技术人员也隐约意识到它的历史与文物考古价值。时任铜绿山矿领导层于是决定将发现的木质、铜质工具用木箱寄往中国历史博物馆,具体由副矿长齐会彬负责。其时,还以铜绿山铜铁矿革命委员名义会致公函一封。公函云:"我矿露天采场工人在今年开采＋ 5 米平台(原始地表约 50 米)1 号矿体时,挖出这种铜斧和各种木槌、木锹等多种古代劳动人民开矿时用的工具,据本地人民传说,是我国南宋时代岳飞带领士兵在我们铜绿山矿区开矿炼铜所留下来的历史遗物,距今大约有 700 多年的历史。现在我矿区还残留不少当时炼铜的炉渣和开矿的老窿。为了保护历史文物,现将其中的一把铜斧寄来,看对研究我国的历史是否能起到一点作用,请你们收下吧。"这封公函价值连城,它揭开了一段尘封 3000 多年的辉煌文明历史。

真的,如果黄华臣(矿书记)、王国良(矿长)、齐会彬(副矿长)、杨永光(副矿长)、李庆元(工程师)、赵守忠(工程师)等这些铜绿山矿的领导和工程师们稍有忽略,我们将不知如何面对那段历史。感谢铜绿山矿的工程师们! 感谢矿山的领导们! 你们为中国灿烂的青铜文明补上了最为精彩的一笔。

三、矿冶考古

对于铜绿山古铜矿遗址的发掘,夏鼐先生(图 3)指出:"今天,我们不仅研究青铜器本身的来源,即它的出土地点,还要研究它们的原料来源,包括对古铜矿的调查、发掘和研究。这是中国古代青铜器研究的一个新领域,也是中国考古学新开辟的一个领域。"[①]殷玮璋先生也认为:"铜绿

图 3　1980 年 11 月 19 日,夏鼐(左四)亲临铜绿山古铜矿遗址考察

---

① 　夏鼐,殷玮璋:《湖北铜绿山古铜矿》,《考古学报》,1982 年第 1 期。

山古铜矿的发现,还为中国考古学开创了一个学科分支——矿冶考古学。在铜绿山考古工作中积累的经验与研究情况,为以后其他地点发现与发掘古矿冶遗址时,提供可以借鉴的宝贵经验。"①

1973 年 11 月,中国历史博物馆范世民、孔祥星先生率队开始对铜绿山大露天一处暴露的采矿遗址进行考古调查。从此揭开了中国矿冶考古的序幕。1974 年,由湖北省博物馆王劲(图 4)先生领队的省、市、县考古队对铜绿山 2 号矿体 12 线、1 号矿体 24 线春秋、战国至汉代采矿遗址进行正式科学考古发掘。从此,中国的矿冶考古便诞生于铜绿山。

是时,为了配合铜绿山考古发掘,湖北省博物馆在铜绿山矿考古队举办考古培训班,发的讲义则是《工农考古基础知识》。同时邀请北京、湖北省以及有关大学的文博老师授课,学员为黄石、大冶博物馆考古业务人员。主讲内容还是传统的考古学方法,并未涉及矿冶考古。

古铜矿遗址的发掘至少有三个方面的问题要直接面对:首先,要解决的是矿山部门的支持与配合,还要依靠其工程技术人员(图 5);其次,要正确运用传统田野考古方法,并创造性地运用于矿冶考古;再次,要更多地掌握了解采矿、冶炼、地质以及其他相关知识,这对于矿冶考古是不可或缺的。

图 4　王劲(后排中)先生在 1 号矿体 24 线　　　图 5　中科院院士柯俊(左三)考察铜绿山古铜矿遗址时,
　　　　采矿遗址发掘现场　　　　　　　　　　　　　　铜绿山矿工程师杨永光(上)介绍相关技术情况

---

①　殷玮璋:《铜绿山古铜矿遗址发现的意义及在古史研究中的作用》,载《中国青铜古都——大冶》,文物出版社,2010 年。

事实上,矿冶考古是一种极其被动而又特殊的考古,这是因为矿冶文化遗存是在生产过程中发现,而矿冶考古工作也只能在生产过程中进行。这是难度极高的考古发掘。

以前的遗址、墓葬等田野考古方法至少不能完全实用于矿山考古。首先,无法用传统的钻探技术在矿山进行钻探。这里沟壑山峦之间、地表地下都是坚硬的岩石和矿石,无法下铲。当有人看到我们试图用探铲来了解地层情况,不禁哑然。我们试了几铲,也只能作罢。要说到钻探,办法也还是有的,那就是用现代化的钻探机械进行钻探。不过,这种钻探也只能提供大致的地质以及是否有遗存的情况,并不能提供考古所需要的遗迹详细的分布情况资料。再者,在矿山剥离生产场地不可能架设钻机。所以,当时无法用传统的田野勘探方法初步弄清文化层以及其他情况。

发掘也是极大的难题。古代坑采多在矿山地表以下四五十米深处,如果根据通常考古工作规范要求,所需要的时间是无法估计的。对此,工程技术人员做了一个初步测算,假若在一个大约50平方米范围"发掘一处深达60米的古矿遗址,在时间允许的条件下,配备一套专供考古发掘使用的小型矿山机械,坚持常年不断地发掘,约需10年左右才能完成"。[1] 其间,如果遇到坚硬的岩层还需钻孔机钻炮眼,安放炸药,即运用现代手段进行爆破。在那时的历史条件下,无论是国家还是生产单位均绝不会给那么多时间让我们来考古,不然矿山就要关门。

所以,面对规模庞大的采、冶遗址,只能根据实际情况寻找重点,并在矿山生产部门的配合下进行有选择性的考古发掘。总体情况是边生产,边考古。有时考古遇到麻烦,需要生产停一停,那他们就歇一歇;当然有时生产需要,考古工作也让让路。如果一味强调文物工作的重要,那么,矿山生产一定会受到过大影响,甚至大到影响国家计划完不成,因为那个时代国家太缺资源了。而且还会具体影响到工人们的奖金无法兑现等等,其结果是考古工作一定无法继续进行,文物及资料也就一点都保不住。

矿冶考古在中国没有前车之鉴,尤其是对一个先秦时期的大型古铜矿遗址进行比较系统的考古发掘,这在中国考古史上是第一次,因而这也是一个探索实践过程。对于在矿山生产中已揭露出的古代采矿遗址,主要选择井巷分布密集或支护形式不同的地方进行发掘,并力争大面积地进行平面揭露,以便了解井巷之间的相互关系及采矿辅助设施。一般说来,一个时期的采矿井巷是一个系统。这个系统由地表、地下两大部分组成。地上部分主要有工棚、升降等设施。地下采矿部分主要有多个竖井包括主井(主要是人员、材料等进出)、通风井、排水井以及排水、通风系统等。竖井到达一定深度后,再开凿平巷或斜巷,形成一个中段。再从平巷底部开凿盲(斜)井向地下更深处或矿体延伸,如此反复尽可能地向深部矿体掘进,并获取所需矿石。

---

① 黄石市博物馆:《铜绿山古矿冶遗址》,文物出版社,1999年,第15页。

之所以要尽可能地大面积揭露,主要是为了弄清井巷之间的结构、关系、链接方式等,只有把每一层的情况基本掌握了,才能继续发掘并了解下面的链接情况,把整个链接资料取齐了,整个采矿系统也就清晰了。当然,每一层的发掘又不同于一般的田野考古,往往还会出现多个不同时期的采矿井、巷结构相互叠压或打破的情况,这就需要我们格外细致,并根据相同结构的采矿遗存归于同一个时期,再根据打破关系判别早晚关系,如此等等。

对于矿山生产尚未揭露的文化遗存,首先,我们依据地质钻探部门提供的钻探资料以及四周暴露的迹象综合分析,选择发掘地点。其次,要分析的是发掘量和时间,如果发掘量适度,时间上又与矿山生产没有太大的冲突,矿山部门也乐意配合,这样才有可能进行考古发掘,11 号矿体冶炼遗址、采矿遗址就是这样进行考古发掘的,所以资料也相对完整。

冶炼遗址的发掘。冶炼场地一般靠近采矿场附近下面的向阳坡地,水源方便的地方。这一是为了减少运输成本,二是因为冶炼前的矿石需要大量水洗,三是开炉冶炼时要求通风、干燥,这有利于保持炉温和安全。冶炼遗址遗存有大量炼渣、红烧土块,有的堆积超过几米,我们主要选择有炼炉、炉壁以及炼渣暴露多的地方进行考古发掘。

总之,矿冶考古需要更多地学习、了解矿冶工程技术方面的知识,这对于矿冶考古及其研究是不可或缺的。这项工作还要求要有很强的动手能力,比如一些现场的模型,都应及时做出来,防止后期整理时资料无法对号入座。当然,矿冶考古远非我们所说的这些,还包含更多、更丰富的内容,更需要继续探讨和丰富。

说到矿冶考古,我们不能忘记范世民、孔祥星、王劲、殷玮璋、李天元等;当然,也该记住那时黄石博物馆的一帮年轻考古工作者,事实上,他(我)们是当之无愧的中国矿冶考古的奠基人。

铜绿山铜矿从商代开始开采、冶炼铜矿,经过西周、春秋、战国、西汉,连续采冶时间长达千余年。"古人遗留的炉渣分布面积约 14 万平方米,估计 50 万～60 万吨,推算整个矿区累计产铜不少于 8 万～12 万吨"。[1] 这对于青铜时代来说绝对是一个天文数字,可以铸造无数的青铜礼器和兵器。商代晚期的司母戊鼎重 875 千克;擂鼓墩编钟一套 65 件重 2500 千克以上;一把战国时期的青铜剑约重 400 克,一支青铜戈约重 300 克……这组数据或许能帮助我们理解铜绿山出产粗铜总量的意义。事实上,青铜时代繁荣的背后也包含着古代工匠和矿工们的智慧,也浸润着他们的汗与血。青铜时代的辉煌就是在古代矿工们这一斧一凿、一锤一钻的血与火的艰辛之中铸就。

---

① 杨永光等:《有色金属·铜绿山古铜矿开采方法研究》,1980 年第 4 期。

中原王朝与铜矿

尹弘兵[①]

摘要：三代时期,中原王朝仅在早商晚期至中商时期以盘龙城为据点,控制了长江中游的广大地区,商势力曾深入鄂赣铜矿区,直接控制了铜矿的生产。盘龙城废弃后,中原王朝的南土疆域局限于涢水上游、随枣走廊东端,在中原王朝与江南铜矿区之间,还生活着楚蛮族群,从而隔断了中原王朝与江南铜矿区的直接联系。但中原王朝退出长江沿岸后形成了某种资源交换与控制模式,从而保证了青铜文明鼎盛期中原王朝的矿料来源。

关键词：中原王朝;江南铜矿;楚蛮;扬越

人类文明所使用的一切工具都需要以材料为基础,材料是人类文明的物质基础,而金属材料在其中占有极其重要的地位,单质金属虽然在自然界中不能持久,但其兼具强度、韧性和易加工特点,极其有利于人类制造工具。用单质金属加工而成的工具是人类改造自然的利器,人类文明的发展与对金属的利用密切相关,而青铜则是在人类文明发展中起到重大作用的第一种金属,由此形成了人类文明的青铜时代。

青铜由铜、锡、铅冶炼而来,是一种合金。青铜时代,冶炼青铜的铜、锡、铅矿产是战略资源,对国家和文明具有极端重要的意义,其地位类似于工业时代的煤、铁、石油。中国青铜文化在世界文明史上占有非常突出的地位,商周时期,青铜器的制造达到了巅峰。

中国的铜矿,尤其是较易开采的高品位氧化铜矿,主要分布在长江以南。据现代地质资料,地跨湖南、湖北、江西、安徽的长江中下游沿江以南地带是我国铜矿资源的重要分布地区,矿石品位高,有利于古代技术水平的开采和冶铸。经过多年的考古工作,现在已可证明,湖南、湖北、江西、安徽等地的铜矿,先秦时期就已得到了开发。从大冶铜绿山遗址的发掘情形来看,鄂东南矿区的开采是从商代晚期开始,经西周、春秋、战国至西汉,

---

① 作者单位为湖北省社会科学院。

不间断的开采持续了千余年的时间,隋唐时期,又在原有遗址上继续开采。① 而相距不远的江西瑞昌铜岭古矿冶遗址,其开采年代始于商代前期,发展于西周,盛采于春秋,延及于战国,是目前中国最早开采的一处矿山。② 学者由此推测江南铜矿是商周时期最主要的铜料供应基地。③随着大冶铜绿山和其他江南铜矿遗址的发掘,探讨青铜器的矿料来源,也成了中国考古学的重要领域。④ 刘诗中《中国先秦铜矿》、⑤裴士京《江南铜研究》、⑥均对先秦时期长江中下游铜矿的开发等问题作了专门研究。

于是青铜矿料与青铜文明之间的关系,就成为学术界的高度关注的问题。张光直曾指出,青铜器在三代的政治斗争中具有中心地位,"对三代王室而言,青铜器不是宫廷中的奢侈品或点缀品,而是政治权力斗争上的必要手段。没有青铜器,三代的朝廷就打不到天下。没有铜锡矿,三代的朝廷就没有青铜器"。张光直甚至认为,三代都城之迁移皆与追求铜锡有关,是对铜锡这一主要政治资源的战略性追求。⑦由于先秦时期易开采的铜矿主要位于江南,于是学者对商周王朝与江南铜矿区的关系进行了大量的探讨,唐兰曾提出西周时期的青铜原料与战争问题,认为周昭王南征的目的,"第一是为抢掠南方的铜"⑧。西周时期有关淮夷的铜器铭文中常有"孚金"的记载,被认为应与掳掠淮夷之"金"有关。⑨ 裘锡圭、杨立新亦认为,周王朝与这些南方蛮夷征战的原因,是想贯通从南方掠夺金属的道路。⑩ 易德生更进一步考察了江南铜料北运的路线问题。⑪

然而,非常值得关注的是,商周王朝核心区均位于中原,而铜矿区则远在长江以南,与中原王朝路途遥远,这不仅涉及铜料的长途运输问题,而且还涉及中原王朝与铜矿区的关系问题。先秦大部分时间,中原王朝都不能直接统治江南铜矿区,因此中原王朝与南方铜矿区之间的关系,值得进一步深入探讨。

---

① 黄石市博物馆:《铜绿山古矿冶遗址》,文物出版社,1999年。

② 江西省文物考古研究所铜岭商周矿冶遗址发掘队:《江西瑞昌铜岭商周矿冶遗址第一期发掘简报》,《江西文物》,1990年第3期。

③ 华觉明,卢本珊:《长江中下游铜矿带的早期开发和中国青铜文明》,《自然科学史研究》,1996年。

④ 夏鼐,殷玮璋:《湖北大冶铜绿山古铜矿》,《考古学报》,1981年第1期。

⑤ 刘诗中:《中国先秦铜矿》,江西人民出版社,2003年。

⑥ 裘士京:《江南铜研究》,黄山书社,2004年。

⑦ 张光直:《中国青铜时代》,三联书店,1999年,第36、55页。

⑧ 唐兰:《西周铜器断代中的"康宫"问题》,《考古学报》,1962年第1期。

⑨ 李修松:《淮夷探论》,《东南文化》,1991年第5期。

⑩ 裘锡圭:《史墙盘铭文解释》,《文物》,1978年第3期;杨立新:《皖南古代铜矿初步考察与研究》,《文物研究》,1988年第3辑。

⑪ 易德生:《周代南方的"金道锡行"试析》,《社会科学》,2018年第1期。

一、夏商王朝的南方疆域

长江中游地区在旧石器时代即是古人类生息繁衍之地,进入新石器时代后,长江中游地区逐步整合成为一个完整的人文地理空间,屈家岭文化时期长江中游地区实现了空前的文化统一,出现了繁荣的人类社会,江汉地区的新石器时代文化在屈家岭及后继的石家河时代达到高峰。新石器时代,长江中游地区是独立的区域主体,屈家岭—石家河文化系统也是独立发展的文化系统。

但石家河文化晚期时,中原文化大举南下,石家河文化晚期遗存掺入大量中原文化因素,致使文化结构发生变化,中原文化因素占据主导地位,改变了江汉地区的文化格局,形成后石家河文化。王劲将其分为四个类型:三峡地区为"白庙类型",鄂西地区为"石板巷子类型",鄂豫陕交界处的丹江库区为"乱石滩类型",江汉平原则为"三房湾类型"。[①] 但后石家河文化在江汉地区并没有得到持续发展,而是基本上消失了,江汉地区的古代文化发展在后石家河文化之后出现了中断。

在鄂西地区和汉水中下游,石板巷子类型和三房湾类型基本消失,仅发现有江陵荆南寺、[②]钟祥乱葬岗、[③]襄阳王树岗[④]三处二里头文化遗址,但荆南寺和乱葬岗的二里头文化遗存都很单薄,遗物很少,说明这两处夏代遗址都是人口稀少的居民点,王树岗遗址则遭严重破坏。江汉地区北部和东部边缘区在夏代则有一定的延续发展,鄂豫陕交界处、丹江库区的淅川下王岗遗址有二里头文化一、三期的遗存,[⑤]郧县辽瓦店子遗址有丰富的夏商时期文化遗存,第一期年代相当于二里头文化一期,第二期年代相当于夏末或夏商之际。[⑥] 汉东地区的二里头文化遗存在黄陂盘龙城、大悟土城、墩子畈、孝感聂家寨等处有少量的分布,[⑦]其中盘龙城遗址一至三期相当于二里头文化二至四期或偏晚。[⑧]但夏代时已出现中原王朝,二里头文化也是强势文化,因此二里头文化形成后从南阳盆地过随枣走廊进入江汉平原,再向东进入鄂东北地区,并向南、向西传播影响,二里头文

---

① 王劲:《后石家河文化定名的思考》,《江汉考古》,2007年第1期。

② 荆州地区博物馆,北京大学考古系:《湖北江陵荆南寺遗址第一、二次发掘简报》,《考古》,1989年第8期。

③ 荆州市博物馆等:《钟祥乱葬岗夏文化遗存清理简报》,《江汉考古》,2001年第3期。

④ 襄石复线襄樊考古队:《湖北襄阳法龙王树岗遗址二里头文化灰坑清理简报》,《江汉考古》,2004年第2期。

⑤ 河南省文物研究所,长江流域规划办公室考古队河南分队:《淅川下王岗》,文物出版社,1989年。

⑥ 王然,傅玥:《湖北郧县辽瓦店子遗址夏商时期文化遗存研究》,载武汉大学历史地理研究所编:《石泉先生九十诞辰纪念文集》,湖北人民出版社,2007年,第190—191页。

⑦ 熊卜发:《浅谈鄂东北地区古代文化》,载熊卜发编著:《鄂东北地区文物考古》,湖北科学技术出版社,1995年,第3页。

⑧ 湖北省文物考古研究所:《盘龙城——1963—1994年考古发掘报告》,文物出版社,2001年。

化可能已直接控制了南阳盆地和江汉地区,虽然并没有直接占领和控制长江和淮河以南地区,但深刻影响了南方广大地区的新地域文化,并且直接参与了夏商时期部分南方地域文化的形成。①

商代,商人在夏代经营南方的基础上,沿着二里头文化的足迹南下,由豫东越过桐柏山,沿澴水、溾水等河流进入江、汉、涢交汇处,在涢水、澴水、溾水等河流两岸台地留下大量遗址,已知有 40 余处,②并建立了盘龙城作为经营南方的据点,形成盘龙城类型商文化。中商时期,商人以盘龙城为据点,进一步向长江南岸的湘江、澧水下游,以及赣江下游发展,商文化在长江中游地区影响达到高峰。向东,商文化从盘龙城发展至黄梅,③并进一步向南越过长江,在东南方向发展到江西九江地区,江西瑞昌铜岭、九江神墩等遗址应是伸入到赣江下游的商文化据点。④ 向西,岳阳铜鼓山遗址揭示了商文化越过长江南进的情形,⑤商文化进入岳阳地区后,似未再向南发展,但对湘江中上游地区曾产生过影响,浏阳樟树塘上层可见到某些接近铜鼓山遗址的商文化因素,⑥铜鼓山遗址被认为是盘龙城类型商文化向湘江流域推进的前哨据点。⑦ 商人退出长江中游地区后,晚商时期岳阳地区出现费家河文化,与商文化、赣江流域、鄂西南等地商时期遗存表现出强烈的文化差异,虽然受到了一定程度外来因素的影响,但外来因素很快就融入到该文化之中,显示了较多的本地特色,⑧向桃初也认为费家河文化是一支受中原商文化影响的土著文化。⑨ 在岳阳地区以南的宁乡地区,因出土众多带商文化特征的宁乡铜器群而受考古学者关注,这里出现了一支炭河里文化,其年代晚于费家河文化,主体年代已不属于商时期范围,关于炭河里文化,学者争议较大,但豆海峰认为,炭河里文化与商文化的关系并不大,其主要是本地因素与鄂东南、赣湘西北及周文化因素混合而成。⑩ 因此费家河文化

① 向桃初:《二里头文化向南方的传播》,《考古》,2011 年第 10 期。

② 熊卜发:《浅谈鄂东北地区古代文化》,载《鄂东北地区文物考古》,湖北科学技术出版社,1995 年,第 1—10 页;熊卜发:《鄂东北地区古代文化发展序列概述》,载《鄂东北考古报告集》,湖北科学技术出版社,1996 年,第 1—15 页。

③ 黄梅意生寺遗址发现有堆积丰富的商文化遗存,见张昌平:《夏商时期中原与长江中游地区的文化联系》,《华夏考古》,2006 年第 3 期。

④ 江西省文物考古研究所铜岭遗址发掘队:《江西瑞昌铜岭商周矿冶遗址第一期发掘简报》,《江西文物》,1990 年第 3 期;江西省文物工作队,九江市博物馆:《江西九江神墩遗址发掘简报》,《江汉考古》,1984 年第 4 期。

⑤ 湖南省文物考古研究所,岳阳市文物工作队:《岳阳市郊铜鼓山商代遗址与东周墓发掘报告》,《湖南考古辑刊》第 5 辑,《求索》杂志社,1989 年。

⑥ 湖南省文物考古研究所:《湖南浏阳樟树塘遗址发掘的主要收获》,《考古》,1994 年第 11 期。

⑦ 何介钧:《试论湖南出土商代青铜器及商文化向南传播的几个问题》,《中国商文化国际学术讨论会论文集》,中国大百科全书出版社,1998 年。

⑧ 豆海峰:《长江中游地区商代文化研究》,吉林大学博士学位论文,2011 年,第 131 页。

⑨ 向桃初:《湖南湘江流域古文化初论》,《南方文物》,1994 年第 1 期。

⑩ 豆海峰:《长江中游地区商代文化研究》,吉林大学博士学位论文,2011 年,第 161 页。

和炭河里文化所反映的正是商势力退出湖南北部地区后当地文化的发展态势。

沿长江继续西上,商势力最远到达荆州荆南寺遗址。荆南寺遗址的文化面貌颇为复杂,包含有中原夏商文化、本地新石器文化、来自三峡地区的文化,澧水流域青铜文化及吴城文化因素等。[①] 荆南寺遗址的各类文化因素都颇为典型,是多种文化的交汇地带,因此学者推测荆南寺遗址在当时似乎是一处自由贸易港之类的地点。[②]

中商后期,随着商统治中心的北移和商朝的内乱,商在南方的据点盘龙城被放弃。[③] 晚商时商文化退出了整个长江中游地区,"长江流域广大地区已基本为地方性考古学文化覆盖"。[④] 商势力从长江沿岸北退至涢水上游,晚商时期中原文化控制的南界基本未过桐柏山和淮河沿线。[⑤]

总的来说,在早商晚期至中商时期,商文化在南方有较大的扩张,一度以盘龙城为据点控制了长江中游的广大地区,此时期长江以南的鄂赣铜矿区当在商人的直接控制下,但夏商时代的大部分时间,具体而言夏代至早商和晚商时期,长江以南的铜矿区都不在夏商王朝的直接统治下。

二、西周王朝的南方疆域

商代晚期周人在关中崛起,"即以经营南土为其一贯之国策"。[⑥] 周文王时,趁商人深陷于与东夷的战争之机,"帅殷之叛国以事纣",[⑦] 自中商后期起即已脱离了商王朝统治的众多南方、西方部族成为周人争取的对象,并在武王伐商过程中发挥了重要作用。《尚书·牧誓》为周武王伐商时在牧野誓师之言,其中提及"庸、蜀、羌、髳、微、卢、彭、濮人",通称牧誓八国,此八国,学者多有考证,[⑧] 虽各家说法不一,但可以肯定在周之西之南地区。八国随武王伐商至于牧野,表明周人经营南土甚早,《诗序》中有文王化行南国的说法,[⑨] 郑玄《周南召南谱》:"至纣,又命文王典治南国江、汉、汝旁之诸侯。"[⑩]《诗经·国风》有周南、召南,二南之地域,历代学者虽多有解释,但总之包含江汉地区在内,《水经

① 荆州博物馆:《荆州荆南寺》,文物出版社,2009 年。

② 张昌平:《夏商时期中原与长江中游地区的文化联系》,《华夏考古》,2006 年第 3 期。

③ 徐少华:《从盘龙城遗址看商文化在长江中游地区的发展》,《江汉考古》,2003 年第 1 期。

④ 中国社会科学院考古研究所:《中国考古学·夏商卷》,中国社会科学出版社,2003 年,第 266 页。

⑤ 孙卓:《南土经略的转折——商时期中原文化势力从南方的消退》,科学出版社,2020 年。

⑥ 徐中舒:《殷周之际史迹之检讨》,载《徐中舒历史论文选辑》,中华书局,1998 年,第 688 页。

⑦ 《左传》襄公四年,《春秋经传集解》,上海古籍出版社,1988 年,第 812 页。

⑧ 顾颉刚:《牧誓八国》,《史林杂识初编》,中华书局,1963 年。

⑨ 《毛诗正义》,李学勤主编:《十三经注疏》(标点本),北京大学出版社,1999 年,第 19、52、77、83、90 页。

⑩ 《毛诗正义·周南召南谱》,李学勤主编:《十三经注疏》(标点本),第 10 页。

注·江水》引《韩诗序》："二南其地在南郡、南阳之间。"①清王先谦谓："盖周业兴于西岐，化被于江汉汝蔡。"②

武王获得牧野之战的胜利后，曾大规模向南用兵，以征服商在黄河以南的南国诸侯。《礼记》卷三九《乐记》描写周人歌颂克商过程的《大武》，孔颖达《正义》："象武王伐纣之后，南方之国于是疆理也。"③出土于陕西岐山的《太保玉戈》则留下了周初经营南国的直接证据："六月丙寅，王才（在）丰，令大保省南国，帅汉，遂殷南，令厉侯辟，用走百人。"④太保即召公，王为成王，帅训为循，"帅汉"即沿汉水南下，"殷"为殷见，"遂殷南"即诸侯会集朝见周王，"厉"即古厉国，在今随州以北，"辟"训为"君"，是封建厉侯的意思。太保玉戈的年代为成王前期，铭文大意是说，六月丙寅这一天，成王在丰京命太保召公巡视南国，沿着汉水南下，召集汉水流域的诸侯前往周京朝见成王，并封厉侯为君，赏赐给厉侯仆御一百名。李学勤先生认为，此事当发生在周公东征平定三监以后，是巩固南方统治的一项措施，可见周初时南土疆界就已达汉水，⑤正可与文王化行南国相印证。

周势力南下，重新开发长江中游地区，在考古学上亦有相应的证明。从西周中期开始，江汉地区出现了一支新的考古学文化，张昌平称为真武山类遗存。⑥真武山遗址位于邓城对面的汉水南岸，是目前所见汉水以南最早的周代遗存，年代可早至西周中期。⑦同类遗存广泛分布在襄宜地区，主要有宜城郭家岗、⑧宜城肖家岭、⑨宜城桐树园⑩等遗址。再往南，在鄂西地区有沙市周梁玉桥遗址、⑪荆州张家山遗址、⑫荆南寺遗址、⑬梅槐

① 《水经注》卷三四《江水二》，杨守敬、熊会贞：《水经注疏》，江苏古籍出版社，1989年，第2862页。
② ［清］王先谦：《诗三家义集疏》，中华书局，1987年，第1页。
③ 《礼记正义》，李学勤主编：《十三经注疏》（标点本），北京大学出版社，1999年，第1132—1133页。
④ 庞怀靖：《跋太保玉戈》，《考古与文物》，1986年第1期。
⑤ 李学勤：《太保玉戈与江汉的开发》，载楚文化研究会编：《楚文化研究论集》第二集，湖北人民出版社，1991年。
⑥ 张昌平：《试论真武山一类遗存》，《江汉考古》，1997年第1期。
⑦ 湖北省文物考古研究所，襄樊市博物馆：《湖北襄樊真武山周代遗址》，《考古学集刊》第九集，1995年。
⑧ 武汉大学历史系考古教研室，湖北省宜城市博物馆：《湖北宜城郭家岗遗址发掘》，《考古学报》，1997年第4期。
⑨ 湖北省文物考古研究所，宜城县博物馆：《湖北宜城县肖家岭遗址的发掘》，《文物》，1999年第1期。
⑩ 湖北省文物考古研究所，宜城县博物馆：《宜城桐树园遗址发掘简报》，《江汉考古》，1996年第1期。
⑪ 沙市市博物馆：《湖北沙市周梁玉桥遗址试掘简报》，《文物资料丛刊》第10辑，文物出版社，1987年。
⑫ 陈贤一：《江陵张家山遗址的试掘与探索》，《江汉考古》，1980年第2期。
⑬ 荆州博物馆：《荆州荆南寺》，文物出版社，2009年。

桥遗址,①松滋博宇山遗址,②当阳杨木岗遗址、③当阳磨盘山遗址,④潜江龙湾遗址⑤等。在汉东地区,有钟祥六合遗址、⑥天门土城遗址,⑦天门笑城遗址原为新石器时代城址,西周晚期重新得到利用。⑧

真武山类遗存与周文化存在密切联系,是在典型周文化的基础上发展起来的,主要器类均见于关中周文化,器形也有直接联系,西周时期器物形态的变化与关中有相当程度的同步性,器物种类和器物形制则较宗周地区略显单调,应是地方文化与中心地区的差异,是在周文化基础上发展起来的地方类型。

商周鼎革后,周人在汉、淮之间封建诸侯,形成了周代的南土疆域。对西周南土的地域范围,学者有大体一致的意见:周书灿认为西周南土大致应包括颍汝、汝淮及南阳盆地和江汉平原等地区;⑨李峰认为江汉平原是西周国家势力到达的最南端,⑩徐少华认为周代南土西起丹江流域,东至淮河中游,南以汉水和桐柏、大别山为界,北抵汝、颍、涡诸水上游,即文献所载的周王朝南部境土;⑪李朝远认为西周的南土大致在南阳盆地和淮水中上游的若干地段;⑫朱凤瀚、赵燕姣则将西周的南土与南国区分开来,认为南土为周之国土,是周王直接控制的位于王畿南部的区域,南国则为周之附属区,未纳入西周王朝有效统治,与王朝战事频繁、叛服不定,南土边缘大概在河南南阳、湖北随州、河南平顶山、河南上蔡至山东滕州一线,分布着众多的西周封国,在这些封国以南,则为"南国"。⑬

周昭王时,周人发动了大规模的南征,这是周人经营南方的最高峰,地处黄陂鲁台山

① 湖北荆州地区博物馆、北京大学考古系:《湖北江陵梅槐桥遗址发掘简报》,《考古》,1990 第 10 期。
② 荆州地区博物馆:《湖北松滋博宇山遗址试掘简报》,《文物资料丛刊》第 10 辑,文物出版社,1987 年。
③ 湖北省博物馆、武汉大学历史系考古专业:《当阳冯山、杨木岗遗址试掘简报》,《江汉考古》,1983 年第 1 期。
④ 宜昌地区博物馆:《当阳磨盘山西周遗址试掘简报》,《江汉考古》1984 年第 2 期。
⑤ 湖北省潜江博物馆、湖北省荆州博物馆:《潜江龙湾——1987～2001 年龙湾遗址发掘报告》,北京:文物出版社,2005 年。
⑥ 荆州地区博物馆、钟祥县博物馆:《钟祥六合遗址》,《江汉考古》1987 年第 2 期。
⑦ 荆州地区博物馆:《湖北荆门、钟祥、京山、天门四县古遗址调查》,《文物资料丛刊》第 10 辑,北京:文物出版社,1987 年。
⑧ 湖北省文物考古研究所、天门市博物馆:《湖北天门笑城城址发掘报告》,《考古学报》2007 年第 4 期。
⑨ 周书灿:《中国早期四土经营与民族整合》,合肥:合肥工业大学出版社,2011 年,第 190 页。
⑩ 李峰:《边缘地区:西周国家的最大地理范围》,《西周的灭亡》附录一,上海:上海古籍出版社,2007 年,第 362 页。
⑪ 徐少华:《周代南土历史地理与文化》,武汉:武汉大学出版社,1994 年,第 1 页。
⑫ 李朝远:《青铜器上所见西周文化在南方影响的递衰》,《中原文物》,1997 年第 2 期。
⑬ 朱凤瀚:《论西周时期的"南国"》,《历史研究》,2013 年第 4 期;赵燕姣:《西周时期的"南国"、"南土"范围刍议》,《南方文物》,2013 年第 4 期。

的长子国,①是周势力向南扩展的最远点。鲁台山西周遗存的级别很高,整个遗址的规模很大,但年代只到昭王、穆王时期,应是西周早期周人向南发展的产物,其在周代南方政治地理中的地位,可能与商人所建之盘龙城有相似之处,即作为中原王朝在南方经营的基地,向长江流域的广大地区扩展势力,进而打通与鄂赣铜矿区的联系,保障铜锡资源的供给,从而恢复商代以盘龙城为中心控制长江中游地区的政治地理格局。但由于昭王南征失败、六师尽丧,周人放弃长江北岸的据点北撤,此后周人再未在南方发动大规模的行动,周之南土也基本局限于汉水东北。②

可见终西周一代,西周南土区域仅在西周早期一度到达长江北岸的黄陂鲁台山,此后即退回随枣走廊东端。西周中晚期的南土疆域,与晚商时期并无大的差异。

三、楚蛮

在周之南土范围内,还有楚蛮。楚蛮最早出现于夏末商初,今本《竹书纪年》:"(帝癸)二十一年,商师征有洛,克之。遂征荆,荆降。"③帝癸即夏桀。《越绝书·吴内传》:"汤行仁义,敬鬼神,天下皆一心归之。当是时,荆伯未从也,汤于是乃饰犠牛以事,荆伯乃媿然曰:'失事圣人礼。'乃委其诚心,此谓汤献牛荆之伯也。"④这两条文献年代虽然较晚,但可以说明在后人记忆中,楚蛮于夏商之际时已存在,后世楚通荆,故荆蛮即楚蛮。

楚蛮在商周时代颇为活跃,与商周王朝关系复杂,一般来说受商周王朝统治,但叛服无常,又往往成为商周王朝的征伐对象,商、周都曾大举征伐楚蛮,商王武丁亦曾南征荆蛮。

武丁征荆在《诗经·商颂·殷武》中有较详细的记载:"挞彼殷武,奋伐荆楚。罙入其阻,裒荆之旅。有截其所,汤孙之绪。"武丁所征之"荆楚",毛传:"殷武,殷王武丁也;荆楚,荆州之楚国也。"郑笺:"殷道衰而楚人叛,高宗挞然奋扬威武,出兵伐之,冒入其险阻。"⑤可见自汉代起,便有武丁所伐之"荆楚"为楚国的说法。然商代芈姓部族尚未建国,王光镐曾论述商代无楚。⑥ 另据清华简《楚居》,商代不仅未有芈姓楚国,甚至芈姓部族亦未有楚人之称,至丽季(《史记·楚世家》称为熊丽)时(此时已为商末),才"抵今日楚

---

① 黄陂县文化馆,孝感地区博物馆,湖北省博物馆:《湖北黄陂鲁台山两周遗址与墓葬》,《江汉考古》,1982年第2期;张亚初:《论鲁台山西周墓的年代和族属》,《江汉考古》,1984年第2期;黄锡全:《黄陂鲁台山遗址为"长子"国都蠡测》,《江汉考古》,1992年第4期。

② 参尹弘兵《地理学与考古学视野下的昭王南征》,《历史研究》,2015年第1期。

③ 方诗铭,王修龄:《古本竹书纪年辑证》,上海古籍出版社,2005年,第222页。

④ 李步嘉:《越绝书校释》,中华书局,2013年,第84、85页。

⑤ 《毛诗正义》,李学勤主编:《十三经注疏》(标点本),北京大学出版社,1999年,第1461—1462页。

⑥ 王光镐:《商代无楚》,《江汉论坛》,1984年第1期。

人"，武丁时季连还在中原与盘庚之子比邻而居，并娶盘庚之孙女比佳为妻。[①] 按武丁为盘庚弟小乙之子、盘庚之侄，武丁的班辈与盘庚之子相同，二人为堂兄弟，比佳则是武丁的堂侄女。季连娶比佳时，正当武丁在位，由此可知武丁所伐之"荆楚"，绝无可能是正与盘庚之子联姻的芈姓季连部族。

楚或荆作为国族概念，至少有二义：一是指周代的芈姓楚国，二是指商周时期的楚蛮族群。《史记·楚世家》"封熊绎于楚蛮"表明，西周时期楚蛮与楚国并立，楚国在楚蛮的范围之内，商代之时则是只有楚蛮而无楚国。则武丁所伐之荆楚只能是楚蛮。

商代楚蛮地望，从甲骨卜辞可知武丁南征与曾、举二国有关。关于曾国，张昌平认为商代晚期的曾国即在今随州一带，[②]至于举国，则可能与举水有关。举水、滠水、澴水和涢水是鄂东北地区的较大水系，这一地区分布有密集的商时期文化遗址，[③]举如在此地，正与商代遗址在鄂东北地区的分布状况相合。则武丁所征之荆楚，当去举、曾之地不远，应在今鄂东北一带。

武丁南征荆楚可能与盘龙城废弃有关。盘龙城始建年代相当于商王中丁在位或稍早的公元前 1450 年左右，废弃于盘庚迁殷前的公元前 1300 年之前。[④] 盘龙城的性质，一般认为是商人在南方的军事据点。商经历"九世之乱"后，势力处于退缩中。晚商时期，商文化的分布范围大大缩小，"中商末期商文化开始撤出两湖，至晚商时期，桐柏山以南已基本不见商文化分布"。[⑤] 盘龙城之废弃正是在这个背景下产生的。商势力退出长江中游地区后，商朝失去对楚蛮的控制，至盘庚迁殷以后，商朝国力复振，尤其是武丁在位期间，大征四方，而楚蛮亦在武丁征伐范围内。由此推测，汉东地区在商代应为楚蛮分布地区，[⑥]尤其是涢水、滠水、澴水及举水流域等商代文化遗址密集分布的地区。

在考古学文化上，盘龙城类型商文化中包含有较强的江汉地区土著因素，如陶系中红陶比例较大、红陶大口缸较多见等。高崇文认为盘龙城文化中的红陶器虽与商文化中的同类器相似，但在陶质、陶色及局部器形上又有一定差异性，与典型商文化中的灰陶器不同，是当地土著在中原文化影响下产生的一种新因素，"这批器物本身就体现了两种文

① 清华大学出土文献研究与保护中心编，李学勤主编：《清华大学藏战国竹简（壹）》，中西书局，2010年，第 181、183 页。

② 张昌平：《曾国青铜器研究》，文物出版社，2009 年，第 359—364 页。

③ 熊卜发：《鄂东北地区古代文化发展序列概述》，载《鄂东北考古报告集》，湖北科学技术出版社，1996年，第 1—15 页。

④ 徐少华：《从盘龙城遗址看商文化在长江中游地区的发展》，《江汉考古》，2003 年第 1 期。

⑤ 中国社会科学院考古研究所：《中国考古学·夏商卷》，中国社会科学出版社，2003 年，第 305 页。

⑥ 关于商代楚蛮的分布地域，参见尹弘兵：《商代的楚蛮与西周初年的楚国》，《华夏考古》，2013 年第 1期；刘玉堂，尹弘兵：《楚蛮与早期楚文化》，《湖北大学学报》，2010 年第 1 期。

化因素"。① 因此盘龙城类型商文化在族群组成上可能是来自中原的一支商族统治着当地的土著蛮族,其中可能包含部分与中原联系较紧密的江汉土著,商代的楚蛮(或荆蛮)可能是使用这支考古学文化的人群之一。②

四、越与扬越

长江以南的古代居民,一般称为"越"。越之族群,其分布甚广,来源复杂,内部各有种姓,故又称百越。《汉书·地理志》颜师古注引臣瓒曰:"自交址至会稽七八千里,百越杂处,各有种姓。"③林惠祥更明确指出:"百越所居之地甚广,占中国东南及南方,如今之浙江、江西、福建、广东、广西、越南或至安徽、湖南诸省。"④百越主要居于长江以南,与中原王朝及其边缘的蛮夷戎狄族群是完全异质的,随着华夏世界向南发展并直抵长江,因此华夏世界是从长江北岸开始接触这类此前完全未知、与中原文化面貌迥异、被称为"夷越"或"越"的南方族群。

《战国策·秦策》载蔡泽谓吴起:"南攻杨越,北并陈蔡。"⑤《史记·范雎蔡泽列传》则作:"南收杨越,北并陈、蔡。"但《史记·吴起列传》记为"南平百越⑥。"春秋战国时期的楚国,核心区在江汉之间,今湖北西部。故吴起所平之扬越,当为百越中分布在长江中游地区的部分。而扬越之名,当与扬水有关。《吕氏春秋·恃君览》:"扬汉之南,百越之际",高诱注:"扬州、汉水之南。""越有百种。"⑦但刘玉堂认为高注不妥,扬越与扬州(长江下游地区)当无涉,且扬州与汉水并列,文例、文意均不通,因此扬汉当指扬水与汉水,而高诱注"百越之际"为"越有百种"亦不通,实为望文生义,《吕氏春秋》原意当为扬水、汉水以南,为与百越交界地带或百越北部边缘地带。⑧ 吴永章亦认为百越生活的最北界可至汉水之南。⑨ 可见越的主体或绝大部分虽在长江以南,但先秦时期华夏世界却是从长江以北沿岸地区开始认识此类与中原完全异质的南方族群,因此江北的汉水、扬水才是"越"之最北端。而扬越之得名,亦当是因扬水之故。故《吕览》所言"扬汉之南,百越之际",当是指扬水和汉水为百越分布的北界,华夏世界与百越以扬、汉为分界,刘玉堂所言当是。

---

① 高崇文:《从夏商时期江汉两大文化因素的源流谈楚文化起源》,载《楚文化研究论集》第 3 集,湖北人民出版社,1994 年,第 24—35 页。

② 张硕,尹弘兵:《楚蛮的考古学观察》,《中国文化研究》,2011 年第 3 期。

③ 《汉书》卷二八下《地理志下》,中华书局,1962 年,第 1669 页。

④ 林惠祥:《中国民族史》,商务印书馆,1993 年,第 111 页。

⑤ 《战国策》卷五《秦策三》"蔡泽见逐于赵"章,上海古籍出版社,1985 年,第 216 页。

⑥ 《史记》卷七九《范雎蔡泽列传》、卷六五《孙子吴起列传》,中华书局,1982 年,第 2423、2168 页。

⑦ 陈奇猷:《吕氏春秋新校释》,上海古籍出版社,2002 年,第 1331、1337 页。

⑧ 刘玉堂:《楚国与扬越》,载张正明主编,张胜琳副主编:《楚学论丛》初辑,江汉论坛专刊,1990 年,第 203、204 页。

⑨ 吴永章:《楚与扬越、夷越、于越的关系》,《中南民族学院学报》,1986 年专刊。

扬越最早出现于西周,《史记·楚世家》:"熊渠甚得江汉间民和,乃兴兵伐庸、杨粤,至于鄂。"唐司马贞《索隐》:"有本作'杨雩',音吁,地名也。今音越。谯周亦作'杨越'。"[①]是粤、越相通,杨粤即杨越,亦即扬越。熊渠活动的"江汉间"或"江上楚蛮之地"之"江汉""江上",石泉、赵逵夫诸先生皆以为指汉江或汉水。[②] 类似情形亦见于其他河流,陈立柱曾指出,古语中大共名往往前置,早期的江其实是南方古语言中河流的共名,故《史记》中的"江淮"实为"淮江"之倒语,即"淮河"之意。[③] 可见《史记》此处的"江汉",实为"汉江"之倒语,故"江汉间"或"江上楚蛮之地",非指长江与汉水,而是专指汉水,具体而言为汉水干流。西周时汉水下游犹是湖沼地带,汉水上游的安康、汉中一带则不可能为楚国核心地区,则"江汉间""江上楚蛮之地"当指汉水中游两岸地区。因此熊渠的活动地区"江上楚蛮之地"大抵为汉水中游一带。[④] 可见熊渠所伐之杨粤,当为位于汉水中下游地区的越人。近人罗香林早已主张:"楚人略地,本循汉水顺流而南,故先庸,后扬越,后至鄂。扬越界庸鄂之间,则其最早地望,当在汉水流域中部。"[⑤]或说"其地非汉水中游一带莫属"。[⑥] 越人虽基本在长江以南,但部分越人分布区至江北是可以想象的,因为华夏世界正是从江北开始认识此类南方族群的。

进一步申说,楚蛮、百濮等江汉土著居民与周王朝及南土诸侯有复杂关系,是中原王朝和中原文化的边缘组成,但楚蛮等周文化边缘族群南下时,必然在长江北岸接触到此前周文化势力范围以外、更南方的、与周文化完全异质的土著族群。此类超出周人认知的、位于楚蛮以南、具有完全不同文化面貌与来源的南方居民,鲁西奇已指出华夏和楚人称其为"越"。[⑦] 这一类南方族群主要生活在长江以南,但周人和楚国必然是从长江以北沿岸地区开始认识这些与"楚蛮"迥异的南方族群,而扬水作为江汉之间的汊流,正在长江北岸,汉水中游地区的最南缘,进入汉水中下游地区的楚蛮及踵楚蛮之后南下的楚国,亦当是在扬水以南地区接触到了此类与中原系统完全不同的南方族群,并由此形成了对楚蛮以南的南方族群的认识,并将其称为"越"。

---

① 《史记》卷四十《楚世家》,中华书局,1982 年,第 1692 页。

② 参石泉:《古文献中的"江"不是长江的专称》,《文史》第 6 辑,中华书局,1979 年;收入氏著《古代荆楚地理新探》,武汉大学出版社,1988 年。又参赵逵夫:《屈氏先世与句亶王熊伯庸》,《文史》第 25 辑,中华书局,1985 年;又见氏著《屈原与他的时代》,人民文学出版社,2002 年。

③ 陈立柱:《楚淮古地三题》,《江汉考古》2010 年第 1 期。

④ 参石泉,徐德宽:《楚都丹阳地望新探》,《江汉论坛》,1982 年第 3 期,又载《古代荆楚地理新探》,武汉大学出版社,1988 年;第 190、191 页;段渝:《西周时代楚国疆域的几个问题》,《中国史研究》,1997 年第 4 期;叶植:《试论楚熊渠称王事所涉及到的历史地望问题》,载楚文化研究会编:《楚文化研究论集》第四集,河南人民出版社,1994 年。

⑤ 罗香林:《越族源出于夏民族考》,《青年中国季刊》,1940 年第 3 期。

⑥ 罗香林:《中夏系统中之百越》,独立出版社,1943 年,第 106 页。

⑦ 鲁西奇:《"越"与"百越":历史叙述中的中国南方"古族"》,《东吴历史学报》,2014 年第 32 期。

扬越之名大概由此而来,汉水中游地区南缘的扬水也由此成了"百越之际",为百越的最北界,华夏世界与百越的分界线,故文献中谓之"百越之际"。随着楚国逐步占有整个长江中游地区,于是楚国将其南境乃至所有南部土著居民均称为扬越,另学者据考古学文化分析,鄂东地区的两周时期考古学文化,具有明显的古越族文化特征。[1] 而鄂东南一带以鼎式鬲、刻槽足、长方形镂孔豆、附耳甗为特征的商周时期考古学文化,具有鲜明的地方特色,自阳新大路铺遗址发掘后被命名为大路铺文化,这支地方性文化具有长期的矿冶传统,从新石器时代起即开始掌握采矿及金属冶炼、铸造技术。[2] 大路铺文化年代为晚商至西周中期,主体年代为西周中期,分布集中于鄂东南地区,对外辐射相当有限,整体的文化影响力并不突出,楚文化兴起后其文化传统完全中断,为楚文化所取代。[3] 学者早已认为铜绿山铜矿的开采者即扬越先民,[4]而大路铺文化的年代范围、分布地区与矿冶传统,正好与开采大冶铜绿山的古代居民相对应。

进一步说,长江以南的鄂赣铜矿区,其开采者是被华夏世界称为扬越的南方居民,他们在政治上不受中原王朝统治,文化上与中原文化完全不同。

结语:中原王朝与江南铜矿的生产、流通与消费

综上可知,青铜时代的大部分时期,青铜文明的核心区与铜矿生产区是分离的,二者相隔甚远。铜矿区在长江以南,生产者是生活在长江以南的扬越先民,而中原王朝则是江南铜料最重要的消费者。但在整个青铜文明时代,除了早商晚期至中商一小段时期外,夏商周三代王朝的疆域皆不到长江,更谈不上实控铜矿区。进一步说,青铜文明的大部分时期,夏商周三代王朝不仅疆域不到长江,而且在中原王朝与长江以南的扬越先民之间,还生活着并不完全受中原统治的楚蛮族群,在长江下游的皖南铜矿区与中原王朝之间,则是生活着与西周王朝发生激烈冲突的淮夷。亦即在铜矿的生产者与消费者之间,存在一个巨大的人文地理阻隔带,作为铜料最终消费者的中原王朝,与长江以南的铜料生产者之间甚至无法建立起直接的联系,双方需要克服楚蛮、淮夷的阻隔才能建立起稳定的铜料生产、流通与消费。

那么中原王朝到底是用何种方式稳定地从扬越居民那里获得铜料?

早商晚期至中商时期,商王朝的势力可能深入铜矿区,但中商晚期盘龙城废弃后,商势力北撤至涢水上游,晚商时期中原文化控制的南界基本未过桐柏山和淮河沿线,但中

① 刘玉堂:《论湖北境内古越族的若干问题》,《民族研究》,1987 年第 2 期。

② 湖北省文物考古研究所等:《阳新大路铺》,文物出版社,2013 年。

③ 罗运斌,陈斌,丁伟:《大路铺文化土著因素的形成与传播》,《江汉考古》,2014 年第 6 期。

④ 张正明,刘玉堂:《大冶铜绿山古铜矿的国属》,载张正明主编:《楚史论丛》初集,湖北人民出版社,1984 年。

原王朝仍然与南方地区及南方族群建立了某种形式的联系,从殷墟时期青铜文明的鼎盛情形来看,青铜矿料的来源不可能是前期的积累,而是仍有稳定的供应。孙卓经全面考察后认为,商势力后中原王朝是通过地区贸易等新的经略模式将南方纳入到其资源管控的体系之内,而且中原王朝在南方留下了深刻的影响,南方土著文化在青铜铸造、城市营建等方面模仿中原王朝的模式,从而进一步推动了南方地区在文化和政治上的中原化进程。[①]。

西周早期,周人也曾大力向南开拓,南土诸侯的分封表明周人在南方形成了稳定的控制体系与控制区,虽然周之南土仅限于南阳盆地至随枣走廊,但黄陂鲁台山西周遗存表明周势力曾一度南下至长江北岸,并在江汉之会建立据点,颇有恢复早商晚期至中商时期商人以盘龙城为据点控制长江中游广大地区之势。

在有关昭王南征的铜器铭文中有大量的"孚金""有得",昭王南征的对象是江汉地区尚未臣服于西周的楚蛮族群,这表明,楚蛮手中有大量的铜料。那么,楚蛮的铜料是从何而来? 楚蛮分布在长江北岸,地处中原王朝与扬越之间,因此楚蛮手中的铜料当是与扬越交易而来,也就是楚蛮与扬越之间存在稳定的资源交换,因此才能获得扬越生产的铜料。

昭王南征失败后,黄陂鲁台山的据点也被放弃,周势力北撤至随枣走廊东端,政治地理形势恢复到了晚商时期的格局,周人可能因此放弃了直接控制铜矿产区的意图,而是恢复了殷墟时期的资源交换与控制模式,以中原王朝的政治与文化影响力来交换江南生产的青铜矿料,甚至出现了"金道锡行"这一专用名词。

由于楚蛮的阻隔,在晚商至西周这一青铜文明的最鼎盛时期,中原王朝都是通过楚蛮这一中介来与江南的扬越先民进行资源交换的,并借此向南扩张其政治与文化影响力。

西周晚期时"楚公逆"编钟,1993 年出土于天马——曲村遗址北赵晋侯墓地 M64中,钲及鼓部右侧有铸铭 68 字:

> 隹八月甲午,楚公逆祀氒(厥)先高且(祖)考,夫壬四方 首 ,楚公逆出,求氒
>
> (厥)用祀。四方 首 休多禽(钦)融,内享赤金九万钧。楚公逆用自作龢 齐 锡钟

---

① 关于商势力从南方的撤退及中原王朝对周边地区的经略机制、控制模式,商势力撤退后的南北文化关系、晚商时期南方地区的文化格局与中原王朝南方边疆的形成等,见孙卓:《南土经略的转折——商时期中原文化势力从南方的消退》,科学出版社,2020 年。又见于张昌平,孙卓:《略论秦统一中国的物质文化基础——以长江流域为视角》,载何驽主编:《李下蹊华——庆祝李伯谦先生八十华诞论文集》,科学出版社,2017 年。

百飲(肆)。楚公逆其万年寿,用保㽙(厥)大邦,永宝。[①]

　　楚公逆,郭沫若《两周金文辞大系图录考释》据孙诒让考证即楚君熊咢,[②]在位时间为周宣王二十九年至三十七年(公元前799—前791年),为西周晚期,铭文中楚公逆所祭祀"高祖"当为熊渠。该铭文明确记载"四方首"向楚进献"九万钧"铜料,铸钟"百肆"。"九万钧"和"百肆"可能不免夸大溢美之嫌,但足以说明西周晚期时楚国拥有丰富的铜料,而楚国所拥有的这些铜料,当是来源于鄂赣矿区。按熊渠时代楚国已在"江汉间"或"江上楚蛮之地",此"四方首"应即所谓的"江上楚蛮",朱继平认为,当时熊渠可能与江汉地区的方国或部落建立了某种同盟关系,并拥有较高的威望,[③]则熊渠率楚国南下江汉地区后,应是以其中原诸侯的身份继承了中原王朝在楚蛮中的政治与文化影响力,如此才能让楚蛮中的"四方首"向楚国进献"赤金",且此"赤金"达到惊人的"九万钧"之多。

　　也就是楚国南下江汉后,利用西周晚期内部的政治动荡和周夷战争的紧张形势,控制了"金道",这一"金道"当不仅是地理意义上的,更重要的是资源交换途径。由于熊渠成为楚蛮的首领,楚蛮向楚国的"贡金"使得楚国拥有丰富的铜资源,从而在青铜时代拥有了一项无可比拟的优势。楚蛮在铜资源流动上的重要地位,对楚国和楚文化在南方的兴起与发展具有极端的重要性。

---

　　①　山西省考古研究所,北京大学考古学系:《天马——曲村遗址北赵晋侯墓地第四次发掘》,《文物》,1994年第8期。

　　②　郭沫若:《两周金文辞大系图录考释》录177,考释164,上海:上海书店出版社,1999年。

　　③　朱继平:《鄂东楚文化的历史进程与特征》,武汉大学硕士学位论文,2005年5月,第76页。

文明礼赞

铜绿山古铜矿遗址在建设长江国家
文化公园中的定位与担当

张　硕　柯秋芬[①]

铜绿山古铜矿遗址位于湖北省大冶市城区西南部,是一处商周时期的古铜矿遗址,是全国第二批重点文物保护单位。1985年被评为新中国成立后的十大考古新发现,之后又被评为中国20世纪100项考古大发现、中国"百年百大考古发现"、"湖北百年百大考古发现",两次被列入《中国世界文化遗产预备名单》,并被授予大世界基尼斯纪录——持续开采时间最长的古铜矿遗址,还获得全国科普教育基地、国家矿山公园、国家工业遗产名单、国家考古遗址公园立项名单等殊荣。

作为中国古代矿冶文化的杰出代表,铜绿山遗址位于长江中游南岸的湖北大冶境内,是长江国家文化公园建设的重要资源与重要发力点之一。遗址公园建设强调的是保护和展示的平衡,非常契合国家文化公园的建设方向,即社会能够参与遗址公园的共享共建。它不仅仅是保护文物的工作,也是推动社会经济发展的好项目。所以,在长江国家文化公园的建设中,遗址公园同样是最优选择的内容之一。本文基于铜绿山古铜矿遗址的遗址公园文化属性,在充分解读国家长江国家文化公园建设背景、路径、目标的基础上,试图对铜绿山古铜矿遗址在建设长江国家文化公园中的定位与作用做一些初步探讨,以期对建设长江国家文化公园和发挥铜绿山古铜矿遗址的赋能作用有所裨益。

一、长江国家文化公园是推动新时代文化繁荣发展的重大工程

长江,中国第一大河,世界第三大河,她从雪山而来,横贯南中国,奔腾万里,东流入海,从源头到入海口,留下了6300余米的逶迤足迹。

长江,中华民族的母亲河,她与华夏相伴,纵览文明史,润泽千年,流芳至今。长江流域内中国历史文化名城、全国重点文物保护单位、世界文化遗产和非物质文化遗产名录

---

①　作者单位依次为:湖北省社会科学院、大冶市铜绿山古铜矿遗址保护管理委员会。

均占全国的 30% 以上。青藏文化、巴蜀文化、荆楚文化、吴越文化,似一颗颗耀眼的明珠,串联起长江文明光彩夺目的五彩项链。

长江,是中华民族永续发展的重要支撑,180 万平方千米的流域面积占中国陆地面积的 19%,人口占全国总人口的 33%,国民生产总值约占全国的 34%。尤其是随着长江经济带发展战略的推进,以及共建"一带一路"倡议的实施,长江正日益成为中华民族迈向未来的腾飞之翼。

长江就是这样一条瑰丽的自然江河,一条厚重的文化江河,一条生机勃发的时代江河,在中华民族伟大复兴征程上的地位与影响举足轻重。

2017 年 1 月,中共中央办公厅、国务院办公厅印发的《关于实施中华优秀传统文化传承发展工程的意见》中提出规划建设一批国家文化公园,成为中华文化重要标识。2019 年 12 月 5 日,中共中央办公厅、国务院办公厅印发《长城、大运河、长征国家文化公园建设方案》。2020 年 10 月 29 日,中国共产党第十九届中央委员会第五次全体会议通过《中共中央关于制定国民经济和社会发展第十四个五年规划和二〇三五年远景目标的建议》,提出建设长城、大运河、长征、黄河等国家文化公园。

2020 年 11 月 14 日中共中央总书记习近平同志在全面推动长江经济带发展座谈会上发表讲话指出:长江造就了从巴山蜀水到江南水乡的千年文脉,是中华民族的代表性符号和中华文明的标志性象征,是涵养社会主义核心价值观的重要源泉。要把长江文化保护好、传承好、弘扬好,延续历史文脉,坚定文化自信。习近平总书记的讲话,高度评价了长江文化的重要地位与影响,也提出了保护好、传承好、弘扬好长江文化的目标与责任。

为深入落实习近平总书记关于保护传承弘扬长江文化的重要讲话精神,2021 年 12 月 21 日,国家文化公园建设工作领导小组印发《长江国家文化公园工作安排》,正式启动长江国家文化公园建设。根据规划,长江国家文化公园的建设范围综合考虑长江干流区域和长江经济带区域,涉及上海、江苏、浙江、安徽、江西、湖北、湖南、重庆、四川、贵州、云南、西藏、青海 13 个省区市。

长江与黄河一起并称为中华民族的母亲河,在中华文明的起源发展中发挥了极为重要的作用,是中华文明多元一体格局的标志性象征。建设国家文化公园,是以习近平同志为核心的党中央的重大决策部署,是推动新时代文化繁荣发展的重大工程;建设长江国家文化公园,将充分激活长江丰富的历史文化资源,系统阐发长江文化的精神内涵,深入挖掘长江文化的时代价值,丰富完善国家文化公园体系,做大做强中华文化重要标志,延续历史文脉、坚定文化自信,进一步提升中华文化标识的传播度和影响力,向世界呈现绚烂多彩的中华文明。

经过近五年的努力,目前我国已经初步形成了长城、大运河、长征、黄河、长江五大国家文化公园的建设格局,中华民族最为醒目的文化标识,正日益成为中国走向世界的金色名片。

二、长江国家文化公园湖北段建设有序推进

湖北作为长江径流里程最长的省份(1062千米),占长江干流总长的1/6以上,是长江干线流经里程超千公里的唯一省份,沿线(含长江支流)有5座国家历史文化名城(荆州、武汉、襄阳、钟祥、随州)。作为地理长江的重要省份、文化长江的重要区域,湖北不仅有着最长的长江岸线,更有着极为深厚的长江文化底蕴,是全流域长江文化历史遗迹分布最密集、类型最多样的区域之一,在长江文明的起源、发展、流变与创新过程中发挥了重要作用,是长江中游文明的杰出代表。

国家文化公园建设工作领导小组正式启动长江国家文化公园建设以后,湖北省委省政府积极抢抓中央把湖北确定为长江国家文化公园重点建设区的难得历史机遇,全力统筹全省资源、调动各方力量,高标准高质量推进长江国家文化公园湖北段建设,规划、宣传、建设等各项工作有序推进。

(一)积极调查研究,起草相关规划

湖北省委、省政府领导多次就长江国家文化公园建设工作做出批示,研究推进思路。高规格成立省国家文化公园建设工作领导小组,审议印发《长江国家文化公园湖北段建设推进方案》,遴选组建省国家文化公园专家咨询委员会。

同时,湖北省还委托中科院地理科学与资源研究所编制《长江国家文化公园湖北段建设保护规划》,已提交规划建议稿。

2021年12月,根据《国家文物局关于开展长江流域文物资源调查工作的批复》《湖北省文物事业发展"十四五"规划》要求,省文化和旅游厅组织全省开展长江文物资源调查工作,设立了人类起源、长江流域史前文明、楚文化、三国文物、古代矿冶文物等11个专项调查与课题研究。通过一年的艰苦努力,编制完成《湖北省长江文物资源调查工作报告》《湖北省长江文物资源调查不可移动文物名录》《湖北省长江文物保护利用规划》等成果资料,全面摸清湖北省文物资源保护状况,提炼阐释荆楚文化特色与价值,为统筹建设长江国家文化公园湖北段提供支撑,具有重要意义。

(二)开展多种形式的主题活动,营造浓厚氛围

为不断扩大长江文化的影响力和美誉度,营造湖北建设长江国家文化公园的浓厚氛围,湖北省组织开展"沿着长江读懂中国——湖北千里长江行"主题宣传推广、"5·18国家博物馆日"中国主会场长江主题展览和灯光秀、2022届原故里端午文化节、第七届长

江读书节等系列活动。如湖北省文化和旅游厅主办"沿着长江读懂中国——湖北千里长江行"活动,文化探访团从武汉出发,走进武汉都市圈、襄阳都市圈、宜荆荆都市圈,沿着人类起源、史前文明、荆楚文化、矿冶文化、三国文化、红色文化、水利遗产、工业遗产、非物质文化遗产、茶文化等10大主题,走进文化遗址、场馆进行现场探访,一起触摸长江千年文脉。在宣传方面,湖北日报推出"长江文明 荆楚绝艳""长江文明 荆楚印迹"等系列专栏。举办长江沿线国家级非遗代表性传承人研修班、长江三峡海外网红打卡、"沿着长江游湖北"专题海外推广等活动。陆续推出"家住长江边"文旅系列海外传播纪录片、"家住长江边,诗词里的荆楚"系列短视频,多介质、多媒体、多方位地宣传湖北省长江文化的禀赋与特色。

在理论研究方面,湖北省文化和旅游厅组织开展"长江中游文明进程研究""人类起源""长江流域史前文明"等11个专项调查与课题研究;在全国率先组织开展长江国家文化公园课题研究,拿出专项经费,设置30个基础类、技术类、机制类课题,吸引200多个研究人员和研究团队申报,最终遴选确定60项课题并予以资金支持;编发多期《湖北省国家文化公园建设工作研究专报》,掀起长江文化研究热潮。相关研究成果,对于推进长江国家文化公园湖北段建设起到了积极的作用。

(三)谋划一批重点项目,先行建设

在中华民族走向复兴的进程中,从大国重器三峡工程到南水北调,从长江经济带到长江中游城市群建设,湖北一直走在前列。当今,湖北省更是抢抓中央把湖北确定为长江国家文化公园重点建设区的历史机遇,在历史传承、生态修复、文旅融合、城市更新、国际传播等领域谋划项目,一批标志性建设项目相继实施,一批重点基础工程建设陆续展开,一批重点建设区示范先行。

如湖北省将以推进长江国家文化公园建设(湖北段)为契机,积极争取长江国家博物馆落户湖北。目前,长江国家博物馆选址初步确定,并初步完成概念规划设计和内部展陈设计;屈原文化公园项目以传承弘扬屈原精神、屈原文化为主题,充分激活长江宜昌段丰富的历史文化资源,推动中华优秀传统文化创造性发展、创新性转化;南水北调中线水文化旅游区深度结合传统文化、地域特色、中线工程、调水文化和移民精神,展现"治水大业,水润中华"的壮丽篇章;屈家岭国家考古遗址公园以长江流域稻作农业的起源地、中国农耕文明的发祥地为主题,定位为"稻缘·农魂",全方位展现屈家岭文化前世今生,为中国大遗址保护与利用提供示范。

2023年,湖北省文化和旅游厅还将继续大力推进长江国家文化公园(湖北段)建设,举办长江文化主题论坛、长江文明大展、万里长江行等重大活动,实施一批重大考古发掘项目和重大课题研究,努力打造全国前列的长江国家文化公园样板段、长江文化展示阐

释核心区、产业融合发展先行区,不断提高长江文化、中华文明的影响力和生命力。

三、铜绿山古铜矿遗址在建设长江国家文化公园中的文化定位与使命担当

习近平总书记高度重视国家文化公园建设,作出一系列重要指示批示,部署出台相关重要政策文件,为中国特色国家文化公园建设指明了目标方向、提供了根本遵循。目前长城、大运河、长征、黄河国家文化公园建设取得显著成效。与此同时,长江国家文化公园建设也在陆续展开,在这个过程中,精准定义铜绿山古铜矿遗址在这项重大文化工程中的定位与担当,具有重要的指引作用。

(一)铜绿山古铜矿遗址在建设长江国家文化公园中的文化定位:为中华文明开启先声、夯实基础

中国政府对国家文化公园的定义是:国家文化公园是基于中华文明独特的文化基因、中国文化遗产保护开发实践以及新时期文化强国建设战略目标而提出的新概念、新理念,具有全新的内涵与功能。国家文化公园既是国家级 IP、国家表征,又是国家级文化载体,是中华民族最具代表性、最具影响力的文化遗产,承载着中华文化独特的内涵与精髓。

我国政府对国家文化公园的定义,实际上也反映了铜绿山古铜矿遗址在长江国家文化公园建设中的文化定位,即通过深入挖掘系统研究、全面展示,确立铜绿山古铜矿遗址在中华文明起源、发展进程中的独特且重要的地位。

铜是人类最早认知的金属,用铜、锡、铅制作的青铜则是人类最早大量生产和使用的金属。

在世界范围内,不同地区进入青铜时代的时间不尽相同。位于今土耳其境内的安列托利亚半岛是最早冶铸青铜器的地区,目前发现有公元前 6000 年的青铜器;两河流域的美索不达米亚地区于公元前 3000 年进入青铜时代,古埃及地区紧随其后;欧洲青铜时代自公元前 2300 年起,延续了约 1000 年。古代中国使用铜、青铜及进入青铜时代的时间稍晚于其他古典文明。公元前 3500 年左右的甘肃东乡林家马家窑文化遗址出土的青铜削刀,是迄今中国发现最早的青铜器,而中国真正进入青铜时代并大量制造使用青铜器,则是在公元前 17 世纪左右。

在先秦,统治者为了维护宗法统治秩序,宣扬"王权神授",政权被人为神化,其统治秩序尤其是等级制度也进一步礼制化,青铜器成为承载统治秩序、等级制度的物质符号与载体,即礼器。统治者建立了严格的礼乐制度,它既是典章制度的总汇,又是人们各种行为的准则。在举行祭祀、宴飨、征伐及丧葬等礼仪活动中,青铜食器、酒器、乐器等的数量、种类和组合是使用者身份贵贱、等级高低的标志,如天子九鼎、诸侯七鼎、卿大夫五鼎

等,即所谓"藏礼于器",青铜器成为先秦礼乐文明的重要载体。因此,中国古代青铜器实际上是中国古代文明的重要标志,充分体现了中国古代政治制度中的"礼制",这是中国古代青铜器最主要的功用。

与域外青铜文明相比,除了功用不同,中国古代青铜器的铸造技术也是另外一种完全不同的技术路线。古代中国工匠以陶质块范法铸造成形,青铜器器类丰富、造型复杂、装饰精美,是世界艺术宝库中的一颗明珠;在两河流域及古埃及、古希腊、古罗马地区文明,则采用锻制法和失蜡法制作青铜器,同时,因为缺少强大的调度人力的国家力量,青铜器一般都是个体工匠独立制作的小型工具。因此,中国古代青铜器以其工艺之精、造型之美、品种之丰、使用之广,代表了中国古代高超的技术与文化水准,是中国古代劳动人民智慧的结晶,是中华文明的艺术瑰宝,也是中华民族对人类文明的巨大贡献。

正是因为青铜器具有的文化内涵与工艺特色,中外学术界不约而同地将"冶金术及青铜器"作为文明起源的要素之一,如长期以来西方学术界判断文明的形成至少需要具备"三要素",即冶金术、文字和城市同时出现。中国学术界近年展开的"中华文明探源工程",认为中华文明的形成有自己的特殊规律,同时提出了符合中华文明特质的判断社会是否进入文明的 4 条标准,即生产力获得发展,出现社会分工;社会出现明显的阶级分化,出现王权;人口显著增加和集中,出现都邑性城市,并成为政治、经济、文化中心;出现王所管辖的区域性政体和凌驾于全社会之上、具有暴力职能的公共权力——国家。其中"生产力获得发展,出现社会分工"一条标准,即指在农业显著发展的基础上,出现农业和手工业的分离,并且部分手工业生产专业化(如琢玉、髹漆、制作高等级陶器、冶金等)。这里,我们同样发现了青铜器在中华文明形成中的地位与影响。

在长江流域,早在商时期各地就出现了独立发展、高度发达的青铜文明。如四川广汉三星堆、湖北黄陂盘龙城、湖南宁乡、江西新干大洋洲等地的商代青铜器群。至两周时期,长江流域各诸侯国独立发展,形成了巴蜀文化、曾楚文化、吴越文化等,创造出丰富多彩、气象万千的青铜文明。

持续半个世纪的考古发掘与研究证实,湖北大冶铜绿山古铜矿遗址是迄今为止世界上发现的采冶延续时间最长、开采规模最大、采冶链最完整、采冶技术水平最高、保存最完整的一处古铜矿遗址,其炉火纯青的铜矿开采和冶炼技术,代表了青铜时代中国采冶技术的最高水平,谱写了长江中游青铜文化最为辉煌的篇章。在长江乃至中国古代青铜文明发展的历程中,铜绿山古铜矿遗址以其悠久的历史、成熟的矿冶技术独树一帜,为中华文明开启先声、夯实基础。这应该是铜绿山古铜矿遗址在建设长江国家文化公园中的文化定位。

（二）铜绿山古铜矿遗址在建设长江国家文化公园中的使命担当：实现青铜文化创造性转化和创新性发展

中国政府对国家文化公园的建设目标是：整合具有突出意义、重要影响、重大主题的文物和文化资源，重点建设管控保护、主题展示、文旅融合、传统利用4类主体功能区，实现保护传承利用、文化教育、公共服务、旅游观光、休闲娱乐、科学研究功能，形成具有特定开放空间的公共文化载体，打造中华文化重要标志。我国国家文化公园的建设任务与目标，就是铜绿山古铜矿遗址在长江国家文化公园建设中的使命担当。

难能可贵的是，铜绿山古铜矿遗址保存完整，是国家文化公园建设中难得的资源禀赋。春秋采矿遗址是目前我国乃至世界上仅存的唯一一处井下采矿遗址现场。遗址占地面积400平方米，保存有西周至春秋战国时期采矿竖井63个、平（斜）巷19条、排水管道1条。错综复杂的竖井、盲井、斜井和蜿蜒其间的排水巷道与木制水槽等，完整呈现了古人深井采矿的聪明才智，令人叹服。1984年，我国政府在原地保护和搬迁保护两种方案中，选择了原地保护方案，兴建了中国第一座采矿遗址博物馆。如今，为进一步弘扬和传承中国青铜文明，地方政府再次投入巨资，建设了一座新的博物馆，即将开馆运营。目前，铜绿山古铜矿遗址已经入选世界文化遗产预备名录、国家考古遗址公园立项名录，以其青铜文化特色成为湖北乃至全国一处新的文化地标，也必将在建设长江国家文化公园中发挥其应有的使命担当。

1. 努力成为传承弘扬发展长江文明、中华文明的重要平台

我国国家文化公园的建设目标之一，就是成为中华文明最具代表性的展示窗口。长江是中国古代文明的发源地之一，在长江文明、中华文明孕育、成长、形成的漫长岁月里，以铜绿山古铜矿遗址为代表的古代青铜文明从未缺席，是长江文明、中华文明的重要组成部分。长江流域青铜文明独立发展、高度发达，和黄河流域一样同为中华文明的起源。要以建设长江国家公园为契机，充分展示铜绿山古铜矿遗址的文化特征，努力使其成为传承弘扬发展长江文明、中华文明的重要平台。

2. 努力成为最具中国范的文化客厅

按照建设目标，国家文化公园也是最具中国范的文化休憩空间。建设长江国家文化公园，就是通过长江历史文化、资源生态、经济社会的全面展示，深入阐释长江文化价值，讲好长江文化故事、讲好中国故事，从而增强中华民族的文化认同感、归宿感，形成国家文化软实力，形成中华民族共同体意识。同时，加强长江和全球大河流域的交流互鉴，不断提升长江文化的知名度和国际影响力。在这个过程中，文化底蕴深厚、时代价值彰显的铜绿山古铜矿遗址要主动作为，大胆创新，由展厅拓展为"文化客厅"，让中国古代青铜文明传下来、"活起来"。

3. 努力成为文化高质量发展的引擎

按照建设目标,国家文化公园还是促进文化资源整合转化的枢纽平台、推动文化高质量发展的驱动器。文化遗产以其悠久的历史、广泛的影响正日益成为世界各地经济社会发展的优质资源,成为一些城市和地区的形象和特色。要通过文旅融合、乡村振兴、城市更新、研学旅行等多种途径,充分发掘、全面发挥铜绿山古铜矿青铜文明推动地方高质量发展的引擎和驱动作用,以国家文化公园、考古遗址公园引领地方经济社会发展。

"炉火照天地,红星乱紫烟"。大冶铜绿山古铜矿曾经创造了世界矿冶史上的奇迹,文明之光,生生不息。建设长江国家文化公园,是推动优秀传统文化创造性转化、创新性发展的重大举措,我们要加大铜绿山古铜矿遗址考古研究和文物保护力度,持续挖掘铜绿山古铜矿的内涵价值,不断丰富展示内容、创新管理运营模式,让珍贵的文化遗产在新时代绽放新光彩,焕发新活力。

工业·人文·自然

——生态文明视域下的铜绿山古铜矿遗址保护与利用

姜　昊　徐　波　胡　胜[①]

摘要： 对古铜矿遗址的保护与利用在不同的时代背景下有着不同的内涵，尤其在当今生态文明视域下，需要对铜绿山古铜矿遗址的保护和利用需要再思考与探究。铜绿山古铜矿遗址是工业资源，更是人文景观和自然景观，作为工业文化遗产得到了专业化的保护，作为人文及自然景观利用不够，但具备资源系统性整合的条件。本文总结铜绿山古铜矿遗址在工业、人文、自然方面资源的系统性整合利用的现状，从生态文明视角，对铜绿山古铜矿遗址如何系统性整合规划工业遗迹、人文内涵与自然景观，重构人与自然、城市与生态文明之间的关系进行了思考。

关键词： 生态文明；铜绿山；保护与利用

自从工业革命以来，人类的生产力和生活方式获得了极大的进步，生活水平取得了巨大的飞跃，人类文明空前发展。但是，因工业发展所建立的工业发展范式，在创造了灿烂工业文明和人文成就的同时，也带来了对自然环境的破坏和资源不可持续的危机，更从生活和健康等方面对人类文明本身带来了冲击，形成工业、人文、自然之间难以调和的天然裂隙和发展矛盾。

位于黄石大冶的铜绿山古铜矿遗址自古以来就有着丰富的矿产资源，大冶市因铜绿山古铜矿成为有名的矿业城市，留下了延续千年的文明发展轨迹。但随着矿业资源的枯竭，和其他资源枯竭型地区或城市一样，大冶市以及铜绿山古铜矿如何保持持续性高质量发展，成为了一个迫切需要解决的问题，更值得关注的是，常年矿业生产也带来了许多对自然生态的影响，也需要修复或解决。党的十八大以来，习近平总书记提出生态文明建设，形成了生态文明思想，这也为矿业城市发展提供了根本遵循和行动指南，本文将从

---

① 作者单位依次为：姜昊、徐波，华中农业大学；胡胜，华中农业大学博物馆。

生态文明视域下探讨铜绿山古铜矿遗址的保护与利用问题,并思考其如何系统性整合规划工业遗迹、人文内涵与自然景观,重构人与自然、城市与生态文明之间的关系。

一、铜绿山古铜矿遗址是工业遗迹,更包含人文内涵和自然景观

大冶市铜绿山古铜矿遗址有着丰富矿产资源,而矿产资源是重要的自然资源,也是人类社会生产发展的基础。铜绿山古铜矿遗址有着深厚的历史积淀,它是中国商朝早期至汉朝的采铜和冶铜遗址,而根据最新的考古发现,铜绿山古铜矿遗址的开采时间最早可追溯至夏朝早期。时至今日,铜绿山依旧发挥着它的工业职能和巨大效益,由此也可说明,铜绿山古铜矿遗址工业资源极其丰富。铜绿山古铜矿遗址博物馆以保护历史遗迹为主,它也是我国挖掘时间最早、冶炼技术最先进、生产规模最大、保存最为完整的古铜矿遗址。古代工匠开采古铜矿的采矿遗迹、工具的出土等,挖掘出了铜绿山古铜矿遗址几千年的工业文化内涵。铜绿山古铜矿在数千年生产过程中虽然对自然环境产生了一定影响,但近年来随着生态文明观念的深入,铜绿山的生态环境正在逐渐好转并很好地展现出与矿业生产相关的特色自然景观,因此是可以将工业遗迹、人文内涵与自然景观有机融为一体,在此基础上建立的铜绿山古铜矿遗址博物馆在展示中国古代工匠的智慧和精湛的开采工艺的同时,更具备得天独厚的条件将工业、人文、自然方面资源的系统性整合利用的,充分表现人与自然、城市与生态文明之间的关系。

二、铜绿山古铜矿遗址保护与利用的现状

(一)工业遗迹保护为主,人文内涵及自然景观利用不够

铜绿山古铜矿遗址现属大冶市文化部门管辖,古铜矿遗址于 1973 年被发现,在 1982 年被列为全国重点文物保护单位,于 2013 年 12 月被列入第二批国家考古遗址公园立项名单。铜绿山古铜矿遗址作为工业文化遗产得到了各级政府有关部门的重视,但是在遗址被发现后,伴随着工业化、城市化进程的加快,使得矿产资源的开采也大幅增加,铜绿山古铜矿遗址在城市发展与遗址保护之间缺乏统一规划、管理权属的不一致等问题,虽颁布有遗址保护相关条例,但当时遗址并未得到重点保护,导致有人随意开采铜矿,不合理的开采加之缺乏统一管理与监督,铜绿山古铜矿遗址本体和环境遭到破坏,带来了不可估量的损失,现在铜绿山古铜矿遗址由专业的保护机构——铜绿山古铜矿遗址管委会管理保护,虽然管理机构是专业的,在工业遗迹保护方面成效卓著,但相较而言,在相关的人文内涵和自然景观方面并无专业的开发与利用,工业遗址要想有长久发展,需要通过"文化、实体、展览、服务、媒介和管理"的整体规划思路,充分利用铜绿山厚重的

矿业文化历史和矿产相关地质地貌和生态景观特征打造铜绿山古铜矿遗址的工业—人文—自然融合体,开发工业遗址旅游新业态,推动工业遗产创新性二次发展。

(二)工业遗迹、人文内涵与自然景观有机融合不足

铜绿山古铜矿遗址实证3000多年华夏青铜文明,是工业遗迹和人文内涵的结合,而其根本所在是自然矿产资源,因此今天在自然生态文明的视角下,铜绿山古铜矿遗址的可持续发展尤其需要将工业遗迹、人文内涵与自然景观有机融合。当前铜绿山古铜矿遗址通过建设博物馆等方式,力图展现本地矿产资源和矿冶相关历史文化印迹,但尚有进一步融合的空间,尤其是自然生态方面。大冶物华天宝,人杰地灵,独特的地质成矿地貌与古代生态环境带来丰饶矿产资源,也才奠定了矿冶文化的兴盛,形成了举世瞩目的数千年矿冶文明,如何将这些自然生态元素与铜绿山古铜矿遗迹和人文内涵有机融合、相得益彰,值得深思与仔细考量设计。

(三)充分利用铜绿山古铜矿遗址的工业、人文、自然价值的周边环境设施配套不够

铜绿山古铜矿遗址的工业、人文、自然方面资源的价值需要通过配套设施来体现。对于铜绿山古铜矿遗址而言,若想长久的发展,必须先得开发其周围配套设施,提升遗址周边品质,深入拓展相关领域。遗址位于黄石市郊、大冶市城区西南约3公里处的金湖之畔,距离市区较远,当前交通十分不便,同时景观特征不甚明显,游客不易快速准确找到其位置,放眼望去周围一片荒凉,不利于铜绿山古铜矿遗址的文化推广和科普传播。尚未形成当前一些"新型工业＋文化旅游"的工业文化旅游新型模式,不利于将遗址保存的工业遗迹、蕴含的人文内涵,以及所形成的自然景观完整呈现。

三、生态文明视域下古铜矿遗址保护与利用的思考

(一)生态文明视域下铜绿山古铜矿遗址工业、人文、自然资源的深度挖掘

生态文明不仅是狭义上理解的自然景观,尤其对于铜绿山古铜矿遗址,其是矿产资源的根本,也是工业遗迹和人文内涵的根源,因而需要提前谋划,深度挖掘铜绿山古铜矿遗址的工业、人文、自然资源,并系统性整合规划工业遗迹、人文内涵与自然景观,建立自然环境与城市发展相互促进的体制机制,充分反映人与自然、城市与生态文明之间的关系。习近平总书记提出"绿水青山就是金山银山"的生态文明新价值理念,铜绿山古铜矿遗址资源要深入挖掘,从开发式的发展理念到系统性的发展观念转换,实现绿色转型,从单一的工业文明展示转向生态文明视域下的工业—人文—自然融合体,实现绿色长久的

发展。

(二)生态文明视域下铜绿山古铜矿遗址的工业、人文、自然资源融合

铜绿山古铜矿遗址的工业遗迹、人文内涵、自然景观资源三者关系紧密,其都源于铜绿山的地质矿产资源和秀美良好的生态环境,因此需要厘清三者的关系,使三者有机融合,取得相得益彰的效果。如铜绿山古代工匠的寻矿过程就很能体现三者之间的联系:相比于现在物探、化探等先进的地质找矿方法,我们的祖先数千年来不断实践,总结出了一套完备找矿的理论,其分别基于矿物的共生关系、伴生的植物、独特的自然景观寻找铜矿。这是先人的智慧,更是工业、人文、自然资源三者之间的天然纽带,将其有机融合,不仅能增强观众对铜矿遗址本身的理解,也更容易引发观众对人与自然、城市与生态文明之间的思考。随着人们对美好生活的向往,人们的消费观念在不断变化,集科普教育、文化旅游、体验娱乐等元素于一体的旅游文化,更为人民群众所喜闻乐见,铜绿山古铜矿遗址有着悠久的历史文化,它完整的工业—人文—自然资源体系是其亮点,需要对这个体系不断加强然后开发利用拓展新业态,不断加强铜绿山古铜矿遗址的品牌影响力。

(三)生态文明视域下铜绿山古铜矿遗址文旅融合的保护与利用模式配套

生态文明视域下创新性发展是时代所需,铜绿山古铜矿遗址坐拥良好的工业—人文—自然资源体系,随着当前文化旅游产业升级,需要不断完善配套设施体系,串联优质资源,充分开展矿冶特色文旅宣传,开发精品旅游路线。铜绿山古铜矿遗址建设应将空间规划融入城市建设中,“工业旅游”是当前一种新型旅游模式,它将传统工业与文旅相结合,打造具有鲜明地域特色的工业旅游品牌,参观工业博物馆、工业遗址、游客体验中心、文化产业园等,利用现代化技术与手段进行场景复原、互动。就目前而言,铜绿山古铜矿遗址并未与城市规划建设融为一体,可参考西安城市旅游发展,推动文化和旅游深度融合,积极引入科普、休闲、研学、观光等元素,提供游客新奇体验,同时要避免同质化,完善相关配套设施,改善周边交通环境,营造一定的工业文化氛围,做好空间系统性规划工作。

四、小结

铜绿山古铜矿遗址具备完善的工业—人文—自然资源体系,在当前生态文明视域下,需要不断挖掘铜绿山古铜矿遗址的工业、人文、自然资源,并充分融合工业、人文、自然三方面的基础和特色,系统性规划,使铜绿山古铜矿遗址能充分向观众呈现其工业遗迹、人文内涵与自然景观,重构人与自然、城市与生态文明之间的关系,打造文化品牌,促进产业链体系形成,从而实现在持续发展生态文明基础上的文化和经济共同繁荣。

参考文献

［1］刘炳君．铜绿山古铜矿遗址科普现状调查［D］．华中科技大学，2021．DOI：10.27157/d.cnki.ghzku.2021.005191.

［2］谭元敏，李社教，陈树祥．关于铜绿山古铜矿遗址保护管理的思考［J］．湖北理工学院学报（人文社会科学版），2017，34（03）：6－11．

［3］王琼杰．弘扬矿冶文明　推动矿城转型［N］．中国矿业报，2016－08－31（007）．

［4］李百浩，刘婕．从青铜文明到生态文明——大冶古铜矿遗址保护与再利用规划模式［J］．中国园林，2012，28（07）：19－25．

［5］魏劲松，柳洁．黄石矿冶文化景区：矿韵传千年　转型换新颜［N］．经济日报，2010－10－31（008）．

［6］徐玮，严国泰．矿业城市转型规划新探索——以大冶市城市转型规划为例［J］．现代城市研究，2006（04）：83－88．

价值认知与文化再生

——基于空间生产导向的铜绿山古铜矿遗址价值分析与保护研究

宋亦箫　聂朝澍①

摘要：铜绿山古铜矿遗址历经千年风霜，为不同历史时期的人们提供了生产生活资料，更为研究古代矿冶历史、冶金技术提供了丰富的历史资料。重视对铜绿山古铜矿遗址的价值分析和保护利用，对于提升城市的精神风貌，完善城市发展体系，提升城市的文化软实力，有不可忽视的重要作用。本文在借助空间生产理论的基础上，先对古铜矿遗址的使用价值和非使用价值进行梳理；再对空间生产导向下的遗址文化再生与空间转型进行深入分析；最后对如何更好地保护和利用铜绿山古铜矿遗址进行总结，为大冶铜绿山古铜矿遗址的申遗提供协助。

关键词：铜绿山古铜矿遗址；湖北大冶；空间生产；文化再生；价值认知

一、引言

空间生产理论是由法国马克思主义思想家亨利·列斐伏尔首创，其著作《空间的生产》更是深入地对此理论进行了阐述和说明。"空间生产"作为城市研究领域的重要研究理论之一，此理论对空间生产现象进行了资本、政治、生态层面的批判，批判那种将空间仅仅视为"场""域"等无价值判断的传统空间观念②。

此理论聚焦于城市空间的生产，强调"社会空间是社会的产物"这一核心观点，揭示了空间生产作为社会关系再生产与社会秩序重构过程的本质。展开而言便是四个层面：第一，空间的形成不是一个自然而然的过程，空间的生产就是空间被开发、设计、使用和改造的过程；第二，空间的生产并不仅仅是空间中的物质生产，空间里所弥漫的各种复杂

---

① 作者简介：宋亦箫，华中师范大学历史文化学院教授，博士生导师，历史学博士。聂朝澍，华中师范大学历史文化学院 2023 级博士生。

② [法]亨利·列斐伏尔作，刘怀玉译，孟锴校注：《空间的生产》，商务印书馆，2021 年，第 40 页。

的社会关系贯穿"生产"这一过程的始终;第三,构建了以空间实践、空间表征、表征空间为内涵的"三元一体"理论;第四,探究了空间生产机制,强调"对空间的支配"。

亨利·列斐伏尔认为,空间是社会实践的产物,不能忽视空间与社会之间的相互影响,空间是生产资料亦是消费资料,空间本身便可视为消费对象的一种。此理论在一定程度上突破了传统的"生产""空间"概念,挖掘生产本质中的创造性、创造力以及想象力,所谓的"生产"并不一定仅指"劳动生产";再者,此理论探索"空间"的生产性,即从"在空间里生产"向"空间本身的生产"转变,突出了"空间"的消费属性。

湖北大冶铜绿山古铜矿遗址从 1994 年被列入世界文化遗产预备名单,2006 年退出预备名单,此 12 年间,非法采矿破坏了生态环境,对遗址的申遗造成了极大的负面影响,可以看出在传统的生产导向下的开发、利用和保护,对铜绿山古铜矿遗址并未起到积极作用。是故本文借助空间生产理论,利用该理论对"空间"消费属性的认知,将铜绿山古铜矿遗址视为"生产空间",对古铜矿遗址的使用价值和非使用价值进行认知分析,再生古铜矿遗址的社会机能和重塑历史文化记忆,从而在一定程度上实现遗址的文化再生和空间转型。本文的目的在于为铜绿山古铜矿遗址的保护、利用和申遗建言献策。

二、铜绿山古铜矿遗址的价值认知

文化遗产的经济价值是遗产文化价值的经济表现形式。在经济学的视角下,文化遗产的价值是一种可测算和评估的经济利益,就是将文化遗产进行包装推入市场进行利用后,形成的可评估的市场价格或者带来的经济效益。大部分的文化遗产都是不可交易型产品,与传统市场上流通的商品相比,文化遗产没有市场价格,市场化后并不能进行市场流通。因此,文化遗产的经济价值从形式上可分为使用价值(Use value,UV)和非使用价值(Noe-use value,NUV)两种形式[1]。

本文在借助文化遗产"使用价值"和"非使用价值"概念的基础上,对古铜矿遗址进行价值认知和价值分析。

(一)铜绿山古铜矿遗址的使用价值

使用价值就是指任何同文化遗产旅游资源使用功能相联系的价值,即在文化遗产旅游过程中参加活动、购买纪念品和门票费用等支出,也包括时间成本支出,使用价值是游客在消费物品或者是得到物品中获得的价值。[2]

---

[1] ADAMOWICZ V,Alternative valuation techniques:A comparison and movement to a synthesis,Environmental valuation new perspectives,vol. 9,1995,p. 144.

[2] ADAMOWICZ V,Alternative valuation techniques:A comparison and movement to a synthesis,Environmental valuation new perspectives,vol. 9,1995,p. 148.

简而言之,所谓使用价值主要与遗产的经济价值和市场价值相关联。文化遗产可能因为市场的需求而具有被利用和开发的商业价值,即文化遗产具有满足社会消费需求的特点而成为生产要素,并被加工转化为文化商品的使用价值。

本文欲深入分析古铜矿遗址的经济价值和市场价值,从而为古铜矿遗址的价值评估提供建议,为遗址进一步地开发利用提供帮助,希望遗址在新时期做到合理开发,永续利用。

1. 铜绿山古铜矿遗址的经济价值

(1)完善的产业链条:铜绿山古铜矿遗址规模宏大,从早期选矿、采矿、冶炼等方面可以得知古代矿冶业有自己的产业基础。再者,采矿方式由露天开采向地下开采的转变,也充分反映出铜绿山生产流程的变革,是典型的生产方式的改变,体现了产业链在生产实践中不断被完善的过程。

(2)铜绿山古铜矿遗址遗存的技术价值:其一,找矿技术。中国矿产资源具有一定的共生性。《管子·地数》言:"桓公问于管子曰:'请问天财所出? 地利所在?'管子对曰:'山上有赭者其下有铁,上有铅者其下有银。一曰:'上有铅者其下有鈆银,上有丹砂者其下有鈆金,上有慈石者其下有铜金。'"[1]从《地数》篇桓公和管子的对话中可以看出,古人对于矿物相互共生关系有所了解,此种矿物共生关系也符合现代地理学当中的山脉上下垂直分带现象,即山上出现的某种矿物和山下出现的其他矿物分属于不同的地层与岩石之中。

其二,采矿技术。铜绿山在商代以露天开采为主,井下开采初步形成;春秋时期采用竖井、斜井、平巷联合开拓,井下联合开采初具规模;战国至西汉时期地下开采系统已相当完整,采矿技术在汉代达到全盛。[2] 此等开采方式具有延续性和承袭性,亦能体现出铜绿山矿冶开采技术持续发展。

其三,冶炼技术。首先是炼炉构筑的技术。铜绿山古铜矿遗址考古发掘出春秋时期的炼铜竖炉,竖炉具有较强的抗压性,炉基下有独特的"风沟"结构,风沟可对炉内进行防潮保湿,而相似的结构在16世纪的瑞典才出现,早于西方国家一千多年[3];其次是炉温控制技术[4]。铜绿山古铜矿遗址出土的炼铜竖炉采用的便是炉内加热技术,此为早期冶金技术上的重大突破;最后则是炼铜工艺技术。北京科技大学冶金与材料研究所对铜绿山古铜矿遗址遗存的炉渣进行了系统的测试和研究分析,铜绿山古铜矿主要为两种炼铜

---

① 黎翔凤撰,梁运华整理:《管子校注》,中华书局,2004年,第1360页。
② 许凡,王晶:《黄石矿冶工业文化遗产突出普遍价值及保护利用研究》,文物出版社,2022年,第103—105页。
③ 卢本珊,华觉明:《铜绿山春秋炼铜竖炉的复原研究》,《文物》,1981年第8期。
④ 陈树祥等著:《铜绿山:矿冶考古发现与研究》,湖北人民出版社,2016年,第169页。

工艺,即"氧化矿—铜"工艺和"硫化矿—冰铜—铜"工艺①。

铜绿山古铜矿遗址的经济价值体现为:其一,产业链条的完善,为遗址后续的开发提供了产业基础;其二,不同历史时期铜绿山矿冶业中的冶金、采矿技术皆有所沿袭和传承,利于后人不断的推陈出新,从而提高了生产力,提升了生产水平。

2.铜绿山古铜矿遗址的市场价值

(1)旅游观赏价值:大冶铜绿山古铜矿遗址作为大冶市重点保护的矿冶考古遗产,对其后续的开发利用,关乎到遗址未来能否成功申遗。铜绿山古铜矿遗址从商周伊始便是重要的矿冶场所,虽然伴随着漫长的时空变迁,但是历史风貌仍得以留存,在此基础上其观赏性便能够放大。以遗址保护为基础,利用现代数字化、多媒体等先进技术,从听觉、视觉、触觉等方面立体地再现"天地一烘炉"的壮观之景,感受大冶之火的热情。

(2)文博展览价值:2009年,铜绿山古铜矿遗址博物馆根据国家文物局颁布的《国家考古遗址公园管理办法(试行)》及其《评定细则》,编制了《铜绿山古铜矿遗址考古遗址公园总体规划》(图1)。2013年国家文物局正式确定铜绿山古铜矿遗址被列入国家考古遗址公园建设名单。

1.生态停车场	15.考古活动展示区
2.餐饮	16.4号矿体遗址展示区
3.矿石标本馆	17.露天展示区
4.奇石馆	18.古铜矿遗址博物馆
5.园林古建筑博物馆	19.9号矿体遗址展示区
6.青铜器展示馆	20.尾矿池生态修复展示区
7.大冶民俗馆	21.泉塘民俗村
8.雕刻工艺品馆	22.铜山民俗村
9.旅游服务中心设施	23.农田生态景观区
10.矿冶工业展示区	24.三佛寺宗教活动区
11.7号矿体遗址展示区	25.青山寺宗教活动区
12.露天采矿展示区	26.铜绿山观景平台
13.冶炼遗址展示区	27.住宿
14.生态复垦展示区	

图1　铜绿山古铜矿遗址考古遗址公园总体规划图②

考古遗址公园以历史、文化、审美价值为依托,将铜绿山古铜矿遗址的独特价值作为公园的核心组成内容,并围绕该遗址的保护、展示组织公园的其他设施、功能分区(图2)及游戏组织等。从整体上保护遗址的真实性、完整性,创造遗址的环境氛围③。

①　陈树祥等著:《铜绿山:矿冶考古发现与研究》,湖北人民出版社,2016年,第170页。
②　陈树祥等著:《铜绿山:矿冶考古发现与研究》,湖北人民出版社,2016年,第297页。
③　陈树祥等著:《铜绿山:矿冶考古发现与研究》,湖北人民出版社,2016年,第298页。

遗址公园的建设,对于未来构建铜绿山古铜矿生态遗址的旅游产业化,提供了重要的核心承载体。公园的建设不仅需要国家扶持,更呼唤市场的投入,两者有机结合下,才能形成文物保护与经济发展的良好格局,促进遗址保护及开发利用的可持续发展。

(二)铜绿山古铜矿遗址的非使用价值

非使用价值与经济行为无关,此价值与使用功能不相关,与满足道德需求和人类精神文化相结合。非使用价值包含三个部分:遗产价值(Bequest Value,BV)、存在价值(Existence Value,EV)及选择价值。①

所谓非使用价值,主要与遗产的历史文化价值、研究价值、社会价值等相对应。非使用价值又称作内在价值或者存在价值,就是事物本身内在固有的、不因外在于它的其他相关事物而存在或改变的价值。文化遗产可以不具有商品的使用价值特性,但是文化遗产必定具有其存在的意义,具有非使用价值。

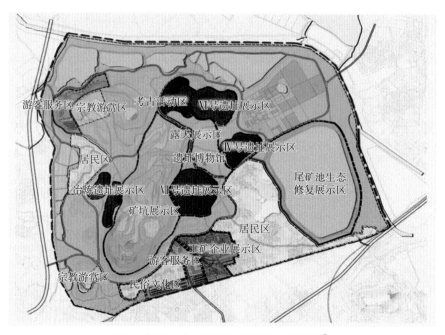

图 2　铜绿山古铜矿遗址公园功能分区图②

本文以历史文化价值和社会价值为切入点,对铜绿山古铜矿遗址的非使用价值进行分析,旨在挖掘古铜矿遗址的内在价值,从而更好地对古铜矿遗址进行开发、利用和保护。

---

① ADAMOWICZ V,Alternative valuation techniques:A comparison and movement to a synthesis,Environmental valuation new perspectives,vol. 9,1995,p. 150.

② 陈树祥等著:《铜绿山:矿冶考古发现与研究》,湖北人民出版社,2016 年,第 299 页。

1. 古铜矿遗址的历史文化价值

(1)楚文化的重要肌理：张正明和刘玉堂先生曾对铜绿山古铜矿的国属分为两个阶段进行讨论，第一阶段是两周之际，第二阶段是春秋中期至战国。《史记·楚世家》言："熊渠甚得江汉间民和，乃兴兵伐庸、杨粤，至于鄂。"[①]又张守节《正义》引刘伯庄云："鄂，地名。在楚之西，今东鄂州是也。"楚传五世至熊渠为王，而此时若鄂地已归楚，何须伐也。张氏认为东鄂是古越族中杨越"种姓"所建之方国，铜绿山古铜矿正是东鄂之富源。铜乃当时最重要的生产资料，最重要的战略物资，此乃吸引熊渠征伐之因[②]。是故，可以确定古铜矿在两周之际应属于杨越之域，为东鄂之富源。至楚文王时，"楚强，陵江汉间小国，小国皆畏之"[③]，楚国已威慑江汉诸邦。至楚成王时，"布德施政，结旧好于诸侯。使人献天子，天子赐胙，曰：'镇尔南方夷越之乱，无侵中国。'于是楚地千里。"[④]据罗香林考证："所谓夷越当即杨越。"[⑤]楚取得了镇压南方之乱的合法权利之后，便挥师南下。如此说来，在楚成王时，铜绿山应属于楚国了。楚国正因为占领了铜绿山在内的杨越之地，楚在青铜铸造领域便有了丰足的矿产资源。

楚文化有5个要素：其一，青铜冶铸工艺；其二，是丝织工艺和刺绣工艺；其三，是髹漆工艺；其四，是老子和庄子的哲学；其五，是屈原的诗歌和庄子的散文。[⑥]而铜绿山古铜矿遗址正对应了六大要素（或称支柱）中的青铜冶铸部分，对铜绿山古铜矿遗址的历史文化价值的认知，便不能抛开楚文化的影响。换句话说，只有扎根于楚文化的土壤，才能更好地利用和保护铜绿山古铜矿遗址，才能拥有区域文化自信和区域文化认同感。

(2)矿冶考古：对于铜绿山古铜矿遗址的发掘，夏鼐先生曾指出："这是中国古代青铜器研究的一个新领域，也是中国考古学新开辟的一个领域。"[⑦]殷玮璋先生亦言道："铜绿山古铜矿的发现，还为中国考古学开创了一个学科分支——矿冶考古学。"[⑧]可以说，正是遗址的发现，为中国矿冶考古的发展拉开了序幕。如果说考古学遗存是物化的古代人类社会活动的总和，那么矿冶考古则是反映物化的人类社会活动总和的一个方面，即找

---

①　[汉]司马迁撰，[宋]裴骃集解，[唐]司马贞索隐，[唐]张守节正义：《史记》，中华书局，2014年，第2034页

②　张正明，刘玉堂：《大冶铜绿山古铜矿的国属——兼论上古产铜中心的变迁》，收录《张正明学术文集》，湖北人民出版社，2007年，第355页。

③　[汉]司马迁撰，[宋]裴骃集解，[唐]司马贞索隐，[唐]张守节正义：《史记》，中华书局，2014年，第2047页。

④　[汉]司马迁撰，[宋]裴骃集解，[唐]司马贞索隐，[唐]张守节正义：《史记》，中华书局，2014年，第2048页。

⑤　罗香林著：《中夏系统中之百越》，独立出版社，1943年，第30页。

⑥　张正明著：《楚文化史》，上海人民出版社，1987年，第3页。

⑦　夏鼐，殷玮璋：《湖北铜绿山古铜矿》，《考古学报》，1982年第1期。

⑧　夏鼐，殷玮璋：《湖北铜绿山古铜矿》，《考古学报》，1982年第1期。

矿、采矿、冶炼并因此而产生的社会关系、文化习俗等等①。时至今日,矿冶考古对中国考古界仍是一个全新的课题。所以,对铜绿山古铜矿遗址在新时期的开发利用和保护,不能忽视其蕴含的矿冶考古知识。也正是矿冶考古学科的发展,让铜绿山古铜矿遗址吸引了一代又一代矿冶考古学者进行研究,为保护和开发利用古铜矿遗址贡献出自身的智慧和力量。

2. 古铜矿遗址的社会价值

(1)社会认同价值:遗址附近有大量当代工业设施及遗存,并且遗址周遭有完善的村落建筑群。在未来,应对铜绿山古铜矿遗址的工业建筑遗存及周遭的村落生态群进行保护,在空间上把握"活态遗产"的价值。

村落中的居民建筑、工业遗存的工业建筑是铜绿山古铜矿遗址物质环境构建的组成部分。对建筑实体即建筑空间的重视,实则是活态遗产的再利用。从文化空间的角度,建立当地村民与遗址在记忆及情感层面的关联和纽带,唤起民众对铜绿山遗址的文化认同和文化记忆。

(2)城市符号价值:符号化的空间环境突显出特定的人文价值取向,人在特定的符号化的空间环境中,对外部环境刺激的反映、对自我的认识以及相互之间的交流互动,都依赖于对所处环境的符号意义及其价值导向的理解。空间是汇聚各种消费符号的文化价值混合体,而在空间生产理论下,古铜矿遗址实际上就是一个完整的"空间",空间属性在城市中的体现与"城市的符号"有着密切关联,加强城市与遗址双方间的耦合度,对体现遗址的社会价值应有不可忽视的功用。

而如何更好地将遗址这一完整的"空间"纳入到城市规划体系当中,如何真正地成为城市的"符号"? 有学者提到:"在后工业时代的今天,人们对城市空间设施组合所形成的文化价值追求及认同感越发强烈,特定区域的文化价值经常与建筑、民俗、社区和群体活动相联系,从而形成了具有不同功能和类型的生活娱乐场景。"②放大铜绿山古铜矿遗址的社会属性,唤醒市民对遗址的历史记忆,将历史价值上升到情感价值,加强遗址与城市之间的"情感联系",真正让铜绿山古铜矿遗址成为大冶市、大冶市市民生活当中的重要组成部分,成为城市的骄傲,凸显"城市符号"的价值。

三、基于空间生产导向下的遗址文化再生与空间转型

当空间生产理论投射于遗址新时期开发、利用及保护的过程中,遗址的文化再生和

---

① 陈树祥等著:《铜绿山:矿冶考古发现与研究》,湖北人民出版社,2016 年,第 138 页
② 陈波,吴云梦汝:《场景理论视角下的城市创意社区发展研究》,《深圳大学学报(人文社会科学版)》,2017 年第 6 期。

空间转型不仅是对空间的再利用与优化,更是对现阶段各种复杂社会关系的整合与梳理,旨在重新审视遗址未来的发展方向。

空间的生产并不仅是空间中的物质生产,空间里所弥漫的各种复杂的社会关系贯穿"生产"这一过程的始终。[①] 复杂的社会关系之间的博弈造就了空间生产的多元性,而正是因为政府、市场、公众等各个方面需求、诉求的不同,从而使得空间生产下的遗址文化再生与空间转型产生了各种问题。

本文在把握各方诉求和需求的基础上,分析遗址空间生产的动力构成,从而进一步提出遗址文化再生的策略以及分析遗址空间转型的发展趋势。

(一)遗址空间生产的动力构成

空间生产是一个持续、动态且存在内部规律的过程,受到政治、经济、文化等诸多因素的影响。在对空间生产动力及影响因素研究方面,资本、权力和阶层等政治、经济和社会要素被认为是主要因素,这从根本上丰富和拓展了列斐伏尔的空间生产理论,使其在内涵和外延上更加丰富和饱满。[②]

铜绿山古铜矿遗址空间生产的过程中同样受到政治、经济和社会等因素影响,是故可从空间生产的资本力和社会力两个方面构建遗址空间生产的动力机制,它们是政府、市场、社会三种力量同心协力的结果,并以整体耦合的方式为古铜矿遗址空间生产提供动力。再者,因为空间生产过程中复杂的社会关系贯穿生产过程的始终,所以只有正确认识各种动力因素的内在需求,才能更好地为遗址空间再生产提供帮助。

1. 古铜矿遗址空间生产的资本力

近年来,伴随着文遗、文博产业的日趋成熟,潜在消费群体市场的不断扩大,对文遗、文博产业的需求亦呈现出个性化的趋势。铜绿山古铜矿遗址在此等大环境下,满足市场需求亦成为遗址开发、利用所考虑的重点之一。如何利用遗址自身的特色文化资源优势,挖掘自身的空间优势,向资本市场宣传和展示空间的消费属性,成为遗址是否能够重焕活力的关键。

在新时期,铜绿山古铜矿遗址和资本之间的关系应是互利共赢的,遗址的保护需要资金的支持,资本投资遗址亦是看中了遗址申遗成功之后所带来的名气效应,以及开发遗址生态产业所带来的经济效益。

资本的进入导致遗址生态链产业结构以市场为导向是无法避免的,然而好处便是在后续的旅游开发过程中能够实现产业化及提高产业效能;面对日益增长的消费群体,实

---

① [法]亨利·列斐伏尔作,刘怀玉译,孟锴校注:《空间的生产》,商务印书馆,2021年,第40页。

② 郭文:《空间的生产与分析:旅游空间实践和研究的新视角》,《旅游学刊》,2016年第8期。

现消费空间的多元化,满足复杂的消费需要。

遗址虽然对资本具有很强的吸引力,但是也不能够盲目地引进资本。早年间对遗址的开发囿于时代原因,对生态环境产生了不可逆的破坏。现今引进资本,应以生态环境保护为核心要务,以一类产业和延伸产业链为脉络,挖掘遗址特色。

总而言之,资本的循环通过空间生产这一行动变量在铜绿山古铜矿遗址空间资源配置中起到决定性作用。所以在面对新时期遗址的开发、利用时,应以保护为主,重视资本的力量,但是也不能一味地引进资本。

2. 古铜矿遗址空间生产的社会力

古铜矿遗址空间生产的社会力层面的主体由三个部分组成:政府、市场及社会公众。而在本文中社会公众的概念是指参与遗址空间生产相关的社会活动的个人或者群体,如居民、新闻媒体人员、专家学者、政府工作人员、企业经营人员等。在遗址空间生产的过程中,无论是在遗址重建、改造、保护、发展或者是政府制定相关政策的过程中,社会公众是直观感受者,他们介入到遗址空间生产是无形的。

可预见的是古铜矿遗址空间生产必然导致空间使用者的复杂化及空间权益的变化。首先,资本和政府间的关系是需要互相协调的。资本携带资金对遗址进行投资开发,政府利用权力限定准入门槛,选择良性资本;其次,在政府和资本的进入过程当中,民众的文化需求是否得到满足,值得重视;最后,社会力作为古铜矿遗址空间生产的反馈力,应该在大方向上有所把握,以保护铜绿山古铜矿遗址的生态环境为第一要务。

重视社会力,实质上是尊重社会公众的诉求。在政府和资本之间,社会公众一方面了解政府政策,另一方面为资本创造消费需求。政府在听取社会公众的建议和想法之后,完善对古铜矿遗址的相关政策;资本在了解公众需求之后,针对性地投资产业,满足市场需求,实现利益最大化。简而言之,社会公众实际上是政府和企业之间沟通的基石,因为两者对铜绿山古铜矿遗址的开发、利用、保护都离不开对社会公众诉求的把握和判断。政府和企业只有充分理解社会公众的诉求,才能得到社会公众的信任,才能更有号召力,从而更好地动员社会公众,为古铜矿遗址的空间生产打下牢固的社会基础,降低社会运行成本,为文化再生和空间转型创造更多的价值认同。

(二)遗址文化再生的策略

二十世纪七十年代布尔迪约提出了"文化再生产"[①]理论,此理论最初的用途是分析资本主义的文化制度如何在人们的观念里制造出现存社会制度的意识,从而使得现存的

---

① [法]布尔迪约,[法]帕斯隆著,刑克超译:《再生产:一种教育系统理论的要点》,商务印书馆,2002年。

社会结构和权力关系被保持下来，即被再生产出来。①

而布尔迪约在后续的研究中进一步用"再生产"概念表明社会文化的动态过程，即文化通过不断的"再生产"维持自身平衡，使社会得以延续，并且被再生产的不是一成不变的体系，而是在既定时空之内各种文化力量相互作用的结果，文化以再生产的方式不断演进，推动了社会进步。②

基于上述理论，本文对铜绿山古铜矿遗址的文化再生策略便立足于"文化再生产"，将古铜矿遗址的开发利用及保护当作文化再生的事件，将社会资本、政府权力和遗址整体空间的"场""域"相结合，进一步挖掘遗址文化再生的内在动力。具体策略分为两部分：其一，通过遗址社会机能的再生，唤醒公众的社会记忆，解决周遭村落民众的就业问题，构建城市的人文历史符号。其二，通过遗址历史文化记忆的再生，对遭受破坏的遗址进行再认识，深入挖掘遗址的历史文化内涵，弘扬楚国青铜冶铸史的辉煌。

1. 古铜矿遗址社会机能的再生

从铜绿山古铜矿遗址工业遗存及周遭村落的图片（详见图3、4），可以看出古铜矿遗址因早年间的无节制、无体系的破坏性开发，导致现如今矿冶产业已呈现衰颓趋势，遗址的社会机能也逐渐丧失，周遭的村落也并未与遗址的空间进行有效的耦合。

波兰维利奇卡盐矿遗址与大冶铜绿山古铜矿遗址都历经矿冶开采，也都历经申遗之路，盐矿遗址已然申遗成功，铜矿遗址仍在申遗中。所以波兰维利奇卡盐矿的改造和再生实乃古铜矿遗址可资借鉴的上佳选择。

维利奇卡盐矿作为世界文化遗产，其展示利用主要包括盐矿及博物馆的旅游参观，以及健康疗养两大类。此外，也综合利用盐矿的地下及地上的场地承接活动，包括会议、文化活动、文艺表演等。③ 盐矿遗址保护与再利用的过程中体现了社会机能再生的重要性，其对盐矿工作场景的展示，利用地下空间进行舞蹈演出，将公众的日常社会生活纳入到盐矿遗址再利用的体系中。详见下图（图5）。

---

① 宗晓莲：《布迪厄文化再生产理论对文化变迁研究的意义——以旅游开发背景下的民族文化变迁研究为例》，《广西民族学院学报（哲学社会科学版）》，2002年第2期。

② 熊浩：《北京大学百年校庆：一个文化生产事件的分析》，收录于陶东风，金元浦，高丙中主编：《文化研究 第2辑》，天津社会科学院出版社，2001年，第154页。

③ 钱毅，潘萌：《工矿遗产保护与利用视野下的波兰维利奇卡盐矿遗产研究与启示》，《工业建筑》，2022年第6期。

图3　当代工业遗存①

图4　遗址周边村庄②

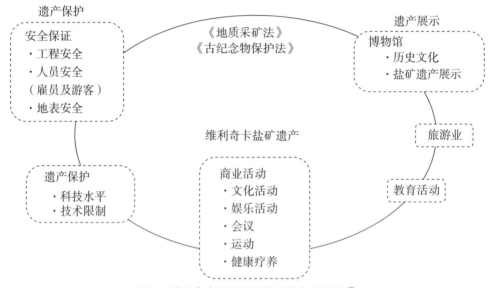

图5　维利奇卡盐矿遗址的保护与再利用③

反观铜绿山古铜矿遗址的社会机能再生，笔者认为可以从四个方面入手。其一，展示铜矿开采的工作场景，唤起公众的社会记忆；其二，制定游览铜矿的路线，感受沿途的风貌；其三，相关部门对附近村落生活的居民科普古铜矿遗址的相关文化，进行再教育，经考核后，政府及企业可创造工作岗位，从而实现人员再就业；其四，立足大冶城市发展的内核，将古铜矿遗址与大冶矿冶城市的城市名片相挂钩，并且要将古铜矿遗址符号化，让古铜矿遗址成为城市之光、城市的名片。

---

① 陈树祥等著：《铜绿山：矿冶考古发现与研究》，湖北人民出版社，2016 年，第 301 页。

② 陈树祥等著：《铜绿山：矿冶考古发现与研究》，湖北人民出版社，2016 年，第 301 页。

③ 钱毅，潘萌：《工矿遗产保护与利用视野下的波兰维利奇卡盐矿遗产研究与启示》，《工业建筑》，2022 年第 6 期。

2. 古铜矿遗址历史文化记忆的再生

历史文化浸润着人们的集体记忆,哪怕岁月更迭仍能口口相传,历久弥新。因此对历史文化记忆的再生也是古铜矿遗址改造不能回避的问题,对历史的受众者而言,若能通过场景的重塑唤醒内心深处的回忆,如此做法会更具有直观性和震撼性。

上文提及铜绿山古铜矿遗址的历史文化价值,称其是楚文化的重要肌理。楚国青铜铸造业的发达与铜绿山古铜矿遗址在春秋战国时期为楚国提供铜矿资源密不可分。因此对古铜矿遗址历史文化记忆的再生,也应立足于楚文化,着重梳理楚国青铜冶铸史的发展脉络,将铜绿山古铜矿遗址打造成楚国青铜冶铸史的重要组成部分。再者,铜绿山古铜矿的发现,也为中国考古学开创了一个分支即矿冶考古,古铜矿遗址完全可以作为矿业考古研究的重镇之一,吸引更多的专家学者来建言献策,从而达到历史文化再生的目的。

湖北是楚文化圈的重要区域,而铜绿山古铜矿遗址的文化再生如若能借助楚文化的影响力,对于古铜矿遗址的申遗之路,或许能起到意想不到的效果。

(三)空间生产导向下的遗址空间转型

空间生产理论强调"社会空间是社会的产物"这一核心观点,构建了以空间实践、空间表征、表征空间为内涵的"三元一体"框架。[①] 在此框架下,空间的形态可划分为物质空间、社会空间和制度空间三个维度。而物质空间在资本作用下所实现的价值增值是遗址从生产向消费导向转型的理论依据来源。社会空间中所体现的社会群体间的生活方式、社会关系、经济结构和价值观念,则是遗址实现空间生产生态化必须考虑的内在社会因素。

迄今为止铜绿山古铜矿遗址在发展过程中所面临的产业结构单一、开发利用原始、周遭村落人口流失严重、保护发展失衡、空间衰败、生态破坏等困境,以及如何处理好各方主体关系、保护与发展的关系,如何科学引导遗址生产生态化转型,是铜绿山古铜矿遗址空间转型不可忽视的问题。

1. 从生产到消费导向下的遗址空间转型

在经历了资本的原始积累和对自然资源无节制、无效率的使用之后,现代社会开始进入大众消费阶段。整个湖北地区也在鼓励和支持发展第三产业,文化、服务型消费的比重明显增加。改革开放至今,我国以消费为核心的消费思想已经深入社会公众的意识当中。近年来,我国高度重视文化遗产和非物质文化遗产的申遗和保护工作,重视人民的精神价值需求,各种博物馆、图书馆、遗址展览馆应运而生。在此大环境下,社会公众

---

① [法]亨利·列斐伏尔作,刘怀玉译,孟锴校注:《空间的生产》,商务印书馆,2021年,第40页。

的消费意向也产生了变化,由对物质生产资料的消费转向为对精神生产资料的消费。因此铜绿山古铜矿遗址的空间转型成为当务之急,与早期对铜绿山古铜矿遗址开发利用的生产导向相比,消费导向下空间生产的地域由城市空间转向为区域空间,空间生产方式由物质商品生产到物质商品生产与文化生产并重,由空间中的生产到空间生产。

铜绿山古铜矿遗址在新时期的开发利用和保护应当以消费导向为依托进行空间转型,逐渐从原有的生产中心转变成为文化、消费中心。采矿业、冶金业等工业不再是遗址开发利用的首选,遗址区功能的复合化、经济发展模式的多元化与社会管治的综合化才是古铜矿遗址开发利用所追求的目标。遗址功能区的复合化是遗址空间转型的落脚点,其目的在于将遗址的空间形态从单一向多元发展。

2. 古铜矿遗址空间生产生态化

铜绿山古铜矿遗址紧邻铜绿山大型露天采矿场,地下也是采矿区。其周边环境可以说是雨天如泥塘,晴天是雾霾,且飞扬的是带有重金属污染的尘土。1989 年 9 月、12 月,联合国教科文组织世界文化遗产委员会的专家曾先后考察这处遗址,并认为:这处遗址不仅属于中国,而且属于整个人类;只要改善了遗址的周边环境,世界文化遗产的牌子一定能挂在遗址大门上。[①] 由此可见,生态环境因素是影响遗址申遗的关键因素。

目前铜绿山古铜矿遗址在生态环境方面的问题集中在以下几个方面:其一,地质灾害隐患大。现代采矿导致的山体剥离面大,对土地资源造成根本性破坏,地表坍塌沉降明显;其二,植被覆盖率低,空气环境差。几千年的采矿改变了此地的原生生态,早期采矿的不合理、无节制开发让遗址的生态环境更为脆弱;其三,土地、空气重金属污染严重。

此外,社会环境层面的问题,也十分尖锐。其一,遗址周边村落居民的文化素养较低,环境保护意识淡薄;其二,遗址及周边的建筑环境杂乱无章,没有系统的规划。周边的民居房、厂房、废弃的工业设施、村庄、田地犬牙交错,互为表里;其三,遗址周边人口组成复杂,且人口流动性大。

铜绿山古铜矿遗址的生态环境及社会环境层面都存在着相当严重的问题,这也证明了铜绿山古铜矿遗址空间生产生态化的趋势,刻不容缓。如何有效地保证空间生产生态化,我们认为可从以下三个方面着手:其一,保护为主。保护遗址特殊的自然和人文景观要素,使遗址景观获得长久的生命力。复垦,提高植被覆盖率,增大绿化面积;其二,合理开发。以旅游产业为基础,附以文化产业为延伸,合理引进资本,把握市场需求。再者,增强社会公众对空间主体的文化认同感,提升铜绿山古铜矿遗址的市场竞争力,深化多元主体在表征空间的交流互动,根据遗址资源特质与空间表征打造具有古铜矿遗址特色的文化场域,在旅游观赏等活动中形成价值认同与情感寄托;其三,传承发展。空间转型

---

① 陈树祥等著:《铜绿山:矿冶考古发现与研究》,湖北人民出版社,2016 年,第 300 页。

的过程中伴随着生产方式、话语系统和价值观念等空间因素的再生产,而遗址的历史文化底蕴为遗址进行空间转型提供了良好的文化介质。大冶是矿冶历史文化名城,古代矿冶文化遗存丰富。铜绿山古铜矿遗址在新时期的开发、保护及利用要重视对春秋时期楚国青铜冶铸发展史的传承和梳理,依托古铜矿遗址历史文化的空间记忆,构建遗址的精神文化、重塑遗址的历史风貌,推动矿冶文化遗产的传承发展。

四、结语

铜绿山古铜矿遗址的发掘,引领了中国矿冶考古与研究的发展,丰富了中国先秦时期冶金史内涵。[1] 王巍先生更是说道:"铜绿山古铜矿遗址的发现与发掘是中国矿冶考古的一个开篇之作,在中国考古史上占有重要地位。"[2]古铜矿遗址的发掘在考古学界的地位甚高,受到国内外广大考古学者的关注。今年是纪念铜绿山古铜矿遗址发现五十周年,对铜绿山古铜矿遗址而言,保护、开发及申遗的工作已迈入了新阶段,应有新发展。

本文以空间生产理论为核心,着重讨论了古铜矿遗址的价值认知及如何对遗址进行文化再生和空间转型的问题。本文的行文逻辑是在遗址价值认知的基础上,对遗址进行空间转型和文化再生,从而更加深入地挖掘遗址的空间消费价值,避免传统生产理论视角下只重视单一产业结构的弊端。

空间生产理论强调"社会空间是社会的产物",探索"空间"的生产性,即从"在空间里生产"向"空间本身的生产"转变,挖掘了"空间"的消费属性。在此理论的指导下,铜绿山古铜矿遗址作为大型的空间型遗产,其价值认知应超出遗址载体本身,外延到社会、文化、资本等方面的认知,把握文化空间与社会关系的互动;在对社会力和资本力有所了解的基础上,如何让诞生于青铜文明时期手工生产的古铜矿冶炼在当今现代工业文明阶段重焕生机,基于对此问题的思考,进一步地提出文化再生的策略,即社会机能和历史文化记忆的再生。社会机能的再生,意旨将古铜矿遗址的社会属性放大,与城市记忆和城市符号相关联,从而实现城市与遗址的和谐共生。历史文化记忆的再生,用意在将古铜矿遗址在早期原始生产时期的智慧结晶进行归纳,丰富楚国青铜冶铸文化的内涵;最后,空间转型的目的在于调整产业结构,转换发展思路,即以工业空间为主向工业、商业、文化、旅游空间等多位一体转型。

---

① 陈树祥等著:《铜绿山:矿冶考古发现与研究》,湖北人民出版社,2016年,第305页。
② 陈树祥等著:《铜绿山:矿冶考古发现与研究》,湖北人民出版社,2016年,第289页。

记忆流年

一纸聘书重千斤

吴宏堂[①]

　　为了进一步弘扬青铜文化,擦亮"千年铜都"的城市名片,让铜绿山古铜矿遗址"活起来",大冶市委、市政府在发展绿色经济的同时,加快推进铜绿山古铜矿遗址国家考古遗址公园建设的力度,投资上亿元建设铜绿山遗址博物馆,举办"青铜源·铜绿山"基本陈列,从而不断提升大冶市文化软实力,满足人民群众对美好文化生活的向往。

　　为了打造展览精品,大冶市政府特聘我为铜绿山古铜矿遗址"新馆陈列展览项目"的特别顾问。2020年8月2日,铜绿山古铜矿遗址保护管理委员会(以下简称"铜绿山管委会")冯海潮主任(现大冶市政协副主席)接我到铜绿山管委会上班,入住铜绿山考古工作站,开启了担任我新馆陈列展览项目特别顾问的新生活。8月3日,冯海潮主任代表大冶市政府给我颁发了聘书。手捧沉甸甸的聘书,我既激动又忐忑,激动的是感谢大冶市委市政府对我的信任,忐忑的是唯恐干不好工作而辜负了领导的信任,因此,三年来,凡是涉及铜绿山古铜矿遗址的事,无论大与小,难与易,我都勤勤恳恳,兢兢业业,主动作为。下面就以《一纸聘书重千斤》为题,谈谈本人三年顾问工作的酸甜苦辣,以作为对铜绿山古铜矿遗址考古发现50周年的纪念。

一、不忘初心,主动争取领导为铜绿山古铜矿遗址排忧解难

　　老大难,老大难,老大重视就不难。为了解决铜绿山古铜矿遗址布展工作的重重困难,一是主动争取大冶市委、市政府、市人大、市政协领导亲自审查展览内容大纲和展览

---

　　①　作者简介:吴宏堂,长江文明馆(武汉自然博物馆)名誉馆长,铜绿山古铜矿遗址博物馆布展特别顾问。曾任湖北省文物局副局长、文化厅副巡视员,中国博物馆协会常务副秘书长,湖北省博物馆协会理事长,长江文明馆(武汉自然博物馆)首任馆长。出版有专著《白鹭飞过》《守望大三峡》《快乐的文化人生》《心声》。参与主持的《大冶铜绿山古铜矿遗址原地保护与合理采矿方案论证报告》荣获1993年湖北省科技进步一等奖;主持的三峡、南水北调文物保护中,三峡库区的"巴东旧县坪遗址"和南水北调的"郧县辽瓦店子遗址"先后被评为2002年和2007年"全国十大考古新发现";主持策划建设的长江文明馆(武汉自然博物馆)荣获国家一级博物馆,两个博物馆的基本陈列分别荣获全国博物馆十大精品推介"精品奖"和"优胜奖"。

形式设计方案,市委原书记王刚还将我提出的基本陈列主题"大冶铜绿山·青铜文明源"精炼为"青铜源·铜绿山",使久议不决的展览主题终于一锤定音。

二是主动争取大冶市原市长周军解决文物展品征集经费。我和周市长曾经在黄石市委宣传部同事过,到铜绿山古铜矿遗址工作的第二天,他就给我打电话表示慰问,8月19日下午,他到铜绿山考古工作站看望我,并就铜绿山古铜矿遗址的布展和申遗工作征求我的意见,管委会冯海潮主任、胡幺琼副主任、办公室主任罗增瑞、馆藏科科长柯秋芬等同志参加。周市长问我生活习惯不习惯?工作上有什么要求?我说:"生活上海潮主任考虑得很仔细,只是工作上确实是有些事情需要市长关心支持,目前布展工作面临的最大困难是文物展品太少,因为原来发掘出土的文物全部收藏在黄石市博物馆,需要政府安排一点经费购买文物展品以满足展览的需要。"周市长当场表态,"先安排资金用于复制编钟和购买文物,不够还可以追加,管委会马上给政府写报告"。关于申遗问题,我说:"与黄石市华新水泥厂旧址、汉冶萍煤铁厂矿旧址等作为工业遗产一起申报世界文化遗产有难度,大冶市单独申遗更难,最好的办法是与安徽铜陵、江西瑞昌、湖南麻阳等古铜矿遗址一起走联合申遗的道路,这样,成功的可能性较大。"对此,周市长表示,"铜绿山古铜矿遗址申遗的路径可以探讨,但是,申遗的决心不能动摇"。

三是主动争取孙轶市长的关心支持。我与孙市长并不熟悉,他刚上任不久,张茂林主任希望我能联系上孙市长帮助解决铜绿山古铜矿遗址的困难,于是我辗转寻到了他的手机号码,并于2021年8月18日晚,冒昧地给他发了一段信息,争取他对布展工作的支持。信息内容大致如下:"孙市长,打扰你了,70多岁的我之所以不在家安享晚年,跑到大冶来穷折腾,不仅是因为我1975年1月大学毕业第一天上班就是到铜绿山古铜矿遗址从事考古发掘工作而到这里来怀旧,更主要的是因为我觉得大冶市委、市政府政治站位高,建设铜绿山古铜矿遗址博物馆是在以实际行动落实习近平总书记关于让文物活起来的重要思想,是一项得民心、顺民意的文化工程和德政工程,请你敦促有关部门尽快落实对铜绿山古铜矿遗址管委会上报的修改后的基本陈列形式设计方案的审查,否则无法进入展览的施工招标;敦促有关部门尽快落实基本陈列必须的文物标本征集经费,其中部分经费用于编钟复制,因为编钟的铜与铜绿山古铜锭的铜高度一致,此事国家文物局已经批复同意,并与湖北省博物馆签定了合同。剩下经费主要用于其他与展览有关的必要文物标本征集。"

2021年10月10日,孙轶市长率有关部门负责人考察铜绿山遗址博物馆后,在市政府会议室主持召开会议,听取了北京清尚建筑装饰工程有限公司(以下简称"北京清尚公司")设计总监史云汉关于"青铜源·铜绿山"基本陈列形式设计方案汇报后,认为设计方案很好,问我"方案能不能落地",我说:"只要招一个好施工队伍,做出来的展览比设计方案还要好。"他说:"请老专家一定要帮助我们做一个老百姓喜欢的文化精品。"当晚,我还写了"韶华虽逝春还在，壮志犹存朝前迈。突出特色创精品，不负市长新期待"的打油诗以表决心。

2022年4月22日下午，湖北省委副书记、省长王忠林视察铜绿山古铜矿遗址。孙市长接待省长之后，就如何落实王省长关于"进一步做好遗址保护工作，加大'五最'宣传，更好发挥青铜文化的经济和社会效应，提升城市知名度和影响力"的要求，在古铜矿遗址接待室召集我们开了一个小会，参加会议的有副市长杨早容、铜绿山管委会主任张茂林、副主任柯珍明和我等。我在发言中重点谈了购买文物展品、5D展项改沉浸式体验展项、增加数字博物馆建设等问题需要市长决策。孙市长同意我的意见，并进一步明确了各项支出的渠道，为展览的成功举办提供了经济保障。

四是主动争取布展专班的支持帮助。大冶市委、市政府为了确保展览的时间与质量，成立了以副市长杨早容为组长、纪委常委田国庆为副组长的铜绿山古铜矿遗址布展专班，具体负责陈列布展工作。布展专班领导原则上每周到铜绿山遗址博物馆建设现场检查施工现场，协调解决建设中的困难，杨市长如果有事，就由田国庆同志主持，两位领导为人正直，待人真诚，工作雷厉风行，兢兢业业，对我更是尊重有加，业务的方方面面都要听听我的意见。杨市长还在有大冶城投公司、铜绿山管委会、广州市美术有限公司、一冶公司、监理公司、跟踪审计公司等多方负责人参加的第一次专题会议上明确了"展览业务由吴宏堂顾问说了算"，这也算是给了我"一把尚方宝剑"。布展工作在杨市长的领导下，坚持高起点、高标准，招到了广州市美术有限公司作为展览施工单位；同时，她还帮助落实了农民的征地补偿经费、解决了青铜器购买资金和完成了环境整治的方案设计等。可以说，所有的困难和问题在她和布展专班面前都能迎刃而解。

五是主动争取湖北省文化和旅游厅（以下简称湖北省文旅厅）领导的关心支持。湖北省文旅厅党组成员，湖北省文物事业发展中心党委书记、主任余萍，是我在湖北省文物局工作时的同事。我争取她任职后的第一次基层调研就是到铜绿山古铜矿遗址。她在湖北省文旅厅文物保护与考古处处长陈飞陪同下来到了铜绿山古铜矿遗址，在考古工作站，考察了四方塘遗址的出土文物，湖北省文物考古研究院陈树祥研究员陪同讲解。在新博物馆现场，我向余副厅长介绍了新馆建设情况，并请她在布展经费上给予支持，座谈时张茂林主任也向余副厅长提出了"铜绿山古铜矿遗址考古不能停、新馆建设需要资金补偿和铜绿山古铜矿遗址应当列入湖北省文化遗址公园"等要求，她当场表示："照单全收。"最终在陈飞同志积极协调下，省文旅厅给铜绿山遗址新馆建设布展补助经费，解决了燃眉之急。郑正盛同志调任铜绿山管委会主任之后的第五天，也就是2023年3月2日，我陪他与柯珍明副主任到省文旅厅分别向余萍副厅长和文物保护与考古处陈飞处长、杜杰副处长就大冶市申请承办2023年全省文化遗产日主会场活动、铜绿山古铜矿遗址参评湖北省文化遗址公园、四方塘遗址复原展示补助资金的安排、铜绿山古铜矿遗址国家考古遗址公园游客服务中心建设等问题作了详细汇报并请求支持,余副厅长和文物处同志表示"铜绿山古铜矿遗址国家考古遗址公园立项早,近年来建设力度大,成效明显。你们今天提出的几个问题,我们将大力支持,希望你们再接再厉,妥善使用好文物保护资金,争取下一次国家文物局考古遗址公园挂牌成功"。2023 年 4 月 28 日下午,在文旅厅 602 会议室,陈飞处长主持,基本敲定了"2023 年文化和自然遗产日湖北文物保护宣传展示暨铜绿山古铜矿遗址考古发现 50 周年系列活动"方案。参加会议的有省厅杜杰副处长,大冶市杨早容副市长,郑正盛主任、代建波副主任和我。

六是主动争取国家文物局领导的关心支持。2022 年 8 月 24 日,国家文物局文物保护司钱春峰副处长带队检查铜绿山国家考古遗址公园建设,陪同检查的有专家刘智敏、王辉,工作人员梅勇飞等。在检查铜绿山古铜矿遗址Ⅶ号矿体 1 号发掘遗址现场时,我对钱处长说:"这个老馆是 1984 年建成开放的,展览展示和建筑一直没有更新过,因此,铜绿山管委会向国家文物局申报了一个项目,请钱处长给予支持。"之后我又给国家文物局关强副局长打电话,请他来铜绿山古铜矿遗址视察,进一步了解铜绿山古铜矿遗址申报的项目。2022 年 9 月,国家文物局批复了"铜绿山Ⅶ号矿体 1 号点展示提升"项目立项。

2023 年 4 月 18 日下 3 时许,文化和旅游部副部长、国家文物局局长李群,湖北省副省长陈平,在黄石市市委书记郄英才等领导的陪同下视察铜绿山古铜矿遗址博物馆"青铜源·铜绿山"基本陈列(当时尚未完全建好)。在离开之前,李部长站在老馆门口对大家说:"老馆应该进行适当的改造,使其与新馆的风格基本一致",我说:"曾经向国家文物局报告过,但是没有批。"李部长接着说:"这个馆不错,特点鲜明,具备建设一级博物馆的基础,展览也很好,但还需要打磨,要精益求精,争取一炮打响,震惊中外,在开馆的时间与质量问题上,时间要服从质量,文物不足可以按习总书记关于让文物活起来的指示,采取借展的方式予以解决。"针对我提出的铜绿山古铜矿遗址申报世界文化遗产、继续考古发掘和尽快审批铜绿山游客服务中心等问题,李部长当场要求他的秘书和国家文物局的金瑞国司长、张磊副司长等同志"认真做好记录,给予大力支持"。并表示如果需要找国家博物馆和故宫博物院借文物的话,他愿意出面帮助协调。最后他还应我的要求与大家一起照相留念。陪同视察的湖北省文旅厅李述永厅长、黄石市郄英才书记都表示,要大力支持铜绿山古铜矿遗址博物馆的借展工作,湖北省文旅厅文物保护与考古处处长陈飞,黄石市副市长李丽,黄石市文化和旅游局局长肖婷、副局长官东平,黄石市工业文化遗产中心主任夏鹏,大冶市市长孙辄、副市长杨早容、市政府办公室副主任邬丽华,铜绿山管委会主任郑正盛、副主任代建波等陪同考察。

为了加快铜绿山考古遗址公园建设,杨早容副市长带领我、郑正盛、许娟一起到国家文物局分别向关强副局长,陈红副主任,闫亚林司长,辛卢江、何晓雷副司长,张洁、钱春峰处长等汇报铜绿山古铜矿遗址在创建国家考古遗址公园工作中的困难并请求他们的关心支持。随后，凡是需要国家文物局审批的铜绿山古铜矿遗址申报项目陆续获得了批复，同时，还给铜绿山古铜矿遗址安排了 500 平方米的考古发掘面积，以便进一步了解铜绿山古铜矿遗址的历史文化内涵。

二、踔厉奋发，努力为铜绿山遗址博物馆基本陈列严格把关

博物馆的展览主要分基本陈列和临时展览。其中由比较稳定的主题、内容、展品（主要是馆藏文物标本）和较完美的艺术形式构成的陈列体系即基本陈列。为了把铜绿山遗址博物馆的基本陈列打造成精品有几点需要努力：

一是在展览内容大纲上严格把关。铜绿山遗址博物馆的展览内容大纲由上海复旦大学和湖北武汉大学的有关专家负责编制，几易其稿，2000 年 6 月上旬，在省文旅厅的专家评审会上，文物保护与考古处陈飞处长把进一步深化展览内容大纲的任务交给了我。6 月 23 日我将修改后的展览内容大纲发给了武汉大学的宋海超教授。在 7 月 30 日有中国科学院院士殷鸿福、中国社会科学院学部委员王巍参加的专家评审会上，大家一致认为："展览内容丰富，结构严谨，布局合理，文字精炼，重点突出，特色鲜明，具有较强的针对性和可操作性，是一个比较好的基本陈列内容大纲，可以满足展览形式招标的要求，建议通过专家评审。至于还有些不尽人意的地方，可以在形式设计布展单位确定之后，继续在深化设计过程中不断修改完善。"

二是对展览形式设计严格把关。一般来说，中标方案离施工方案都有很大差距，需要进一步深化设计，因此，北京清尚公司中标之后就着手深化设计工作。2021 年 4 月 8 日，在大冶市铜绿山馆委会考古工作站，我们就"青铜源·铜绿山"基本陈列的形式深化设计与北京清尚公司的设计师进行了第一次面对面的交流。虽然设计单位根据第一次专家咨询意见对设计方案进行了认真修改，也妥善处理了基本陈列与春秋采矿遗址现场、考古遗址公园的关系，突出了基本陈列的展示重点及每一个展厅的亮点。但是，仍然存在展品与展示内容的对应关系不清，展示重点、亮点还需进一步完善细节表现，有些展项表达不够准确、展示手段不够新颖等问题需要再行设计。第二次与北京清尚公司设计师面对面交流的时间是 4 月 15 日，这次我要求设计总监史云汉，设计师周权、李昭辉、李忠祥、江伟帅等住进了考古工作站。我与陈树祥、张茂林、柯秋芬等与北京清尚设计团队又经过了一星期字斟句酌的修改，设计方案基本成熟，同意设计单位修改后可以制作汇报片向市领导汇报。同时，强调汇报片既要突出铜绿山古铜矿遗址为中国青铜文明所作出的突出贡献和地位，又要彰显铜绿山古铜矿遗址的先进找矿、采矿、冶炼技术，语言表达要有感染力；既要使展览一、二、三级标题的文字更加优美，又要补充六个展厅主入口处门楣设计图案；既要补充序厅及走廊铜雕示意稿，又要加强分四方塘遗址展示和春秋

采矿遗址模型展示制作的尺寸等。第三次面对面与北京清尚公司设计师交流的时间是2021年5月6日。汇报片完成后,我与陈树祥、冯海潮、黄功扬、张茂林、柯秋芬、柯凌、王怡仕、肖瑞等又进行了一次审查。在听取北京清尚设计总监史云汉和设计师周权的汇报后,大家一致认为汇报片制作不错,但需要进一步完善。解说词基本具备配音条件,六个展厅主入口门楣方案元素提炼不够准确,四方塘遗址展示氛围有很大提升,但细节处理仍需加强;要求展馆的名称要与国家文物局的批文一致,即"铜绿山古铜矿遗址博物馆",因此,主展标应该改为"铜绿山古铜矿遗址博物馆基本陈列";解说词要表达"国内一流,国际领先"的文字;展览形式上要更生动一些,每一个展厅要有一个展示亮点;要增加一些宏观方面的知识,如大冶市的历史沿革、黄石市地区的古矿冶遗址分布图、大冶地区的矿产资源分布图、铜绿山地质分布图、铜绿山古矿冶遗址分布图等;要与国家考古遗址公园建设结合好,为申报世界文化遗产打好基础;展厅主入口门楣按讨论后的元素、符号重新绘制效果图;展馆东侧通往四方塘遗址的观光栈道流线需在平面图中体现清楚;展厅与展厅间无障碍通道需增补效果表现;临展厅全部展出的矿石标本要有典型性;部分展品上展方式的点位不恰当的需要调整布展方式;取消编钟的玻璃罩;报告厅圆桌会议的设计要修改成礼堂式的"学术报告厅"。按照上述意见修改后,设计方案可以提交大冶市委、市政府领导审查。

2021年5月10日,大冶市委在阳光沙滩酒店召开了大冶市铜绿山遗址博物馆基本陈列深化设计专家咨询会,邀请了殷鸿福、王巍等11名专家就展陈设计方案进行了讨论,专家组认为,展陈设计方案内容丰富,结构清晰,布局合理,动线流畅,形式活泼,既正确处理好了内容与形式的关系,又妥善照顾到了博物馆与遗址公园的关系、新博物馆与老博物馆的关系,原则上同意设计单位进入施工图设计。同时,专家组又在加强展览互动性、科普性、体验性、融合性,以及加强文物标本展示和阐释遗址地位价值方面提出了宝贵的意见建议。市委王刚书记认为设计方案不错,突出了铜绿山古铜矿遗址的特色,要求设计单位充分吸收专家和同志们的意见,尽快修改完善报市委常委会审定后再进入设计施工图的设计。

三是对展出艺术品和彩立面深化设计方案进行严格把关。由于铜绿山古铜矿遗址的布展工作是设计与施工分开招的标,因此,施工单位——广州市美术有限公司中标之后,又进一步进行了展览的深化设计,尤其是艺术品和图文版的深化设计,该公司的副总经理张志华同志非常支持,积极配合,要人给人,要物给物。我与陈树祥、黄功扬、代建波、柯秋芬、冯雷与该公司设计师李晓宇、王大德等同志在考古工作站对深化设计方案进行了一个星期面对面的修改。之后又对他们的图文版、多媒体艺术品、沉浸式体验项目的设计方案进行了一个星期的审查。我认为可以请有关专家审查。

2022年11月16—17日,铜绿山管委会主任张茂林、副主任代建波邀请湖北省文博方面专家万全文、邓佳平、刘新阳、张硕、宋海超、姜昊、刘安璐、李梅等对"青铜源·铜绿山"基本陈列彩立面深化、多媒体艺术品、沉浸式体验展项等进行了评审。为了提高工作效率,我在主持评审时,继续采取长江文明馆(武汉自然博物馆)的做法,让专家们一边听汇报,一边现场修改,对六个展厅布局与结构设计,包括展览主题与每块展标、展版文字与使用照片、图表及表现形式的遴选等,进行了认真、仔细的评审,切实做到了精益求精。评审工作于 11 月 17 日晚上 11 点 30 分结束,所有采立面全部达到了可以制作的设计要求,个别难以在现场改定的内容,专家们带回武汉修改后也已全部反馈给了展览设计师。对于铜雕"炉火不灭""青铜故里""南铜北运"和"铜助楚兴",除了审查设计方案之外,还到制作现场审查泥稿,从而确保了展览的质量。

四是想方设法丰富展览形式。我通过在国家博物馆工作的好朋友郝国胜主任的介绍,采访了第一次到铜绿山古铜矿遗址进行考古调查的原中国历史博物馆(现国家博物馆)的孔祥星(国家博物馆原副馆长)、范世民(中国博物馆协会原副理事长),以口述史的方式丰富展览的形式。

2020 年 10 月 20 日,我与铜绿山管委会胡幺琼副主任、柯秋芬科长在国家博物馆研究员郝国胜的陪同下,到范世民先生的家里进行采访。范先生回忆说:"中国历史博物馆收到铜绿山寄给他们的铜斧后,十分重视,立即派我与孔祥星于 1973 年 10 月到湖北。一下火车,我们直奔湖北省博物馆,当时该馆的考古队长谭维世同志正在荆州纪南城遗址搞考古发掘,于是就派李天元同志和我们一起到黄石市,黄石市群艺馆派了一个同志与我们一起到铜绿山矿,矿领导十分热情地接待了我们。"孔祥星先生接着说:"我们调查组在铜绿山矿进行了一周的考古调查、勘探和试掘,征集了铜斧、铜锛、木桶、竹篓、木井架等一批文物,我们几个人一致认定铜绿山古铜矿遗址是一处春秋战国时期的采矿遗址,并由李天元同志执笔、我修改,完成了一篇题为《湖北古矿冶遗址调查》的文章发表在《考古》1974 年第 4 期。"范先生又说:"回北京后,我们又将调查情况分别向我馆的陈乔馆长、社科院考古所夏鼐所长和国家文物局领导作了汇报。"夏鼐先生听完我们的汇报后,连声说"好好好,这是一个很重要的发现,从而否定了铜绿山古铜矿遗址的宋代说"。

在这次采访中,范世民先生还把当年铜绿山矿杨永光矿长送给他做纪念的一块孔雀石和《中国历史博物馆》杂志送给铜绿山古铜矿遗址博物馆,情谊绵长,令人感动。于是我即兴写下了"千里采访进京城,四海求闻友相逢。滔滔不绝聊国宝,栩栩如生谈争锋。是谁破解千年梦?考古专家展雄风。蜡黄杂志份量重,孔雀宝石赞友朋"的小诗,算是对这次采访活动的一个小结。

五是主动联系对铜绿山古铜矿遗址做出重大贡献的老专家子女,争取他们捐献其亲属与铜绿山古铜矿遗址有关的实物,解决新馆展品不足的问题。通过北京科技大学李延祥教授的引荐,我们找到了北京科技大学柯俊院士的儿子柯铭同志,他告诉我们说,因为他父亲既是学校领导,又是院士,很多珍贵的实物资料都收藏在校史馆,没有办法拿出来。但是,他还是十分热情地找到了几件其父亲与铜绿山古铜矿遗址有关的实物赠送给了我们,其中美国麻省理工大学教授、世界著名冶金史专家李约瑟博士赠送给柯俊先生的一本《世界冶金史》尤为珍贵。之后我们通过湖北省文物考古研究院的陈树祥同志联系到了铜绿山古铜矿遗址第一任考古队长、湖北省博物馆原副馆长王劲先生的女儿张征燕,她也找到了几件其母亲与铜绿山古铜矿遗址有关的珍贵实物捐给古铜矿遗址博物馆。黄石市博物馆、铜绿山古铜矿遗址博物馆原馆长周保权同志对铜绿山古铜矿遗址的贡献可以说最大,又是我的老领导,展览中应该有他的一席之地。于是,我与柯秋芬同志赶到武汉,找到了他的大儿子周劲松,他也把其父亲与铜绿山古铜矿遗址有关的一些实物捐献给了我们。铜绿山矿原矿长杨永光女儿杨一嫦也将她父亲和铜绿山古铜矿遗址有关的一些实物捐给了遗址博物馆。

六是主动向黄石市博物馆的老同事征集与铜绿山古铜矿遗址有关的实物。2020年夏,我与柯秋芬同志走进了我在黄石市博物馆工作的同事胡永炎研究员家里,我们简单地寒暄几句后,就直奔主题,请他把与铜绿山古铜矿遗址有关的资料捐献给铜绿山管委会用于展出。他立即翻箱倒柜,将所有资料全部拿出来让我们挑选。最终我们在他家征集了一批搬迁保护方案文本与原地保护手稿。与此同时,老胡同志说他就铜绿山古铜矿遗址保护问题写了一个材料,希望能够出版。回来后我就此事与张茂林主任商定,由我负责加一些铜绿山古铜矿遗址后期的保护情况,以管委会名义出版。我的“老战友”——黄石市博物馆副研究员黄功杨同志,帮助我们完成了“考古工作者一天场景的地层复原”“春秋时期两条采矿竖井和两条平巷复原”“春秋六号炉修复”“春秋时期模型制作”中的技术支持与业务把关。老同事摄影师潘红耘让他女儿潘艺将他有关铜绿山古铜矿遗址的照片及底片全部交给了我们,基本上满足了展览照片的需求。2023年6月9日,在文化和自然遗产日湖北文物保护展示宣传暨铜绿山古铜矿遗址考古发现50周年系列活动举办之际,新馆正式开馆迎宾。“青铜源·铜绿山”——铜绿山古铜矿遗址博物馆基本陈列也荣获第二十一届(2023年度)全国博物馆“十大精品”优胜奖。

三、殚精竭虑,自觉为铜绿山创建国家考古遗址公园建设而发光发热

严格来说,铜绿山国家考古遗址公园的建设不是我份内的工作,但是,我在坚持做好铜绿山古铜矿遗址博物馆布展工作的同时,对铜绿山古铜矿遗址创建国家考古遗址公园建设也坚持有一份热发一份光。一是积极建议铜绿山古铜矿遗址创建第二批湖北省文化遗址公园。从项目策划到创建,从材料申报到争取领导专家的支持,我做了许多仔细的工作,使大家一致认为铜绿山古铜矿遗址已经具备了湖北省文化遗址公园的条件,只

是因为铜绿山古铜矿遗址前期被执法过程中的处理案件未能在有关部门销号而留下遗憾。但是,我们并没有气馁,继续努力,终于在 2024 年 3 月 23 日,铜绿山古铜矿遗址入选第三批湖北省文化遗址公园名单。

二是受文旅厅领导委托,完成了铜绿山古铜矿遗址七号矿体一号点文物保护工程的项目结项。我的结项咨询意见书认为:"该遗址保护工程手续齐全,程序规范,管理严格,在没有影响遗址文物安全和生态环境的情况下,严格按照南京博物院的设计方案,先试验,后施工。对于湖北省文物局组织专家中期检查中提出的意见也全部整改到位,圆满完成了设计任务,工程质量良好,保护效果显著,受到了国家文物局以黄滋为组长的专家检查组的一致好评,同意该项目结项。"为了确保遗址文物安全万无一失,我还建议:"铜绿山管委会要加强对保护工程竣工验收后的维护、保养和监测,发现问题要及时整改,凡在合同约束范围内的问题,由施工单位免费负责整改,超出合同的问题,由管委会与施工单位协商解决。同时,铜绿山管委会还要邀请有关专家,加强对古代采矿遗址现场文物安全的研究,包括遗址在封闭条件下的地质环境、水文环境、温湿度、空气和古矿井支护木的研究,以求中国唯一保存完好的春秋时期采矿遗址得以永久保存。"

三是主动争取四方塘遗址的展示利用项目"起死回生"。我到铜绿山管委会不久,规划科的王怡仕科长告诉我,四方塘及岩阴山脚遗址保护展示工程主要分为原址地表模拟展示、体验展示、现场陈列展示。设计单位充分利用现代科技手段对"全国十大考古新发现"——四方塘遗址和岩阴山脚遗址进行保护性展示、设置矿冶文化综合展示区、古代冶炼主题展示区、低地生态保育区、古代采矿主题展示区、山地生态保育区。2015 年,铜绿山管委会向国家文物局申报两处遗址区的保护展示工程,经过原主任冯海潮等同志的努力,获得了立项批复。因立项时考古发掘尚未全部完成,管委会于 2018 年 3 月委托中国建筑设计研究院历史建筑研究所开始编制设计方案,直到 2019 年 7 月才完成方案编制上报省文旅厅评审。但是,根据国家文物局《关于进一步优化文物保护项目审批的通知》(文物保发〔2016〕25 号)要求:"经国家文物局批复同意列入年度计划的文物保护项目,三年内未编制技术方案报送省级文物行政部门的,须重新报批。"于是,省文旅厅建议铜绿山管委会重新向国家文物局申报。后经过我和张茂林、柯珍明、王怡仕等同志多次与省文旅厅有关领导沟通,省文旅厅最终同意评审该方案,并于 2021 年 11 月取得省文旅厅批复,2022 年 6 月取得省文旅厅核准,8 月取得省文旅厅预算批复,12 月最终批复项目资金。目前该项目已经正式启动建设。用文旅厅文物保护与考古处陈飞处长的话说,"不是老厅长,我们没有必要冒着受处分的风险救活四方塘遗址项目"。

四是成功策划了"中国考古百年——铜绿山古铜矿遗址与中国青铜文明研究学术研讨会",并出版了论文集。这次会议开得很成功,大家各抒己见,畅所欲言,最突出的特点是:主题不大站位高,虽然研究的是"铜绿山古铜矿遗址与中国青铜文明",但它却起到了增强文化自信,提高大冶知名度,促进大冶社会经济和文化发展的目的;规模不大规格高,会议指导单位是中国考古学会、中国文物报社、湖北省文化和旅游厅,举办单位是湖北理工学院、武汉大学历史学院、湖北省文物考古研究院、大冶市人民政府,承办单位是铜绿山管委会;文章不多水平高,30篇文章都从不同的角度论述了铜绿山古铜矿遗址为中国青铜文明所作出了突出贡献,彰显了铜绿山古铜矿遗址在中国青铜文明建设中的突出地位。与此同时,我还成功策划了铜绿山古铜矿遗址获评中国"百年百大考古发现"。为了评比结果,我与湖北省文物考古研究院研究员陈树祥同志各有分工,各负其责,各显神通。其中在汇报片的制作方面,内容由我与陈树祥同志把关,解说词由我改定,并分别向我熟悉的专家领导做争取工作,终于皇天不负有心人,铜绿山古铜矿遗址最终出现在中国"百年百大考古发现"的光荣榜上。

五是主动策划了铜绿山遗址博物馆外环境整治及争取有关领导专家的支持。作为国家考古遗址公园,光建设一个博物馆是远远不够的,建议管委会领导一定要以新馆和四方塘遗址建设为为契机,争取大冶市领导进一步加大古铜矿国家考古遗址公园建设的环境整治力度,并且找到了殷祖古建公司的曹继杰同志,让他们的设计师拿出了一个遗址公园的环境整治初设方案,国家文物局的专家也对方案提出了修改意见,之后我和陈飞同志又分别找到了中南设计院的原总工程师郭和平同志,郭总亲自带领设计师到铜绿山古铜矿遗址现场考察,编制方案,包括停车场、游客中心的建设等。同时,又争取到了省文物信息交流中心朱祥德主任的支持,由该中心的李长盈设计师完成了评估报告的编制,方案经省文旅厅上报国家文物局,并得到了审批。按照"为了明天征集今天"的理念,征集了一些铜绿山矿的现代采矿工具和机械设备如电铲、运输车、东方红火车头、推土机等,在新博物馆的北边开辟了一个"现代采矿工具展示区",丰富了铜绿山国家考古遗址公园的展示内容。最终,铜绿山考古遗址公园被评为"全国考古遗址保护展示利用十佳案例"。

六是成功策划了铜绿山"五最"(开采规模最大,采冶时间最长,采冶技术水平最高,采冶链最完整,遗址保存最好)的制作与宣传。根据湖北省王忠林省长到铜绿山古铜矿遗址视察时要求"把'五个最'讲好,把文物资源利用好,更好地发挥它在经济文化建设中的作用"的指示和大冶市委常委、宣传部长张居勤的要求,铜绿山管委会与大冶融媒体合作,把铜绿山古铜矿遗址"五最"拍成短视频,加大宣传力度。这件事业务上由我负责。我把改定的配音稿发给大冶融媒体的同志之后,大冶融媒体祝望林主任和老潘带领播音员殷梦婕,摄影师小刘、小冯于2022年6月6日下午到铜绿山古铜矿遗址现场,启动了"五个最"抖音第一条短视频的拍摄。等"五个最"的短视频全部制作完成后,我又找到了陈飞处长,陈处长又将其推荐到文旅厅的文旅之声转发,进一步扩大了"五最"的宣传力度,短视频作品还荣获了湖北省博物馆协会的"短视频优秀奖"。在国家文物局金瑞国司长的关心下,在大冶杨早容副市长的领导下,我与郑正盛、代建波、许娟、柯秋芬、肖睿、冯雷以及大冶融媒体的吴海燕主任等同志一起完成了"铜魂耀千秋"宣传片的策划与播出,并上报国家文物局与中央网信办,参加了"2023 年度中华文物新媒体传播精品推介"的评比角逐并获奖。

弹指一挥,我在铜绿山古铜矿遗址又待了近三年,三年来虽然没有干什么惊天动地的大事,也没有作出多大的贡献,但面对着铜绿山古铜矿遗址的新博物馆、新展览、新环境、新面貌,内心依然充满着无限的喜悦与自豪!

江汉考古与铜绿山

陈丽新①

摘要：大冶铜绿山古铜矿遗址在中国考古学界及青铜文明研究领域有着举足轻重的地位，其考古及研究成果一直为大家所期待和关注。《江汉考古》自 1980 年创刊后，即成为铜绿山遗址考古成果推介的重要平台。本文通过梳理《江汉考古》发表的铜绿山遗址历年考古及研究成果、两者在其他学术方面的合作，回顾了铜绿山遗址考古发生、发展的历程，简述了铜绿山遗址考古成果整理发表对遗址文物保护工作的意义和重要性，同时也强调了铜绿山遗址考古对《江汉考古》多年发展的支持与推动，进而认为作为文物保护对象的考古遗址与考古成果推送平台的考古期刊，是相互依存共同发展的关系，期待新时期考古遗址与考古期刊进一步加强合作，相互促进。

关键词：铜绿山；江汉考古；考古成果；共同发展

一

1973 年 10 月，大冶铜绿山铜铁矿企业的黄华臣、齐会彬二位先生向中国历史博物馆（现中国国家博物馆）报告了在铜绿山采矿场发现了大量古代的遗物，引起了考古部门和专家的高度关注与重视，并迅速派员到现场进行考古调查，从而揭开了代表中国青铜文明最重要的矿冶遗址——大冶铜绿山古铜矿遗址的神秘面纱②。

自 1974 年春至 1985 年冬，中国社会科学院考古研究所、湖北省博物馆、黄石市博物馆等单位对铜绿山矿区及其周边区域进行了长达 12 年的文物保护工作，取得了一系列重大考古发现。老一辈考古学家们不仅克服一切困难完成了田野考古工作，而且抓紧时间整理和报道考古出土材料，让学界和社会及时知道和了解了这些重要的考古发现。由湖北省博物馆编写的铜绿山遗址第一篇考古调查简报《湖北古矿冶遗址调查》即于 1974

---

① 作者单位为湖北省文物考古研究院。
② 陈树祥，连红：《铜绿山考古印象》，文物出版社，2018 年，第 17 页。

年发表在当年的《考古》第4期上。随后,中国社会科学院考古研究所铜绿山工作队、黄石市博物馆等连续在《文物》《考古》上报道了铜绿山及周边区域的考古新成果,大冶铜绿山古铜矿遗址(以下简称铜绿山遗址)迅速享誉海内外,万众瞩目。

1973年12月王劲先生等陪同中国历史博物馆专家们前往铜绿山矿山调查,1974年春获批带队到铜绿山遗址进行考古发掘,1974年即在《考古》第4期上发表了关于铜绿山遗址重要考古发现的简报,回溯铜绿山遗址这一重现天日、被世人知晓的历程,当年先生们为文物保护事业呕心沥血的奉献精神让今天的我们不禁泪沾衣襟,感动敬仰不已!

新中国成立至二十世纪八十年代初,中国的考古发现及研究成果主要发表在《考古学报》《考古》和《文物》三大考古专业杂志上,地方考古类专业期刊很少。文革结束后,全国各行各业百废待兴,而在文革期间并未完全中断的文物保护工作更是遇上了大发展时期,成果呈井喷之势,加上之前文物考古新收获大部分没有及时公布出来,以陕西、河南、山西为主,包括我们湖北在内的一些文物大省为适应新时期考古事业发展的需要,纷纷创办文物考古专业期刊。在这种大背景下,1980年《江汉考古》创刊。

二十世纪七十年代是湖北文物考古工作重要的十年,许多在中国考古事业中有着举足轻重地位的考古发现和发掘都出现在这十年中,比如盘龙城商代早期城址和大型贵族墓葬、铜绿山矿冶遗址、云梦睡虎地秦简、曾侯乙墓、江汉地区楚墓等等。新的考古收获、新的研究成果不断涌现,亟需宣传报道,三大考古杂志面向的是全国文物考古事业,分配给各省的资源极其有限,湖北必须有自己的报道平台和载体。由此,坚持"百花齐放,百家争鸣"办刊方针,定位立足长江、汉水流域,面向全国,积极报道长江中游及南方地区文物考古新发现、文物考古研究成果的《江汉考古》应运而生。《江汉考古》一经创办,首先肩负的是及时报道本省重要考古新成果的重任,上世纪湖北的所有重大重要考古发现及研究成果无一例外地在《江汉考古》上都有刊登发表,作为湖北上世纪最重要考古发现之一的铜绿山古铜矿遗址亦与之结下了不解之缘,一直相互支持走到今天。

《江汉考古》创刊号于1980年4月出刊,今查创刊号上并没有铜绿山遗址相关考古简报或报告,这是因为自铜绿山遗址被发现后,它的重要性不言而喻,只要遗址考古成果一经整理撰写出来,就很快在三大杂志上发表了(见表1),考古简报或报告几乎没有被积压的。然而,在这薄薄的,几乎囊括了新中国成立后湖北三十多年来考古主要成就(综述和研究成果等等)的创刊号上怎么可能少得了铜绿山遗址!翻开杂志,由李天元先生撰写的《矿冶考古展新颜》标题赫然列于目录中。文章不长,在概括总结、介绍了铜绿山遗址的重要性和受重视情况后,主要简介了1979年10月以来,由国家文物局黄景略先生任队长、多家单位联合组成考古队,对铜绿山七、四、五、十一号矿体进行考古发掘所取得的重要成果。这篇考古简讯拉开了《江汉考古》与铜绿山遗址合作的序幕,开启了江汉考古与铜绿山从此携手前进的步伐。

表 1   发表于《考古》《文物》的简报

发表单位	简报名称	发表期刊
湖北省博物馆	湖北古矿冶遗址调查	《考古》1970 年第 4 期
铜绿山考古发掘队	湖北铜绿山春秋战国古矿井遗址发掘简报	《文物》1975 年第 2 期
中国社会科学院考古研究所铜绿山工作队	湖北铜绿山东周铜矿遗址发掘	《考古》1981 年第 1 期
黄石市博物馆	湖北铜绿山春秋时期炼铜遗址发掘简报	《文物》1975 年第 2 期
中国社会科学院考古研究所铜绿山工作队	湖北铜绿山古铜矿再次发掘——东周炼铜炉的发掘和炼铜模拟实验	《考古》1982 年第 1 期
湖北省文物考古研究所	湖北阳新港下古矿井遗址发掘简报	《考古》1988 年第 1 期

对铜绿山遗址主体的文物保护工作,自 1974 年春正式开始,到 1985 年冬结束,持续主动性的田野发掘长达 12 年,完成了对铜绿山矿区的 Ⅰ、Ⅱ、Ⅳ、Ⅴ、Ⅵ、Ⅶ、Ⅺ 号矿体上的考古调查、发掘工作,取得了丰硕成果。这些工作不仅发现了大量古代铜绿山矿区的遗物和遗迹,而且将铜绿山在中国青铜时代铜矿开采时间的上限推至商时期,同时确定了铜绿山商周时期即是集采冶于一体的大型铜矿区。夏鼐先生曾说过"从前在中国,青铜器的研究和青铜器铭文的研究几乎是同义词,……自本世纪 20 年代起,中国引入了田野考古学,青铜器的研究便起了很大的变化。……今天,我们不仅研究青铜器本身的来源,……还要研究它们的原料来源,包括对古铜矿的调查、发掘和研究。这是中国古代青铜器研究的一个新领域,也是中国考古学新开辟的一个领域。……铜绿山古铜矿的发现和发掘,对了解我国古代的社会生产,尤其是青铜业的生产具有重要意义。"[①]铜绿山遗址考古成果一直在三大杂志上占有一席之地,相关考古简报均得到及时发表。其后,随着铜绿山遗址田野考古工作告一段落,铜绿山遗址的文物保护工作偏重于考古成果的展示和研究。大量铜绿山遗址考古材料的研究成果,在包括三大杂志和《江汉考古》在内的各种期刊、论文集上纷纷发表。

《江汉考古》自创刊始即自觉、密切关注铜绿山遗址的考古发掘和研究成果,遗址早期发掘成果在此报道的不多,但它却是遗址相关研究成果推介的重要平台,这些成果既有传统的考古学研究,也有新兴的科技考古成果,极大地推进了铜绿山遗址乃至中国冶金考古的研究和发展。同时,在铜绿山遗址考古工作稍作休整的时候,湖北各文物考古部门,以湖北省文物考古研究所、黄石市博物馆等单位为主,开展了在铜绿山遗址周边地区的矿冶遗址调查和发掘工作,并取得了令人欢欣鼓舞的收获。这些成果大部分在《江

---

① 夏鼐:《铜绿山古铜矿的发掘》,1980 年 6 月 2 日在纽约大都会博物馆召开的中国古代青铜器学术会上的发言。

汉考古》及其增刊上发表(表2),引起学界广泛关注和极大的研究兴趣。正因为这些考古工作和研究成果,同时结合江西铜岭、安徽铜陵等矿冶遗址亦是多年来的考古成果,铜绿山遗址的考古和研究进入了一个新的阶段,即考古界和学界不再孤立地观察研究铜绿山遗址,而是将长江中游铜矿带所在区域作为一个整体,考察以铜绿山遗址为核心的长江中游地区古矿冶遗址带,进而研究中国青铜时代和青铜文明。

表2　　　　　　　　　　　发表于《江汉考古》(含增刊)的简报

发表单位	简报名称	发表期号
黄石市博物馆	大冶上罗村遗址试掘简报	1983年第4期
黄石市博物馆	大冶古文化遗址考古调查	1984年第4期
大冶县博物馆	大冶县三处古遗址调查	1986年第4期
黄石市博物馆	大冶金湖古文化遗址调查	1994年第3期
湖北省文物考古研究所、黄石市博物馆	湖北大冶蟹子地遗址2009年发掘报告	2010年增刊
湖北省文物考古研究所、大冶市古铜矿遗址保护管理委员会	湖北省大冶市铜绿山古铜矿遗址保护区调查简报	2012年第4期
湖北省文物考古研究所、大冶市古铜矿遗址保护管理委员会	大冶市铜绿山卢家垴冶炼遗址发掘简报	2013年第2期
湖北省文物考古研究所、大冶市古铜矿遗址保护管理委员会	大冶市铜绿山岩阴山脚遗址发掘简报	2013年第3期

二

基于在中国青铜文明研究中的重要地位,上世纪末,以铜绿山遗址为核心的长江中游地区矿冶遗址带即被国家文物局列入《中国世界遗产预备名录》。进入新世纪,围绕铜绿山遗址等"申遗"工作,以及在国家文物局指导下建设铜绿山国家考古遗址公园的需要,2011年重启了对铜绿山遗址的考古调查发掘。新一轮的考古工作由湖北省文物考古研究所主导,具体负责人为陈树祥研究员。

工作伊始,考古团队根据工作目标首先开展了对铜绿山遗址保护区555.6公顷范围内的系统调查,旨在加深对整个遗址区矿冶遗存数量、分布、规模、文化内涵、年代、性质、相互关系、保存状况等方面的认识,提供对矿冶遗存抢救发掘、保护、展示及矿冶文明进程研究的基础资料,以此推进铜绿山矿冶考古遗址公园建设。本次调查共钻探面积近96000平方米,发现自东周至清代矿冶遗址12处,确定了各遗址大致范围,并在遗址上采集了一批生活和矿冶生产标本。难能可贵的是,考古调查工作完成后,考古队即在很短时间内完成了调查简报——《湖北省大冶市铜绿山古铜矿冶遗址保护区调查简报》的撰写,而《江汉考古》亦即在2012年第4期上迅速予以发表。新时期铜绿山遗址田野考古工作重启及其成果迅速在《江汉考古》上发表,引起了考古行业和学术界的广泛关注,同时《江汉考古》与铜绿山遗址从一开始就展开了紧密的合作。

由于铜绿山遗址新阶段考古工作任务和目的的不同,特别是进入二十一世纪中国考古学从理念方向到理论方法均有日新月异的发展,多学科、高科技不断加入到考古领域中来,铜绿山遗址考古团队在本轮工作启动之前即制订了明确、长远、科学的田野考古计划和学术研究方向。主要有全面调查和勘探铜绿山古铜矿遗址保护区,弄清矿冶遗址分布和保存情况;根据新的考古工作结合既往考古成果进一步探寻遗址采冶肇始年代、文化特征,在此基础上寻找铜绿山古代矿冶生产流程的遗迹,以期了解当时的矿冶生产链;寻找铜绿山古代矿冶生产、管理者生活区与墓葬区,了解他们的族属与国属;对铜绿山古铜矿遗址周边的草王嘴城址、鄂王城址、邹村古墓群等进行重点调查、勘探和抢救发掘,弄清其分布情况、文化内涵及铜绿山遗址与之关系;根据考古发现及研究成果,积极申报省级或国家社会科学基金研究项目、参评全国十大考古新发现等等。在这样的工作计划和理念指导下,铜绿山考古团队的田野工作和学术研究在接下来的多年中稳步推进和逐一完成,而这一过程正是他们通过在《江汉考古》上逐年及时报道其成果得以全面完整呈现。

2012 年,根据调查资料,为配合铜绿山古铜矿遗址博物馆新馆建设及推动铜绿山国家考古遗址公园立项,开展了岩阴山脚遗址和卢家垴遗址的发掘。两处遗址田野工作取得重要收获,岩阴山脚遗址不仅发现了不晚于西周时期到西汉时期的与矿冶生产有关的大量遗迹、遗物,其中重要的如春秋时期的尾砂堆积(俗称"风化壳"),是铜绿山遗址首次发现的该类遗存,而且发现了可能是东周时期矿工留下的"赤足印",多达 35 枚[①]。这些重要发现均是在多学科合作、科技检测分析基础上取得的,具有实证性、科学性。四方塘遗址的发现更具有突破性,意义重大(详情见下文)。《江汉考古》对两处遗址考古成果的报道即充分体现了这些方面。在发表两处遗址考古简报的同时,发表了考古团队和中国地质大学(武汉)合作的成果《古代炼炉遗存的磁法探测试验与研究——以大冶铜绿山卢家垴、岩阴山脚遗址考古发掘区为例》,和中国科学技术大学合作的成果《大冶铜绿山岩阴山脚东周时期地层中"风化壳"的成因分析》。前文通过在卢家垴、岩阴山脚两处遗址进行磁法探测试验和考古发掘验证、研究,建立数据库,为两处遗址亦为铜绿山遗址区其他遗址探寻古代炼炉遗迹位置、范围提供了一种新的科技考古勘探方法,在两处遗址的实际应用中也取得了显著成效。后者则是利用专业的仪器和手段检测分析岩阴山脚遗址东周地层中"风化壳"的化学成分及岩相组织,结合铜绿山氧化铜矿石矿物组成及地球化学特征、与周围遗迹关系等,认为"风化壳"可能是冲洗矿石后的泥流沉积(尾沙沉积),这种与古代铜矿洗矿选冶有关的沉积在大冶铜绿山乃至全国古矿冶遗址中都是首次发

① 陈树祥等:《铜绿山古铜矿遗址古人足迹考古发掘纪实》,《中国矿冶考古—铜绿山古铜矿遗址记忆》,科学出版社,2013 年,第 146—158 页。

现,对研究我国古代矿冶手工业生产链具有重要意义。

位于大岩阴山(铜绿山Ⅶ矿体)北麓的四方塘遗址,是继岩阴山脚遗址在铜绿山Ⅶ矿体周边发现的又一处重要的矿冶遗址。遗址揭露出一处东周时期的冶炼场,炼渣分布面积 170 多平方米,最厚处达 1 米,清理出炼炉、工棚基址等遗存。四方塘遗址最重要的发现是 2014 年在遗址东边一条西南至东北走向的矮山丘(俗称"对面梁")上发现发掘了两周时期及晚期的墓葬区。经过全面的揭露,共发掘墓葬 258 座,其中两周时期墓葬 246 座,春秋时期墓葬占绝大多数。通过对墓葬出土资料的研究,联系周边矿冶遗址,可以确认这是一处以两周时期矿冶管理与生产者为主的墓地。现代考古学的终极目标是通过考古实证工作,透物见人,以认识和还原古代人类社会可能的样子。我国矿冶考古工作开展得比较早,但在此之前从未发现过与古代矿冶从业者相关的墓地,四方塘遗址墓葬区的发现填补了这一空白。当年李伯谦先生听闻这一消息,十分激动,对墓葬区的重要性和意义给予了充分肯定,并亲赴现场指导发掘工作。针对这一重要发现,《江汉考古》及时主动向铜绿山遗址考古队约稿,以作宣传报道。2015 年第 5 期《江汉考古》迅速推出了《大冶铜绿山四方塘墓地第一次考古主要收获》,同期发表了拙作《试论大冶铜绿山四方塘墓地的性质》。四方塘墓地出土资料展现了以春秋时期为主的铜绿山矿冶生产可能存在的人力分工和技术种类,铜绿山作为中国青铜时代重要铜矿资源产地,春秋中期以后已被楚人所辖和开采。

四方塘遗址发现的冶炼遗存、墓地,与之前在岩阴山脚遗址发现的洗矿尾沙堆积场(风化壳)、选矿场、35 枚矿工脚印等,及以往的Ⅶ号矿体 5 处古代采矿遗址等等,共同组成了一个同时代同地区的较为完整的矿冶产业链,即铜矿开采(Ⅶ号矿体 5 处古代采矿遗址)→洗矿、选矿(岩阴山脚遗址洗矿尾沙堆积、选矿场)→冶炼(四方塘遗址冶炼场),而在这一产业链中最重要的因素——人的遗存也找到了,即洗矿尾沙堆积场的矿工赤脚印,四方塘墓地矿区管理者、生产者的墓葬。铜绿山遗址第二阶段持续、科学的考古工作,还原了铜绿山古代矿冶生产的完整产业链,找到了完成这一产业链的最需要的人,为研究东周时期铜绿山铜矿采冶空间分布、生产规模、技术流程等拓宽了视野,是中国矿冶考古的一次大飞跃[①]。2016 年 5 月 16 日,"湖北大冶铜绿山四方塘遗址墓葬区"被评为2015 年度"全国十大考古新发现"。

三

《江汉考古》与铜绿山,一个是考古期刊,一个是考古遗址,从字面看两者最直接的关联仅是一个发表考古成果,一个提供考古成果。众所周知,学术成果固然需要发布推介

---

① 陈树祥,陈丽新,席奇峰:《古代矿冶生产者公共墓地国内首现——湖北大冶铜绿山四方塘遗址墓葬区获重大成果》,《中国文物报》,2016 年 2 月 26 日。

的平台——学术期刊,而学术期刊更离不开学术成果的支撑和持续支持。作为考古专业期刊,《江汉考古》始终明瞭自身的发展离不开对考古资料的报道和研究成果的发表。铜绿山遗址作为湖北最重要的矿冶遗址,《江汉考古》在发表其考古和研究成果时,并非是坐等这些成果,很多时候是积极主动约稿,而且积极参与遗址的诸多学术活动,从多方面推动铜绿山遗址考古资料的整理和研究。

2013年底,大冶市举办"纪念铜绿山古铜矿遗址发掘40周年学术讨论会",我作为《江汉考古》负责人参加了本次会议。会议闭幕式上张忠培先生作了题为《从过去走向未来》的讲话,先生在充分肯定本次会议成功举办之后,总结和赞扬了铜绿山遗址过去的工作和成就,对遗址将来的工作更是提出了殷切希望和中肯建议。我们意识到先生这次讲话对铜绿山遗址接下来的工作,甚至是对中国矿冶(冶金)考古今后的发展都是非常有指导意义的,因此,《江汉考古》迅速将先生的讲话刊载在2014年第1期上。讲话中先生希望中国冶金考古"即从现在铜器成分的测定、铸造技术及工艺、功能、分区、考古学文化分期,以及矿冶遗址、铸造遗址及其墓葬与墓地的调查、勘探与发掘的基础上,走向青铜产业的研究""青铜产业如同一个链条,可称之为青铜产业链",明确提出了青铜产业链的概念,并指出需对其进行长期认真科学的研究。张忠培先生这一建议高屋建瓴,铜绿山遗址在其后几年围绕这一指导开展考古工作,取得了重要成果和发展。同时,《江汉考古》因为先生的讲话,吸引了一大批专家学者、作者对本刊的关注和信任,许多冶金考古发掘和研究成果纷纷投稿。

四方塘遗址墓葬区发现后,在陪同李伯谦先生考察考古工地时,先生对墓地的高度重视和对其价值的充分肯定,让我们意识到这是一次非常重要的发现,因此编辑部及时向遗址负责人陈树祥研究员约稿。考古收获完成后《江汉考古》第一时间给予报道,同时同期发表了对墓地的研究性文章。这组成果迅速让业界和学界注意到铜绿山遗址这一重要考古发现,也为后来该发现入选2015年"全国十大考古新发现"发挥了重要作用。在四方塘遗址墓葬区参评全国十大考古新发现的过程中,《江汉考古》直接参与了参评活动,协助大冶市和铜绿山遗址考古队召开遗址学术研讨会;参加参评资料的整理和撰写等等。虽然这些并非期刊需要做的工作,但是这些工作,一方面有助于遗址终获十大考古新发现的殊荣,另一方面对建立期刊与考古遗址良好的合作关系大有裨益。

为全面整理和提升研究2011年以来的田野考古成果,铜绿山遗址考古团队以"大冶铜绿山矿冶遗存考古新发现资料整理与研究"为题申报2017年度国家社科基金重点项目并获通过。多年来,《江汉考古》持续对铜绿山考古发掘和研究成果的报道,大大推动了遗址的学术研究。这些成果是遗址取得国家重点社科基金项目的重要学术支撑。在基金项目实施过程中,《江汉考古》又是项目成果发布的重要平台。同时,《江汉考古》还协助遗址考古团队亦即项目团队完成该项目的开题报告及相关学术会议,促进项目成果多产快出。

长江中游矿冶文明是长江文明乃至中华文明的重要组成部分,为配合国家长江经济文化建设战略目标,推进长江流域矿冶考古新征程,2015 年 5 月,在湖北省文物局支持下,由湖北省文物考古研究所发起,联合湘、赣、皖三省文物考古研究所和部分高校、大冶铜绿山古铜矿遗址保护管理委员会等,成立了"长江流域矿冶考古联盟"。鉴于铜绿山遗址在中国考古学特别是中国矿冶考古中的重要地位和意义,"长江流域矿冶考古联盟秘书处""长江流域矿冶考古联盟研究中心"均设于铜绿山遗址考古工作站。联盟聚集了长江流域矿冶遗址和中国矿冶考古主要人才,制订了长江流域矿冶考古未来发展目标和规划。长江流域矿冶考古不应局限于长江中游四省,也不再局限于铜矿矿冶遗存,还应将视野扩展到整个长江流域,加强对金、银、铅、锌、铁、锡、丹砂等矿冶遗存的调查和研究,多学科、多领域,相关科研院所和高校共同参与,要将考古工作、学术研究、遗产保护与利用等有效结合起来,真正做到长江流域矿冶考古为长江经济带社会经济发展服务,促进民生发展。在这样的规划和目标指导下,长江流域矿冶考古进入一个全新阶段,铜绿山遗址考古范围、领域扩大,考古队联合联盟成员北京大学陈建立教授团队、北京科技大学李延祥教授团队在长江中游地区取得了许多重要发现和研究成果,比如前者在湖南桂阳桐木岭锌矿遗址的考古工作,后者多年来对阳新地区铅矿遗址的调查和研究等等。对此,《江汉考古》一如既往给予支持和重视,相关成果不断在其上刊载和发表(表3)。

表 3   2011 年以后发表于《江汉考古》的论文

作者	论文题目	发表期号
殷玮璋、周百灵	铜绿山古铜矿采矿技术的思考	2012 年第 4 期
湖北省文物考古研究所、中国地质大学	古代炼炉遗存的磁法探测试验与研究——以大冶铜绿山卢家垴、岩阴山脚遗址考古发掘区为例	2013 年第 2 期
秦颖等	大冶铜绿山岩阴山脚遗址东周时期地层中"风化壳"的成因分析	2013 年第 4 期
陈丽新、陈树祥	试论大冶铜绿山四方塘墓地的性质	2015 年第 5 期
和菲菲	商周时期南北方铜矿开采技术比较研究	2020 年第 1 期
李延祥等	湖北阳新炼铅遗址群调查与初步研究	2021 年第 2 期

铜绿山古铜矿遗址发现已达半个世纪,50 年来,几代考古人为之奋斗,遗址文物保护和学术研究成果丰硕,遗址价值意义重大,社会和学界有目共睹。2021 年,中国考古学诞生 100 周年,铜绿山古铜矿遗址毫无悬念地入选了中国"百年百大考古发现"名录。2022 年,国家社科基金重点项目"大冶铜绿山矿冶遗存考古新发现资料整理与研究"顺利结项,取得优良成绩。《江汉考古》自创刊起,见证了铜绿山遗址考古发掘、考古研究的风雨历程,而遗址也支持推动了期刊的成长和发展。新时期在中华民族伟大复兴的光明道路上,文明探源,文化自信,中国考古事业责任重大而道远,铜绿山、江汉考古是这一重要事业中的一份子,将继续携手、砥砺前行,作出自己应有的贡献。

铜·绿

——纪念铜绿山古铜矿遗址发现五十周年[①]

胡　胜[②]

江汉朝宗,荆及衡阳
阳帝之山,铜美华章[③]

后母戊的鼎,曾侯乙的钟
天子诸侯、大夫元士
一个时代秩序与礼仪的缩影
由一种横空出世的金色材料铸就
随着岁月沉淀
泛出古朴青绿的宝光

妇好的钺,鸠浅的剑
鼓角铮鸣、征伐攻略
王侯将相的身份和命运
卧薪尝胆的荣辱与传奇
都集结在锋利的兵刃之上

----

① 湖北大冶铜绿山古铜矿遗址是中国目前发现采冶延续时间最长、采冶规模最大、采冶链最完整、采冶技术最高、保存最完整的古代矿冶遗址。从1973年开始考古发掘,其丰富而卓越的矿冶考古成果蜚声国内外。其开创了中国矿冶考古和青铜器研究的新领域,充分证明早在2700年前我国就创造了完整和高超的采矿炼铜技术,填补了我国矿冶史上铜矿开采冶炼的历史空白,揭开了华夏青铜文化史上铜原料的产地和铜矿如何开采以及冶炼成铜金属的千古之谜。时值铜绿山古铜矿遗址考古发现50周年,特作诗以纪。

② 作者单位为华中农业大学博物馆。

③ 《山海经·中次十二经》载:"又东南一百二十里,曰阳帝之山,多美铜";清代吕调阳《五藏山经传》卷五载:"此经所志,洞庭以西以东诸洞山也。"

任凭沙场赤红的热血

融化了肃杀的霜花

又或者

折戟沉沙

淹没在历史的长河里

刹那千年

我曾遥想大禹九鼎究竟有多重

我曾探寻商鞅方升到底有多准

我曾注目尊盘的精美繁复

我曾侧耳镈钟的悠远洪亮

我曾惊愕面具的诡谲神秘

我曾感叹冰鉴的智慧绝伦

这是文明的分量

这是文化的温度

这是青铜的礼赞①

当夏之风吹过商之城

当长江从广汉流到新干

楚之先民筚路蓝缕成就了华夏铜之渊源②

大冶湖畔

散落的锛镢锤铲、瓢桶斗耙

是否凝集过滑落皮肤的汗水③

岩阴山脚

---

① 铜绿山古铜矿遗址中最古老的矿井距今3200多年，可上溯至商代晚期，经西周、春秋、战国直到西汉，隋唐以后在早期遗址上继续开采，前后延续了13个世纪之久。据考古研究，后母戊鼎、越王勾践剑、曾侯乙编钟、盘龙城商代青铜器等的铜元素，与铜绿山古铜矿遗址所出产的铜原料的元素基本一致，推测其制作原料可能来自铜绿山。

② 青铜器是中国古代物质文化遗产中重要的有机组成部分。铜绿山古铜矿出产的铜，是商周以来青铜器制作原料的重要来源之一。中国青铜时代开始于公元前2000年，经夏、商、西周、春秋、战国和秦汉，历时近15个世纪。安阳殷墟、广汉三星堆、新干大洋洲等地都出土了大量精美的古代青铜器。

③ 1974至1985年铜绿山古铜矿遗址的第一轮考古发掘，发掘总面积约4923平方米，发现了一批采矿、冶炼遗址，出土了大量铜斧、铜锛、铁斧、铁锤，以及木、竹、石质采矿、冶炼工具及矿冶标本千余件，找到中国青铜时代铸造铜器的铜料来源。

几趟纷杂交错的赤足脚印
依稀伴随着斧劈钎凿的叮当声
一路走到我们的跟前①
仿佛 3000 年的时光没有逝去
依然炉火照天地、红星乱紫烟②

依然可以寻一个雨后的好天气
访山顶高平,观局势对峙
看那漫山遍野有铜绿如雪花小豆
夹杂海州香薷的盈盈紫色
与雨过天晴云破处的一抹青蓝
相映成趣③

---

① 2012 年至 2017 年铜绿山古铜矿遗址的第二轮考古发掘,在岩阴山脚下遗址发现 35 枚古代矿工脚印、在四方塘遗址发现 258 座古墓葬。这是中国首次发现与矿冶遗址直接相关的墓地,解决了古铜矿遗址长期"见物不见人"的问题,为研究古代矿冶生产的人力分工、技术种类、生产流程等提供了珍贵史料。铜绿山古铜矿遗址两轮考古发掘成果,填补了中国矿冶乃至世界冶金史的空白。

② "炉火照天地、红星乱紫烟"出自唐代李白《秋浦歌十七首》,描绘热火朝天的冶炼场面。隋唐时期"大兴炉冶",大冶因此得名。李白在《武昌宰韩君去思颂碑》中亦写道:"铜铁曾青,未择地而出。大冶鼓铸,如天降神。既烹且烁,数盈万亿……"热情歌颂了大冶矿冶业的发达。

③ 《大冶县志》记载:"铜绿山在县城西五里,山色紫赤,每骤雨过时,有绿点缀土石之上,如雪花小豆,或云古出铜之所。"在黄石大冶的铜绿山上,有一种野花称为铜草。早在商周时期,古代铜绿山先民就发现可以根据这种植物判断铜矿资源埋藏情况,并以此寻矿。铜草即海州香薷($Elsholtzia\ splendens$ Nakai ex F. Maek.)是唇形科、香薷属植物,能吸附土壤中铜金属,在铜矿区分布较多,"铜草"即由此得名。

难忘的一九七三年

李天元[①]

1973 年 10 月，湖北大冶铜绿山矿在 1、2 号矿体大露天采场剥离作业时，发现 2 件大铜斧。矿办公室主任喻家茂和技术员杨永光二人合计，铜斧可能是古人开采铜矿的工具，说不定很有考古价值，向矿领导汇报了这件事。副矿长齐会彬就安排他们将其中使用磨蚀较甚、体积较小的一件寄往中国历史博物馆（今国家博物馆），附寄一封信简要说明发现经过。中国历史博物馆很重视这一发现，立即安排孔祥星、范世民二位研究人员来湖北调查。湖北省博物馆派我、黄石市文化馆派张海、大冶县文化馆安排余为民参与调查。

调查组在铜绿山古铜矿遗址呆了约一个星期，矿领导对考古调查工作非常重视，派技术员杨永光等同志和我们一起参与考古调查工作，矿党委书记黄华臣有时候也和我们一起进矿区调查，矿广播室每天滚动播放"欢迎考古队到铜绿山进行考古调查，保护文物有功，破坏文物犯罪，希望工人们在生产中注意保护好文物"的宣传。

当时铜绿山矿 1、2 号矿体已开采形成一个大的露天坑。记得有一天调查小组到露采工地时，发现在 24 线西面边坡上残留有一些古矿井，矿党委书记黄华臣同志要求露采车间调整生产作业面，配合考古队发掘清理。调查小组在清理这处竖井遗迹时，杨永光同志给我们讲解了许多井巷结构和构筑方法，使我们学到了不少采矿知识。

在这次考古调查中，杨永光还陪同我们走访了一些矿工师傅家，了解发现古矿井的线索，征集矿工们珍藏的出土遗物。收集到的遗物种类很多，有铜斧、铜锛、铁斧、铁耙、铁锄、木铲、木槌、木锹、木撮瓢、木斗、木钩、木辘轳主轴等，丰富了我们对古铜矿遗址内涵的认识。

根据这次调查获得的资料，孔祥星提议，由我执笔编写了一篇调查简报，经孔祥星修改定稿，发表在《考古》1974 年第 4 期上。基于当时的形势，没有写明大冶铜绿山，题目是《湖北古矿冶遗址调查》。铜绿山古铜矿遗址由此面世。随后，湖北省博物馆在王劲副

---

① 作者单位为湖北省考古研究院。

队长的带领下,完成了大露天采场 24 线古矿井遗址的发掘任务。黄石市博物馆发掘了 11 号矿体的古矿井和炼炉;中国科学院考古研究所完成了 7 号矿体 1 号点春秋采矿遗址的发掘任务。湖北省考古研究所陈树祥研究员完成了铜绿山古铜矿遗址四方塘墓地的发掘任务,古铜矿遗址"见物不见人"的问题迎刃而解。2021 年,铜绿山古铜矿遗址也被评为中国"百年百大考古发现",载入史册。

铜绿山管委会为纪念铜绿山古铜矿遗址发现 50 周年向我约稿,因旅居美国,手头资料不全,只好写两首七绝以贺之:

一

镜照菱花凝笑靥,

鼎排九秩列朝班。

青铜文化根何在?

大斧劈开铜绿山。

二

井巷深深藏日月,

铜辉烁烁闪荧光。

劳工血泪著青史,

青史从来重帝王。

铜绿山工作琐记

张　潮[①]

1980 年前后,我先后参加了铜绿山古铜矿遗址 11 号矿体、4 号矿体、7 号矿体 2 号点的发掘工作。回想当年,往事历历在目。在边工作边学习的过程中,自己开始对矿冶考古有了一定的了解;在边实践边思考的过程中,自己逐渐对一些问题也有了新的认识。

对开采者族属的认识

铜绿山古铜矿遗址的发现,为我国商周时期铜的开采和冶炼问题找到了答案,长期让人困惑的青铜文化铜的来源问题随之豁然意解。随着研究工作的展开,大家开始关注一个新的问题,即与之相关的考古学文化面貌究竟如何? 又具有怎样的特点?

11 号矿体春秋早期炼铜遗址,是铜绿山前期经过科学发掘的遗址之一。遗址出土器物里有一件完整的陶鬲,足上有一道纵向刻槽。同时期文化层中亦发现不少同类型鬲足,且式样有所变化。这类器物,以往较少见,很引人注目。

此后不久,我们几乎走遍大冶地区各个乡镇,对该地区古文化遗址进行了调查。调查发现,在为数众多的商周遗址中,大都有炼渣堆积,除了刻槽足鬲外,大都可采集到一种带长方形镂孔的陶豆和带护耳的陶甗。这些器物明显具有新的因素、新的特点,似包含着新的内容。

大冶上罗村遗址与铜绿山古铜矿遗址相距不远,紧邻红卫铁矿。红卫铁矿曾见到古代采矿物品。为了从多方面多角度掌握古代采冶信息,尤其希望能加深对铜绿山古铜矿遗址考古学文化面貌的了解,我们对该遗址进行了试掘。试掘开五条探沟后,出土了一批西周晚期的器物,其中就包括刻槽足鬲,还有长方形镂空豆,但未见护耳甗。总的来看,上罗村与铜绿山炼铜遗址出土的器物有不少相似性,二者应该可以对接起来。

1983 年 5 月,围绕大冶地区乃至整个鄂东南地区的考古新发现,湖北省考古学会在黄石博物馆召开了一个专题座谈会,以便大家进行成果交流和讨论,区域内的博物馆多

---

①　作者单位为中山市博物馆。

安排人员参加。我在会上谈了自己的些许看法：此地西周时期的考古学文化，应该是一种尚未被充分认识的文化，应该能与古越族联系起来。

于是有了《古越族文化初探》一文，发表在《江汉考古》1984 年 4 期上。文章主要内容有三点：

一是初步归纳出本地区西周时期文化的基本特征，并将刻槽足鬲、长方形镂孔豆、护耳甗定为该文化最具代表性的典型器物。

二是大致划出该文化的分布范围，主要在大别山以南幕埠山以北的大片区域，鄂中、鄂东南、赣西北都包括在内。

三是通过对文献资料的分析，判定该文化属古越族文化。

这篇文章，较早对一种新的考古学文化进行了探讨。尔后，铜绿山 11 号矿体西周采矿点、阳新大路铺、大冶蟹子地三处遗址的发掘，极大丰富了该文化的内涵，将该文化的研究引向深入，十分值得重视。

综合近些年的研究看，该文化的起始年代现在可以提前到商代，西周时期发展到极盛，春秋早期以后逐渐衰退。以遗址的密集程度推之，该文化分布的中心区域应该在鄂东南；遗址多在铜矿床附近，则是它分布的一大特点；铜矿资源又好似催化剂，促进了它的形成与发展；而矿冶文化深深的烙印，更使它放射出奇光异彩。

需要提及的是，关于该文化的定名问题：将时代性、地域性、文献记载等结合起来看，这一文化还是应该属于古越人所创。考虑到连续性、一致性、可参照性等因素，为了能够增加对它的辨识度，好与商文化、周文化、楚文化进行对比，是否可以直接将它称为古越文化？

对古矿井支护的认识

铜绿山古铜矿遗址的发掘，填补了我国青铜文化研究领域里的一个空白。其开采规模之大，延续时间之长，罕有所见，罕有所闻，着实令人震撼与惊叹。我国商周时期的采矿技术，第一次高度集中、全面系统、以全景的方式展现在我们面前。

发掘资料表明，铜绿山古铜矿遗址的地下开采技术自成体系，已采用竖井、平巷、盲井联合开拓法进行深井开采。在这一开拓方式中，矿井支护是必不可少的关键环节，借以起到保持围岩的稳定，保证井巷畅通的作用，从而使地下开采得以顺利进行。所以，遗址出土的支护不仅种类多，而且数量甚大。

正是由于铜绿山古铜矿遗址的发掘，才使得矿冶考古学很快兴起。矿冶考古学既包含采矿冶金学的内容，又包含考古学的内容，二者缺一不可。因此，除了生产工具等之外，双管齐下，两种手段并用，对铜绿山古铜矿遗址出土的矿井支护，一方面从技术层面进行分析，另一方面从考古类型学层面进行分析，对我们深入了解当时的采矿技术及时代特点,无疑会起到很大的帮助作用。

铜绿山古铜矿遗址点多面广,各个点的古矿井支护式样也看得见区别,且有些基本条件已具备,可以让考古类型学分析得到开展。这些条件包括:有地层叠压关系,有井巷打破关系,有一批碳十四测年数据。但古矿井支护的分析,以往毕竟不多见,没有现成的模式可遵循,怎样入手是一个难题。经过反复斟酌,我们选择将整副框架作为切入点来讨论,以期更好地了解其发展演变规律。

这里,还应谈到"江南商周矿冶文化圈"的概念,事实上,这一文化圈的存在是可以确定下来的,包括大冶铜绿山、阳新港下、瑞昌铜岭、铜陵金牛洞等遗址都在其中。对该文化圈,大致可以归纳出这样一些特点:都分布在长江中下游铜矿带上;采矿由露采到坑采;掌握了槽探、井探等探矿技术;利用船形木斗一类的工具选矿;井下开采实行井巷联合开拓法;采矿时木制工具锹、铲、槌等与青铜工具斧、锛、凿等并用;解决了井下通风、排水、照明等一系列问题;代表了当时采矿技术的先进水平。

鉴于此,将古矿井支护的讨论,放大到"江南商周矿冶文化圈"内,其实可行。经过整合,我们把所见竖井支护分为四型Ⅸ式、平巷支护分为四型Ⅴ式,然后进行了分期。总共分为八大期:

第一期:商代中期,有双碗口接竖井支护、单碗口接内撑式平巷支护。见于铜岭遗址。

第二期:商代晚期,有双碗口接内撑式竖井支护、贯通榫立柱平巷支护。见于铜岭遗址。

第三期:西周早中期,有尖头双榫双卯扁木、尖头双榫双卯扁木圆木混合式、尖头单榫单卯剑矛式、平头双榫双卯、平头单榫单卯竖井支护,双榫立柱、叉式立柱平巷支护。见于铜岭遗址、铜绿山遗址。

第四期:西周晚期,有双碗口接、多碗口接、单双碗口接混合式竖井支护,单碗口接内撑式平巷支护。见于铜岭遗址、港下遗址。

第五期:春秋早中期,有双碗口接、尖头双榫双卯扁木、尖头双榫双卯扁木圆木混合式竖井支护,双碗口接内撑式、双榫立柱平巷支护。见于铜岭遗址、铜绿山遗址。

第六期:春秋中晚期,有尖头双榫双卯扁木、尖头双榫双卯扁木圆木混合式竖井支护,双榫立柱平巷支护。见于铜绿山遗址。

第七期、春秋晚期至战国早期,有搭口式竖井支护。见于铜绿山遗址。

第八期:战国至西汉时期,有搭口式竖井支护,单碗口接内撑式、单碗口接与搭口混合式、叉式立柱平巷支护。见于铜岭遗址、铜绿山遗址、金牛洞遗址。

2001年,在广东科技出版社出版的《商周采矿技术简稿》一书里,在解析江南诸采铜遗址时,我们曾专门对古矿井支护作了比较详细的讨论。

值得注意的是,铜绿山的支护技术曾两次向赣西北等地施加影响:一是西周时期榫卯支护传到铜岭遗址,二是春秋晚期至战国早期的搭口式支护传到铜岭和金牛洞等遗址。到了战国至西汉时期,江南地区的竖井支护形式便基本以搭口式统一起来。由是言之,且不论其他,仅从古矿井支护的发展演变关系看,就足以加深我们对铜绿山古铜矿遗址在"江南商周矿冶文化圈"所占重要地位的认识。

"往事越千年。"凭着勤劳勇敢、聪明智慧,凭着一系列发明创造,江南地区的古越族在矿冶业方面取得了巨大成就,为我国青铜文化发展史谱写出了精彩篇章。但不知是什么原因,他们的事迹在史籍中却鲜有所见。铜绿山四方塘的发掘,可谓打开了一扇新的大门,使我们得以了解当时矿冶生产管理者和生产者的信息。这些信息对古越族历史的研究起到了重要推进作用,值得高度关注。

期待更多的古越族之谜得到破解。

参考文献

[1] 黄石市博物馆. 铜绿山古矿冶遗址[M]. 文物出版社,1999 年.

[2] 湖北省文物考古研究所,黄石市博物馆,阳新县博物馆. 阳新大路铺[M]. 文物出版社,2013 年.

[3] 湖北省文物考古研究所,黄石市博物馆. 湖北大冶蟹子地 2009 年发掘报告[J]. 江汉考古,2010(4).

[4] 湖北省文物考古研究所,大冶铜绿山古铜矿遗址保护管理委员会. 大冶铜绿山四方塘墓地第一次考古主要收获[J]. 江汉考古,2015(5).

[5] 胡永炎. 先秦时期长江中游的矿师文化[J]. 中国文化研究,2012(4).

一曲难表胸中情　只言且将遗址颂

——《铜绿山之歌》创作随感

胡志国[①]

今年是铜绿山古铜矿遗址考古发现五十周年。当年作为第九大奇迹的重大发现证实了华夏矿冶文明之久远、技术之精湛、规模之宏大。遗址成为我市的文化瑰宝,是根和魂。大冶从铜矿开采到青山场院,取"大兴炉冶"之意定名为大冶,成就了我市在祖国大家庭的战略地位。"百里黄金地,江南聚宝盆"绝非徒有虚名,大冶因矿而兴,为国家提供了重要的战略资源,作出了重要的贡献!

遗址的保护和利用历来受到各级领导的关注和重视,国家文物总局及各级文物主管部门更是时刻关注遗址的现状。近 30 年以前,我在市委办公室工作时,经常接待国家、省、市的相关领导参观考察遗址。2010 年 8 月,黄石市举办"矿冶文化节",将遗址管理权下放给大冶,大冶城区九条路刷黑,市委、市政府出资 6000 万元将遗址通道刷黑和馆内设置更新,当时由时任副市长的熊志红担任指挥长。

2014 年,市委将全市重点工作梳理为九大板块,市委分工由我牵头,政府副市长毕正洁、人大副主任熊志红协助具体抓文化产业这条线的工作,当时铜绿山管委会主任是冯海潮同志,邀请我为铜绿山古矿遗址写一首歌,歌词定稿后,为了慎重起见,特邀请我省知名音乐家、国家一级作曲、原省歌舞团指挥万传华老师作曲,时任铜绿山管委会副主任的黄朝霞陪同我一同去万老师家完成了音乐创作。由省歌剧专业演员秦德松(歌剧《洪湖赤卫队》主角刘闯扮演者)演唱这首歌,气势磅礴,音域宽广,适合大舞台演出,但由于专业性太强,不适合群众传唱。记得有一次活动,本想请本地音乐老师演唱,音乐老师说一时难以唱会,不得已又请原创专业歌手到现场演唱。经历此次活动后,我觉得有必要重新写一首旋律优美、便于大众传唱的铜绿山之歌,去年春节期间,我对原词做了修改,经过反复推敲最后定稿,然后对着原稿哼出了旋律,用小提琴和二胡试奏后,确定了调试并邀请了我市歌舞剧院专业歌手吴莎演唱。音协主席吴畏完成音乐制作,他在音乐

---

① 作者为大冶市政协原主席、中国音乐家协会会员、黄石音协顾问、二胡专业委员会名誉会长。

制作过程中,还模仿了采矿时发出的声音,很逼真。第一次搬上舞台是在去年我的家乡——还地桥的一次文化活动上。我发给微信上的朋友,大家都对这首歌表示认可。

创作歌曲是一件非常费神的工作,歌词只有简短的几句话,却要雅俗共赏、心心相印,唱起来要便于发音、便于记忆、便于传唱。我的体会是,歌词要让文字素养高的人觉得不肤浅、不俗气,又要让大多数普通受众觉得不咬文嚼字、不生僻。再则,从哪儿开头,在哪儿收尾,也要精心构思,开头要吸引人,收尾要让人回味无穷。比如,2016年我写的《北山美》,开头是:"北山美,北山翠,千年古树连天际……"第一段结尾是:"常登北山养心肺"。第二段结尾:"常登北山活百岁。"听到这首歌,大家都想到有"深闺匡庐"美誉的北山走一走。《铜绿山之歌》第一段第一句是这样写的:"美丽的铜草花在这里绽放,先祖的汗水在这里流淌",第二段的第一句:"炉膛的火焰闪耀着金光,矿冶文明在这里启航",开头之所以选择铜草花,因为古人探矿是以铜草花作为标志的,有铜草花的地方就有矿,用铜草花开头就显得很自然。第一段结尾:"精湛工艺、举世无双。"当时的开采炼铜技术是世界一流的。第二段结尾:"铜绿山您是一座丰碑,永远耸立在世界的东方。"这一句是发自肺腑的咏叹。几千年前,华夏先民采冶技术的成就好比今天的卫星上天、蛟龙入海、北斗组网,对世界的贡献是巨大的。青铜器的出现标志着人类从新石器时代迈向使用金属制品时代。同时,这句词也借古喻今,今天的中国在以习总书记为核心的党中央领导下,核心技术正在突破美西方的封锁;航天技术、数字人民币、海水提铀、液体电池等等领先世界,中华民族正以昂扬向上姿态,战胜复兴路上的各种险阻,傲然屹立在世界的东方。歌词的篇幅有限,只能用简短的语言点明主题,不能面面俱到。在我的创作旅程中,总是离不开青铜的印记,也顺便介绍下这些歌曲。从2002年开始创作第一首市歌《拥有辉煌》,这里由于与青铜文化有关,也顺便介绍下这首歌。时任市委常委、宣传部部长陈金才委托作家协会创作市歌,我当时兼职作协常务副主席(主席是李相淦同志),李主席让我主持会议时安排一下市歌征集工作。我也尝试着写了一首,经黄石作协和音协的同志评审,《拥有辉煌》从十二首歌中脱颖而出,居然评上了。后来一次与大冶的几位知名作家谈到歌词,唯独我的歌词将青铜文化写进来了,第一段是这样写的:"这是一个古老文明的地方,千年炉火燃烧兴旺,先辈们铸就青铜文化,留下瞩目历史篇章。"2005年,这首歌还被推荐上央视"第三届诗仙太白杯"城市与企业形象歌曲展播,后被评为最佳作词奖。由著名词作家阎肃老师为我颁奖。2015年应铜绿山古铜矿遗址管委会邀请为举办"铜草花节"创作《铜绿山之歌》。2019年时任大冶市委书记王刚同志委托市文旅局局长赵桂仙同志组织力量创作一首城市形象歌曲,应赵局长之邀,我创作了一首《大冶,令人向往的地方》(词、曲)这首歌,由当地歌唱演员吴莎演唱,音乐录制由市音协主席吴畏完成。歌词大概内容:"青铜故里、四海名扬,清醇劲酒、五洲飘香,今日大冶、魅力无限,人们尽享快乐时光",2020年大冶电视台把它搬上舞台成为春晚首唱。还有一件事也与遗址有关:2015年,市文联(时任主席余伟)面向全市征集城市定位语,在一万多件来稿中,由我起草的"青铜故里、劲酒新都、古建之乡"入选10条备用作品,以胡德志的署名发表在《今日大冶》。当然随着大冶的发展,有的产业后来居上,还会重新创作定位语。

总之,《铜绿山之歌》虽只有寥寥数语,旋律也非常简单,但的确是一个在这块土地上生活了几十年的人用心用情吟唱出来的,作品完成后,存在着一曲难抒胸中情,只言且将遗址颂的感觉。诚望后来者会写出更加优美动听的《铜绿山之歌》。

附:

铜绿山之歌

胡志国 词曲

1 = G 2/4

美丽的铜草花　在这里绽放,先祖的汗
炉膛的火焰　闪耀着金光,矿冶文

水在这里流淌,采矿炼铜开辟新时代,
明在这里启航,壮丽的画卷令人瞩目,

超群的智慧创造辉煌。铜绿山,铜绿山,你是一块
青铜文化源远流长。铜绿山,铜绿山,你是一座

结束句

瑰宝,精湛工艺精湛工艺举世无双。
丰碑,永远耸立永远耸立世界的东方。世界的

东方。

柯俊院士与黄石

陈　军[①]

柯俊(1917 年 6 月 23 日—2017 年 8 月 8 日),国际著名金属物理学家、科学技术史学家和教育家,1980 年当选为中国科学院学部委员(1993 年改称院士),其后兼任中国科学院技术科学部常委。他还兼任国家自然科学基金会顾问委员会委员,中国科学技术协会青年科技奖评审委员会委员。由于在奥氏体中温转变—贝氏体方面的学术成就,被国际同行称为贝茵体先生(Mr. Bain)。半个多世纪以来,他奋斗在冶金和材料科技界、教育界、工业界、考古界,情系矿冶,悉育桃李,成就了辉煌的钢铁人生,也因此与矿冶名城黄石结下了不解之缘。

解放前,亲临黄石督导抗日厂矿大拆迁

1938 年柯俊从武汉大学毕业之际,时值武汉城即将失守的危急时刻。国难当头,他毅然投身到抗日救亡的战斗中。当时的国民工业主要包括军用物资、国营工业、民营工业三个系统。大敌当前,一项重要而又棘手的工作就是将工厂搬迁到安全的地方,以最大限度地保护国家财产。

民营工矿企业(包括部分公营企业)的拆迁工作,是由国民政府经济部工矿调整处负责,处长由国民政府经济部部长翁文灏兼任。柯俊的恩师姚南枝当时在经济部任职,他就把得意门生柯俊推荐给了翁文灏,柯俊被分配到工矿调整处工作。工矿调整处的具体工作,是由翁文灏的得力助手,即副处长兼财务组长的张兹闿直接负责。根据工矿调整处的工作安排,柯俊负责民营工业工厂的内迁工作,主要任务是将长江中下游城市的重型机械化学工业和纺织工程设备迁到四川、陕西、云南、贵州等地,以免国家重要财产落入日本侵略者之手。

当时,柯俊的主要任务是和同事们一起在武汉及其周边地区督导厂矿拆迁,以各种优惠条件说服资本家,并帮助他们拆走一切可拆的设备,并承诺所有权还是属于资本家。

---

① 作者单位为黄石市档案馆(市史志研究中心)。

对于不愿意拆迁的工厂,则准备炸毁,绝不留一点能用的东西给日本侵略者。柯俊的第一个任务就是带领一些人来到黄石,先是说服一个水泥厂厂主,将工厂拆迁到湖南常德。随后,他又负责黄石长江码头边上的一个煤场拆迁工作。局势一天比一天紧张,日本人快侵略到武汉了,而中国最早的钢铁联合企业汉冶萍煤铁厂矿有限公司所属大冶铁矿、大冶钢铁厂还有很多重要的设备没有完成搬迁,柯俊日夜组织拆迁工作。

1938年6月下旬,马当防线告急,蒋介石手谕拆迁黄石各厂矿。为拆迁黄石各厂矿,国民政府经济部、交通部组成联合办事处。计划拆迁的厂矿有利华公司、源华公司、华新水泥厂、象鼻山铁矿四家单位。需拆迁的机件、物料为8500吨,迁运的煤炭为6.8万吨。计划将利华公司迁往四川,其他厂矿分水陆两路,紧急迁往武汉再转湖南。工矿调整处派执行组副组长李景潞及组员柯俊前来黄石督导,设立拆迁办公室,李景潞任主任。他们与驻军及武汉卫戍司令部所派之爆破队密切合作。执行组确定了各厂矿拆迁的机件数量、装箱运往码头的时间进度等,又协调大型船只装运。时间紧急,任务繁重,时有日机空袭,他们只能夜以继日地工作。

至8月12日,黄石各厂矿拆迁工作完成,拆迁办公室撤离。随后,李景潞向工矿调整处呈报了拆迁经过。报告称,华新水泥厂原计划的2300吨已全部运出,还带出重要配件及机器,以备补充之用;利华煤矿计划拆迁的1100吨重要机件和新式设备也全部运出;源华煤矿原计划拆迁1350吨,其中有轻钢轨及抽水机因水涨井淹无法运出,运出了1300吨;象鼻山铁矿由湖北省建设厅负责,执行组协助,共拆运出1600吨。8月14日,国民政府经济部工矿调整处业务组组长林继庸批示:"此次督拆迁大冶厂矿工作繁重,应付因难,本处所派李副组长景潞、柯俊组员两员,辛劳月余,处置有方,其劳可念,拟请传谕嘉勉。"翁文灏批示:"即办文呈部。"可见,国民政府经济部的领导,对柯俊他们此次拆迁黄石境域的厂矿颇为满意。

此时汉阳铁厂和大冶钢铁厂的许多重要设备,已经由国民政府兵工署迁到重庆了。但因为撤得很匆忙,据说当时许多人饭都没有吃完就被迫撤离,所以还有许多东西根本没有时间收拾。放心不下的柯俊,特意又来了一趟大冶钢铁厂。他撬开了工程师住房的大门,把地上剩下的东西仔细收集起来,把所有能拆的设施都拆掉带走。最让他着急的是剩下两个100立方米的高炉无法运走,这在当时的中国已经算是比较大的炼铁炉了。高炉无法带走,又担心被日本人霸占,柯俊果断点燃了炸药。一声巨响,高炉被炸歪了,宣告它们彻底地报废。随后黄石很快被封锁,柯俊等又撤退到武汉,接着组织拆迁武汉的纱厂、发电厂、纸厂等。

解放后,多次实地考察铜绿山古铜矿遗址

位于黄石市大冶西南三公里处的铜绿山古铜矿遗址,发现于1973年,考古发掘始于

1974年。遗址历史价值和科学价值之巨,震惊世界。柯俊院士是国际著名的冶金史学家,自铜绿山古铜矿遗址发现时起,他便关注、关心该遗址的发掘、研究、保护和宣传,并为此倾注了大量心血。柯俊院士认为:"铜绿山古铜矿代表了一个时代采铜炼铜的水平。"

柯俊院士多次来铜绿山古铜矿遗址考察,并对当时铜绿山古铜矿遗址的考古工作给予了有力的指导。其中一次,1976年6月30日,他在湖北省博物馆馆长陈国钊先生等人陪同下,专程来铜绿山古铜矿遗址考察。次日,他还应邀在海观山宾馆主楼大会议室,就铜绿山古铜矿发现的重要意义及我国古代冶金技术发展史作了学术报告。

柯俊院士还多次邀请并陪同世界各地著名的冶金史研究专家来铜绿山古铜矿遗址考察,并亲自担任翻译,与考古人员交流。其中,1981年春,铜绿山XI号矿体冶炼遗址春秋早期的冶炼竖炉已发掘出土,为筹备10月份在北京召开的"古代冶金技术国际学术讨论会",柯俊院士陪同美国宾夕法尼亚大学教授麦丁先生考察铜绿山古铜矿遗址。麦丁教授对珍贵的古矿井、炼炉和炼渣极感兴趣,边看边说,并将所看到的一切都用录音记录下来。麦丁教授说:"在世界其他地方,看了很多古代矿冶遗物,铜绿山是第一流的。在中东等地虽然很早就开始了铜矿的冶炼,但保存这样大规模的地下开采遗迹、较完好的冶炼用炉,炉渣温度高、流动性好、含铜量低是很少见的。"考察过程中,柯俊院士希望黄石市博物馆为即将召开的古代冶金技术国际学术讨论会提交一篇论文。10月,古代冶金技术国际学术讨论会如期在北京举行,国内外约50位从事冶金、考古、科技史研究的权威学者参加会议。黄石市博物馆派周保权馆长参加会议,提交了论文《从铜绿山古矿冶遗址看我国古代矿冶技术成就》。会上周保权馆长热情邀请与会专家到铜绿山古铜矿遗址考察。铜绿山古铜矿遗址的发掘研究成果,引起了世界各国专家、学者的兴趣和重视,纷纷表达了来黄石铜绿山古铜矿遗址考察的愿望。

会议结束后,柯俊院士又陪同国际著名冶金史专家、美国麻省理工学院教授史密斯,国际著名自然科学家李约瑟博士的助手、加拿大弗兰克林教授等一行8人,专程来黄石铜绿山古铜矿遗址考察。其间,专家们首先到黄石市博物馆参观了铜绿山古铜矿遗址出土文物,随后又前往铜绿山古铜矿遗址。当他们看到发掘出土的古矿井、古炼炉,以及遗存的古炼渣时,大为惊讶。史密斯教授感叹道:"多么聪明的人民啊!"并说:"我看到了世界其他地方看不到的东西,这是我一生永远不会忘记的。"弗兰克林教授对陪同讲解的工作人员说:"你们经常接触可能不觉得,但对我们来说,这是世界其他地方所没有的,只可惜时间太短,我们十分留恋这个地方。"

值得一提的是,柯俊院士还亲自指导编辑出版铜绿山古铜矿遗址第一本宣传资料图册《铜绿山——中国古矿冶遗址》。为便于对外宣传,资料图册文字还被翻译成英文。